다시 쓰는 초대 한국교회사

다시 쓰는 초대 한국교회사

옥성득

Holy
WavePlus

이 책은 한국교회 안에 편만해 있는 역사적 적당주의에 도전하고 초기
교회사를 읽는 바른 방법을 제시하려는 목적으로 쓰였다. 교계에 널리
알려진 초기 한국 개신교의 역사적 사실 가운데 잘못 전해진 오류를 검
증하고, 근거 없는 신화와 치우친 해석에 의문을 제기하여 바로잡으려
고 노력했다. 흩어진 증거를 찾아 큰 그림을 맞추어가는 탐정의 논리력,
기존 체제에 불편을 느끼는 시인의 예언자적 비판력, 진실을 찾아 겹겹
이 쌓인 해석사의 지층을 시추하는 사관의 정론직필이 있어야 이 일을
제대로 할 수 있겠지만, 나름대로 흉내는 내려고 열심히 자료를 뒤지고
붓을 놀렸다.

　　한국교회를 망치는 3대 악은 물질주의, 독선주의, 적당주의다. 현세
적 물질주의는 영원한 하늘의 가치를 추구하는 영성을 경시하고 안목
의 정욕과 육신의 안일을 추구하는 기복주의로서 그 욕심(慾心)으로 인
해 죄와 사망에 이른다. 무례한 독선주의는 (오직 교회만) 진리를 독점하
고 있다는 배타적 승리주의로서 그 교만(驕慢)으로 인해 밖으로는 타 종
교와 비신자를 무시하고 공격하며, 안으로는 제사장적 권위주의와 성
직 계급주의 및 제왕적 도덕 해이주의의 높은 벽을 쌓는다. 역사적 적

당주의는 '은혜스럽기만 하다면' 역사적 오류라도 검증 없이 옮기고, 남의 글과 말을 표절하며, 당파적 이익이 된다면 '녹비(鹿皮)에 가로왈 (曰)' 식으로 역사적 사실을 과장하고 조작한다. 이 세 번째 관행(慣行) 은 한편으로 눈앞에 있는 팥죽 한 그릇의 유혹을 이기지 못하고 미래의 장자권을 판 창세기의 에서와 같은 역사의식의 빈곤에서 나온 것이지 만, 다른 한편으로 교회사가들의 연구 부족에서 비롯된 면도 있기에 나 역시 사가의 한 명으로서 책임을 통감한다. 그리하여 세 번째 문제부터 풀어서 올라가면 그 앞의 두 문제도 해결할 실마리를 찾을 수 있으리라 는 희망으로 이 책을 낸다.

지난 한 세대 동안 한국 기독교사 연구가 어느 정도 진행되었고, 인 터넷과 SNS 등 대중매체의 발달로 한국교회사 이야기가 널리 확산되었 으나, 오히려 그런 대중화로 인해 적당히 만들어진 이야기나 역사적 오 류들이 검증 없이 재생산되는 역효과를 낳았다. 새로운 사료를 발굴하 고 사관을 계발하는 것도 중요하지만, 기존 논문의 오류나 온라인에 떠 도는 근거 없는 이야기를 바로잡는 것도 시급하다. 전자가 한국 기독교 역사 연구의 새 길을 개척하는 학문적 연구라면, 후자는 사람들이 즐겨 다니는 길에 자란 잡초와 가시를 제거하는 대중적 작업이기에 눈에 띄 지는 않지만 소홀히 할 수 없는 사역이다. 꿩 잡는 게 매가 아니요, 모로 가도 서울만 가면 되는 것이 아니다. 매로 잡은 꿩(대형 교회)이, 넓은 길 로 간 서울(교회 성장)이 과연 하나님께 영광이 되고 이 땅에 평화와 생 명을 주었는지 물어야 한다. 바른 길, 좁은 길로 가지 않으면 하나님 나 라에 들어갈 수 없다.

2차 자료와 3차 자료에 있는 오류를 바로잡는 기본적인 방법은 관련된 사건이나 증언에 대한 1차 자료들을 발굴하여 제시하고, 그 1차 자료를 뒷받침하는 다른 1차 자료를 함께 보여주면서 잘못된 2차 자료가 생산된 과정을 보여주는 것이다. 1차 사료에서 멀어진 자료일수록 신빙성이 떨어진다. 교회가 성경과 예수님의 말씀에서 멀어지면서 교회의 본질로부터 멀어진 것과 동일한 현상이다. 근본과 원자료로 돌아가는 방향 전환만이 사건의 진실에 접근하게 하고 개혁을 가능케 한다. 한국교회가 선교 130년이 지나 제5세대에 접어들면서 그동안 쌓인 역사적 오류와 적폐를 제거하려면, 1세대가 생산한 원자료로 되돌아가는 수밖에 없다. 비록 시간이 걸리더라도 과정을 중시하고 진실을 추구하는 회개의 여정이 시작되어야 한다.

이 책은 5부 33장으로 구성되어 있다. 1부는 한국교회사 서술에 나타난 두 개의 대표적인 사관을 토론한다. 초기 한국교회사를 해석하는 사관과 방법론으로 1920년대 백낙준의 선교사관, 1930년대 클라크(C. A. Clark)의 네비어스 방법론, 1970년대 민경배의 민족교회론, 1980년대 이만열의 수용사론, 1990년대 이덕주의 토착교회론, 2000년대 류대영의 탈식민주의 외교사관 등이 제기되었다. 이들 각각이 하나의 사관으로 성립하려면 더 많은 저술이 있어야 하지만, 일단 사관의 범주에 넣고 백낙준과 민경배의 해석을 살펴보려고 한다. 각각에 대해 기본적으로 사료의 충실성을 묻고, 그 사관의 주요 논지를 정리하여, 그것이 시대적 과제에 제대로 응답했는지를 질문할 것이다. 곧 사관 자체의 타당성과 더불어 그 사관의 역사적 적합성을 논의하는 관점을 취했다. 백낙준에 대해서는 한국사회를 변화시킨 한국적 기독교를 다루었는지를 물어야 한다. 민경배에 대해서는 민족 교회론 개념이 대두된 70년대의 배경을 추적하고, 그 당시의 관점에서 바라본 초기 한국교회의 교회론 부재 주장과 선교사들을 문화 제국주의자로 본 관점의 한계를 분석할 것이다.

2부는 앞에서 논의한 내한 선교사들의 신학 및 사역과 관련된 논쟁점들을 정리하고, 그 글을 새롭게 이해할 수 있도록 여러 가지 측면을 소개한다. 다루는 선교사의 순서는 토마스, 알렌, 매클레이, 스크랜턴, 아펜젤러, 언더우드, 마페트, 헐버트, 켄드릭 등이며, 주제는 순교, 내한 선교사의 정의, 초기 선교사의 사명과 사역, 문화 제국주의, 한국어 수업 과정, 박해와 박해 담론의 실체, 선교사들이 이해한 한국 문화의 정체성 등이다. 초기 선교사에 대해 1970년대까지는 순교자, 박해를 견디고 복음을 전한 영웅, 근대화의 기수라는 영웅전이 주류를 이루었으나, 1980년대부터는 반미주의와 탈식민주의 사관에 따라 문화 제국주의자로서의 모습이 강하게 부각되었다. 이 글이 논문 형식은 아니지만 선교사들에 대한 균형 잡힌 평가를 할 수 있도록 여러 개의 안내 표지판들을 세울 것이다.

3부는 초기 한국교회들이 언제 어떻게 설립되었는지를 살펴본다. 역사가 오래된 몇몇 교회들이 100주년이나 120주년 등의 기념식을 하고 자체 역사서를 발간하는 과정에서 영광스러운 모습과 함께 교회의 유구성과 최초성을 강조하려다 보니 사료를 억지로 끼워 맞춰 해석한 부분이 많았다. 서울과 경기도와 황해도에 세워졌던 첫 교회들의 설립 역사를 재검토한 이유가 여기 있다. 이어서 초기 한국교회의 조직과 정치, 일치 운동, 부흥과 전도 운동, 급성장의 이유 등을 논했다. 이 주제들은 교회사와 선교사를 연구하는 학자들 사이에서 여전히 치열하게 논쟁이 진행되고 있고 합의가 안 되는 부분이며 다양한 해석이 가능하기 때문에, 숙고하고 토론할 자료가 되기를 바란다.

4부는 초기 한국교회의 여러 예배의 유래와 정착 과정을 다룬다. 초기 한국 기독교인들의 신앙생활은 유불선무(儒佛仙巫)의 의례를 통해 오랫동안 종교생활을 해온 한국의 전통을 따라 토착화된 기독교식 의례와 예배와 기도를 중심으로 형성되었고, 그때 형성된 전통이 지금까지도 한국교회 영성에 강한 영향력을 발휘하고 있기 때문이다. 여기서는 수요기도회, 금요기도회, 새벽기도회, 송구영신예배, 부활주일예배 등을 주제로 다루었다. 교회론과 예전론은 시대와 상황에 따라 변하고 문화에 적응하므로, 현 시대와 문화에 적절한 교회 형태, 교회 정치, 교회 예배 등을 만들어가야 한다는 관점에서 쓴 글이다.

5부는 초기 한국 개신교 내에서 발생한 신학적·문화적 논쟁점들을 토론한다. 전통적인 하느님이 기독교 용어인 하나님으로 정착하게 된 용어 문제, 기독교의 마귀론과 무교의 귀신론이 만났을 때 발생하는 성령론과 축귀 문제, 한국인의 유대인(셈족) 조상설, 오리엔탈리즘으로 만든 한국에 대한 이미지 문제와 한국의 영어 표기 Korea의 유래, 개신교와 유교의 공생 관계와 성취론의 문제, 개신교의 일부일처제와 유교의 처첩제의 갈등, 서구 음악과 한국 음악이 만났을 때 발생하는 찬송가 문제 등을 다루었다. 지면 부족으로 신문 논쟁(1897년)과 병원 논쟁(1900-04)은 다루지 못했다. 5부는 문화 제국주의자로서의 선교사들이나 초기 한국 기독교인의 모습이 아닌 한국학의 선구자요, 기독교의 한국화(토착화)에 앞장선 모습을 보여주려고 했다.

이 책의 많은 부분은 2015년 8월부터 2016년 7월까지 「뉴스앤조이」

에 연재한 글로, 교회를 바로 세우기 위한 개혁적인 관점으로 썼다. 1년 간 지면을 허락해준 신문사와 격려해준 독자들에게 감사하는 마음으로 글을 다듬고 새롭게 여러 장을 더해서 이 책을 만들었다. 한 해 동안 쓴 글이지만 동시에 『아펜젤러』(연세대출판부, 1985) 2부 작성 후 지난 30년 넘게 연구한 결과물의 하나이기도 하다. 그동안 한국교회의 일반 교인이 읽을 수 있는 쉬운 글을 써달라는 요청을 많이 받았다. 한국교회사 대중화를 위한 해결책의 한 방편으로 신문 칼럼과 연재를 택했으나, 신문을 읽는 독자가 한정되어 있어 다시 책의 형식을 빌리게 되었다.

책을 읽을 때는 글을 읽고, 글쓴이를 읽고, 나를 읽고, 시대를 읽는 4독법이 있다. 부디 이 책이 뜻 있는 기독 청년들이 한국교회사에 관심을 가지고 자신과 시대를 읽어내는 책이 되기를 바란다. 이제 교회 개혁의 불을 지필 장작이라도 팰 수 있을까 하여 무딘 날의 도끼 같은 책을 내놓는다. 하지만 마부위침(磨斧爲針), 독자들이 이 책을 갈아서 명의의 침을 만들어 막히고 굳어서 죽어가는 한국교회의 혈자리를 찍어서 교회를 회생시킬 수 있기를 기대한다. 이 책을 출판해준 새물결플러스 출판사의 김요한 목사와 편집부에 감사한다. 주께서 그 문서 공동체를 사용하여 나사로와 같이 죽어 냄새나는 한국교회를 무덤에서 불러내어 부활 공동체로 개혁하는 거룩한 물결이 일어나기를 소망한다.

2016년 8월 3일
모교인 장로회신학대학교 도서관에서 길선주 목사 수필본 자료를 보며
옥성득

1부

사관

01

백낙준의 선교사관 비판

한국사회를 변화시킨 한국적 기독교를 다루었나?

초기 한국교회사를 공부하는 학생이라면 먼저 백낙준의 『한국 개신교사』를 읽어야 한다. 백낙준(白樂濬, 1896-1985)은 만 31세이던 1927년에 미국 예일 대학교에서 논문 "The History of Protestant Missions in Korea, 1832-1910"으로 박사 학위를 받았다. 그는 이 논문을 1929년에 평양 숭실대학 출판부에서 책으로 출판했다. 이 책은 학술 서적으로 출판한 한국 개신교의 첫 통사로서 1910년까지 초기를 다룬다. 그 한글 번역본인 『한국개신교사』는 수정 없이 1973년 연세대학교 출판부에서 재발간되었다.

선교사, 교회사, 기독교사

백낙준의 영어 책 제목은 『한국 '개신교 선교(회들)'의 역사』였으나 번역본에서는 『한국 '개신교'의 역사』로 바뀌었다. 백낙준이 1920년대에 작성한 논문은 지도 교수였던 40대의 라투레트(Kenneth S. Latourette, 1884-1968)가 연구하던 세계 선교 확장사 시리즈의 일부로 한국에서 이루어진 여러 선교회의 역사를 다루었으나, 1970년대 초 한국 상황에서 요구되는 한국 기독교사는 외국 선교회들의 역사가 아닌 한국 기독교의 역사였기 때문에 책 제목을 그렇게 수정한 듯하다. 그러나 한글판은 제목만 바뀌었을 뿐 내용은 수정이나 보완 없이 그대로 번역만 했다. 곧 "기독교사는 그 본질에서 선교사(宣敎史)"라는 선교사관을 서문에서 밝히고 이를 견지했다.

이 책에 대한 평가와 논의는 김흥수의 "한국교회사 연구 방법과 쟁점"(2003), 서정민의 "한국교회사 연구의 시원과 백낙준의 한국 개신교사"(2005)에서 다루어졌다. 더 자세한 내용을 알고 싶은 독자는 두 논문을 참고하길 바란다. 두 글은 초기 한국 개신교의 역사는 (1) 전래 수용된 기독교의 실체, (2) 선교와 교회의 발전 과정, (3) 기독교의 영향과 한국의 변화, (4) 한국 상황에서 변화된 기독교, 이 네 가지를 다루어야 하고 또 이를 얼마나 잘 서술했는가의 여부로 평가해야 한다고 주장한다. 나도 이에 동의한다. (1)번과 (2)번을 다루면 선교사와 교회사(church history)가 되고, (3)번과 (4)번을 한국사와 한국 종교사와의 연관 속에서 다루면 기독교사(history of Christianity)가 된다.

선교와 교회의 발달사

백낙준의 박사 논문은 (1)번을 서술한 후 (2)번에 중점을 두었다. 그것이 지도교수인 라투레트가 진행하고 있던 프로젝트인 "선교의 아시아 확장사"의 일부분으로 필요했기 때문이었다. 따라서 백 박사도 그 논문을 책으로 내면서 서론에서 교회사는 선교사관, 곧 선교의 확장사가 되어야 한다고 주장했다. 그것은 선교사가 주체가 된 피선교지에서 기독교의 확장, 타 종교인의 개종, 타 종교와의 혼합 반대, 기독교의 정체성 유지 등을 중시하는 1920년대 라투레트의 입장이었다. 사실 라투레트는 『중국선교사』(1925)에서 마테오 리치(Matteo Ricci)의 적응주의(policy of accommodation)를 혼합주의(syncretism)로 비판했다. 따라서 백낙준의 책이 기독교의 토착화 문제를 크게 다루지 않는 것은 놀랄 일이 아니다.

물론 논문 각 장 마지막 부분에서 (3)번과 (4)번에 연관한 주제들을 다루고는 있다. "제3장 여러 선교회의 설치, 1885-96"에서 마지막 세 항목은 '사회 전반에 걸친 영향', '기독교에 대한 영향', '초기 입교인들의 회심 동기' 등이다. 그러나 사회적 영향에서 교육·문자와 정치에 대해 두 면에 걸쳐 간략히 언급했으며, 기독교가 받은 영향으로 초교파적 협력과 연합사업에 대해서만 언급했다. 개종 동기에서는 모식 신자(쌀 신자)를 경고하고 윤치호의 신앙고백을 예로 내세워 진정한 회심 동기를 강조함으로써 혼합주의를 경계했다. 그러나 윤치호의 회심이 과연 순수하게 종교적인 동기에서 이루어진 것인지는 분석하지 않았다.

"제5장 교회의 발흥, 1897-1906"에서는 마지막 네 항목이 '선교와 정치', '천주교와의 충돌', '선교사들의 치외법권', '한국인들의 신앙 동기' 등이다. 그러나 그 소주제에 대한 서술은 간단한 소개 수준이며, 앞의 두 질문, 특히 후자(선교사의 치외법권, 한국인들의 신앙 동기)에 대한

심도 있는 토론은 없다. 마지막 신앙 동기 항목에서는 샤프(Charles E. Sharp) 선교사의 글을 인용하여 생존 동기와 문명 동기를 말한 후 진정한 종교적 동기를 강조했는데, 이는 4장의 입장과 동일하다.

결국 이 책의 각 장은 한국인의 신앙 정체성과 진정성을 강조하는 것으로 결론을 내리고 있다. 그것은 서술적 묘사라기보다는 당위적 명제들이었다. 사실 위의 (4)번 주제—한국 상황에서 변화된 기독교—는 졸업 후 한국에 와서 시간을 가지고 쓸 주제였다. 그러나 여건이 이를 허락하지 않았다.

1930년대 한국교회의 상황과 요구되는 기독교사

라투레트는 책의 서문에서 1920년대 말 한국교회에 필요한 질문은 다음 네 가지이며, 백 박사의 책이 그에 적절한 대답을 줄 수 있을 것으로 기대했다.

(1) 외국적인 색채를 불식하면서도 기독교의 독특한 성격과 전파력을 보존할 수 있는가?
(2) 사회 분해 과정에서 교회가 현명한 지도 능력을 길러낼 수 있는가?
(3) 교회가 민족 생활에 견실하고 건설적인 요인이 될 수 있는가?
(4) 교회가 신흥하는 문화 속에서도 강한 기독교의 흔적을 남길 능력의 원천이 될 수 있는가?

이는 선교지의 교회가 본토인이 비난하는 외국 종교라는 색깔을 버리더라도 기독교의 정체성을 지켜야 하고, 선교력을 보존해야 하며, 그 사회와 문화를 기독교화하는 능력이 있어야 한다는 주장이다. 정체성과 선교력을 지닌 사회 변혁 공동체! 그것이 1930년대 2세대 한국인 기독교회의 이상이자 그 지도자인 백낙준에게 주어진 과제였고, 이를 위해 그는 1세대 역사를 정리했다. 곧 토착화보다는 정체성이 더 중요했다. 사실 이는 라투레트가 처해 있던 미국 기독교의 당면 주제들이었다. 그는 미국의 문제를 한국교회에 투사하고, 그것의 수행을 제자인 백낙준에게 주문했다. 이때부터 미국인 신학자를 지도교수로 두고 그 아래에서 공부한 한국인 제자들은 미국 교회와 한국 교회가 당면한 과제들을 동시에 끌어안고 씨름하는 운명적 존재가 되었다.

그러나 1929년 경제 대공황 이후 1930년대 일제 식민지 치하 조선의 상황은 제국인 미국보다 더 어려웠다. 한 세대를 겨우 보낸 짧은 (young) 역사의 한국교회가 직면한 상황은 녹록치 않았고, 젊은 학자가 감당하기에는 역부족이었다. 1933-35년 전시 총동원 체제로 들어가는 정국에서 백낙준은 '동서 교섭사'라는 주제 하에 임진왜란이나 병자호란, 고적, 토마스, 외국 함선 등과 기독교나 서양 문물의 전래사에 관한 논문을 발표했다. 왜 하필 그런 논문들을 발표했을까? 그것은 전쟁과 관련된 교섭사나 기독교사를 중시함으로써 마치 현실 문제를 논의하는 것처럼 보였으나, 실은 1910-20년대 역사 연구가 아닌 과거사 연구에로의 퇴행이었다. 이 부분에서 필자는 서정민 교수의 긍정적 평가와 입장이 다르다. 백 박사는 1962년에야 105인 사건 연구를 발표했다. 이어서 스승 맥큔(George S. McCunn)과 자신의 모교인 미주리의 파크 대학

(Park College)에서 2년간 '망명적' 연구를 한 후 1939년에 귀국하였으나, 그 이후의 일제 말기 상황은 연구가 불가능한 상황이었다. 한번 발생한 퇴행은 일제의 태평양전쟁을 지지하는 친일적 행위로 나아가게 했다.

한국교회사 연구의 맥이 단절되다

청년 백낙준 박사의 논문(책)이 한국교회사에 선구자적 기여를 했음은 분명하지만, 이제는 그 약점을 구체적으로 지적하고 극복하기 위한 대안을 연구하고 토론해야 할 때다. 역사가는 다양한 관점을 제시한다. 역사가는 일어난 사건들의 전후좌우 연결성과 흐름 속에서 한 인간이나 집단이 그런 선택을 할 수밖에 없었던 것을 설명하고 이해하려고 노력한다. 동시에 그 선택이나 입장이 다양한 관점을 고려하지 않고 일방적인 독단으로 흐르거나 시대가 요구하는 사명을 외면했을 때 단호히 비판한다. 그 비판의 잣대를 누구도 피할 수 없다. 그만큼 역사는 두렵고 무겁다.

나는 개인적으로 1927년에 박사 학위를 끝내고 학자로서의 황금기라 할 수 있는 30대와 40대의 20년이 넘는 세월을 제대로 연구하지 못하는 상황 속에서 보내야 했던 그의 시대적 한계가 무척이나 아쉽다. 그가 얼마나 많은 밤을 번민으로 보냈을까? 하지만 그는 해방 이후에도 연세대학교 총장과 문교부장관직을 맡았고, 이어서 참의원 의원과 의장을 맡는 등 정치가로서의 길을 갔다. 이 모두가 학문과 거리를 두는 결정이었다. 그렇지 않고 그가 교수나 학자로서 살았다면 한국교회사 연구는 그의 훌륭한 논문과 제자들을 통해 제대로 자리를 잡아나갔을 것이다. 1930년대부터 1960년대까지 연세대학교에서는 제대로 된 한국교회사 논문이나 학자가 나오지 않았다. 한국인에 의한 한국교회사 연구는 맥이 끊어졌고, 한 세대 이상의 공백기가 생겼다. 그 결과 한국교회는 역사의식의 부재 속에서 방향을 상실하고 1950년대부터 분열과 거품 성장을 거듭하며, 역사의 흐름을 거슬러 올라가지 않고 오히려 따라가게 되었다고 하면 지나친 말일까?

그가 살았던 시대는 정치적 요구가 너무 거셌다. 일제의 요구와 해방 이후의 혼란, 이승만 정권의 시대적 요구는 그를 가만히 내버려두지 않았다. 백낙준은 총장과 장관과 의장으로서 맡은 바 책임을 다해 큰 업적을 이루었다. 그러나 그가 정치적 요구에 부응하는 대신에 한국교회사를 제대로 정리하고 교회를 향한 예언자적 목소리를 유지했다면, 한국 개신교는 역사의식을 가지고 제대로 나아갈 수도 있었을 것이다. 교회를 바르게 세워 결과적으로 한국사회에 더 큰 공헌을 할 수도 있었다. 나는 이 글에서 한국교회사를 연구하는 한 후배로서 그가 30대에 쓴 박사 논문과 그 이후의 연구와 삶의 행적을 비판했다. 또한 시대적 한계를 초월하지 못한 그의 선택에 대해서 안타까움을 표했다. 그 시대를 살아보지 않은 자로 혹여 함부로 선구자의 잘잘못을 논하지는 않았는지 모르겠다.

연세대학교 총장(1945-47) 시절의 백낙준. 이후 문교부장관, 참의원 의원과 의장 등을 지냈다.

02

민경배의 민족교회론 비판

초기 한국교회에는 교회론이 없었나?

백낙준의 선교사관과 그의 『한국 개신교 선교사』(1929)에 이어, 이번에는 1960-70년대 민경배의 민족교회론과 초기 역사 서술을 검토해보자. 두 사람은 지난 50년간 한국교회사와 사관을 지배해온 대표적 사가이므로 초기 한국교회사를 새로 쓰기 위해서는 반드시 검토해야 할 저자들이다. 두 학자 모두 30대에 쓴 책이 대표작이 되어 한국교회 역사서의 대표 저작으로 남아 있는 점도 흥미롭다. 백낙준과 달리 민경배는 여러 논문과 저서들을 남겼다. 이 글에서는 민경배의 초기 논문 중 초기 한국교회사 부분만 다루려고 한다.

민경배(閔庚培, 1934-) 교수는 황해도 소래에서 태어나 기독교 가정에서 자랐고, 1948년 4월 월남했다. 십 대에 겪은 전쟁 체험은 그를 신앙인으로 단련시켰다. 그는 연희전문학교 신학과를 나왔고, 1958년 연세대 대학원을 졸업한 후, 1959년에 영국 애버딘 대학교 신학부에서 교회사를 전공(신학 석사)했으며 런던 대학교에서도 공부했다. 그 후 30세였던 1964년에 연세대학교 신학과 교회사 조교수로 임명받았다. 1967년에는 예장 통합측 서울노회에서 목사 안수를 받았고, 박사 학위는 1984년에 일본 도지샤 대학에서 받았다. 모교에서 오랫동안 가르치다 1999년에 은퇴했다.

그는 조교수 첫 해에 중요한 논문 두 개를 발표했다. "한국 초대 기독교의 교회 형태"(「기독교사상」, 1964년 3월, 82-86)와 "한국 종교의 신비주의적 요소: 한국 프로테스탄티즘의 신앙형태론 서설"(「신학논단」,

1964년 10월, 149-67)이 그것이다. 이 두 논문을 기점으로 한국교회사 연구에서 민경배 교수의 시대가 열렸다고 해도 과언이 아니다. 나아가 그는 1971년에 "한국 초대 교회와 서구화의 문제"(「기독교사상」 14, 1971년 12월, 44-50)를 발표하고 선교사들의 문화 제국주의와 선교사관을 정면으로 비판했다.

그는 이 논문들을 통해 한국 초기 교회의 교회 형태와 신앙 유형과 서구화라는 세 가지 핵심 요소를 논했다. 그 내용은 이

1972년 대한기독교서회에서 발간한 『한국 기독교회사』 표지.

후 그의 주저인 『한국 기독교회사』(1972)를 비롯해 『한국 민족교회 형성사론』(1974), 『교회와 민족』(1981), 『한국 기독교회사』(개정판, 1982; 재개정판 1994) 등 여러 책에 반영되었다. 사실 이 세 논문은 소장 학자로서 초기 한국교회사를 해석하는 그의 시각을 공식화한 것으로서 1970년대 초의 민족교회론으로 연결되었다. 1964년의 두 논문과 1971년의 논문은 그의 민족교회론을 형성한 뼈대가 되는 논문들이었다. 그러나 50년이 지난 지금 다시 그 글을 평가해보면 제한된 교회론·성령론과 민족주의 프레임으로 그 시대를 바라본, 첫 단추를 잘못 끼운 글이라는 혹평을 내리지 않을 수 없다. 이제 세 논문을 차례로 살펴보자.

초기 한국교회에는 성찬이 결여되어 있었나?

영국에서 여러 해 동안 우수한 성적으로 교회사를 공부하면서, 특히 독일 신비주의를 깊이 연구한 민경배는 1963년 8월 싱가포르에서 열린 동남아시아 교회사학회에 한국 대표로 참가했다. 그때까지만 해도 그는 한국교회사를 전공하지 않았다. 당시에는 일본을 선두로 서구화된 아시아 교회를 토착화하자는 아시아 신학이 대두되고 있었다. 이 강습회도 서구 교회사를 넘어 '토착 교회사'로 아시아 교회사를 기술해야 한다고 주장했다. 당시 가톨릭의 제2차 바티칸 공의회가 진행되면서 교회의 현대화, 제3세계 교회에 대한 관심, 토착화 신학, 타 종교와의 대화가 강조되었다. 한국 국사학계도 1960년 4·19혁명 이후, 당시 유행하기 시작했던 아시아 민족주의의 분위기 속에서 일제의 식민사관을 극복하는 민족사관을 집중 토론하고 있었다. 월간지 「신동아」는 1963년 2월호 특집으로 민족사학과 식민사관을 다루었다.

이런 신학적·지적·정치적 상황 속에서 민경배는 1964년 2월에 연세대학교 교회사 조교수로 임명받았고, 그해 3월과 10월에 위의 두 개의 논문을 발표하여 한국교회사 연구에 본격적으로 뛰어들었다. 30세 청년 학자는 민족교회론을 향해 출항했다.

첫 논문 "한국 초대 기독교의 교회 형태"에서 민경배는 대담하게 초기 한국교회는 교회론이 결여된 교회라고 결론 내렸다. 그는 한국 개신교(장로교회)가 출범 당시부터 어중간한, 핵심이 빠진 문제 있는 교회였다고 비판했다. 곧 그는 초기 한국교회에서 성찬식이 거의 행해지지 않았다는 일부 자료와 인상을 근거로, 초기 한국교회가 말씀과 세례는 있으나 성찬이 없는 불완전한 교회라고 규정했다. 그는 서구 유럽의 종교개혁 당시 칼뱅과 녹스가 가르쳤던 교회론을 표준으로 삼아 한국 장로교회를 분석하면서, 19세기 말 20세기 초 소위 미국 부흥주의/행동주의적 복음주의 교회가 한국에 이식·형성한 교회를 성례(sacrament)의 신비성이 결여된 부족하고 저급한 교회로 보았다.

그러나 이는 1차 사료를 충분히 읽지 않고 내린 성급한 결론이었다. 물론 50년 전에는 열람이 어려웠을 수도 있지만 지금은 누구나 쉽게 볼 수 있는 선교사들의

「기독교사상」, 1964년 3월호. 특집 "기독교의 한국사적 의의"라는 제목에서 보듯이 민족주의가 강한 시절이었다.

1차 자료들을 간단히 살펴보아도 초기 한국(장로)교회는 최소한 1년에 네 차례의 성찬식을 거행하는 전통을 유지하고 있었다. 특히 세례식 주일(대개 1년에 네 차례, 혹은 두 차례)에 성찬식을 함으로써 세례를 받는 초신자들은 그날 성찬식에 참여하면서 감격의 눈물을 흘렸다. 감리회도 1887년 10월 정동(벧엘)교회의 첫 예배부터 세례와 성찬과 말씀이 함께 하는 교회였다. 한편 교회법을 어기고 도덕적으로 문제가 있는 교인에게 치리를 할 때 책벌로 수찬 금지(성찬 참여 금지)를 명하는 사례가 많았는데, 당시 전체 세례교인의 5% 정도는 성찬에 참여하지 못하고 근신해야 하는 엄격한 치리가 시행되었다. 즉 초기 한국 개신교회는 교회론이 강한 교회였다(사실 오늘날 한국교회는 치리가 시행되지 않기 때문에 교회의 진정한 권위가 약해졌다고 볼 수 있다. 기독교인으로서 목회자부터 윤리 생

활을 바르게 하고, 장로들이 교회법을 지키면서, 치리하고 근신하며 용서하고 회복하도록 돕는 교회가 교회론이 강한 교회다. 자신은 교회법대로 살지 않으면서 목회자만 욕하는 청년들은 교회관부터 제대로 정립해야 할 것이다). 민경배의 첫 논문은 제한된 자료를 바탕으로 성급한 결론을 내림으로써 결과적으로 일반화의 오류를 범했다. 그러나 그 오류는 이후 30년 이상 수정되지 않았다.

초기 한국교회에는 도피적인 신비주의가 충만했는가?

그의 두 번째 논문 "한국 종교의 신비주의적 요소: 한국 프로테스탄티즘의 신앙형태론 서설"은 한국의 재래 종교와 신비주의를 개관한 후 한국 기독교회 내부의 신비주의를 논했다. 민 교수는 해방 이전 한국교회는 현실도피적인 신비주의 형태의 교회였다고 규정했다. 1907년에 일어난 대부흥도 현실도피적·신비주의적인 부흥이었고, 1930년대 신앙(이용도, 최태용, 황국주 등)도 건강하지 못한 신비주의가 지배했으며 그것이 대개 해방 후에는 이단으로 연결된다며 부정적으로 보았다. 다만 이용도에게는 긍정적인 신비주의 요소가 많다고 재해석했다.

이후 민경배는 1977년에 발표한 "한국교회 최초의 신자와 그 신앙유형 문제"에서도 동일한 논지를 발전시켰다. 이 글에서 그는 초기 장로교회 신자는 대개 교회 중심의 복음적인 인물들이었으며, 교회론 부재의 교회 형태를 유지했다고 주장했다. 서울의 첫 신자인 노춘경의 경우에도 알렌과 언더우드를 통해 "장로회에서 익힌 신앙이 일신상의 스캔들로 감리교로 옮겨 수세했다"고 잘못 서술했다. 이후 세례를 받아도 성찬이 없는 불균형 속에 서울에서 "최초의 성찬이 1887년에 있었다는 사실은 교회 부재의 성향을 처음부터 배태한 것이 아닌가 하는 추리를 강요한다"고 밝혔다.[1] 하지만 외국인들을 위한 성찬식은 유니언교회에서 1886년부터 있었으며, 1887년 한국인 세례교인들이 나오자마자 즉시 성찬식을 거행했다. 그것이 왜 교회론 부재를 의미하는지 알 수 없다.

이상의 두 논문을 종합하면, 초기 한국교회는 교회 형태에서는 유럽 개혁교회와 같은 성례적 신비성이 없고, 신앙 형태에서는 부흥회적이고 도피적인 신비주의가 충만한 교회가 된다. 그러나 그의 주장대로라면 신비성이 부족한 교회에 신비주의적인 신앙이 충만하다는 말이 되는데, 이것이 무엇을 의미하는지 애매하다. 그가 영국에서 공부한 1950-60년대의 제한된 교회론과 성령론을 잣대로 하여 미국계 복음주의 교회를 좁게 바라보고 이해한 것이 아닐까 짐작해본다.

근본주의자로 잘못 그려진 초기 선교사들

이어서 발표된 문제의 논문인 "한국 초대 교회와 서구화의 문제"를 보자. 1960년대 기독교 토착화 신학자들은 제2차 바티칸 공의회의 타 종교와의 대화 신학, 폴 틸리히의 문화 신학, 세계교회협의회(WCC)의 선

---

1 민경배, "한국교회 최초의 신자와 그 신앙 유형 문제", 「신학논단」 13(1977년 2월), 61.

교 신학, 대두되는 아시아 신학의 영향을 받아 한국의 전통 종교와 기독교의 연속성에 대한 긍정적인 태도로 한국적 영성을 기독교에 접목하려고 노력했다. 이들은 당시 주류 교회가 근본주의에 매몰되어 한국 전통 문화와 종교를 무시한다고 비판하고, 그 근원을 초기 선교사들의 배타적인 타 종교관과 문화 제국주의에서 찾았다. 이러한 시각은 교정되지 않고 1980년대의 민중 신학자들에게 그대로 전달되었다.

반면 보수 신학의 대부인 박형룡(朴亨龍, 1897-1978)은 1964년에 자신의 소망이 80년 전 선교사들이 들고 온 복음을 액면 그대로 신세대에게 전달하는 것이라고 천명했다. 그러나 그는 1910년 에딘버러 세계선교대회가 주창한 포용론적 성취론을 타 종교와 타협한 자유주의 신학의 근원으로 비판하는 과욕을 범했다. 박형룡은 "기독교와 이교의 적절한 관계는 타협이 아니라 정복"이라고 주장하며, 강력한 배타주의를 천명했다.[2]

1971년 민경배는 초기 선교사들이 근본주의자들로서 한국 전통 종교를 철저하게 배척하고 서구적 기독교를 이식했다고 해석했다. "한국 초대 교회와 서구화의 문제"에서 그는 경건주의적 복음주의자인 장로회 선교사들과 부흥주의 감리회 선교사들은 한국에서 기독교를 서구화했다고 비판했다.[3] 이 주장은 『한국 민족교회 형성사론』(1974)과 재개정판인 『한국 기독교회사』(1994)에 그대로 들어갔다. 그는 이 두 책에서 초기 한국교회는 신학적 빈곤, 약한 교회론, 개인구원론, 비정치적 정숙

2   박형룡, "이교에 대한 타협 문제", 「신학지남」 134(1966년), 5.
3   민경배, "한국 초대 교회와 서구화의 문제", 「기독교사상」(1971년 12월), 59.

주의, 반지성주의, 이원론적 신앙이라는 약점을 가졌다고 못 박았다.[4]

박형룡 측은 자신들의 근본주의를 변호하기 위해 초기 선교사들을 근본주의자로 그렸다. 동시에 토착화 신학자나 민족주의 교회사학자들은 그런 근본주의를 비판하기 위해, 그 뿌리가 초기 선교사에 있다면서 초기 선교사들을 근본주의자로 그렸다. 그러나 근본주의는 1920-30년대에 활동한 제2세대 장로회 선교사들의 신학이었지, 1910년 이전의 1세대 선교사들의 신학은 아니었다. 1세대는 성취론을 수용할 수 있는 폭넓은 주류 개신교 복음주의였고, 2세대 장로회 선교사들은 근본주의로 치우쳐 있었다.

신비주의로 흘러간 교회가 어떻게 민족교회가 될 수 있는가?

역사는 어렵고 복잡하다. 사관은 각기 서로 경쟁한다. 그래서 공부를 거듭할수록 내 견해만 일방적으로 주장할 수 없게 된다. 어떤 사건이나 인물을 해석할 때, 혹은 기존의 해석을 비판할 때 조심하게 된다. 한편 하나의 사관이 형성되려면 충분한 사료 수집과 해석은 물론 분명한 개념 정리와 신학적 틀이 있어야 하므로 많은 시간이 필요하다.

민경배의 세 논문의 논지를 요약하면, 초기 선교사들은 근본주의와 문화 제국주의에 입각한 신학에 경도된 자들로서 이 땅에 서구적 교회를 이식했고, 그 결과 한국교회에 말씀은 있으나 성찬이 결여한 반쪽 교

---

4 민경배, 『한국기독교회사』(韓國基督敎會史), 대한기독교출판사, 1994, 149.

회론을 가진 교파형 교회 형태가 정착되었다. 그러나 이 교회 형태는 점차 재래종교와 혼합되어 현실도피적이고 신비주의적인 신앙 형태를 양산했다.

그런데 이런 부정적인 초기 한국교회 상을 기초로 발전한 것이 그의 1970년대 민족교회론이라면 문제는 심각하다. 만일 초기 한국교회가 "신학적 빈곤, 약한 교회론, 개인구원론, 비정치적 정숙주의, 반지성주의, 이원론적 신앙"의 교회였다면, 어떻게 이런 교회가 '민족적인' 교회가 될 수 있을까? 이렇게 체질이 허약한 교회가 과연 민족의 운명을 책임지고 자주 독립과 근대 민족 국가를 이루며, 기독교를 민족의 종교로 만들며, 한국을 기독교화해서 장차 통일 민족 국가를 형성할 수 있을까? 그런 교회에 어떻게 기독교 신앙이 내연(內燃)하여 '민족중흥의 역사적 사명'을 완수하는 외연(外延)적 사건이 발생할 수 있을까? 나아가 그런 교회에서는 소수의 엘리트만이 민족적 사명을 감당할 수 있는 주체가 된다. 이 점에서 그의 '민족'교회는 소수 목회자와 지도자들이 주도하는 교회라는 비판을 받았다. 그 민족교회에는 1970년대에 필요한 민주주의나 인권, 자유와 평등의 가치가 들어설 자리는 별로 마련되어 있지 않았다. 정부 주도의 경제 개발이 민족중흥을 약속했던 것처럼, 70년대의 '민족교회'에서도 소수의 엘리트가 교회 성장을 주도해나갔다.

사실상 해방 이후 건강하지 못한 민족주의가 종교계를 지배했다. 1948년 이후 대종교 계열의 안호상(安浩相, 1902-99) 장관의 극우적 민족사관이나, 1950년대 통일교의 문선명(文鮮明, 1920-2002), 전도관(천부교)의 박태선(朴泰善, 1917-90), 용문산기도원의 나운몽(羅雲夢, 1914-2009) 등의 반공주의와 결합된, 한국의 세계사적 사명을 강조하는 종교 민족주의가 교회를 휩쓸었다. 한국이 공산주의 세력과 싸우는 전선의 최선봉에 있으므로, 기독교회는 이 세계사적 사명의 중심 세력이라는 것이다. 이런 자국중심주의와 반공주의에 카리스마적 인물 중심의 이단적 신앙이 더해지자, 비민주적이며 불건전한 민족주의가 독버섯처럼 자랐다. 이런 이해는 1990년대에 이르러 한국이 중심이 되어 세속화·이슬람화되는 지구촌의 기독교 선교를 감당해야 한다는 세계 선교론으로 발전했다. 지금도 한국과 한국교회가 세계의 중심이요, 세계사의 중심이라는 사이비 기독교 풍수론을 서슴지 않고 발언하는 어중간한 지도자들이 있다. 하지만 자유와 평등의 가치가 부재한 자민족 중심의 '민족적 교회론'에는 민주화나 통일을 지향하는 민주주의가 결여되어 있고, 따라서 세계 기독교의 일원으로 세계 교회와 인류의 공동선에 기여할 신학을 제시할 수 없다.

민족교회론과 1960-70년대 민족주의 사관

민경배의 '민족적 기독교론'은 1972년 박정희 정권 치하에서 '민족적 민주주의'를 지향하는 유신 헌법이 나온 해에 본격적으로 등장했다. 민족적 교회론은 1960년대 국사학계의 민족주의 반식민사관, 1970년대의 내재적 발전론과 맞닿아 있었다. 그러나 민경배 교수가 그린 1세대 초기 한국 개신교회는 교파형, 현실도피적, 서구화된 교회였다. 또한 일제의 지배를 받은 제2세대 교회는 부흥과 신비주의에 매몰된 교회였다. 일부 엘리트에 의한 근대화 운동과 항일 운동이 있었지만, 전반적 흐름을 볼 때 당시 교회는 예언자적 목소리를 상실하고 현실로부터 도피한 상태에 있었다고 보았다.

만일 민경배의 의도가 그런 교회 내부의 주제와 성장에만 몰두하는 교회 모습을 비판하는 것이었다면 우리는 그의 민족교회론을 이해하고 수용할 수 있다. 1970년대 한국교회가 그런 모습으로 질주하고 있었기 때문이다. 만일 그가 그런 당대 교회의 모습을 비판하기 위해 그것을 초기 교회에 투영하고 1세대를 비판했다면, 그것은 바른 역사의식에서 나온 현재주의적 해석으로 인정할 수 있을 것이다. 하지만 민경배의 민족교회론에는 김용섭의 경제적 민주주의와 연결되는 기독교 자본주의 근대화론도 없었고, 이어서 나온 민주화와 통일의 관점에서 근현대사를 보는 강만길의 정치적 민족주의도 없었다. 그렇다면 민경배의 민족교회론이 1970년대 박정희 독재 정권의 '민족적 민주주의'라는 구호 아래에서 지향한 교회는 과연 어떤 교회였는지 다시 질문하지 않을 수 없다.

필자는 아직까지도 민경배 교수가 30-40대 초반에 형성한 '민족'의 개념이나 신비주의적인 '내연-외연'의 개념을 이해하지 못한다. 과문한 탓인지 몰라도 역사를 보는 그런 개념이나 구도를 다른 교회사 책에서는 본 적이 없다. 아우구스티누스의 역사 이해를 따라 밀과 가라지를 현실에서 바로 구분할 수 없다는 '역사의 애매성'을 강조하는 그의 고심은 이해되지만, 70년대 초 분단된 민족이 김일성 독재와 박정희 독재 아래 신음할 때, 토착화 신학과 궤를 같이하는 민족적 교회론을 들고 나온 이유는 무엇일까? 고단한 민족과 민중의 현실을 외면한, 서구화되고 이원론적 신비주의가 충만한 초기 한국교회 상을 만들고 그것을 의도적으로 비판한 그의 민족교회론은 과연 당대에 어떤 역사적 의미를 지녔을까? 1945년까지 혹은 1960년까지 민족의 현실을 외면하고 신비주의로 흘러간 교회가 어떻게 70년대에 현실적 적합성을 가진 민족교회로 작동할 수 있을까?

맺음말

한국 신학, 좁게는 한국교회사 연구가 왜 발전하지 못하는가? 왜 1970-80년대의 한국 개신교의 양적 급성장이 결과적으로 교회의 정체와 감소를 야기했는가? 그 중요한 이유 중 하나가 바로 선배들의 논문과 책을 비판하지 못하고 그대로 답습하고 표절하는 관행이다. 물론 그들은 선각자로서 존경받아 마땅한 분들이다. 열악한 환경에서 그만한 업적을 이루었기 때문이다. 그러나 그들의 청년 시절의 논문을 비판하는 것이 그들의 인격을 비판하는 것은 아니다. 학자의 운명은 후배에게 비판을 받는 것이다. 그래야 학문이 발전한다. 또 그래야 한국 신학이 살고 한국 교회가 산다. 연세대학교 신학과 석사논문과 박사논문에서 민경배 교수의 논문을 비판한 글이 있는가? 그가 자료를 옮겨 쓰다가 잘못 쓴 단어나 구절까지 확인하지 않고 그대로 재인용하는 풍토에서는 '민족교회'는 고사하고 바른 교회를 세우는 신학과 교회사가 나오지 못한다.

80-90년대 대형 교회를 만들거나 복음주의 운동을 지도했던 1세대 은퇴 목사들이 후임 2세대 목사들보다 카리스마적이고 설교도 회중의 마음에 더 다가가게 하는 것은 무엇 때문일까? 2세대가 창업자를 따라가지 못하고 있다. 2세대가 1세대의 그늘에서 눈치를 보고 낙점을 받아

지분을 유지할 수는 있어도, 급변하는 상황에 대처하거나 새로운 일을 개척하거나 한국사회 담론을 이끌지는 못한다. 그래서 어제의 70-80대보다 오늘의 50-60대가 미약하고, 현 50-60대보다 내일의 30-40대 목회자와 신도는 더 허약한 교회가 되어 쇠락하고 있다.

교회사를 연구하는 학자들의 숫자나 수준도 하향 곡선을 그리고 있다. 백낙준과 민경배는 30대에 한국개신교 통사를 썼다. 그 이후 새 사관으로 통사를 쓴 학자는 나오지 않고 있다. 그만큼 다룰 시대와 자료가 늘어나고, 다른 학문이나 아시아와 세계 기독교와의 연관 속에서 바라보아야 하는 과제가 부과되었기 때문이기도 하다. 그러나 가장 큰 이유는 후학들이 도전과 개척과 비판 정신이 약하기 때문이다. 민경배는 대선배 백낙준을 정면 비판하면서 자신의 길을 열었다. 그러나 민경배 이후에는 감히 그런 도전을 하는 제자나 후배가 없다. 누구의 책임일까?

50년 전의 (당시) 젊은 학자가 쓴 한국교회사 논문들을 보면서 약간의 비판을 한 이유가 여기에 있다. 이 책에서 밝혀나가겠지만 초기 한국교회는 교회론이 분명하고, 현실 참여적이고, 토착적인 민족교회였다.

2부

선교사

03

토마스 목사의 죽음은
순교인가?

1915년 이전의 해석사 검토

2016년 9월 2일은 토마스 목사가 대동강변 쑥섬에서 타살된 지 150주기가 되는 날이었다. 지난 150년간 일반에게 알려진 토마스 사건은 사실과 다른 부분이 많지만, 몇 번의 계기를 통해 다양한 해석으로 사건이 재구성되었고 여러 해석이 서로 경쟁하게 되었다. 크게 보면 해방 이전에는 토마스의 죽음을 무모한 선교로 비판하다가 순교로 찬양하는 쪽으로 바뀌었고, 해방 이후에는 찬양-비판-찬양이 교차하고 있다. 이 글에서는 그의 사후 50년간, 곧 1916년까지 토마스 사건이 어떻게 기억되고 평가되었는지를 살펴보려고 한다. 실제 어떤 일이 일어났는가를 규명하는 실증사도 중요하지만, 기억되고 평가된 해석사도 중요하기 때문이다. 1916년 이후에는 개신교가 그의 죽음을 순교로 보고 여러 기념을 하게 되었으므로 별도의 글이 필요하다.

　　토마스(Robert Jermain Thomas, 崔蘭軒, 1840-66) 목사는 1863년 영국 런던선교회 소속으로 중국 상하이에 파송되었다. 중국에 온 그는 선배 선교사들과의 갈등으로 1864년 12월에 선교사직을 사임하고 산둥반도 즈푸(芝罘, Chefoo)의 영국 세관에 취직하여 독립 선교사로 일했다. 그곳에서 스코틀랜드성서공회 총무 윌리엄슨(Alexander Williamson)은 황해를 건너온 한국 천주교인 두 명을 만난 후 한국 선교에 관심을 가지게 되었고, 1865년 9월 4일 토마스를 공회 권서 자격으로 한국에 파송했다. 이에 토마스는 작은 중국 어선을 타고 백령도에 가서 천주교인의 도움을 받아 두 달 정도 한국어를 배웠다.[1] 1866년 1월 7일 베이징에 돌아온 그는 런던선교회로부터 선교사로 임명받았다. 또한 스코틀랜드성서공회 권서로 다시 임명되어, 황해도와 평안도 연안을 따라 한문 성경을 반포했다. 그 후 그는 1866년 여름 한국 무역을 개척하려는 미국 상선 제너럴셔먼호에 통역인 자격으로 동행했다. 그러나 평안감사 박규수(朴珪壽, 1807-77)의 경고에도 아랑곳하지 않고 그 기선은 대동강을 거슬러 평양 양각도 앞까지 진출하다가 9월 2일 화공을 받아 전소되고, 선원은 모두 살해되었다.

해방 이전 일반 한국사 서술에 나타난 제너럴셔먼호 사건 이해

제너럴셔먼호 사건에 대한 구한말의 기록을 먼저 보자. 1910년까지의 주요 사건을 기록한 황현(黃玹, 1856-1910)의 『매천야록』(梅泉野錄)은 이 사건이 1868년에 발생했으며, 토마스는 미국인이었고, 화공에 사용한 배는 작은 어선 수백 척이었다고 잘못 서술하거나 과장하고 있다. 그의 서술에 따르면 어민들이 가지고 있는 작은 배(瓜皮船) 수백 척에다가 장작 다발을 싣고 점화를 하였다. 그리고 궁노수(弓弩手)를 모집하여 배에다 줄을 매고 일제히 화살을 쏘았다. 화살은 빠르고 배는 가벼워서 양인의 군함에 정확히 꽂혔고, 군함 안에 있던 인화 물질에 일시에 불이 붙어 군함 전체가 모두 소각되었다. 이에 적들이 화염 속을 빠져나

1　R. J. Thomas to Dr. Tidman, Jan. 12, 1886.

와 파도를 건너서 도주하려 하자 대포로 사격하여 그들 4-5명을 죽였다.[2] 즉 황현은 토마스를 포함한 외국인 몇 명이 강에서 대포에 맞아 죽었다고 기록했다.

사서로서 가치가 높은 정교(鄭喬, 1856-1925)의 『대한계년사』(大韓季年史)도 1910년까지의 대한제국 말년사를 기록하고 있는데 제너럴셔먼호 사건은 간단히 서술했다. 정교 역시 그 사건이 고종 5년 무진년(1868)에 발생했다고 기록했다. 한문 원문을 번역하면 이렇다. "그때 미국선 한 척이 바로 대동강에 들어왔다가, 조수가 낮아지자 얕은 급물살에 걸렸다. 이에 감사 박규수가 군대에 명령하여 공격하고 선박을 불태웠다. 혹자는 프랑스국 전교인 최난헌(토마스)과 조능봉(프레스턴)이 배에 타고 있었는데 그들 역시 피살되었다고 말한다."[3] 정교는 프랑스 선교사인 토마스가 피살되었다는 말을 듣고 이를 기록했다. 황현과 정교의 기록을 통해 우리는 당시 한국의 지식인들이 사건의 전모를 잘 모르고 있었으며, 토마스의 죽음에 대해서도 정확한 정보가 없었음을 알 수 있다.

그러나 1차 자료에 해당하는 『일성록』(日省錄), 『승정원일기』(承政院日記), 『평양감영등록』(平壤監營謄錄), 『순무영등록』(巡撫營謄錄), 전남 담양 장흥 고씨(長興高氏) 소장문서 『조지난편』(朝紙欄片), 『기백장계』(箕伯狀啓), 『용호간록』(龍湖間錄), 『평안장계』, 『평안감영장계』, 『동산일기』(東山日記), 『정치일기』(政治日記), 『어양수록』(禦洋隨錄) 등은 사건의 면모

---

2   황현, 『梅泉野錄』 제1권 上, 셔먼호사건.
3   정교, 『大韓季年史』 上(국사편찬위원회, 1957), "戊辰五年秋 米國人犯平壤."

를 정확하게 기록하고 있다. 특히 사건의 당사자인 박규수가 올린 장계를 수록한 『승정원일기』(承政院日記) 고종 3년 병인년(1866) 음력 7월 27일 자에는 사건이 비교적 객관적으로 보고되어 있다. 그러나 이런 자료들은 일반인이 이용할 수 없었고, 도리어 황현과 정교처럼 오류가 있는 서술들이 많았다.

총독부의 조선사편수회가 발간한 『조선사』(朝鮮史, 1938)의 셔먼호 사건 부분을 보면, 위의 1차 자료를 모두 이용하여 사건을 담담하게 서술하고 있다. 일본어로 된 전문을 번역해보자.

제너럴셔먼호가 양각도(羊角島)까지 올라와 총을 쏘며 상선의 양식을 약탈하고 주민 7명을 살해하고 5명에게 중상을 입혔다. 이에 박규수가 출두하여 종일 감독하는 가운데 중군 백낙연(白樂淵)과 서윤 신태정(申泰鼎)이 지휘하여 화공 포격을 했다. 24일 군민이 함께 화공을 하고 포수와 사수를 동원하여 공격했다. 정오에 셔먼호에서 포와 총을 쏘아 주민 1명이 사망했다. 이를 본 모든 백성과 수비 군인들이 함성을 지르며 공격하는데, 여러 척의 배에 가득 실은 풀에 불을 붙여 떠내려 보내어 셔먼호가 불에 타게 되었다. 이에 토마스와 조능봉이 뱃전에서 뛰어내려 목숨을 살려 달라 구하니, 바로 잡아서 결박했다. 군민들이 분을 이기고 못하고 일제히 타살하니, 나머지 선원은 화살에 맞아 죽거나 불에 타서 죽었다.[4]

---

4   總督府朝鮮史編修會, 『朝鮮史』, 6부 4권 下(경성, 총독부, 1938), 91-93.

여기 보면 제너럴셔먼호에 의해 자행된 약탈과 인명 살상, 화공에 의한 배의 파괴, 선원들의 사망을 언급한 후 토마스 목사와 선박 소유주 프레스턴(조능봉)이 육지에 올라와서 목숨을 구했으나, 성난 군민들에게 타살되었다고 간단하게 서술했다. 비록 조선사편수회 작품이지만, 이 사건은 사료에 충실히 근거하여 객관적으로 서술하고 있으므로 굳이 배척할 필요는 없다고 본다. 이것이 1866년에 실제 일어난 제너럴셔먼호 사건의 뼈대라고 하겠다.

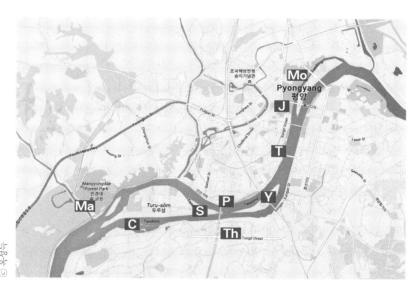

평양 대동강 부근에 표시한 토마스 목사 관련 지명. 제너럴셔먼호는 만경대(Ma) 앞까지 와서 닻을 내렸다. 이어 대동강 상류 지역에 내린 폭우로 갑자기 강물이 불어서 배는 오탄(C: 烏灘, Crow Rapids)과 쑥섬(S)을 지나 양각도(Y) 아랫부분까지 갈 수 있었다. 그러나 곧 강물이 줄자 쑥섬 부근, 즉 현재 미국 해군의 푸에블로(P: Pueblo) 호가 전시되어 있는 자리 앞 모래톱에 걸렸고 결국 화공을 받아 불탔다. 토마스는 헤엄을 쳐서 쑥섬에 올라 목숨을 구했으나 군민에게 타살되어 그 섬에 묻혔다. 대동문(T), 모란봉(Mo), 장대현교회(J, 현 김일성·김정일 동상 북쪽 학생소년궁전 자리), 토마스기념교회(Th, 1929) 위치도 표시했다. 북한은 미 제국주의 침략의 상징으로 푸에블로 호를 쑥섬 부근 P에 전시하여, 제너럴셔먼호 사건과 연결시키고 있다.

1909년 이전 선교사들의 평가
셔먼호 없었으면 복음의 문 빨리 열렸다

1866년부터 1910년 이전까지 45년 가까이 선교사들의 글에서 토마스의 죽음을 순교로 평가한 글은 찾기 어렵다. 먼저 런던선교회는 선교회를 떠난 데다 아내까지 잃은 젊은 선교사가 범한 무모한 한국 내륙 여행을 비상식적인 행동으로 비판했다. 다만 토마스를 파송한 윌리엄슨 총무는 그의 죽음이 알려지자 안타까워하며 이듬해 1867년 10월에 만주를 방문하고 고려문까지 가서 토마스에 대한 소식을 수소문했다. 그는 고려문 방문기를 그의 저서 *Journeys in North China*(1870)에 발표했는데, 당시 토마스 파송을 비판하는 분위기를 의식해 토마스의 한국 성경 반포 활동을 적극적으로 설명하지는 않았다. 사실 스코틀랜드 성서공회(NBSS)도 그의 죽음에 침묵했다.

19세기 후반부터 20세기 초반까지 동아시아에서 토마스의 방식처럼 무력에 의존하는 선교는 부정되었다. 1890년대 초 마페트 등이 평양에서 전도를 시작할 때, 주민들은 여전히 서양 오랑캐가 침략해 사람을 죽인 그 사건을 기억하며, 서학의 일부인 예수교를 받아들이기를 꺼렸다. 마페트와 다른 선교사들이 불식시키려고 노력했던 부분이 바로 19세기 중반에 유행했던 토마스 식의 힘을 앞세운 선교였다. 그들은 제너럴셔먼호 사건이 없었다면 평양에 복음의 문이 더 쉽게 열렸을 것으로 보았다.

한국인 목격자의 증언

거북선으로 공격 후 박춘권이 화공

내한 선교사 가운데 제너럴셔먼호 사건에 대한 글을 처음으로 발표한 선교사는 게일(James S. Gale)이었다. 그는 1895년 7월 *Korean Repository*에 발표한 "The Fate of the General Sherman: From an Eye Witness"에서 사건의 전모를 서술하고, 현장 목격자의 증언을 소개하면서 이 사건에 대한 흥미로운 한국인의 관점을 제시했다. 그 내용을 번역·요약하면 다음과 같다.

제너럴셔먼호는 평양감사 박규수의 경고에도 불구하고 평양성에서 12리 떨어진 만경대 앞까지 올라와서 닻을 내렸다. 두루섬 앞에는 낮은 급물살이 흐르는 오탄(烏灘)이 있었으나, 밤에 대동강 상류 산악 지역에 내린 폭우로 강물이 불어나고 조수가 만조가 되자, 그것이 평소 강물의 깊이라고 착각한 선장은 배를 몰아 급물살 지역을 거슬러 올라 양각도까지 나아갔다. 이제 배는 평양 외성까지 다가갔다. 평양 중군(中軍) 이현익(李玄益)이 양식을 가지고 배에 올라 통상은 할 수 없으니 물러갈 것을 권했다. 그러나 프레스턴은 통상을 요구했고, 이현익은 왕의 하명을 기다리라고 전했다. 대원군은 셔먼호를 프랑스와 천주교가 새로 침략한 것으로 판단하고 즉시 물러가지 않으면 모두 죽일 것을 명령했다. 이 명령이 평양 감영에 온 날에는 이미 강물이 줄어 배가 쑥섬 앞 모래톱에 걸려 움직이지 못하는 상태였다. 박규수는 군사를 외성으로 보내어 궁수를 배치했다. 이를 본 셔먼호는 위협을 느끼고 승선해 있던 중군 이현익을 볼모로 붙잡았다. 박규수는 이에 아랑곳하지 않고 발포를 명령했다. 셔먼호도 조선군을 향해 대포를 쏘았다. 전투는 4일간 계속되었다. 전투가 계속되자 사람들이 몰려들어 구경을 했다. 셔먼호의 대포는 10리를 가는 위력을 지녔고 그 포성은 100리 밖에서도 들을 수 있었다. 포탄 파편이 사방으로 튀었고 구경하던 주민들은 혼비백산하여 달아났다. 조선 군인들이 몇 명 죽었고, 대포의 가공할 위력 앞에 아무도 셔먼호를 향해 총이나 활을 쏘려고 하지 않았다. 이에 평양 수군은 배 위를 철로 덮은 거북선을 동원해서 공격했다. 거북선은 뱃머리에 포를 달았는데, 발포할 때만 작은 구멍으로 포가 나오고 발포 후에는 포가 안으로 들어가면서 구멍이 막히는 방식이었다. 거북선에서 여러 발의 포를 쏘았으나, 포 위력이 약해서 셔먼호는 손상을 입지 않았다. 이때 훈련교관 박춘권(朴春權)이 대동문 앞에서 작은 배 세 척을 묶어 마른풀을 가득 실은 후 유황과 초석을 뿌렸다. 그리고 배 양쪽에 긴 밧줄을 매어 양쪽에서 얼마 동안 끌고 내려가다가 배에 불을 붙인 후 떠내려 보냈다. 첫 번째 화공이 실패하자 다시 세 척을 묶어 두 번째 화공을 시도했으나 실패했다. 마지막 세 번째 화공이 성공하여 제너럴셔먼호는 화염에 휩싸였고, 선원들은 배 양쪽에서 강물로 뛰어들었다. 박춘권은 다른 작은 배에서 기다리고 있다가 셔먼호 옆으로 돌진하여 재빨리 승선해서 붙잡혀 있던 이현익을 구했다. 땅에 오른 외국인들은 성난 주민들이 타살했다. 한두 명이 백기를 흔들며 겨우 강변에 이르렀으나, 조선군이 칼로 그들의 사지를 치고 목을 잘랐다. 시체의 일부는 약용으로 수집한 후 나머지는 모아서 모두 불에 태웠다. 배가 완전히 타고 나자 남은 쇠들은 거두어 여러 용도로 사용했다. 두세 개의 대포는 평양성에 배치했으며, 닻줄의 일부는 대동문 이층 정자 기둥에 묶었다. 오탄 근처에 미륵불이 있었는데, 셔먼호에 잡혔었던 이현익은 선원들로부터 다음 이야기를 들었다고 한다. 그들이 중국을 떠나기 전에 점쟁이를 만나 운수를 물었는데, 그 점쟁이가 "평양에 천 년 동안 홀로 서 있는 미륵불이 있는데 그 앞쪽에 가면 위험하다"고 말했다는 것이었다. 모든 전투가 끝나고 박규수는 연관정에서 승리 축하연을 열고, 서울에 승전 보고서를 올렸다. 그는 그 보고서에 "군관 박춘권이 중군 이현익을 구할 때 불타는 배에서 그를 팔로 끼고 대동강 위를 백 보나 날아서 땅에 내렸다"고 썼다. 이를 본 대원군은 껄껄 웃으며, 박춘권을 안주의 부관으로 임명했다.[5]

게일은 토마스 목사의 죽음을 특별하게 서술하지 않고 순교라는 단어도 사용하지 않았다. 이 사건을 한국인의 눈으로 보았을 때 특정인을 구별할 필요가 없었을 것이다. 모든 외국인 선원이 피살되고 사지가 갈기갈기 찢겼으며 시체는 불에 태워졌다. 죽기 전에 성경을 던졌다는 말도 없다. 다만 백기를 흔들며 목숨을 구걸한 외국인이 한두 명 있었다고 하니, 그가 토마스였을 가능성은 있다. 특기할 사실은 한국인과 중국 선원들이 미륵불 신앙을 가지고 있었다는 점이다. 외국인의 침략을 막은 것은 박춘권의 화공과 더불어 강변에 천 년간 묵묵히 서 있던 미륵불 석상의 도움이었다는 것이다. 말세에 나타날 미륵 부처가 서양 종교의 침입을 막았다는 것은 당시 평양 민중들이 지니고 있던 강한 말세 신앙을 보여준다.

---

5   J. S. Gale, "The Fate of the General Sherman: From an Eye Witness," *Korean Repository* 2 (Jul. 1895): 252-54.

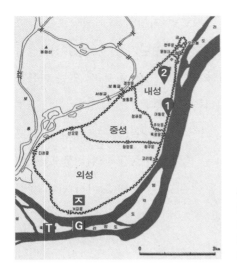

평양은 4성(외성, 중성, 내성, 북성) 체제로 이루어져 있고, 높은 북성은 모란봉으로 연결되었다. 제너럴셔 면호(G)는 쑥섬 앞에서 외성의 조선군(ㅈ)과 전투를 했고, 토마스는 바로 이 쑥섬의 한 지점(T)에서 죽었다(1. 대동문, 2. 장대현교회).

한국 선교 25주년과 마페트 목사의 긍정적인 평가(1909)
한문 성경 반포하다 죽었다

토마스 목사의 기일이 가까운 1909년 8월 27일 평양에서 개최된 장로회 선교 25주년 행사 때 평양의 지도자 마페트(S. A. Moffett) 목사는 한국의 성공적인 선교 역사를 회고하면서, 첫 문단에서 토마스를 긍정적으로 소개했다.

내한한 첫 선교사는 스코틀랜드 장로교인인 토마스인데, 그는 스코틀랜드성서공회의 권서로서 1865년 중국 어선을 타고 황해 연안에 한문 성경을 반포했다. 1866년에는 런던선교회 소속으로 제너럴셔면호를 타고 평양에 왔으며 이때 한문 성경을 가지고 왔다.

그는 불에 타 산산조각 난 배에 선원들과 함께 타고 있었는데, 도시의 바로 아래 강변에서 죽기 전에 가지고 온 『신약전서』 여러 권을 나누어주었다. 필자는 이 책을 받은 자들을 일부 만났으며, 초기에 등록한 학습교인 중 한 사람의 부친은 그 책 한 권을 집에 오랫동안 보관해두고 있었다.

제너럴셔먼호와 그 선원들이 죽은 해는 1866년이었다. 현재 이곳에 남아 있는 유일한 유물은 대동문 위의 정자 기둥에 묶여 있는 배의 닻줄이다.[6]

비록 마페트 목사가 토마스의 죽음을 순교라고 명시적으로 말하지는 않았지만, 그가 스코틀랜드성서공회와 런던선교회와 연관된 선교사로서 한문 성경을 반포하다가 죽었음을 강조하고 있다. 이는 자료로 발견되는 첫 긍정적 평가다.

마페트의 스코틀랜드성서공회 방문(1910)
순교 기념 예배당 설립 추진

선교 25주년 기념식 후 1910년 스코틀랜드 에딘버러에서 열리는 세계 선교대회에 참가할 한국 대표로 마페트 목사가 선정되자, 마페트와 당시 평양에서 활동하던 선교사들은 토마스기념교회를 설립하자는 논의

---

6 Samuel A. Moffett, "Evangelistic Work," *Quarto-Centennial Papers read before the Korea Mission of the PCUSA at the Annual Meeting in Pyeng Yang, August 27, 1909* (Pyeng Yang: 1909), 14.

를 시작했다. 그들은 마페트로 하여금 스코틀랜드성서공회에 가서 이를 위한 자금 지원을 부탁하도록 하자고 제안했다.

마페트는 1910년 에딘버러 세계선교대회에 참석하여 글래스고에 있는 스코틀랜드성서공회를 방문하였고, 그곳 총무 머레이(James Murray) 경을 만나 토마스기념교회 프로젝트를 타진한 결과 긍정적인 반응을 얻었다. 스코틀랜드성서공회는 1882년까지 로스의 성경 번역 사업을 지원했고, 이후 한국어 성서 사업이 영국성서공회(BFBS)로 넘어갔지만 매년 일정 금액을 지원했으며, 1910년대에는 매년 100파운드를 지원하고 있었다.

마페트를 비롯한 평양의 교인들은 토마스 '순교' 50주년을 내다보면서 1911년부터 기념 예배당 설립을 추진했다. 그러던 중에 1911년 10월부터 '105인 사건'이 발생하여 교인들이 투옥되기 시작하자, 1916년에 치러질 토마스 사망 50주기를 바라보면서 토마스의 순교를 더 높이 평가하게 되었고, 평양에서 하나의 세력을 형성한 개신교인들도 이를 지지했다.

마페트와 토마스기념특별위원회의 활동(1911-15)
기념 교회 설립 포기

1911년 9월 북장로회 한국선교회 연례회의 때 토마스기념특별위원회(위원 마페트, 밀러, 맥큔)가 결성되었다.[7] 그 자리에서 위원장 마페트는

---

7 *Minutes and Reports of the Twenty-Seventh Annual Meeting of the Korea Mission of the Presbyterian Church in the USA, Held at Pyengyang, September 3-12, 1911* (Yokohama: Fukuin Printing Co., 1911), 4.

"45년 전 성서를 반포하기 위해 평양에 들어오려고 시도하다가 처형된 토마스 목사를 기념"하기 위해 위원회가 조직되었다고 소개하고, 평양에 제5장로교회를 기념 교회로 세우기 위해 스코틀랜드성서공회에 500파운드의 자금 지원을 요청하자고 제안했다.

스코틀랜드성서공회 측에서는 일단 우호적인 반응을 보였으나 재정 문제로 인해 기부금 건은 원활하게 진행되지 못하고 답보 상태에 머물렀다. 이후 스코틀랜드성서공회에서 자금을 보내지 않자 토마스기념교회설립은 지지부진하다가 결국 1915년에 위원회를 해산하고 교회 설립도 포기했다.

존스가 『한국교회 형성사』(1915)에서
처음으로 '토마스 목사 순교' 언급

지금까지 발견된 자료에 따르면 토마스의 죽음을 순교라고 칭한 것은 미국으로 돌아가 뉴욕 북감리회 해외선교회 본부에서 총무로 일하던 존스 목사가 강의록을 바탕으로 만든 원고 *The Rise of the Church in Korea*가 처음이다.

> 미국인 소유의 범선 제너럴셔먼호의 선원은 5명의 백인과 19명의 중국인과 말레이인으로 구성되어 있었고, 1866년 한국과의 무역을 개척할 의도를 가지고 중국의 즈푸 항에서 출발했다. 그 선박은 대동강을 거슬러 올라가 평양 아래 가까운 거리까지 침투했는데 물이 빠져 움직

이지 못하게 되었다. 이때 한국인의 공격을 받아 불 뗏목과 대포에 의해 파괴되었으며 모든 선원이 살해되었다.

참수된 유럽인 가운데는 이전에 런던선교회 소속으로 중국에 왔던 로버트 토마스 목사도 있었다. 그는 즈푸에 거주할 때 그곳에 난민으로 온 한국인들로부터 한국어를 조금 배웠고, 중국 돛배를 타고 한국 해안을 여행하며 한국어를 더 배울 수 있었다.

프랑스의 징벌용 원정이 이루어질 무렵, 그는 통역관으로 초청을 받아 소속 선교회의 허락을 구했으나 거절당했다. 이에 토마스는 프랑스 함대와 동행하는 계획은 포기했으나, 한국 해안에 도달할 다른 방도를 구했음이 분명했다.

천주교 리델 신부가 한국의 박해를 피해 즈푸로 피신해왔을 때 동행한 한국인들은 토마스가 한국에 들어가는 것을 협조해주겠다고 제안했고 그는 그들과 함께 가기로 동의했다. 처음에는 한국인 돛단배를 타고 황해를 건너 눈에 띄지 않는 반도의 한 장소에 상륙하기로 계획했다. 이것은 프랑스인 신부들의 관례였다.

그때 미국 범선을 타고 갈 기회가 생기자 토마스는 친구들의 충고를 무시하고 계획을 변경하여 '제너럴셔먼호'에 합류했다. 이로써 그는 1866년 8월 어느 날 발생한 그 배의 비극적 운명을 공유했다.

따라서 한국이 천주교를 대박해한 해에 최초의 복음주의 선교사가 그 땅에서 순교자의 죽음을 당한 것은 흥미로운 우연의 일치다. 1866년 8월 '제너럴셔먼호'에 탄 유럽인 5명의 사망은 3월에 처형된 베르노 주교와 9명의 유럽인 신부의 죽음과 무관하지 않다. 지금도 평양의 대동문에는 '제너럴셔먼호'의 닻줄이 걸려 있는데, 그곳을 방문하는 모든

기독교인에게 호기심의 대상이자 역사적 흥밋거리다.[8]

존스는 1866년에 발생한 토마스의 죽음을 자세히 묘사하지는 않았다. 그러나 이 사건을 그해 3월에 있었던 병인박해 때 벌어진 베르노 주교를 비롯한 9명의 프랑스인 신부들의 처형(순교)과 연관시키고, 복음주의 개신교 선교사인 토마스의 죽음도 순교였다고 정의했다.

이 타이핑 원고는 존스가 1915-16년에 보스턴 대학교 신학대학원에서 강의한 내용으로서 책을 내기 위해 1917년에 일부 수정했으나 출판되지는 않았다. 존스는 한국에서 교회사를 가르치고 책을 저술할 정도로 역사에 관심이 많았고 한국학에 조예가 깊었다. 그의 평가는 1910년대에 토마스의 죽음을 순교로 이해하기 시작한 선교사들의 견해를 반영한다.

토마스의 죽음을 둘러싼 연구들을 어떻게 봐야 할까?

토마스에 대한 연구와 자료 발굴 및 새로운 해석의 시도는 지금까지 계속되고 있다. 그러나 1920년대 오문환의 현지인 대담과 구전 연구 및 전기 출판으로 인해 토마스 해석사는 새로운 국면을 맞이했다. 1920년대 이후 해석사는 그동안 여러 논문이 논의해왔고, 이를 정리하자면 긴 글이 필요하다. 일단 1910년대까지의 해석사와 자료를 놓고 다음 몇 가지를 생각해보자.

---

8   G. H. Jones, 옥성득 역, 『한국교회 형성사』(홍성사, 2013), 180-81.

1) 토마스의 공격적 선교 방법: 우리는 "오늘도 주님은 토마스처럼 순교를 각오하고 복음을 전파할 헌신된 사람을 찾고 있다. 우리 모두가 그런 선교의 주역이 되자"는 말을 자주 듣는다. 그러나 현재는 이런 식의 공격적 선교 방법을 지지하는 단체나 학자는 거의 없다. 우리는 2007년에 발생했던 샘물교회 신자들의 아프가니스탄 피랍 사태를 기억해야 한다. 19세기 말에 내한한 초기 선교사들도 이미 그런 선교 방법은 포기했고 또 그것을 비판했다. 1905년 이전에 한국이나 중국에서 토마스 목사의 죽음을 순교로 본 선교사는 없었다.

2) 로스와의 관계: "로스가 윌리엄슨 목사로부터 토마스의 순교 이야기를 듣고 감동을 받아 조선 복음화에 헌신했다"는 말은 정확하지 않다. 윌리엄슨은 1867년 토마스의 죽음에 대한 정보를 더 얻기 위해서 고려문까지 여행했다. 당시 토마스가 구체적으로 어떻게 죽었는지 잘 알려져 있지 않았기 때문이다. 로스가 토마스의 순교 소식을 듣고 감동을 받았다는 기록은 없다. 더구나 로스는 조선 복음화에 헌신한 인물도 아니다. 그의 주 사역은 만주 선교였고, 그에게 한글 성경 번역이나 한국인 선교는 과외의 일이었다.

3) 박춘권의 문제: 흔히 박춘권은 "토마스를 칼로 쳐 죽인 후 그가 전해준 성경을 읽고 예수를 믿게 되었다"라고 하지만 그 내용을 기록한 1차 사료는 없다. 이런 내용은 1920년대 오문환의 글에만 나온다. 박춘권은 군관이었기에 중군 이현익을 구하는 긴박한 상황에서 외국인을 죽이는 처형 현장에 있기는 어렵다. 나아가 그는 외국인을 직접 처형하는 망나니는 더더욱 아니었다. 그리고 성난 군중들이 외국인을 참살하는 급박한 상황에서 박춘권이 성경을 받는 일은 있을 수 없다. 혹시 그가 나중에

성경을 구해서 읽었다면 과연 언제 예수를 믿었는지 궁금하다. 박춘권에 대한 오문환의 글을 보면, 처형 후 성경을 읽고 얼마 후에 바로 교인이 된 것처럼 보인다. 그러나 마페트의 편지에 의하면 박춘권은 토마스 처형의 '목격자'였으며, 그가 예수를 믿고 세례를 받은 것은 사건이 벌어진 후 30년도 더 지난 1899년으로 그때 그의 나이는 77세였다.

> 9월 성찬식 예배 때 59명의 남녀가 세례를 받았는데, 특별히 흥미로운 경우가 많았습니다. 이들 중 10명이 70세 이상이었습니다. 그중 한 명은 77세의 노인으로 역사적 인물입니다. 30년 전 평양에서 미국 상선 제너럴셔먼호가 불타고 모든 선원이 죽임을 당했을 때, 이 사람은 그 배에 올라가서 포로로 잡혀 있던 도시의 관리[중군 이현익]를 손으로 붙잡고 함께 물속으로 뛰어들어 무사히 강변으로 헤엄쳐 나온 자였습니다. 그는 그 범선을 불태우는 데 참여했고, 스코틀랜드성서공회 소속으로 평양에 처음 신약전서를 전한 토마스 목사를 포함한 선원들이 처형되는 것을 목격했던 인물입니다.[9]

그가 세례를 받고 혹시 영수가 될 수는 있었겠지만 장로로 안수받기에는 너무 연로했다. 영수로 임명받았더라도 그렇게 오래 활동하지는 않았을 것이다. 따라서 박춘권의 장로설은 성립되기 어렵다.

---

9 S. A. Moffett, "Evangelistic Report for 1899." *Annual Reports of the Korea Mission, the Board of Foreign Missions, PCUSA.*

04

첫 선교사는 알렌인가,
매클레이인가?

감리회 사학자들의 강변을 비판함

첫 선교사 알렌에 대한 논쟁이 왜 계속되고 있을까? 이 글에서는 그 문제를 제기하는 감리회 사학자들의 주장을 자세히 살펴보고 이를 반증하는 여러 자료를 제시하려고 한다. 이를 통해 '첫 선교사'라는 말의 개념과 기준을 규정하려 한다. 한국교회사에서 '바르게 쓰기'와 더불어 '겸손하게 쓰기'도 중요하다.

매클레이 목사(왼쪽)와 알렌 의사(오른쪽).

감리교회는 1934년부터 매클레이 목사를 첫 선교사로 주장해왔다

한국 감리교회는 희년(50주년)이었던 1934년과, 백주년이었던 1984년에 이어 최근 일부 감독과 역사학자들(서영석, 김칠성, 이덕주)이 나서서 매클레이(Robert S. Maclay, 麥利和, 1824-1907) 목사를 한국의 첫 선교사로 만들고 2015년이 한국감리회 131주년이라고 주장했다. 2014년 6월에 있었던 협성대 서영석 교수의 세미나 발표 보도문, 목원대 선교학 김칠성 교수의 논문, 그리고 2015년 3월 18일 '감리교회 선교 131주년, 아펜젤러·스크랜턴 모자 선교 130주년 1차 학술 심포지엄'에서 나온 감리교신학대학교 이덕주 교수의 발표문 보도와 참석자들의 주장을 살펴보자.

양주삼 총리사의 강변(1934)

1934년 9월 장로회가 선교 50주년(희년)을 기념하기 전, 한국 감리회는 그보다 3개월 앞선 6월 19일 감리회 '선교'가 아닌 감리 '교회' 50주년을 기념했다. 양주삼(梁柱三, 1879-1950) 감독은 매클레이가 1884년 6-7월 서울을 방문했을 때 선교사로 "공식적으로 임명받아"(officially appointed) 왔고, 고종(조선 정부)으로부터 교육과 의료 선교에 대해 "공식적 허락"(official permission)을 받아 한국 개신교 선교의 문을 열었기 때문에 그를 첫 선교사라고 주장했다.[1] 양주삼은 이 주장이 억지가 아님을 보여주려고 매클레이 이전에 한국을 '방문했던' 귀츨라프와 토마스는 (선교사로) 공식적으로 임명받은 적이 없다고 지적했다. 1934년에 열린 희년 기념식 연설에서 양주삼 목사는 다음과 같이 자랑스럽게 이야기하면서 감리회가 최초를 장식했다고 강조했다.

---

1   Charles A. Sauer ed., *Within the Gate* (Seoul: YMCA Press, 1934), 3.

과거 50년은 한국 역사에서 중요한 사건이 많았던 시기였으며, 이 시점에 감리회가 자리 잡은 것은 가장 중요한 사건의 하나였다. 왜냐하면 감리회는 근대 한국을 만드는 데 아주 중요한 역할을 했기 때문이다. 감리회는 다음과 같은 일을 했다. 최초의 남학교, 최초의 여학교, 최초이자 유일한 여자대학, 최초의 여자병원, 최초의 맹아학교, 최초의 유치원을 세웠고, 최초의 한국인 목사에게 안수했으며, 최초의 여자 의사, 최초의 간호원, 최초의 유치원 교사를 훈련하고, 최초의 여자 철학 박사를 배출했다. 따라서 감리회 선교회는 예수 그리스도의 복음을 직접 전도함으로써 사람들에게 영적인 복을 준 것은 말할 것도 없고, 한국에 있는 대부분의 '최초'들에 대한 명예를 가진다.[2]

이 최초의 목록에서 우리는 왜 양 감독이 매클레이를 첫 선교사로 삼으려고 했는지 그 이유를 짐작할 수 있다. 감리회 선교가 '한국 근대화의 선구자'라고 보기 위해서는 그 목록의 첫 자리에 매클레이가 첫 선교사로 자리 잡고 있어야 했기 때문이다. 그러나 당시 감리교회의 교세는 장로교회의 1/5 수준이었다. 양 감독이 과거의 찬란한 '최초'를 강조한 이유가 실은 어두운 현재와 미래에 있었던 것이다. 이는 최근 매클레이를 다시 불러내는 감리회 지도자들과 사학자들의 동기와 크게 다르지 않다.

사실 양주삼의 이러한 인식은 1934년 6월 장로회 선교사들과 충돌을 일으켰다.[3] 6월호 잡지에 실린 양주삼의 기사 제목은 "Dr. R. S.

---

2 J. S. Ryang, "Chairman's Opening Address," *Within the Gate*, 4.
3 이덕주, "누가 들어가서 길을 열 것인가? 동아시아 선교개척자 매클레이의 생애와 선교사역", 『한국선교의 개척자: 가우처, 매클레이, 아펜젤러』(한들출판사, 2015),

Maclay's Early Visit to Korea"였으나, 양 목사의 항의로 본래 원고
에 있던 대로 "The First Protestant Missionary to Korea"로 하여 7월
호에 다시 출판하는 해프닝이 있었다.[4] 장로회 선교역사위원회의 로즈
(Harry A. Rhodes), 쿤즈(E. Wade Koons), 코엔(Roscoe C. Coen)은 개신
교 첫 내한 선교사들을 다음과 같이 정리했다. 그들은 귀츨라프(1832),
토마스(1865-66), 만주의 로스와 매킨타이어, 웹스트(1876-87)의 초기
사역에 이어 북장로회의 언더우드와 헤론, 북감리회의 아펜젤러 부부에
대한 사적을 정리한 후, 첫 주재 선교사는 1884년 7월 22일 전보로 한국
에 임명받고 9월 20일 도착하여 10월 26일 가족과 함께 정착한 알렌 의
사 부부라고 명시했다.[5]

서영석·김칠성·이덕주의 주장(2014-15)

서영석은 다음과 같이 주장하면서 김영헌 감독의 주장을 지지한다. "매
클레이 선교사는 1884년 3월 31일에 한국선교회가 조직된 뒤 한국 선
교 지방 감리사로 임명되었고, 같은 해 6월 23일 미국 개신교 선교사

135-36.

4 J. S. Ryang, "Dr. R. S. Maclay's Early Visit to Korea," *Korea Mission Field* (Jun.
1934), 117-18; idem, "The First Protestant Missionary to Korea," *Korea Mission
Field* (Jun. 1934), 154-55. 잡지 편집장은 Miss Ellasue Wagner, 부편집장은 R. C.
Coen, 서기는 Gerald Bonwick이었으며, 기고위원과 편집위원은 G. W. Avison,
Miss L. B. Hayes, H. D. Appenzeller, Miss M. Conrow, W. M. Clark, B. F. Hunt,
B. W. Billings, W. C. Kerr, E. W. Demaree, Hugh Miller, G. C. Speidel이었다.

5 Rhodes, Koons, and Coen, "The First Protestant Missionaries to Korea," *Korea
Mission Field* (Jul. 1934), 156-57.

최초로 조선 땅을 밟아 1889년까지 한국 선교를 지도했다."[6] 김칠성은
2014년 한 논문에서 다음과 같이 정리했다.

이러한 중대한 역사적 사실에도 불구하고 매클레이가 한국 개신교 최
초의 선교사로 인정받지 못하는 결정적인 원인은 그가 한국에 거주
(residence)하지 않았기 때문이다. 이런 점을 충분히 인식하고 있는 서
영석은 2014년 6월 20일 감리교본부 선교국에서 개최한 세미나에서
'한국 선교의 시작을 매클레이로 봐야' 하는 이유에 대해 교육·의료에
관한 고종의 선교 윤허를 득함과 더불어, 초기 감리교 한국 선교를 위
한 매클레이의 활동과 공헌을 그 예로 들고 있다. 즉 매클레이는 1884
년 3월 31일 미국 북감리교 한국선교회가 조직될 때 한국 선교 지방
감리사(superintendent)로서, 그리고 아펜젤러·스크랜턴 등 초기 감
리교 선교사들이 한국에 입국한 1884년 이후부터 1889년까지 계속해
서 한국 선교를 위해 노력했기 때문이라는 것이다. 다시 말해 비록 그
가 일본에서 주로 활동했지만, 매클레이는 여전히 한국 개신교 선교를
위한 개척자요, 활동가였음을 강조하는 것이다. 이 문제에 관해서는 좀
더 논의가 필요해 보인다.[7]

이 글을 볼 때 김칠성은 이 문제에 대해 좀 더 논의가 필요하다는 유
보적 입장을 가진 듯하나, 논문의 결론에서는 다음과 같이 정리하고 매

---

6 서영석, 「기독교타임즈」(2014. 6. 20); 「당당뉴스」(2014. 6. 20).
7 김칠성, "한국 개신교 선교 역사의 시작은 언제인가?", 「한국교회사학회지」(韓國教
會史學會誌), 38(2014), 199.

클레이를 첫 선교사로 지지했다.

한국 감리교의 초대 총리사였던 양주삼은 1880년대 한국에 온 선교 사 중에 로버트 매클레이를 첫 번째 개신교 선교사로 보고 있다. 왜냐 하면 매클레이가 1884년에 고종으로부터 감리교를 포함한 모든 개신 교 선교사들의 선교(의료, 교육)에 관해 공식적으로 허락을 받았기 때 문이다. 특히 매클레이가 보여준 한국 정부와 한국 사람들을 대하는 정중한 태도는 오늘날 한국 개신교회에 매우 긍정적인 교훈을 주기에, 우리는 매클레이를 한국에 온 첫 번째 개신교 선교사라고 고려할 수 있다고 생각한다.[8]

이덕주도 매클레이를 첫 '개척' 선교사로 지지한다. "초대 총리사를 지낸 양주삼 목사의 논문을 근거로 매클레이가 정주하지는 않았지만 정식으로 인정받은 최초의 선교사임을 인정하고 있다고 전했다."[9] 그 는 매클레이에 대한 본격적인 긴 논문(2014)에서 매클레이를 공공연하 게 첫 내한 선교사로 만든 양주삼의 공을 인정하고, 매클레이를 첫 개 척 선교사로 재평가했다.[10] 그러나 한국 선교를 개척하기 위해 방문하 고 후원했다고 해서 정식 선교사가 되는 것은 아니다.

---

8 위의 논문, 215.
9 「당당뉴스」(2015. 3. 18), 「기독교타임즈」(2015. 3. 18).
10 이덕주, "누가 들어가서 길을 열 것인가? 동아시아 선교개척자 매클레이의 생애와 선교사역", 235.

귀츨라프(왼쪽)와 토마스(오른쪽).

나의 반론

귀츨라프

귀츨라프는 화란선교회 소속으로 있다가 1828년 법적으로 선교가 금지된 중국 선교를 위해 독립 선교사가 되었으므로, 어떤 선교회가 특정 지역에 '공식적으로 파송'한 선교사는 아니었다. 근대 선교는 교회 선교사, 선교회 선교사에 이어 독립 선교사로 발전하고 있었는데, 귀츨라프는 독립 선교사의 선구자였다. 또한 그는 토착 선교의 선구자였다. 따라서 교회나 선교회 선교의 입장에서 보면 그는 '괴짜'였다. 한편 1832년 그의 서해안 방문이 비록 동인도회사의 무역 탐사 여행을 위한 '사업'과 연관이 있었다고 하지만, 당시 선교 여행을 위한 선박 수단은 그런 상업 선박밖에 없었다. 당시는 1883년 개항이 되고 나가사키-부산-제물포로 운행하는 기선이 있던 시절과는 달랐다(이는 토마스에게도 해당된다). 정기 항로가 개설되기 전, 선교의 자유가 있기 전, 중국 선교는 대개 동인도회사 소유 선박이나 아편 무역선을 이용하는 수밖에 없었다. 귀츨라프는 고대도를 비롯한 서해안에서 한국 실정을 탐사하고 성경을 반포하며 미래 선교 지부를 제주도에 설치해야 한다고 제안하는 등 정상적인 선교 여행·방문을 했다. 선교의 자유가 없는 1830년대 초 조선에서 육지에 상륙하면 체포되어 사형을 당할 수도 있는 상황에서, 아직 외국인 선교사가 단 한 명도 없는 조선에 선교사로 공식 파송된다는 것은 어불성설이다. 선교회의 공식 파송이 있어야 하는 주재 선교사라는 개념은 교단이나 선교회 선교사의 경우에 해당한다. 귀츨라프는 독립 선교사로서 한국을 방문하고 선교했다. 그러나 방문 선교사라는 점에서는 매클레이와 다름이 없다.

토마스

토마스는 즈푸(芝罘)에 위치한 스코틀랜드성서공회(윌리엄슨 총무)의 임시 권서로서 '공식 임명'을 받고 한국에 파송되었으며 백령도와 평양에 왔다. 따라서 그는 선교사로 한국을 방문했다. 그러나 그가 내한한 첫 정식 선교사는 아니며 단지 방문 선교사였다. '순교' 문제는 다른 주제이므로 여기서는 생략한다.

매클레이

매클레이가 한국 방문에 대해 남긴 글은 현재 알려진 것만 6개다. 첫 두 글은 서울 방문 당시에 쓴 것이며 1차 자료로 중요하다. 끝의 세 기고문은 1896년에 쓴 글로서 서울 방문 후 12년이 지난 시점에 당시를 회고하며 역사적 사실과 해석을 가미했다. 이 글들을 바탕으로 감리회 역사학자들의 견해를 검토해보자.

① R. S. Maclay to J. F. Goucher, July 3, 1884(Sung-Deuk Oak, *Sources of Korean Christianity*[Seoul: IKCH, 2004], 42).

② "Maclay's Letter from Corea," *Missionary Review*(Nov. 1884: [R. S. Maclay to J. M. Reid, July 1884 발췌 소개]).

③ R. S. Maclay to F. Ohlinger, Dec. 17, 1892(Oak, op. cit., 43).

④ "Korea's Permit to Christianity," *Missionary Review of the World*(Apr. 1896), 287-90.

⑤ "A Fortnight in Seoul, Korea, in 1884," *Gospel in All Lands* (Aug. 1896), 354-60.

⑥ "A Fortnight in Seoul, Korea, in 1884," *Gospel in All Lands* (Nov. 1896), 498-502.[11]

가. 공식 임명의 문제: 매클레이는 한국 선교사로 임명된 적이 없다. 1884년 6월 그를 한국 선교사로 공식 임명하고 파송한 단체가 있는가? 유감스럽게도 없다. 1884년 그의 한국 방문을, 이후 미국 북감리회 해외선교부의 한국선교회 출발이라고 본 적이 있는가? 역시 없다. 많은

---

11 ②, ④, ⑤, ⑥은 이만열, 『한국기독교 수용사 연구』(두레시대, 1998), 146-73에 수록.

공식 문서는 1885년을 그 기년으로 보며, 특히 1886년 이후 연례보고서 첫 줄은 "한국선교회는 1885년에 시작되었다"로 시작한다. 1884년에 그는 한국 선교사로 공식 임명받지도 않았고, 선교부의 파송도 받지 않았다. 선교부에서 한국 선교가 시기상조라고 거절하자, 가우처는 개인적으로 1883년 11월 16일 편지를 써서 매클레이에게 한국 방문을 부탁했고, 매클레이는 한국으로 선교 '탐사 여행'을 갔다. 곧 귀츨라프처럼 한국을 탐사하고 선교 허락을 요청하기 위한 방문이었다. '공식 임명' 운운은 양주삼의 역사 왜곡이다. 그는 장로회와 같이 시작한 감리회가 1934년에 와서 장로회에 비해 1/5의 교세밖에 되지 않자 상황을 약간이나마 타개해보려고, 감리회가 장로회와 같은 해에 선교가 시작되었을 뿐만 아니라 더 앞선다고 강변했다. 50년 동안 어느 누구도 주장하지 않던 것을 그가 지어낸 것이다.

북감리회 연례보고서 첫 부분(1886).
이후 "Korea" 아래 "Commenced in 1885"가 붙었다.

특히 서영석은 "매클레이 선교사는 1884년 3월 31일 한국선교회가 조직된 뒤 한국 선교 지방 감리사로 임명된 이후 같은 해 6월 23일 미국 개신교 선교사 최초로 조선 땅을 밟았고"라고 하여, 매클레이가 1884년 3월 31일 한국선교회를 조직한 후 '같은 해' 6월에 서울을 방문한 것처럼 말하고 있으나, 일본에서 한국선교회를 조직하고 첫 한국선교회 연회를 연 것은 아펜젤러와 스크랜턴이 일본에 온 후인 1885년 3월 5일이었다. 서영석과 신문 기자가 연도를 착각한 것일까? 아니면 선교회 조직 후 같은 해에 파송된 것처럼 보이게 하려고 1885년 3월을 1884년 3월로 바꾸었을까? 김칠성도 1884년 3월 선교회 조직을 그대로 수용하고 있다. 다시 말하지만 1884년 3월 일본에서 조직된 한국선교회가 매클레이를 파송한 것이 아니라, 가우처 개인의 요청에 의해 매클레이가 탐사 여행을 간 것이다. 또한 서영석은 매클레이가 1889년 일본에 남아 한국 선교를 지원했다고 했는데, 이것은 신문 기자가 잘못 옮긴 것으로 보인다. 매클레이는 1887년 선교사직에서 은퇴했고, 캘리포니아 패서디나에 세워진 매클레이 신학교(상원의원인 형이 설립, 현 클레어몬트 신학교로 발전)에서 학장으로 봉직했다.

무엇보다 미국 감리교회 공식 역사는 매클레이가 1884년 6월 서울에 간 것은 한국 선교사로 공식적인 임명을 받고 간 것이 아니라 단지 방문했을 뿐이라고 분명히 밝히고 있다.

On June 24, 1884, Robert S. Maclay, pioneer Methodist missionary in China and founder of the Japan Mission, called at the United States Legation in Seoul. General Lucius H. Foote, first American minister to Korea, received Maclay cordially and procured a small Korean house near the legation for his use. His party included his wife, an interpreter, and a cook. He had with him two pack horses for carrying baggage.

Maclay had not been appointed as missionary to Korea but commissioned to make a tour of investigation. (중략) He arrived at Seoul on June 24, 1884, (중략) On July 3 he was notified by Kim Ok Kuin of the foreign office that the king approved the beginning of school and hospital work by the mission.[12]

매클레이는 한국 선교를 타진하기 위해서 방문했을 뿐, 선교사로 파송되지는 않았다.

나. 고종 윤허의 의미: 그것은 공식적인 허락이 아니었다. 그 이유는 다음과 같다. 첫째, 매클레이는 고종을 알현하지 않았다. 이는 고종의 '정중한 허락'(자료②), '호의적 반응'(자료④), '기독교에 대한 왕의 허락'(자료⑥)이 김옥균을 통해 간접적으로 전달되었음을 말한다. 당시 김옥균은 매클레이에게 선교 사업에 대한 강력한 관심과 희망을 표하는 한편 위험을 암시했으나, 매클레이는 이를 신중한 태도로 좋게 여겼다. 하지만 그로부터 5개월 후 갑신정변이 일어났을 때, 매클레이는 김옥균의 선교 주

---

12 Wade C. Barclay, *History of Methodism* Vol. II (New York: Board of Mission, Methodist Church, 1950), 741. 밑줄은 필자 표시.

선을 정적에 대항하기 위해 서울에 외국인 세력을 증대하기 위한 행동이었다고 해석했다(자료⑥). 서영석의 말대로 고종은 서구 교육을 수용하기 위해 미국인 선교사를 불러들일 필요가 있었다. 당시 「한성순보」(漢城旬報)는 개항한 항구도시들을 방역할 근대적 위생 시설과 병원의 건립 필요성 및 이를 담당할 의사들의 양성이 시급함을 논하고 있었다.[13] 그러나 재정이 부족한 조선 정부 입장에서는 교육과 의료 방면에서 선교사들을 이용하는 것이 이를 해결하는 한 방편이 될 수 있었다.

둘째, 매클레이는 고종으로부터 문서로 된 선교 허가서를 받지 않았다(그런 언급이 전혀 없다). 매클레이가 7월 3일 김옥균을 만나 고종의 반응을 듣고 이를 가우처에게 처음 보고할 때 매클레이는 이를 "the government would favor our enterprise"(자료①)로 해석했다. 그 문서에는 허락·승인·윤허라는 말이 없었다. 그다음 날 매클레이는 다시 김옥균을 만난 후 고종이 선교 사업을 정중하게 '허락'(승인)했다고 썼다. 그리고 개신교에 대한 반대는 없을 것이며 선교사들이 가는 길에 아무런 장애도 없을 것이라고 설명했다(자료②). 고종의 윤허는 실은 김옥균의 말이었다. 고종의 호의는 느슨한 형태의 허락으로, 김옥균의 말처럼 세부 사항이 없었다. 만일 그것이 수준 높은 정부의 '공식 허락'이나 왕의 윤허가 되려면, 미국 공사 입회하에 문서를 작성하고 외부 대신이나 고종과 미국 공사가 서명한 문서를 상호 교환하는 형식을 갖춰야 했다.

셋째, 고종의 호의에도 불구하고 의사인 알렌이 서울에 도착한

---

13 "萬國衛生會", 「漢城旬報」(1884. 5. 5).

1884년 9월의 상황은 공식적으로 "선교사의 입국을 허락하지 않았다."[14] 따라서 푸트 공사는 알렌을 조선 정부에 미국 공사관 의사(公醫)로 소개했고, 정부는 이를 묵인하며 타협했다. 곧 매클레이가 김옥균으로부터 받았다는 '허락'은 공식적인 효력이 없었다.

넷째, 1934년 (선교) 50주년 행사 때 배재학교에서 상연된 연극에서는 김옥균·윤치호·매클레이·푸트가 선교 윤허를 받기 위해 미국 공사관에서 함께 모여 의논하는 것으로 묘사했으나, 이는 어디까지나 연극일 따름이다.[15] 매클레이의 글에 그런 장면은 없다. 매클레이는 선교 요청 편지를 김옥균에게 전달했고, 김옥균은 다시 매클레이에게 고종의 호의를 전달했다. 이덕주는 윤치호가 1884년 7월 4일 자 일기에서 "아침 일찍 궐에 갔다. 주상께서 미국 상선의 내해 항해를 허락하시고 미국인의 병원 및 학교 설립과 전신 부설을 허락하셨다"(曉謁闕奏許美商船 內海事 及 許美國人設立病院及學校事 及 許設電信事)[16]라고 쓴 구절을 근거로, 이때 푸트 공사의 통역관인 윤치호가 매클레이, 김옥균, 푸트의 면담에 동석했다고 단정하지만,[17] 이는 일기 원문의 오역이다. 7월 4일 미국 독립기념일에 윤치호는 "새벽에 예궐하여 미국 상선에 내해 운항을 허가할 것, 미국인에게 병원 및 학교 설립을 허가할 것, 전신 설치를 허

---

14 "Our First Letter from Korea," *Foreign Missionary* (Dec. 1884), 303. 이것은 알렌이 1884년 10월 1일 서울에서 쓴 편지 전문이다.

15 E. Wagner, "At the Hermit Gate," *Within the Gate*, appendix, 8.

16 『윤치호 일기』(尹致昊 日記) 1권(국사편찬위원회, 1973), 81. 1884년 7월 4일 자.

17 이덕주, "누가 들어가서 길을 열 것인가? 동아시아 선교개척자 매클레이의 생애와 선교사역", 213.

가할 것 등을 아뢰었다"고 해석해야 한다.[18] 윤치호는 고종을 새벽에 알현한 적이 없다. 단지 외부에 가서 미국 공사관의 현안을 보고한 것뿐이다. 7월 4일은 미국 공사관의 공휴일로 오전에 푸트, 매클레이, 김옥균, 윤치호가 만나 공무를 의논하지 않았다. 오후에 한국 대신들이 푸트를 방문하여 축하 인사를 나누는 수준에서 하루가 마감되었다.

다섯째, 이 프로젝트를 추진한 김옥균이 1884년 12월 갑신정변 실패로 제거되고 청군이 서울을 장악하자, 1884년 12월부터 1885년 4월 초까지는 고종의 '공식적인 선교 윤허'가 없는 상황으로 변했다. 그리고 1884년 7월 2일 고종의 '윤허'가 있었다면 그것은 학교와 병원 사업에 한정된 것으로 '복음을 전하는' 전도의 자유와는 전혀 무관했다. 스크랜턴과 아펜젤러는 알렌이나 헤론이나 언더우드처럼 한국인에 대한 직접적인 전도 없이 첫해를 보낼 수밖에 없었다.

다. '고종 윤허'의 효과: 고종의 구두 '윤허'가 선교의 장애물을 제거하고 선교의 문을 연 것은 아니다. 먼저 1884년에 일어난 사건들의 연표를 보자.

1월: 이수정의 선교사 요청 편지, 뉴욕 *Illustrated Christian Weekly*에
     실림
3월: 이수정의 선교사 요청 편지, *Missionary Review of the World*에
     실림

---

18 송병기 역, 『국역 윤치호 일기 1』(연세대학교출판부, 2001), 144.

3월: 뉴욕의 맥윌리엄스(McWilliams)가 한국 장로회 선교를 위해 6,000
　　달러를 기부함

4월: 북장로회 해외선교부가 헤론(John W. Heron) 의사를 첫 한국 선
　　교사로 임명함

6월 8일: 상하이에 있던 알렌(H. N. Allen)이 엘린우드 총무에게 서울 전
　　임 요청서를 보냄

6월 24일: 매클레이(R. S. Maclay)가 서울에 도착함

7월 3일: 매클레이가 김옥균으로부터 고종의 교육·의료·선교를 '허락'
　　받음

7월 21일: 엘린우드 총무가 알렌 의사에게 서울 전임을 허락하는 전보
　　를 발송함

7월 28일: 북장로회 선교부가 언더우드(Horace G. Underwood)를 한
　　국 선교사로 임명함

8월: 일본의 해리스(M. C. Harris) 선교사가 오하이오 주 클리블랜드를
　　방문함. 스크랜턴 의사와 스크랜턴 여사에게 한국 선교를 권함

9월 22일: 알렌이 서울에 도착함

9월 23일: 알렌을 미국 공사관 의사로 임명함

10월 26일: 알렌이 가족을 데리고 서울에 정착함. 첫 주재 개신교 선교
　　사가 됨

12월 4일: 갑신정변 발발

　매클레이가 한국에 방문하기 이전에 이미 북장로회 선교부는 중국
산동의 헌터(Stephen Alexander Hunter) 의사와 리드(Gilbert Reid, 1882

년 산동 파송) 목사의 한국 파송 요청을 거절한 후, 1884년 4월 한국에 파송할 첫 선교사로 헤론 의사를 임명했다. 이어 1884년 6월 8일 자 편지로 한국행을 요청한 알렌(Horace N. Allen) 의사의 서울 전임을 전보로 허락했다. 즉 매클레이가 서울에 와서 고종의 허락을 받기 두 달 전에 북장로회 선교부는 이미 헤론을 한국의 첫 선교사로 임명했고, 알렌은 약 한 달 전에 한국행을 요청했다. 이어서 7월 말 언더우드를 임명했고, 9월 8일 선교부 실행위원회는 한국 선교회 설립을 승인했다. 매클레이가 북감리회의 한국 선교의 문을 연 것은 사실이지만, 정작 북장로회의 한국 선교는 다른 경로로 열렸다. 한미조약(1882)과 그리피스(William E. Griffis)의 책 *Corea, the Hermit Nation*(1882) 출판으로 한국에 대한 관심이 일어났을 때, 1883년 일본에서 세례를 받은 장로교인 이수정이 '마게도니아인의 요청' 편지를 보내 1884년 초에 한국 선교를 고려하도록 만들었고, 중국의 여러 선교사(헌터, 리드, 헨더슨 등)의 노력

내한한 초기 개신교 선교사들(1887년 1월 1일, 서울, 촬영자 스크랜턴 의사). 앞줄 왼쪽부터 엘러즈 간호원, 알렌의 딸, 알렌 의사, 엘리스 아펜젤러, 알렌 부인. 뒷줄 아펜젤러 부부, 스크랜턴 부인, 언더우드, 헤론 부부, 스크랜턴 대부인.

이 있은 후 알렌의 한국 지원으로 그 문이 열렸다. 이로써 알렌이 한국의 첫 주재 개신교 선교사가 되었다.

라. 소결론: (1) 1934년 양주삼이 언급한 공식 임명과 공식 허락은 1차 자료에 없다. 감리회가 장로회에 대해 가진 열등감은 역사를 미화하는 것으로는 극복되지 않는다. 그러나 그런 태도가 1984년에 표출되었다가 다시 2014년에 표출되었다. (2) 매클레이는 한국 선교사로 임명되거나 파송된 적이 없으며 단지 방문자였다. (3) 매클레이가 고종으로부터 받은 선교 허락은 문서로 된 공식적인 것이 아니라 구두로 전해진 제한적인 승인이었다. 그것은 김옥균의 프로젝트였으며 그가 갑신정변으로 몰락하면서 그 효과가 상당 부분 사라졌다. (4) 매클레이가 받은 허락은 미국 북감리회의 한국 선교를 개시하도록 만들었으나, 북장로회 선교는 이미 다른 경로로 시작되고 있었다.

왜 감리회 역사가들은 알렌을 첫 선교사로 인정하지 않는가?

이는 매클레이를 첫 선교사로 보려는 인식과 짝을 이루는 동전의 뒷면과 같다. 앞의 글에서 매클레이가 공식 임명된 첫 선교사가 아니라 방문한 선교사임을 밝혔으므로, 이 글은 왜 알렌 의사가 첫 공식 (주재) 선교사인지를 당시 1차 사료를 통해 밝히려고 한다.

김칠성 교수의 논문 "한국 개신교 선교 역사의 시작은 언제인가?"(2014)
의 주요 주장을 요약하면 다음과 같다.[19] 괄호 안의 숫자는 이 논문의
페이지다.

　1) "다른 개신교 선교사들과 비교해볼 때 알렌이 가장 먼저 한국에
거처를 마련한 최초의 거주자(first resident)임은 틀림없다"(199).

　2) "그러나 알렌을 최초의 개신교 선교사로 볼 것인지에 대해서는
여전히 논쟁적이다"(200). "그가 보여준 삶의 행적 가운데 몇 가지 사항
은 어떤 사람들로 하여금 그의 선교사적 정체성을 의심하게 만드는 여
지를 남겼는데, 필자는 여기서 그중 두 가지만 지적하겠다. 첫째, 알렌
은 자신이 선교사임을 밝히지 않았다"(200).

　3) "둘째, 선교를 위해 직접적으로 활동했거나 공헌했다는 뚜렷한
증거가 없다"(201). "제중원 설립으로 서양 의학을 한국에 소개하고 의
료 부문의 발전에 기여한 점은 분명하지만, 그것이 선교와 직접적인 연
관이 없다고 보는 것은 무리가 아니다"(202). "정리해보자면 알렌이 미
국 북장로회의 파송을 받은 한국 최초의 거주자 선교사였다는 사실은
부인할 수 없지만, 그는 초기 3년 동안만 선교사 타이틀을 유지했을 뿐
만 아니라, 자신의 선교사 신분을 떳떳하게 밝히지도 않았다. 그리고 무
엇보다도 알렌이 직접 선교 사역을 하거나 선교를 위해 크게 기여했다

---

19 김칠성, "한국 개신교 선교 역사의 시작은 언제인가?", 「한국교회사학회지」(韓國教
　　會史學會誌) 38(2014), 199-203.

는 뚜렷한 증거를 찾을 수 없다"(202).

4) 바로 이런 이유들 때문에 캐나다 출신이면서 초기 미국 북장로회 선교사로 활동했던 제임스 게일(James Scarth Gale, 1863-1937)은 "알렌의 이름을 선교사 명단에서 빼야 한다. 왜냐하면 그는 한국에 들어올 때부터 1905년 그의 뚜렷한 업적을 이룰 때까지 계속해서 외교관(diplomatist)이었기 때문이다"[20]라고 주장하고 있다.

5) "민경배는 한국 장로회가 희년(50주년)을 기념했던 1934년까지 알렌의 내한을 한국 선교의 시점으로 보았지만, 고종 앞에서 자신의 선교사 신분을 밝히지 않은 일이 선교사들 사이에서 문제가 되어 그 후부터는 '언더우드와 아펜젤러가 상륙한 1885년 4월부터 한국교회 역사가 기산된다'라고 설명하고 있다."[21]

6) "장로회 선교사 클라크(Charles Allen Clark)는 좀 더 다른 입장을 보이고 있다. 즉 클라크는 장로회 희년(50주년) 기념 자료집에 실려 있는 'Fifty Years of Mission Organization Principles and Practice'라는 자신의 글에서…'한국 내의 모든 (장로)교회들이 하나의 기관으로 연합하고자 하는 첫 번째 시도는 1889년에 있었는데, 그때는 (장로회) 첫 번째 선교사가 한국에 도착한 지 4년 후였다'[22]라고 한다. 즉 그는 장로

---

20 J. S. Gale, *Korea in Transition* (New York: Laymen's Missionary Movement, 1909), 163.

21 민경배, "한국 근대화와 알렌의 선교", 한국기독교선교130주년대회위원회, 『초기 세 선교사의 삶과 지역─한국 기독교 선교 130주년 대회 출범 예배 및 기념 포럼 자료집』(2014), 33.

22 C. A. Clark, "Fifty Years of Mission Organization Principles and Practice," *The Fiftieth Anniversary Celebration of the Korea Mission of the Presbyterian*

회의 첫 번째 선교사가 1889년보다 4년 전인 1885년에 도착했다고 말하고 있다. 이것은 1884년도에 처음 한국에 도착한 알렌이 아닌 언더우드를 가리킨다고 볼 수 있다. 따라서 우리는 비록 1934년에 한국 장로회 선교 50주년을 기념하지만, 장로회 첫 번째 선교사를 '알렌'이 아닌 '언더우드'로 보는 시각이 당시에도 존재했다는 사실을 클라크의 글을 통해서 짐작할 수 있다"(203).

나의 반론

번호 순서대로 하나씩 살펴보자.

1) 알렌이 첫 거주 선교사였다. 여기에는 이론이 있을 수 없다.

2) 공사관 의사라는 정체성 문제: 1884년 9월 22일 서울에 도착한 알렌은 그다음 날인 23일 미국 공사관 의사로 임명을 받은 후 푸트 공사와 함께 고종을 알현하는 자리에서 '공사관 의사'로 소개되었다. 그 이유는 앞에서 밝힌 대로 당시는 선교사의 입국이 불허된 상황이었으므로, 푸트의 적절한 충고에 따라 자신이 선교사로 활동하는 게 아니라 공사관과 외국인을 위한 의사로서 활동할 것이라고 지혜롭게 말한 것이다. 조선 정부 입장에서는 서양 의사가 필요하지만 선교사는 받아줄 수 없었기에, 공사관 의사라면 수용 가능했다. 선교의 자유가 없는 상황에서 있을 수 있는 이러한 정치적 타협을 놓고, 알렌이 그 자리에서 선

Church in the USA. June 30-July 3, 1934, eds. by Harry A. Rhodes and Richard H. Baird (Seoul: YMCA Press, 1934), 62.

교사라고 밝히지 않았기 때문에 선교사로 보기 어렵다는 말은 지나치게 단순한 해석이다.

3) 선교사로서 알렌의 활동: 미국 북장로회 해외선교부 한국선교회의 공식 선교사로서의 알렌의 활동은 다음과 같다. 첫째, 선교용 부지 매입—개척 선교사의 주요 과제 중 하나가 선교용 부동산 구입이다. 둘째, 선교회 회의 참석—1885년 4월부터 북장로회 한국선교회 의장과 회계직을 겸직한 후, 1885년 6월 회계직을 언더우드에게 넘겨주었다. 이후 정기 회의에 참석하여 선교 사업과 정책을 논의했다. 셋째, 의료 선교—장소는 정부 병원인 제중원이지만, 상업적인 의료 행위가 아니었다. 치료 대상은 대개 일반 주민으로 그의 의료 사업 결과 일반 시민이 미국 선교사를 만나고 개신교에 대한 인식이 변화되는 계기를 마련했다. 직접적인 전도는 아니었으나 인도주의와 기독교 사랑의 표현으로서의 선교, 넓은 의미의 선교였다. 선교의 자유가 없는 상황에서 이것은 스크랜턴 의사의 첫해와 비슷했다. 한국어를 모르는 상황에서 이루어진 의료 행위는 알렌이나 스크랜턴에게 전도라기보다는 기독교적 사랑의 표출이요, 직접적인 전도를 위한 준비였다. 넷째, 제중원 활동으로 선교사 입국이 어려운 상황에서 다른 선교사들(언더우드, 혜론, 스크랜턴, 엘러즈, 호턴 의사)이 서울에 정착할 수 있도록 도와주었다. 다섯째, 3년간만 선교사로 활동했다고 해도 그 3년이 없어지는 것은 아니다.

4) 게일의 알렌 평가(1909): 게일의 아내인 혜론 부인은 1890년 혜론 의사 사망 이후 알렌과 사이가 좋지 않았고 감정적으로 화해하지 않았다. 따라서 게일과 알렌의 관계도 썩 가까울 수 없었다. 김칠성이 논문 202쪽에 인용한 게일의 말(1909)은 다음과 같다.

While the Hon. H. N. Allen, M. D., as a medical missionary opened the work, in the mind of the writer he is disassociated from the missionary list. He was a diplomatist, from his first entry till the close of his distinguished career, in 1905. His name stands high in Korea, honored and beloved by native as well as foreigner, for he served many years in behalf of Americans and this people faithfully and well.[23]

게일은 알렌이 의료 선교사로서 선교 사업의 문을 연 것은 인정했다. 그러나 알렌이 1887년 이후 1905년까지 18년간 외교관으로 활동했으므로, 그의 한국 행적에 대해 외교관으로서의 공은 인정하나 정규 선교사로는 간주하지 않았다. 인용 부분 번역은 "필자 생각에 그(알렌)는 선교사 명단에 들어 있지 않다(나라면 그를 선교사 명단에 올리지 않는다)" 정도가 좋을 듯하다. 그다음 단락 첫 문장이 "But of missionaries proper, Underwood and Appenzeller were the clerical, and Heron and Scranton the medical"이기 때문이다. 곧 게일의 생각은 이 네 사람 모두 제대로 된 정규(proper) 선교사이지만, 알렌은 외교관에 더 가깝다는 것이다. 당연히 그랬다. 선교사 생활 3년 대 외교관 생활 18년이었기 때문이다. 그러나 문제는 그의 생애 전체가 아니라 첫 3년에 대한 것이며, 이 점에서 게일도 알렌이 의료 선교사로서 선교 사업의 문을 연 공만큼은 인정했다.

---

23 J. S. Gale, *Korea in Transition*, 163.

여기서 우리는 게일이 왜 이런 말을 했는지 이해하기 위해, 19세기 말과 20세기 초에 '정규 선교사'가 무엇을 의미했는지 살펴볼 필요가 있다. 그것의 완전한 의미는 '죽을 때까지 평생 전임으로 헌신한 선교사'를 의미했다. 곧 그것은 결혼과 마찬가지로 일생을 걸고 선교부와 계약하는 관계로서 선교부는 선교사와 그의 가족의 생계와 안전을 책임지는 대신, 선교사는 평생 헌신하고 선교부의 정책을 따르며 선교부의 승인 하에 안식년 등을 가져야 했다. 죽음만이 그 관계를 무효화할 수 있었다. 따라서 개척 선교사에게 요구되는 가장 중요한 조건은 첫째가 건강, 둘째는 30세 이하의 나이였다. 서른 이전이라야 건강하고 새로운 언어를 배우며 새 문화에 보다 더 쉽게 적응할 수 있었기 때문이었다.[24] 따라서 ① 선교지 도착 후 몇 년 안에 적응하지 못하고 떠나거나, ② 사역을 하다가 중간에 그만두고 다른 분야로 전직하거나, ③ 30대에 일찍 사망했을 경우 온전한 의미의 선교사로 인정되지 않았다.

한국 초기 선교사 중 한국까지의 여행비 등 선교부 자금만 낭비한, 가장 비판을 받은 경우인 ①에 해당한 자는, 1888년 가을에 내한하여 1년 만에 떠난 파워 의사, 1889년에 내한했으나 몇 개월 후 떠난 가드너와 그 여동생이었다. ②에 해당하는 이유 때문에 망각된 선교사는 스크랜턴 의사였다. 그는 1885년 내한하여 1907년 북감리회 선교회를 떠났는데, 20년간의 사역에도 불구하고 선교부는 그를 정규 선교사로 인정하지 않았다(독신 여자 선교사가 중간에 다른 선교회 소속 선교사와 결혼하여

---

24 Martha Huntley, *To Start a Work* (Seoul: Presbyterian Church of Korea, 1987), 69.

갈 경우 이해는 했으나 선교부 입장에서는 큰 손해이므로 좋아하지는 않았다).
③에 해당하는 첫 선교사는 헤론 의사였다. 그는 5년 사역 후 사망했기
때문에 잊혀서 그동안 별로 거론되지 않았다.

알렌 의사는 사역 3년 만에 외교관으로 변신했으므로 ②의 대표적
인 사례였다. 한국 선교 25주년을 앞두고 20년을 사역한 스크랜턴마저
정규 선교사로 인정하지 않는 분위기에서, (고작) 3년간 선교한 알렌을
두고 게일이 정규 선교사 목록에 올리지 않은 것은 어쩌면 당연했다.

김칠성 교수는 게일의 말을 인용하여 알렌의 선교사로서의 정체성
을 의심하고 있다. 그렇다면 동일한 기준을 감리교회의 매클레이에게
적용해보자. 그는 선교지에 거주하지도 않았고, 한국 선교에 헌신하지
도 않았기에, 장로교회의 알렌에 비해 정규 선교사가 될 만한 신용 점수
가 전혀 없다. 어떤 사실을 비교 평가할 때 한 사람에게만 적용하고 다
른 사람에게 적용하지 않는 것은 바로 팔이 안으로 굽어 있기 때문이다.

5) 민경배 교수의 오류(1982): 알렌이 자신이 선교사가 아니라 공사
관 의사라고 한 것 때문에 언더우드가 문제를 삼았다고 밝힌 첫 글은
민경배 교수의 대표작인 『한국기독교회사』 개정판에 나온다. "언더우드
가 '언제부터 사실상 한국에서 선교가 시작되었는지 명확하게 날짜를
결정하기는 어렵다'고 했을 때, 그는 다분히 알렌의 불명료한 태도를 맘
에 두고 이런 말을 한 것이 확실했다."[25] 민경배는 1908년 언더우드의
글을 오역하여 인용했다. 영어 원문을 보자.

---

25 민경배, 『한국기독교회사』(대한기독교출판사, 1982), 150.

Dr. Allen arrived in September, 1884, procured property, and settled in Seoul, next to the U. S. Legation.

First Period: wide seed-sowing. It is not easy to clearly mark out any periods in Korean mission work. From the very beginning, we have been permitted to see results, and the work has been steadily progressing with an ever-increasing momentum up to the present time.[26]

인용한 문장을 번역하면 "한국 선교 사업에서 어떤 시기를 명확하게 구분하는 것은 쉽지 않다"가 된다. 그다음 이어지는 말에서 보듯이 다른 선교지에서는 10년 가까운 준비기를 거쳐 복음을 전파하고 이어서 개종자가 나오는 단계로 넘어갔기 때문에 1기(준비기)가 명확했으나, 한국의 경우는 이제 "1기: 광범위한 파종기"가 되었다는 뜻이다. 이 문장은 앞의 알렌을 언급한 문단과는 다른 새 문단이다. 민경배 교수는 이 문장을 "언제부터 사실상 한국에서 선교가 시작되었는지 명확하게 날짜를 결정하기는 어렵다"라고 잘못 번역한 후, "언더우드가 알렌의 불명료한 태도를 맘에 두고 이런 말을 한 것이 확실했다"고 잘못 단정했다. 이 해석은 심각한 오류이므로 수정해야 한다.

6) 클라크: 김칠성 교수가 이 한 마디를 끄집어내서 이의를 제기하는 것은, 1934년 (선교) 50주년 기념 논문집이나 그 전후에 나온 수많은 다른 글들은 무시한 채, 모래사장에서 조개껍데기 한 개를 들고 나오는

---

26 H. G. Underwood, *The Call of Korea* (New York: F. H. Revell, 1908), 134.

격이다. 그리고 실상 이 조개껍데기도 알렌을 부정하는 것이 아니다. 인용된 부분은 교회의 자급과 연합을 말하는 부분이므로, 의료 사역이 아닌 전도 사역, 곧 목회 선교사의 활동과 교회의 자급 및 장로회 선교회들의 연합 사역을 위한 공의회 조직을 다룬다. 따라서 첫 목회 선교사인 언더우드가 온 1885년에서 4년 후에 공의회가 조직되기 시작한 것을 말한 것뿐이다. 50주년 기념 연설문들을 읽어보면 이미 앞에서 알렌을 첫 선교사로 자세히 밝혀놓고 있다.

추가 설명

가. 내한한 공식적인 '첫 선교사'의 개념

1) 방문 선교사와 주재 선교사로 구분하고, 후자의 첫 선교사를 내한한 첫 선교사로 한다.

2) 임명일보다 임명지 도착을 기준으로 한다. 임명지란 초창기에는 모두 서울이었다. 부산과 제물포 도착은 임명지 도착일이 아니다. 이는 내 주장이며, 학자 간에 이 부분은 합의되지 않았다. 그러나 이렇게 보아야만 일본에 머물다가 늦게 오거나, 중간 경유지인 부산이나 제물포에서 돌아갔을 때 등의 여러 사정을 제외할 수 있다.

3) 주재(駐在)의 완전한 개념은 정착(定着)이다. 곧 공사관이 그의 도착을 인지한 다음 법적으로 주택을 구입하여 반영구적으로 임지에서 살기 시작한 시점이다. 결혼한 기혼 선교사의 경우는 가족을 데리고 와서 함께 살 때 온전한 정착으로 본다. 미혼 선교사는 사택 입주일을 정착일로 볼 수 있을 것이다.

4) 이 기준으로 볼 때 알렌 의사는 1884년 9월 22일 임지인 서울에 도착하여 한국 개신교의 첫 주재 선교사가 되었고, 10월에 주택을 구입한 후 10월 26일 부인을 데리고 와서 거주함으로써 온전한 첫 정착 선교사가 되었다.

나. 과연 초기 선교사들은 알렌을 첫 선교사로 언급하지 않았는가?
북장로회 선교사들이 인정한 경우를 보자.

1) 언더우드는 1891년 캐나다에서 행한 연설에서 "첫 개신교 선교사(알렌 의사)는 1884년 가을에 도착했다"라고 했다.[27] 또한 그는 1904년 9월 22일 서울에서 미북장로회 해외선교부 한국선교회 선교 20주년 기념 대회가 열렸을 때 연설을 통해 알렌 의사를 지목하며 "20년 전 이 나라에 정착할 목적을 가진 첫 개신교 선교사가 도착했다"고 말했다.[28]

2) 기퍼드(Daniel L. Gifford)는 *Every-Day Life in Korea*(1898)에서 헤론이 1884년 봄에 한국 선교사로 처음 임명받았고, 매클레이 목사가 "한국을 탐사하기 위해서 잠시 그 나라를 방문"(a flying visit to Korea to spy out the land)했지만 "내한한 첫 개신교 선교사는 알렌 의사였다"라고 못 박았다.[29]

3) 1909년 북장로회 선교 25주년 때 발간한 책 *Quarto Centennial Papers Read Before the Korea Mission of the PCUSA*에 미국에 있던 알렌의 글이 수록되어 있다. 이 글은 알렌의 선교 시작 당시를 상세

---

27 옥성득, 『언더우드 자료집 제1권』, 823.

28 *Korea Field* (Nov. 1904), 205.

29 D. L. Gifford, *Every-Day Life in Korea* (New York: F. H. Revell, 1898), 129

히 설명하고 있다. 이 책에는 마페트가 알렌을 언급한 글도 있다.

4) 1934년 선교 50주년 때 맥큔은 초기 역사에 대해 상술하며 알
렌을 한국에 임명된 첫 선교사라고 밝혔다. "This first missionary to
Korea was appointed to the US Legation..."[30] 또한『조선예수교장
로회 50주년 역사 화보』(1934)를 보면 총회장 이인식 목사는 권두사에
"1884년에 선교 의사 안련 씨가 도래하고"라고 하였고, "조선 최초 선교
사 안련 의사(1884)"나 "1884년 미국인 알렌 의사가 장로회 선교사로 도
착했다"는 서술도 등장한다.[31]

5) 클라크: 대표작 *Nevius Plan for the Mission Work in Korea*
(1937), 76쪽에서 초기의 여러 접촉을 서술한 후 "First Entry of
Resident Missionaries" 항에서 알렌이 1884년 9월 20일 선교지에 도
착했다고 서술했다. 곧 클라크는 그를 첫 주재 선교사로 보았다.

6) 북감리회 선교사들도 이를 동일하게 인정했다. 대부분의 글은 감
리회의 시작만 말하고 장로회의 선교회 시작은 말하지 않기 때문에 알
렌에 대한 언급은 많지 않다. 사실 굳이 말할 필요가 없었다. 아펜젤러
는 1886년 4월 2일 편지에서 알렌이 고종의 시의(侍醫)로 고종과 왕비
를 치료하고 고관들과 친밀한 관계를 유지한 등등의 일을 "성실한 선교
사가 마땅히 해야 할 일을 하고 있을 따름"이라 평가했다.[32] 또 아펜젤

---

30 G. S. McCune, "Fifty years of Promotion by the Home Board and Home
  Church," Harry A. Rhodes and Richard H. Baird eds. *The Fiftieth Anniversary
  Celebration of the Korea Mission of the Presbyterian Church in the USA*
  (Seoul: YMCA Press, 1934), 24.
31 조선예수교장로회,『조선예수교장로회 50주년 역사 화보』(1934), 15-16.
32 이만열,『아펜젤러』(연세대학교출판부, 1985), 287.

러는 "1884년 여름에 중국 남경의 알렌 의사가 한국을 방문하고 남기로 결정했다. 나아가 첫 선교를 시작한 명예와 한국에 의료 사업과 기독교 사업의 문호를 개방한 명예는 그의 것이다"라고 했다.[33] 한국 감리회 역사를 정리한 존스는 『한국교회 형성사』(1918)에서, "한국에서 기독교 선교의 문을 실제적으로 활짝 연 것은 한국의 첫 주재 선교사인 미국인 호러스 알렌 의사의 성공이었다"라고 말했다.[34] 참고로 그리피스는 『아펜젤러 전기』(1912)에서 알렌을 첫 주재 선교사라고 썼다.

맺음말

북장로회 해외선교부의 총무였던 브라운은 1936년 선교부의 대역사 *One Hundred Years*를 쓰면서 한국의 첫 선교사들에 대해 다음과 같이 명확하게 말했다.[35]

첫 개신교 방문 선교사 = 귀츨라프, 1832년

두 번째 방문 선교사 = 토마스, 1865-66년

첫 한국 개신교 선교사로 임명된 자 = 헤론(부부), 1884년 4월

첫 한국 주재 선교사 = 알렌(부부), 1884년 9월

---

33 Appenzeller and Jones, *The Korea Mission of the MEC* (New York: 1905), 30.

34 G. H. Jones, 옥성득 역, 『한국교회 형성사』(홍성사, 2013), 28.

35 A. J. Brown, *One Hundred Years* (New York: Revell, 1936), 408-10.

이는 당시 한국에 있던 장로회와 감리회 선교사들의 공통된 견해였다. 다만 양주삼 목사만 일종의 호기를 부려 이에 반론을 제기하는 수준이었다. 감리교회가 매클레이를 첫 선교사로 보려 하는 주된 근거는, 알렌이 1884년 9월 서울 주재 선교사로 오기 전인 6월에 매클레이가 먼저 서울을 방문하고 고종으로부터 선교 윤허를 받았기 때문이다. 그러나 앞에서 밝힌 대로 그것은 문서로 된 공식적인 것이 아니라, 김옥균이 구두로 전한 제한적인 승인이었다. 이 승인은 당시 개화를 추진하던 김옥균의 프로젝트 중 하나였는데, 그가 갑신정변으로 몰락하고 일본으로 망명하면서 그 구두 윤허는 실질적 효과가 사라졌다. 매클레이가 받은 그 허락은 북감리회가 한국 선교를 개시하도록 이끌었으나, 북장로회의 한국 선교는 이미 다른 경로로 진행되고 있었다. 즉 6월에 매클레이가 한국을 방문하기 전인 1884년 3월에 뉴욕의 맥윌리암스가 한국 선교를 위해서 북장로회 해외선교부에 6,000달러를 기부했고(1월에 이수정의 선교 요청 편지가 뉴욕에 알려졌다), 이를 바탕으로 4월에 선교부는 헤론 의사를 첫 한국 선교사로 임명했으며, 6월 8일에는 중국 상하이에 있던 알렌 의사가 엘린우드 총무에게 서울 전임을 요청하는 편지를 보냈다.

첫 선교사라고 할 때 그 개념은 첫 주재/정착 선교사이며, 임명일이 아닌 임명지 도착일을 기준으로 삼아야 한다. 이 점에서 여행 경유지인 부산이나 제물포 도착일은 내한 시점이 아니며, 임명지인 서울에 도착한 날을 내한 기준으로 삼아야 한다. 그리고 더 공식적으로는 주택을 마련하고 살기 시작한 정착 선교사라야 정규 선교사로 규정할 수 있다. 따라서 매클레이 목사는 방문 선교사 중 한 명이었으며, 첫 임명자인 헤론 의사가 아닌 알렌 의사가 한국 개신교의 첫 주재 선교사이자 정착 선교사다.

군이 따지자면 목사가 아닌 평신도에 의해, 신학이 아닌 의술에 의해, 기독교 복음보다 기독교 문명에 의해 한국 개신교 선교의 문이 열렸다. 1884년 9월 22일 알렌이 서울에 도착한 날이 개신교 첫 선교사가 한국에 도착한 날이다. 그는 10월 26일 가족과 함께 서울에 다시 와서 정착했다. 따라서 1884년 10월 26일이 개신교 첫 정규 선교사가 가족과 함께 서울에 정착한 날이다. 그날 이후 40일이 지난 12월 4일 갑신정변이 일어났다. 그러나 온전한 의미에서 그는 평생을 헌신한 정규 선교사는 아니었다. 3년 후 외교관으로 옮겨갔기 때문이다. 첫 선교사의 급성공과 발 빠른 변신은 이후 한국교회의 급성장과 변신과 쇠락을 미리 보여주는 듯하여 뒷맛이 씁쓸하다.

여하튼 1884년 개신교 첫 선교사에 대한 논쟁은 식당 원조 논쟁의 본질과 유사한 면이 있다. 진짜 원조는 군이 원조를 내세우지 않고 맛과 서비스로 고객을 만족시킨다. 하지만 원조가 아닐수록 약점을 보충하기 위해 과잉 광고나 제스처를 취한다. 한국은 1등, 일류, 최고의 간판 따기 등의 욕망에 사로잡혀 있다. 교회사도 예외가 아니다. 아름다운 2등을 위한 겸손한 역사 쓰기가 필요하다. 원조라면 묵묵히 교회의 사명인 세상을 향한 소금과 빛의 사명을 실천하면 된다. 고객은 귀신같이 간과 맛이 변한 것을 안다.

1934년 양주삼 감독의 글로 첫 선교사 논쟁이 발생했을 때, 북장로회 선교역사위원회(위원 로즈, 코엔)는 다음과 같이 결론을 내렸다. "여러 선교회나 교회가 한국에서 개신교 선교 사업을 시작하는 데 참여하는 위대한 특권을 받은 것이지, 특정한 선교회나 교회가 그 모든 신용과 영광을 가져가기 위해 '처음'이 되려고 할 필요는 없다."[36] 최초 논쟁에 임하는 우리의 자세가 80년 전 수준보다 못해 자괴감이 든다. 1934년 희년의 축제는 모두가 공유할 것이지, 한 선교회가 최초를 독점할 때는 아니었다. 제2희년 때도 그 영예를 독점하려는 부끄러운 노력이 있었다. 제3희년이 되기 전에 우리는 선교에 동참하고 그 사명과 영광을 공유한 첫 역사들을 재정리하고, 그들이 함께 뿌린 씨앗에서 자라난 우리 모두가 하나님의 동역자임을 겸손히 인정하자. 씨를 뿌린 자와 물을 준 자는 아무것도 아닌 무익한 종들이다.

---

36 Rhodes, Koons, and Coen, "The First Protestant Missionaries to Korea," *Korea Mission Field* (Jul. 1934), 157.

05

감리회 첫 선교사는
아펜젤러인가, 스크랜턴인가?

스크랜턴 목사를 복권하라

"첫 선교사는 알렌인가, 매클레이인가?"라는 앞 장의 문제와 연관되는 주제가, 감리회 첫 선교사는 매클레이, 아펜젤러, 스크랜턴 중 누구인가라는 문제다. 1장에서 우리는 매클레이가 감리회의 첫 '방문 선교사'임을 밝혔다. 이 장의 주제는 방문 선교사가 아니라 "감리회의 정식 한국 선교사로 임명되어 임지인 서울에 거주하고 정착한 첫 선교사는 누구인가?"라는 문제다.

선교 50주년 때 노블 목사가 기억한 스크랜턴(왼쪽)과 아펜젤러(오른쪽, 1934). 사진 아래에는 각각 "환자를 가진 의사 스크랜턴"과 "학생을 가진 교사 아펜젤러"라고 쓰여 있다. 스크랜턴이 앞에 나와 있다.[1]

---

1 *Within the Gate* (Seoul: YMCA Press, 1934), 19.

감리회의 첫 주재 선교사는 스크랜턴이다

2015년 3월 20일 자 「당당뉴스」는 기독교대한감리회가 3월 17일 개최한 "한국 감리교회 개척 선교사의 영향과 교훈" 심포지엄을 보도하면서 "최초의 개신교 선교사는 누구인가?"라며 다음과 같이 문제를 제기했다.

> 일반적으로 한국 개신교 최초의 선교사로 장로교회의 언더우드와 감리교회의 아펜젤러를 꼽는다. 1885년 4월 5일 부활주일 오후 3시, (둘이) 함께 인천 제물포에 도착했기 때문이다. 두 선교사 중 누가 최초의 선교사인가에 대한 것은 '제물포에 발을 먼저 디딘 이가 누구였느냐'와 '누가 먼저 선교 활동을 시작했느냐'에 따라서 갈린다. 전자의 경우는 아펜젤러이고 후자의 경우는 언더우드다. 언더우드는 제물포 도착 이후 곧장 서울로 들어가 알렌의 제중원에서 일을 한 반면, 아펜젤러는 일본으로 돌아갔다가 7월 29일이 돼서야 서울에 입성해 본격적인 선교 활동을 시작했기 때문이다. 같은 이유로 감리교 최초 선교사와 관련해서, 1885년 5월 3일 아내와 어머니를 일본에 남겨 두고 홀로 한국에 들어와 알렌의 제중원에서 의료 사역을 시작했던 감리교 목사이자 의료 선교사였던 윌리엄 벤톤 스크랜턴을 주목해야 한다고 하는 학자도 있다. 일각에서는 이들보다 한 해 앞선 1884년 6월에 한국에 들어온 로버트 매클레이를 '공식적인 최초의 개신교 선교사'로 봐야 한다는 주장도 나오고 있다.[2]

---

2 "같이 시작했는데 장로교 교세가 감리교보다 큰 이유는?" 「당당뉴스」(2015. 3. 17).

첫 번째 질문은 1984년 이전에는 아무도 제기하지 않았으나, 기독교 선교 100주년 때 장로회와 감리회 간의 유치한 경쟁의식 때문에 나온 것으로서, 제물포에 발을 먼저 디딘 것까지 따졌다. 감리회 측은 아펜젤러가 (제물포에) 먼저 상륙했으니 첫 선교사라고 주장했다. 그러나 사실 제물포 땅에 첫 발을 디딘 자는 아펜젤러도 언더우드도 아니었다. 레이디 퍼스트, 바로 아펜젤러의 부인이었다. 아펜젤러는 임신한 아내를 조심스럽게 부축하며 삼판에서 내려 부두에 안전하게 오르도록 도왔다. 그러므로 굳이 땅에 디딘 첫 발이 중요하다면 아펜젤러의 부인이 첫 선교사가 된다. 그러나 누가 제물포에 처음 상륙했는가와 누가 첫 선교사인가는 전혀 상관이 없다. 왜냐하면 만일 첫 상륙 순서가 중요하다면 그 전에 이들이 부산에 상륙해서 시간을 보냈기 때문에, 제물포보다 부산에서 누가 먼저 부두에 내렸는지를 따져야 할 것이기 때문이다. 그러나 부산이나 제물포는 경유지이므로 부차적인 장소이며, 임명지인 서울에 도착해서 정착했는지의 여부로 첫 주재 선교사를 정해야 한다.

1장 결론에서 언급했듯이 방문한 선교사는 1832년 귀츨라프(독립), 1865-66년 토마스(스코틀랜드성서공회), 1884년 여름 매클레이(미북감) 순이다. 이들은 한국에서 선교활동을 하도록 공식 임명된 것이 아니므로 주재 선교사라고 할 수 없다. 한국(서울)에 거주하는 정식 선교사로 임명된 순서는 미국북장로회의 경우 헤론(1884년 4월 28일) - 알렌(7월 22일 자 전보) - 언더우드(1884년 7월 28일)이며, 북감리회의 경우는 스크랜턴(1884년 10월 4일) - 아펜젤러(1885년 1월) 순이다.

이 기사 제목에서 보듯이 감리회는 자주 비교의식에 사로잡혀 있다.

이들이 서울에 도착한 순서는 알렌(1884년 9월 22일 월요일), 언더우드(1885년 4월 5일 일요일), 스크랜턴(1885년 5월 6일 화요일), 헤론(1885년 6월 21일 일요일), 아펜젤러(1885년 7월 29일 수요일) 순이다. 곧 헤론이 제일 먼저 임명을 받았음에도 의사 수련을 더 받는 바람에 1년 뒤늦게 왔고, 나머지 네 사람(알렌, 언더우드, 스크랜턴, 아펜젤러)은 임명 순서대로 서울에 도착했으며, 그 순서대로 한국의 첫 개척 선교사들이 되었다.

아펜젤러 부부는 언더우드와 함께 1885년 4월 5일 부활절 주일 오후 제물포에 상륙했으나, 갑신정변 이후의 불안한 정세 때문에 임신한 아내를 데리고 서울에 들어가는 것이 안전하지 못하다는 미국 공사의 지시에 따라 일본으로 돌아갔다. 이후 6월 20일 다시 제물포에 왔으나 더 기다려야만 했고 마침내 7월 말 서울에 들어왔다.

그 전에 5월 6일 스크랜턴이 홀로 입경했으며, 그 가족과 어머니도 6월 제물포에 도착한 후 바로 서울로 왔다. 스크랜턴이 주택을 마련해 놓았기 때문이다. 그러나 아펜젤러 부부는 스크랜턴이 서울에 그들의 주택을 매입할 때까지 제물포에 한 달 이상 더 머물러 있어야 했다. 스크랜턴은 제중원에서 일하다가 6월 21일 헤론이 서울에 도착하자, 정동 주택에서 독자적인 의료 사업, 곧 감리회 선교를 시작했다. 이는 아펜젤러가 오기 전의 일이었다.

따라서 임명지에 도착한 순서와 임명지에서의 거주와 선교 사업 개척을 기준으로 할 때 알렌이 첫 선교사이며, 내한한 첫 목회 선교사는 언더우드가 된다. 감리회의 경우 스크랜턴이 첫 내한 선교사가 되며, 둘째와 셋째는 스크랜턴 대부인과 부인이며, 넷째와 다섯째가 아펜젤러 부부가 된다.

부산이나 제물포에 도착한 시점이 기준이 될 수 없는 것은 그곳이 단순히 경유지에 불과했기 때문이며, 이들은 모두 서울에서 선교 활동을 하도록 임명되었으므로 서울 입경일을 기준으로 삼아야 한다. 부산과 제물포(인천)에 있는 분들에게는 미안한 이야기이지만, 1885-87년에 두 항구에는 임명된 북감리회 선교사가 없었고, 한국인 감리교인도 없었고, 따라서 한국 감리교회도 없었다. 선교사가 잠시 머물면서 예배를 드린 것이 한 지역의 개교회 출발이 될 수는 없다. 한국어로 설교하고 개종자가 나오고 정해진 예배 처소(가정집이나 별도의 주택)에서 예배를 드리고 세례와 성찬이 이루어질 때 비로소 우리는 한 개교회가 성립되었다고 할 수 있다.

한국 감리교회의 첫 선교사는 의사 스크랜턴 목사로 해야 한다. 그는 아펜젤러보다 3개월 전인 1884년 10월 뉴욕 본부에서 한국 선교사로 먼저 임명받았고, 12월 4일 먼저 목사 안수를 받았으며, 1885년 5월 임지인 서울에도 아펜젤러보다 약 3개월 먼저 들어왔다. 아펜젤러는 1885년 초 한국 선교사로 임명받았고 안수도 그때 받았다. 두 사람은 1885년 2월 3일 샌프란시스코를 함께 떠났다. 비록 아펜젤러가 제물포에 먼저 내렸으나, 그는 정세 불안으로 호텔에 여장만 풀었다가 일본 나가사키로 돌아갔다. 선교를 시작할 때는 이런저런 일이 생긴다. 아펜젤러가 스크랜턴보다 서울에 늦게 들어갔다고 해서 솔직히 뭐가 큰 문제인가? 당시에는 누가 첫 선교사인가를 따지고 논하지 않았다. 의료는 스크랜턴, 교육은 아펜젤러가 맡아서 함께 일했다. 감리회는 아펜젤러-스크랜턴이 함께, 장로회는 알렌-언더우드-헤론이 함께 한국의 두 선교회를 개척한 공로자로 기억되어야 한다.

왜 아펜젤러만 첫 선교사로 기억되었을까?

감리교신학대학교 이덕주 교수는 역작 『스크랜턴』(2014) 서문에서 스크랜턴을 '잊힌 선교사'로 규정하고 그가 왜 잊힌 존재가 되었는지 알기 위해 연구를 시작했다고 썼다. 그의 행적을 찾아가면서 만난 스크랜턴은 먼저 '외로운 선교사'였다. 그의 무덤은 일본 고베의 외국인 묘지에 찾는 이 없이 버려져 있었다. 이어서 그는 '효자 선교사'로 또 '선한 사마리아 선교사'로 모습을 드러내기 시작했다. 이 교수는 책의 결론에서 스크랜턴이 지향한 선교 가치 8개를 밝히고 이를 851쪽 마지막 문단에서 그의 이름 이니셜을 이용하여 다음과 같이 표현하면서, 이것이 오늘 한국 감리교회가 실천할 선교 가치라고 주장했다. "이것이 Samaritan(사마리아인)-Curing(치유)-Redemtion(구원)-Agape(사랑)-Neutral(중립)-Travelling(순회)-Oecumenical(에큐메니칼)-Native(토착화)로 이어지는 'SCRANTON'(스크랜턴) 선교 패러다임이다."[3]

그러나 본론에서 암시는 하였지만 결론에서 왜 그동안 그가 잊힌 선교사로 남았는지 명확하게 정리하지 않았다. 곧 아펜젤러와의 비교 관점에서 정리하지 않았다. 또한 몇 차례 스크랜턴 학술 대회를 하면서도, 스크랜턴을 감리회의 첫 내한 선교사로 주장하지도 않았다.

---

3 이덕주, 『스크랜턴』(공옥, 2014), 851.

북감리회 한국선교회 연회에 참석한 해리스 감독(왼쪽)과 스크랜턴 의사(1905). 1905년 한국감리
회에 대한 감독권이 중국에서 일본으로 이전되자 해리스가 한국을 관할했다. 이로 인해 스크랜턴 총
리사는 해리스의 지나친 친일 정책을 반대하면서 선교사직을 사임하게 되었다.

친일파 감독 해리스의 영향

기독교대한감리회가 아펜젤러를 첫 내한 선교사로 기정사실화하고 이
를 변경하지 않는 이유는 아마도 여전히 감리회 역사학계와 교계가
1922년과 1934년, 1984년 때처럼 '아펜젤러 세력'에 지배를 받기 때문
이거나, 스크랜턴을 망각했기 때문인 듯하다. 1905년 상동감리교회 청
년회의 항일운동을 지지하거나 묵과한 스크랜턴은 청년회를 해산하라
고 지시한 친일 감독 해리스 목사와 갈등하다가 어쩔 수 없이 상동청년
회를 해산했으나, 미국 북감리회 선교회에 더 이상 머물러 있을 수 없

어 1906년 총리사직에 이어 1907년 장로사직과 선교사직에서도 사임하였다. 따라서 공식적인 행보에서 친일 정책을 유지한 감리회는 1907년 이후 그의 행적을 기억하거나 강조하지 않았다.

스크랜턴은 1907년 선교사 사임 후 정부 병원인 대한의원(현재 서울대학교병원 박물관 건물)에서 교수로 일하다가, 1909년 어머니 스크랜턴 여사가 사망한 후에는 서울에서 사설 요양원을 운영했다. 1911년에는 운산금광회사 부속 병원에서 잠시 근무했고, 1912년에는 서울에 사립 시란돈병원(私立施蘭敦病院)을 개설하였으며, 중국 대련에서 잠시 의사로 활동했으나 1917년 결국 일본 고베로 건너갔다. 그러나 일본에서의 생활도 순탄치 않았다. 우선 교통사고를 당해 아픔을 겪었고, 이어서 나가사키 영사였던 둘째 사위가 자살하면서 상심 속에 1922년 3월 쓸쓸히 사망했다. 한국에서 조촐한 추도식이 있었으나, 그것도 잠시뿐 그는 곧 망각된 선교사가 되었다. 그의 어머니 스크랜턴 여사는 이화학당과 함께 기억되고 추앙되었으나, 스크랜턴 의사를 기억해줄 시병원은 금세 없어졌고, 그가 목회한 상동교회도 그를 별로 기억하지 않았다. 다만 1934년 감리회 한국 선교 50주년 때 노블 선교사가 초기 개척 역사를 소개하면서 그를 4쪽에 걸쳐 제법 상세히 언급했을 뿐 이후 다시 잊혔다.[4] 그 후 상동교회가 전덕기 목사를 기억할 때 다시 언급되기 시작했으나, 스크랜턴기념사업회는 2008년에 와서야 조직되었다.

이와 달리 아펜젤러는 1902년에 사망함으로써 해리스와의 갈등도 없었다. 오히려 해상 사고에 의한 그의 비극적인 순직은 영웅적인 죽음

---

4 W. A. Noble, "Pioneers of Korea," *Within the Gate*, 26-29.

1892년 스크랜턴 가족. 그에게는 한국에서 선교사로 활동한 2세가 없었다.

1900년 아펜젤러 가족. 중앙에 이화의 교장이 된 큰딸 엘리스(중앙)와 배재의 교장이 된 아들 헨리가 있다.

으로 칭송되었고, 1912년 그리피스(William E. Griffis)가 쓴 아펜젤러 전기까지 나오면서 한국 감리교의 첫 선교사로 추앙받았다.[5]

설립 기관과 후손의 힘

아펜젤러는 정동제일교회와 배재학당의 설립자이고, 스크랜턴은 시병원과 상동감리교회의 설립자다. 그러나 시병원은 일찌감치 사라졌고 상동교회도 정동교회에 비해 세력이 약했다. 더욱이 배재 출신들은 감리회에서 상당한 영향력을 행사해왔다. 배재와 함께 막강한 힘을 가진 이화는 그 설립자 메리 스크랜턴을 대부인으로 부르며 기억해왔으나, 스크랜턴을 기억해줄 제자나 목사는 별로 없었다. 아펜젤러의 딸 엘리스 아펜젤러는 이화학교 교장으로, 아들 헨리 닷지 아펜젤러는 배재학교 교장으로 오랫동안 근무하며 감리회 안에 수많은 제자를 길러냈다. 그들은 모두 아펜젤러는 알았지만 스크랜턴은 몰랐다. 반면 스크랜턴에게는 아들이 없었고 딸만 넷이 있었다. 그의 딸들이 장성해 두

III

To Dr. R. W. Scranton belongs the credit of beginning the first regular resident work of our mission in Korea. He was appointed to the field at the end of 1884 and ordained December fourth. He did not reach the country until about one month after the Appenzeller's landing in Chemulpo. Just before the latter reached Japan on their return to that country to wait for a time when it would be safe for a lady to enter Korea, Dr. Scranton left his family and proceeded alone, arriving in Chemulpo May, 3, 1885, and at once went up to Seoul where he found Dr. Allen of the Presbyterian Church employed in the government hospital. As he was needing help, Dr. Scranton was immediately employed to assist him. He continued for about six weeks when Dr. Allen received the assistance he expected. "Dr. Scranton went out," said the annual report, "to plant our mission, in the name of the adorable Christ, in the midst of this far-off Hermit Nation." He purchased the first house which was the beginning of our compound

W. A. Noble, "Pioneers of Korea," *Within the Gate*, 26.

---

5 W. E. Griffis, *The Modern Pioneer in Korea: The Life Story of Henry G. Appenzeller* (New York: Revell, 1912).

명이나 한국에 왔지만 곧 외교관들과 결혼하여 한국을 떠났다. 따라서 스크랜턴에게는 1913년 이후 그의 이름을 언급해줄 후손이나 제자가 없었다.

아들 선교사가 없어서 잊힌 선교사 가운데에는 게일이 있다. 그는 헤론의 두 딸을 자신의 딸로 입적해 성장시킨 후 다시 한국에 선교사로 오게 할 정도로 잘 키웠으나, 그 두 딸도 각각 외교관과 사업가와 결혼 하면서 한국을 떠났다. 무엇보다 자녀 없이 수고하고 봉사한 독신 여자 선교사(의사, 간호사, 교사)의 경우에는 지금도 그들의 후손이 없어 자료 가 곳곳에 흩어져 있다.

1934년 노블이 기억한 스크랜턴

초기 선교사로 내한하여 평양과 서울 지역에서 활동한 노블(William A. Noble)은 스크랜턴을 어떤 인물로 기억하고 평가했을까? 그는 스크랜 턴을 소개하는 첫 문장을 "한국에서 우리(감리회)의 첫 정규 거주 사역의 시작은 스크랜턴 의사에게 공을 돌려야 한다"로 시작했다.[6] 스크랜턴은 1884년 10월에 한국 선교사로 먼저 임명되었고, 목사 안수도 12월 4일에 아펜젤러보다 먼저 받았다. 비록 아펜젤러가 1885년 4월에 먼저 1차 서 울 입경을 시도했으나 실패하자 스크랜턴이 2차로 5월에 시도하여 성공 함으로써 첫 서울 거주자가 되었고, 제중원에서 6주일간 알렌을 도와 사

---

6 W. A. Noble, "Pioneers of Korea," *Within the Gate*, 26; idem, "Early Pioneers of Korea," *Korea Mission Field* (Oct. 1934), 214.

역했다. 이후 6월 21일 헤론이 도착하자 스크랜턴은 정부 병원인 제중원을 나와 감리회 선교 사업의 일환으로 의료 사역을 시작했다. 또한 선교회 부동산을 매입하여 입경하는 가족과 아펜젤러의 주택을 마련했다.

노블의 1934년 글을 인용한 이덕주 교수는 자신의 책에서 이 첫 부분을 언급하지 않았다. 그는 스크랜턴이 감리회의 첫 주재 선교사였다는 노블의 말은 생략하고 이어지는 글들만 번역해서 설명했다. 곧 그는 스크랜턴의 신사답고 냉철한 성격, 의사로서 학구적인 성실성, 과묵함을 언급한 후 다음 내용을 인용했다. 아래의 글은 나의 새 번역이다.

스크랜턴 의사는 본질적으로 신비가였다. 이 점에서 그는 존 웨슬리의 제자였다. 그는 영적인 가치에 대한 글을 읽고 묵상하는 것을 기뻐했으며, 그에게 보이지 않는 세계는 분명한 실재였다. 교회의 예전은 기쁨이었고, 그의 기독교인으로서의 삶에 큰 도움이 되었다. 한국인들은 의례와 제사를 좋아하므로 선교사들은 개종자의 이 성향을 배양해야 하며, 따라서 최상의 감리교회 형식의 예배 의식을 거행해야 한다는 것이 바로 그의 생각이었다. 그는 늘 동양 철학과의 접촉점을 찾고 있었다. 그러나 예수 그리스도에 대한 믿음을 통한 인격의 변혁을 지속적으로 가르칠 것을 주장했다. 복장에 대해서 말하자면, 그는 우리들 가운데서 성직자로 인식되는 유일한 사람이었다.[7]

그는 사상은 자유로워 동양 종교와 기독교와의 접촉점을 모색했고,

---

7   Noble, "Pioneers of Korea," 28-29.

예배에서는 한국인이 좋아하는 의례를 중심으로 했으며, 옷을 입을 때는 (위의 1905년 사진에서 보듯이) 양복에 넥타이를 하는 스타일 대신 반드시 로만 칼러를 한 목사복을 입었다. 말과 외양과 행동에서는 예의 바르고 분명한 그였지만, 내면적으로는 부드럽고 신비를 추구했다. 그리고 그것이 당시 한국인의 영성과 종교 의식 및 생활 예절과 잘 어울렸다.

노블은 스크랜턴 목사가 이런 사람이었기에 또한 그의 제자인 전덕기 목사도 동일한 삶을 살았다고 보았다. 스크랜턴의 집에서 요리사로 몇 년을 지냈던 전덕기는 "나는 의사 스크랜턴 선생님이 시키는 일이면 무엇이든지 하겠습니다. 나도 그와 같은 사람이 되고 싶습니다"라고 고백하고서 목회자가 되었고 결국 당대 최고의 설교자가 되었다. 전덕기도 스크랜턴처럼 민중을 돕는 애린의 정신, 불의에 저항하는 정의의 정신을 실천하다가 일찍 죽었다. 비록 스크랜턴과 전덕기가 현실에서는 소수자로 살았으나 믿음으로 살았기에, 이제 죽었으나 말하는 자들이 되었다.

맺음말

감리회는 지난 몇 년간 1885년 4월 5일을 크게 기념하면서 아펜젤러와 매클레이를 부각시켰다. 2015년에 인천내리교회는 130주년을 기념하며 아펜젤러를 설립자로 기억했다. 정동제일교회, 배재학당, 이화학당도 모두 아펜젤러나 그의 후손이 활동했으므로 그를 기리는 행사를 했다. 그러나 서울에 처음 주재하면서 첫 감리교회 선교 사업을 공식적으로 시작한 의사 스크랜턴 목사는 어떻게 기억되고 기념되고 있는가? 그나마 이덕주 교수의 책이 나와서 다행이었다.

역사가 늘 승자의 기록인 것만은 아니다. 복음서와 사도행전은 무죄한 희생양으로 십자가에 처형된 역사의 실패자인 예수에 대한 이야기와 유대교와 로마 제국의 정치에 의해 핍박받고 죽거나 흩어진 역사의 소수자들의 삶을 서술한다. 하지만 이 약자인 '을'이 쓴 글이 지난 2000년간에 걸친 인류 역사를 바꾸어왔다. 감리회 선교 130주년을 맞은 2015년의 인천과 서울에서 기억되는 아펜젤러와 스크랜턴을 보면서, 앞으로는 전자와 함께 후자를 기억하는 (한국) 감리교회가 되기를 기대해본다. 이제라도 스크랜턴을 한국 감리회 첫 선교사로 복권해야 한다.

06

한국 파송 때 아펜젤러가
받은 편지

개척 선교사의 사명과 임무

미국 북감리회 해외선교부가 임명한 첫 한국 선교사는 20대 의사 스크
랜턴 목사와 아펜젤러 목사였고, 북감리회 여성해외선교부의 첫 선교
사는 50대의 스크랜턴 여사였다. 이들의 임명과 안수, 미국을 떠나 임명
지인 서울로 오는 여정을 1885년 1월 15일 자 리드 총무가 아펜젤러에
게 준 편지를 통해 살펴보자. 이들은 1885년 1월 20일 뉴욕을 출발하여
스크랜턴은 5월 6일, 스크랜턴 여사는 6월 21일, 아펜젤러는 그로부터
6개월이 더 지난 7월 29일 서울에 도착했다.

한국의 첫 감리회 선교사들. 왼쪽부터 스크랜턴, 아펜젤러, 스크랜턴 여사. 이들은 의료, 목회, 교육
이 함께 가는 기독교 문명의 선교 방법을 채택했다.

북감리회가 파송한 첫 한국 선교사들

뉴잉글랜드의 청교도 명문가 후손인 스크랜턴(William B. Scranton, 1856. 5. 29-1922. 3. 23)은 뉴헤이븐에서 자랐다. 그는 홉킨스 학교와 예일 대학을 졸업하고 뉴욕으로 가서, 1882년 컬럼비아 대학 및 그 대학과 연결된 뉴욕 의과대학을 졸업했다. 또한 같은 해에 루이자 암즈(Louisa W. Arms)와 결혼하였고, 신흥 도시인 오하이오 주 클리블랜드에서 엘리트 의사로 개업했다.

어머니인 스크랜턴(Mary Fletcher Scranton, 1832-1909) 여사도 클리블랜드로 함께 이사했으며, 1883년 6월 14일 첫 손녀 어거스타가 태어나자 크게 기뻐했다. 스크랜턴 여사는 북감리회 여자해외선교부 활동에 적극적으로 참여했다. 한편 1873년부터 일본에서 선교사로 일하던 해리스(Merriman C. Harris, 1846-1921) 목사가 1884년 초여름 안식년 기간에 클리블랜드를 방문하여 스크랜턴 가족과 만났다.

그는 매클레이 목사를 통해 한국이 개방되었다는 소식을 듣고는 스크랜턴에게 한국에 의료 선교사로 나갈 것을 권했다. 그가 떠난 후 한 달간 장티푸스를 심하게 앓은 스크랜턴은 이윽고 한국 선교사로 나가기로 결심했고, 곧이어 아내 루이자도 동의했다. 이는 병상에서 스크랜턴 여사와 스크랜턴 부부가 기도하고 대화한 결과였다.

스크랜턴은 1884년 10월 4일 첫 한국 선교사로 임명받은 후 한국에서 갑신정변이 일어난 12월 4일 뉴욕 파크애비뉴 교회에서 파울러(Charles H. Fowler) 감독으로부터 장로목사로 안수를 받았다. 같은 해 10월 북감리회 여성해외선교부(WFMS)는 스크랜턴 여사에게 한국 선교사로 나갈 것을 제안했다. 그녀는 처음에는 50이 넘은 나이 때문에 거절했으나 마침내 아들 내외와 함께 선교사로 헌신하기로 결심했다. 이후 11월 볼티모어에서 열린 실행위원회 총회에 참석하여 11월 10일 폐회 때 한국 선교사로 파송받았다. 그리고 12월 4일 아들이 뉴욕에서 목사 안수를 받을 때 참석하였으며 여성해외선교부 본부를 방문하고 향후 선교 사업 개척을 의논했다.

아펜젤러(H. G. Appenzeller, 1858. 2. 6-1902. 6. 11)는 부계의 펜실베이니아 주 네덜란드 개혁주의와 모계의 메노파 신앙 전통 속에서 자라다가 감리회로 옮겼다. 그가 드루 신학교 시절 선교사가 되기로 결심했을 때, 그는 차가운 이성과 뜨거운 가슴을 동시에 소유하고, 정통 교리(orthodoxy)와 정통 실천(ortho-praxis) 사이에서 균형을 유지하고 있었다.

그는 1883년 10월 코네티컷 하트포드 신학교에서 열린 해외 선교를 위한 전국신학교동맹대회에 드루 신학교 대표 5인 중 한 사람으로 참석했다. 그 대회에는 언더우드(H. G. Underwood, 1859-1916)도 뉴브런즈윅 신학교 대표로 참석했다. 두 사람은 이 대회에서 선교사로 헌신하기로 결심을 굳혔다.

아펜젤러는 1884년 8월 선교부 총무 리드(J. M. Reid)에게 편지를 보내 선교사로 지원했다. 리드는 연말까지 아펜젤러와 여러 통의 편지를 주고받았다. 리드가 편지를 보낸 날짜는 1884년 9월 5일, 10월 17일, 11월 20일, 12월 1일, 12월 17일, 12월 20일이었다.

아펜젤러는 12월 17일 선교사로 나가기 위해 랭커스터 제일감리교회에서 엘라 닷지(Ella Dodge)와 결혼했다. 두 사람이 성탄절을 보내기 위해 수더턴에 있는 아펜젤러의 부모 집에 가 있을 때, 12월 20일 자 리드 총무의 편지가 도착했다. 한국 선교사로 임명되었다는 소식이었다.

세 선교사는 뉴욕 선교부에서 만나 1월 20일 함께 기차를 타고 뉴욕을 출발했다. 그들은 미국 대륙을 열차로 횡단하여 2월 1일 샌프란시스코에 도착했다. 아펜젤러는 다음날 샌프란시스코에서 파울러(C. H. Fowler) 감독에게 장로목사 안수를 받았다. 2월 3일 두 가족(6명) 일행은 아라빅(Arabic) 호에 승선하여 일본을 향해 출발했다. 이들은 미국 북감리회가 미지의 땅 조선 왕국에 파송한 첫 선교사들이었다.

1885년 1월 15일 자 리드 총무의 편지

선교부 총무 리드가 1885년 1월 15-19일에 두 개척 선교사에게 보낸 편지는 뉴욕 컬럼비아 대학교 유니언 신학교 도서관에 있는 아펜젤러 자료 안에 보관되어 있으며, 드루 대학교 감리회역사관에서 만든 마이크로필름 "Letter book 208, Financial, Korea, 1885-96"에도 들어 있다. 한국 북감리회의 선교가 어떻게 개시되었는지를 알려주는 이 중요한 편지가 지금까지 거의 알려지지 않은 이유는, 이 편지가 선교부의 일반 편지가 아닌 재정 관련 편지로 분류되어 "Letter book 208, Financial, Korea, 1885-96"에 들어가 있었기 때문이다. 이 편지의 수신자는 아펜젤러이지만, 1월 19일 리드가 스크랜턴에게 보낸 편지에서 함께 읽는 권한을 주었다. 곧 이 편지는 한국선교회에 준 선교부의 첫 공식 서한이다. 편지 전문을 해독하려면 마이크로필름 판독기에서 본문을 확대해서 인쇄한 후 단어별로 확인하면서 읽고 옮겨 써야 한다.

아펜젤러에게 준 1월 15일 자 편지는 타자로 친 9페이지 26개 문단으로 이루어진 긴 글이고, 스크랜턴에게 보낸 1월 19일 자 편지는 4페이지다. 여기서는 지면 관계상 첫 편지만 번역하고, 두 번째 편지는 해석 부분에서 추가하려고 한다. 첫 편지도 길기 때문에 일부는 요약하되, 중요한 부분은 전체 문장을 번역하고 따옴표를 넣었다(원문에는 번호가 없지만, 논의를 위해 필자가 각 문단 앞에 번호를 추가했다).

리드 총무는 이 편지를 통해 선교지에서 첫 한두 해에 일어날 일을 예상하면서 큰 그림을 그려주었다. 선교지로 떠나는 청년 선교사들에게 선교부가 어떤 내용으로 첫 편지를 보냈는지, 25세의 아펜젤러의 심정이 되어 선교부 총무의 편지를 읽어보자.

1885년 1월 15일
아펜젤러 형제에게,

1. 어제 당신이 완전히 안수를 받지 못해서 아주 유감이다. 스크랜턴 의사와 많은 이야기를 나누었고 더할 것이다. 그를 통해 더 알려주겠다.

2. 2월 3일 샌프란시스코를 떠나 여행할 것인데, 당신과 부인의 승선표를 위한 어음을 첨부한다. 각자 250파운드의 짐을 열차에서부터 싣고 갈 수 있다.

3. 요코하마에 도착한 후 도쿄로 가서 매클레이 박사에게 도착 보고를 해야 한다. 매클레이 박사의 판단이 없다면 일본에서 잠시만 머무르고 바로 한국으로 가야 한다. 일본에서는 선교 사역의 방식을 익히고, 가능

하다면 한국어 공부를 해라. 아마 한국 기독교인이나 기독교에 우호적인 한국인을 고용해서 한국까지 함께 동행하면 도움을 받을 수 있을 것이다. 일본에서의 모든 시간은 미래 사역을 위한 장비들을 구입하는 데 사용해야 한다. 매클레이 박사가 가야 할 때라고 판단하면, 한국으로 가서 선교회를 개설해야 한다.

4. "아마도 당신과 스크랜턴 의사가 가족들을 뒤에 남겨두고 (먼저) 가서, 그들을 위한 적절한 거처를 마련하는 것이 지혜로울 것이라고 생각한다. 한국으로 출발할 때 그 나라의 정치적 상황을 계속해서 확인하지 않으면 안 된다. 내가 보기에 미국 대사가 그 왕국에 돌아가는 것이 가능하다는 것을 발견할 때까지 입국하는 것은 지혜롭지 않다."

5. "임시 주택에 가족들이 거주하고 나면 사역을 시작할 수 있을 것이다. 위치가 적절하다는 확신이 들 때까지 부동산은 구입하지 않기를 바란다. 적절한 위치의 집이 매물로 나오고 매클레이 박사가 구입해도 좋다고 승인하면, 선교 본부는 당신이 구입하도록 할 것이다. 그런 구매를 할 때 선교회의 미래를 최대한 고려하기 바란다."

6. "한국선교회 역사의 초창기에 최대한 신중해야 한다. 그러나 자리가 잡히면, 모든 비용은 선교 본부의 권위로 지불될 것이다. 당신은 기독교가 공식적으로 허용되지 않은 나라에 파송된다는 점을 이해해야 한다. 바로 얼마 전에 기독교는 법으로 엄금되어 있었다. 그러나 우리는 의료 사업과 교육 사업이 한국인들에게 아주 잘 수용될 것이라는 확신을 가지고 있다. 따라서 의심할 여지없이 이것이 당신의 첫 사역이 될 것이다. 적절한 건물을 구입할 시점까지 학교를 감독할 수 있는 언어에 대한 충분한 지식을 획득하고 가르칠 학생들도 찾기를 희망한다."

7. "우리의 일부 동양 선교회들에서는 아침과 저녁에 드리는 〔선교사들의〕 가족 예배에 참여하기 원하는 본토인들도 동참할 수 있게 하는데, 이런 방식으로 회중을 형성하게 되었다."

8. "나는 하나님께서 어떻게 당신 앞에 사역을 열어주실지 모른다."

9. "여성의 완전 격리와 다른 방면에서 한국인들의 아주 독특한 관습 때문에 여학교를 개설하는 것은 매우 어려울 것이다. 그러나 스크랜턴 여사의 도움을 받으면 이것도 성취될 수 있다고 믿어 의심치 않는다. 따라서 당신의 아내도 최선을 다해 협력할 분야를 발견할 것이다."

10. "한편 스크랜턴 목사는 그의 의료 사역을 개설할 지혜로운 길을 찾을 것이다. 이 모든 일에서 모든 종류의 사역은 진정한 선교 사역이 되어야 한다는 것을 기억해라."

11. "현재로서는 당신의 선교회의 본부가 서울에 있는 것으로 간주하지만, 은자의 나라가 외국에 무역을 개방하면, 한국의 항구인 제물포는 아주 중요하게 부상할 것이다. 십중팔구 일본의 도쿄와 요코하마처럼 비슷한 관계를 유지해야 할 것이다. 분명히 다른 중요한 센터들이 있다. 선교회의 확대와 확산과 관련한 문제는 매우 초기에 관심을 기울여야 한다. 하지만 지극히 조심하면서 진행하고, 나라의 법률과 백성들의 독특한 편견을 매우 신중하게 고려해야 한다."

12. "한국에서 이루어지는 은행업의 방식에 대해서는 알지 못한다. 따라서 현재로서는 매클레이 박사에게 예치할 것이다. 그가 예산 안에서 사역을 실천하는 데 필요한 것을 적절한 절차에 따라 당신에게 공급해줄 것이다. 그리고 내가 파울러 감독을 바르게 이해하고 있다면, 매클레이 박사가 감리사의 관계를 유지할 것이며, 사역을 시작할 때 당신에게 조

언자요, 아버지가 될 것이다."

13. "때가 되면 우리는 한국에 거주하는 자를 감리사로서 사역하도록 선출하고 한국에 있는 자가 회계로 일할 것이다. 그때까지 은행 업무 문제를 고려하기 바라며, 뉴욕에서 동일하게 인정되는 브라운형제상회의 어음이 런던에서는 파운드로 인정되는데, 우리의 어음을 한국에서 인정해주는지 확인해서 알려주길 바란다." 지난 60년간 우리의 신용은 실패한 적이 없으므로, 다른 은행과 동일하게 인정받아야 한다.

14. "또한 우리는 한국에서 부동산이 얼마 동안이나 보유되는지 알지 못한다. 선교회 자산은 '뉴욕 주 법에 따라 조직된 법인인 북감리회의 선교회' 소유로 등기가 되어야 한다. 하지만 우리가 그 권리를 가지지 못할 수도 있다. 의심할 여지없이 미국 공사가 이 문제를 이해하는 방식으로 처리할 수 있다."

15. "구입이 이루어지면 자산이 어떤 방식으로 소유되었는지 알려주기 바라며, 가능하다면 등기부를 번역해서 보내주기 바란다."

16. "대화 때 이미 지적했듯이, 본 선교회와의 모든 사업은 문서로 해야 하며, 모든 문서는 증빙서류와 함께 조심스럽게 보관해야 한다."

17. "당분간 매클레이 박사가 선교회의 출납인임에도 불구하고 두 사람 중한 명을 지명해서 계좌를 정규 양식에 따라 정리하고, 모든 증빙서류를 철해서 후임자의 손에 넘겨주도록 하는 게 좋다고 생각한다. 선교회 총무와 감독들로부터 받는 모든 편지를 보관하는 것이 의무다. 요컨대 선교회를 위해서 이루어진 모든 일은 공식적이어야 하고, 서류상에서 이루어지는 거래의 성격을 보여주어야 한다. 이 지시 사항은 스크랜턴 의사에게도 아주 조심스럽게 반복할 것이다. 왜냐하면 내가 그를 나중에

만날 때 그에게 계좌 정리를 알려줄 것이기 때문이다. 선교 본부가 무엇을 할지 결정할 때가 올 때까지 그가 그 일을 맡을 것이다."

18. "한국을 위한 신용으로 이미 매클레이 박사의 손에 3,000달러가 있다. 스크랜턴 의사의 손에 우리 어음으로 2,000달러를 줄 생각이다. 이 발행 일자 후 정기 출급 어음은 필요할 때 현금으로 바꿀 수 있다."

19. 한국의 사업 문제, 선교회의 확장과 성장, 선교사로서의 성공, 그리고 가족의 건강 등에 대한 서신은 상세한 내용을 담아야 도움이 된다.

20. 한국에서 선교사의 봉급은 얼마가 적정한지 최대한 빨리 판단해서 알려주는 것이 의무다. (앞으로) 당분간은 매클레이 박사가 알려주는 일본 거주 선교사 봉급을 줄 것이다.

21. 봉급은 일본 도착과 함께 줄 것이다. 그때부터 여행비 지급은 중지되고, 모든 비용은 봉급으로 써야 한다. 일본에서 한국으로 가는 여행비는 지급할 것이다.

22. 장정의 선교 부분과 선교회의 정관과 세칙을 주의 깊게 읽기 바란다. 그 규칙들을 가지고 스스로 다스리기 바란다.

23. 본국에 기고할 원고를 선교부에 보내면 원하는 곳에 제출하거나 선교의 대의에 맞게 잡지사에 보낼 것이다. 원고료는 개인 계좌로 입금된다.

24. 필요한 일이 있으면 이 사무실로 언제든지 연락하라.

25. "당신과 작별하면서, 당신이 속으로 과연 이 일들에 누가 충분한가라고 외치고 있으리라고 의식한다. 그러나 지혜가 부족함을 느낄 때마다 그것을 관대하게 얻을 수 있는 원천이 있으며, 결코 얻지 못하는 법이 없다는 것을 당신은 안다. 내가 이 모든 사역에서 그러하듯이, 당신이

이 원천에 의지할 것을 알고 있다. 당신이 참 하나님 앞에 드리는 성전의 기초를 무릎을 꿇고 놓을 수 있기를 희망한다. 자네가 가기 전에 하나님께서는 이미 아주 깊고 넓게 기초를 마련하셨기 때문에, 인도를 본 버틀러 박사가 느낀 것처럼 자네도 큰 기쁨을 느낄 수 있을 것이다."

26. "나는 또한 하나님께서 자네의 여행길에 은혜를 주시고, 해상 안전, 고향 가족들의 사랑과 행복, 한국 땅에서의 조용함과 평화, 그리고 이승과 저승에 필요한 모든 복을 진실로 주시기를 간구한다."

당신의 매우 진실한,
통신 총무 J. M. 리드

"추신. 세인트루이스에서 샌프란시스코까지의 열차표는 현 주소로 1월 20일이나 그 전에 우편으로 보낼 것이다. 랭커스터에서 세인트루이스까지는 스스로 표를 사기 바란다. 우리는 털 매트리스와 두 개의 스프링 침대를 발송할 것이다. 하지만 난로와 난로 기구는 당신이 추가로 연락할 때까지 가지고 있을 것이다. 다만 기름 난로는 매트리스와 함께 보낼 것이다. 우리는 기름은 발송하지 않는다. 일본에서 구할 수 있기를 바란다."

당신의 진실한,
J. M. R.

편지 본문에 대해 번호 순서대로 자세히 살펴보자.

1. 아펜젤러의 목사 안수 문제

아펜젤러는 1885년 1월 14일 오전 급하게 뉴욕 선교 본부를 방문했다. 그날 오후 늦게 드루 신학교 공동체는 아펜젤러를 한국 선교사로 파송하는 예배를 드렸다. 드루 신학교의 교수와 학생들이 뉴욕행 기차역까지 찬송가를 부르며 행진하고 그를 전송했다. 아펜젤러 부부는 뉴욕에서 리드 총무와 스크랜턴 가족을 만났다.

리드 총무가 15일 편지에서 유감이라고 한 것은 아펜젤러가 집을 떠나기 전에 장로목사로 안수를 받지 못했기 때문이었다. 리드는 이 문제를 해결하기 위해 개럿 신학교 교장 출신 닌드(William Xavier Ninde, 1832-1901) 감독과 상의했고, 닌드 박사는 당시 샌프란시스코를 방문 중이었던 뉴욕의 파울러(C. H. Fowler) 감독에게 전보를 보내어 아펜젤러를 장로목사로 안수해줄 것을 부탁했다.

파울러 목사는 노스웨스턴 대학교 총장 출신으로 뉴욕에서 *Christian Advocate*를 편집하다가 1884년 감독

리드 총무(위)와 파울러 감독(아래).

이 되었으며, 일본과 한국 선교에 관심이 많았다. 그는 스크랜턴과 아펜젤러가 한국 선교사로 임명되었다는 소식을 듣고 1월 2일 두 사람에게 편지를 보내기도 했다.

1월 19일 리드 총무는 파울러 감독에게 편지하여 닌드 감독의 전보를 언급하면서 아펜젤러에게 목사 안수해줄 것을 부탁했다. 또한 아펜젤러와 스크랜턴에게 보낸 편지 사본을 파울러 감독에게 동봉하여 사정을 파악할 수 있게 했다. 리드는 1월 20일 뉴욕을 떠나는 아펜젤러에게 편지를 주어 이를 알렸다.

아펜젤러는 2월 1일 일요일에 샌프란시스코에 도착했고, 파울러 감독은 2월 2일 월요일에 아펜젤러를 장로목사로 안수했다. 당시는 선교사에게 집사목사와 장로목사를 동시에 안수했다. 아펜젤러는 안수 후 플로리다 연회에 소속되었다가, 이듬해 펜실베이니아 연회로 적을 옮겼다.

2. 샌프란시스코까지의 여행과 출발 일자

스크랜턴 가족과 아펜젤러 부부는 1885년 1월 20일 뉴욕에서 센트럴 열차를 타고 버펄로로 올라갔으며, 톨레도를 거쳐 세인트루이스로 갔다. 그리고 그곳에서 다시 미주리 퍼시픽 철도로 샌프란시스코까지 갔다. 열흘간에 걸친 대륙 횡단 철도 여행이었다.

이때 1인당 250파운드의 화물을 가지고 갈 수 있었는데, 아펜젤러는 화물의 상당 부분을 책으로 채웠다. 2월 1일 샌프란시스코 도착 후 2일에 아펜젤러는 파울러 감독으로부터 목사 안수를 받았다. 파울러는 1888년 가을에 일본, 한국, 중국을 차례로 방문하여 초기 한국선교회를 지도하고 격려했다.

아펜젤러 부부, 스크랜턴 대부인, 스크랜턴 부부와 딸 어거스타 등 6명은 2월 3일 태평양우편회사의 아라빅호를 타고 한국을 향해 출발했다. 2월 15일 주일에는 아펜젤러가 기선의 채플에서 설교했다. 16일에는 동경 180도 날짜변경선을 지났다. 3주일이 넘는 항해 기간 동안 두 가족은 개척 선교사로서 동지애를 느끼며 더욱 가까워졌다. 이로써 미지의 땅 조선을 향한 신비의 여행이 시작되었다.

3. 요코하마 도착 후 일본 체류와 매클레이 박사의 역할

이들은 2월 26일 저녁 요코하마에 도착했다. 밤이 깊어 승객들은 기선에서 하룻밤을 더 묵었다. 아펜젤러는 자신의 선실에 사람들을 초대하여 도착 감사 예배를 드렸다. 27일 아침 일행은 후지산을 바라보며 요코하마에 상륙했다. 해리스 목사와 스펜서 목사가 반갑게 맞아주었다. 스크랜턴 여사는 그곳에서 3년째 선교사로 사역하고 있던 조카 엠마 벤턴과 해후했다. 이들은 도쿄로 이동했고 거기서 며칠간 쉰 후 매클레이 박사를 만났다.

3월 5일 오후 1시에 도쿄 시내 아오야마(靑山)에 있는 매클레이 박사의 서재에서 한국에 임명된 선교사들과의 첫 모임(The First Meeting of the Missionaries to Korea)이 열렸다. 참석자는 매클레이, 아펜젤러 부부, 스크랜턴 부부, 여성해외선교부의 스크랜턴 부인이었다. 그날 회의록은 다음과 같다.

[일본] 선교회 감리사인 매클레이 목사가 의장으로 경건회를 인도하다. 시편 121-122편을 읽다. 찬송 547장 "내 지킬 본분은"을 부르다. 의장이 기도하다. 매클레이 박사는 따뜻한 환영사를 하고 하나님께서 우리의 새 일터에 복 주시기를 빌다. 1884년 6월 자신의 짧은 한국 방문에 대해 설명하고 마치다. 연설 후 사역의 전망에 대해 함께 토론하다. 2시에 정회하다.

2시 35분에 매클레이 박사가 의장으로 속회하다. 한국 학교 사업 예산에서 200달러를 도쿄 영일학원[英日學院, 1894년 靑山학원으로 개칭]에 재학 중인 4명의 한국 학생을 돕는 데 배정하자고 동의하다. 매클레이 박사에게 감리회 요리문답 1번과 이수정이 번역한 「진리이지」를 한국어로 출판하도록 허락하자고 동의하다. 학교 예산에서 소책자와 찬송가의 번역과 출판을 위해 250달러를 배정하도록 주문하다. 의장이 폐회하다.

서기 아펜젤러

한편 이 자리에는 이수정과 박영효도 참석했다고 한다. 이 회의록에 대해 일부 학자는 파울러 감독이 좀 더 빨리 편지를 했더라면 매클레이가 일본 선교회 감리사 자격이 아니라 한국 선교회 감리사 자격으로 회의를 했을 것이라고 주장한다. 그러나 이미 선교 본부의 리드가 보낸 1월 15일, 19일 자 편지에서 매클레이를 한국 선교회의 '임시 감리사'로 임명했고, 스크랜턴과 아펜젤러가 그 편지를 매클레이에게 전달했기 때문에 그런 추측은 맞지 않는다. 매클레이 목사는 새로 조직된 한국선교회의 비공식적인, 일종의 감리사 겸 예산관리인(purse)의 위치를 부여받았다. 한국에 거래 은행이 없어 당분간 선교부는 매클레이에게 돈을 보냈다. 스크랜턴이 회계를 맡았고, 아펜젤러는 아직 직책이 없었다.

이때 도쿄에는 갑신정변 실패 후에 망명한 김옥균, 박영효, 서재필, 서광범이 거주하고 있었다. 일본성서공회의 루미스 목사의 주선으로 박영효는 매일 스크랜턴의 집에 와서 (그에게) 한국어를 가르쳤고 그러면서 둘은 친해졌다(한편 1월 15일 요코하마에 도착해 헵번 의사 집에서 머무르던 언더우드는 서광범과 친하게 지내면서 영어를 가르치고 한국어를 배웠다). 아펜젤러는 서재필에게 한국어를 배운 듯하다. 그로부터 10년 후 1894년 갑오개혁 내각 때 개화파 망명객들이 친일 내각을 성립하면서, 그들은 비슷한 나이의 청년으로 서로 친하게 지냈던 개신교 선교사들에게 큰 힘이 되었다. 이는 개신교 선교가 급성장하는 한 요인이 되었다.

파울러 감독이 매클레이에게 보낸 2월 23일 자 편지가 3월 31일에 도쿄에 도착했다. 매클레이를 한국선교회의 감리사, 아펜젤러를 부감리사, 스크랜턴을 회계로 임명하는 서신이었다. 그러나 이때는 이미 아펜젤러가 요코하마를 떠난 후였다. 매클레이의 감리사 자격은 1886년 아펜젤러가 감리사로 임명받을 때까지 유지되었다.

그러나 이후 한국선교회 담당 감독권은 중국으로 넘어가서 무어(David H. Moore) 감독이 관할하게 되었다. 그 감독권은 1905년부터 다시 일본으로 넘어와서 해리스(Harris) 감독이 관할했다. 이런 해외 감리사나 감독이 임명되었다고 해서 그를 한국선교회 선교사로 보는 것은 잘못이다. 곧 매클레이 감리사나 무어 감독이나 해리스 감독은 한국 선교사가 아니었다.

4. 한국행

1875년 일본에서 요코하마-상하이 노선을 운행한 미쓰비시(三菱) 우편
기선회사는 1885년 9월 일본우선회사(日本郵船會社)로 확장되었다. 이
회사는 1883년 제물포가 개항되자 한 달에 한 번 요코하마-고베-나가
사키-부산-제물포 노선을 운행했다.

아펜젤러의 한국행 날짜(1885).

매클레이 박사의 결정에 의해 우선 아펜젤러 부부만 3월 23일 제물
포행 기선 나고야마루(名護屋丸)를 탔다. 그 배는 1866년 미국 오리건조
선소(Oregon Steamship Co.)에서 제작된 중량 2,574톤, 길이 84미터의
기선이었다. 이어 2진으로 스크랜턴 가족이 갈 계획이었다. 아펜젤러와
동행한 승객 중에는 갑신정변 당시 사망한 일본인과 소실된 공사관에
대한 배상 문제를 해결한 한성조약 체결 후 일본에 사과하러 왔던 한국
사절단(서상우 특파전권대사, 묄렌도르프 고문)이 있었고, 한국 선교의 가능
성을 타진하기 위해 방문하는 미국 공리회(ABCFM) 일본 선교회의 두
의료 선교사인 테일러(Taylor)와 스커더(Scudder)가 있었다. 3월 25일에

는 고베항에서 미국 북장로회의 언더우드 목사가 승선하여 동행했다.

아펜젤러 일행은 3월 28일에 나가사키에 도착하여 3월 31일에 다시 출발해, 4월 2일 아침 부산에 도착하여 9시에 상륙했다. 다시 4월 3일 부산을 출발하여 4월 5일 오후 3시에 제물포에 닻을 내려 작은 삼판을 타고 4시경에 항구에 상륙했다. 그러나 리드 총무의 충고와 달리 아펜젤러는 임신한 부인을 데리고 갔으므로, 정세가 불안한 때에 서울에 외국 여성이 들어오는 것을 허락할 수 없다는 푸트 공사의 지시로 제물포항에 머물다가 나가사키로 철수할 수밖에 없었다.

당시 제물포항에는 미국 군함 오씨피 호가 정박해 있었는데 그 배의 함장인 맥글렌시는 아펜젤러 부인의 서울 입경을 강력히 반대했다. 이에 반해 언더우드, 스커더, 테일러는 4월 5일 오후에 여행을 강행하여 마침내 밤에 서울 도성 안에 들어왔다. 아펜젤러 부부는 나가사키에서 두 달 가까이 지내다가 6월 20일에 스크랜턴 가족과 함께 다시 제물포에 오게 된다.

한편 정세를 주시하던 매클레이는, 한국을 방문한 미국 무역 회사의 타운센드(L. T. Townsend)로부터 남자만 가면 서울에 들어갈 수 있다는 정보를 얻었고, 이어서 4월 10일 의사인 알렌을 원장으로 하여 정부병원인 광혜원(廣惠院)이 개원하자, 4월 20일 요코하마를 떠나는 기선에 역시 의사인 스크랜턴 혼자 서울로 가도록 결정했다.

스크랜턴이 5월 3일 주일 제물포에 도착했을 때 알렌이 영접하며 환영했다. 항구에는 오씨피 호를 대신하여 미국 군함 트렌턴 호가 정박해 있었다. 스크랜턴은 5월 6일 서울에 도착했다. 다음날 포크 대리공사는 일주일 전 제중원(濟衆院)으로 이름을 바꾼 정부병원에서 스크랜턴이 일할 수 있도록 요청했다. 17일에 외무아문이 이를 허락했고, 스크랜턴은 제물포에 있는 화물을 서울로 가져왔다. 그는 5월 18일부터 임시로 알렌의 집에 거주하면서 제중원에서 일했다. 이로써 스크랜턴은 미국 북감리회의 첫 한국 선교사로 사역을 시작했다. 6월 1일에는 리드 총무에게, 서울 도착과 진행 상황을 보고하는 서울에서 쓴 첫 선교 편지를 보냈다.

5, 14-15. 정동 부동산 구입

스크랜턴 목사는 6월에 정동 미국대사관 부근의 알렌의 집 건너편 언덕에 1,800여 평의 대지에 주택 두 채가 있는 부동산을 매입했다. 이곳은 지금의 정동 33번지 정동제일교회 사회문화관이 있는 곳으로 양반 김 씨 소유의 100간 규모 기와집이었다. 스크랜턴은 한성판윤이 매매를 확인한 빙문(憑文)을 받아 미국 공사관에 보관했다.

 스크랜턴의 정착은 나머지 선교사와 가족이 한국에 올 수 있는 기반이 되었다. 6월 11일 요코하마를 떠난 스크랜턴 가족과 아펜젤러 부부는 6월 20일 제물포에 도착했다. 이때 북장로회의 헤론 의사 부부가 동행했다. 그러나 아펜젤러 부부는 주택이 마련될 때까지 제물포에서 한 달 이상 기다려야 했고, 7월 29일에야 서울에 들어올 수 있었다. 헤론과 스크랜턴 가족은 6월 21일 오후 서울에 도착하여, 저녁에 알렌의 집에서 첫 장감 연합예배를 드렸다. 이 모임이 유니언교회의 시작이었다. 당시 참석자는 알렌 부부, 헤론 부부, 스크랜턴 여사였다.

 이후 서소문 근처 성벽 아래의 동쪽 집에는 스크랜턴 가족이, 서쪽

집에는 아펜젤러 가족이 거주했다. 스크랜턴 여사는 10월에 정동 32번지 일대의 언덕과 주택을 북감리회 여성해외선교회(WFMS) 소유 부동산으로 매입하여 자신의 주택 겸 이화학당(梨花學堂)으로 사용했다. 이로써 북감리회는 서소문 부근 정동 언덕 일대에 1만 평의 부동산을 소유하게 되었다.

정동 아펜젤러 사택(앞)과 스크랜턴 부인 사택(뒤, 이화학당으로 사용, 1885).

6-10. 의료와 교육 사업 시작

스크랜턴은 5월 22일부터 제중원에서 일하다가 6월 21일 헤론이 서울에 도착하자 24일 사임했다. 그 후 9월에 의약품과 의료기기가 도착하자 9월 10일부터 자신의 정동 주택에서 독자적인 의료 사업, 곧 감리회 선교를 시작했다.

이곳에 환자가 많이 몰려들어 이듬해에는 사택 바로 옆 34번지의 주택을 구입하여 1886년 6월 중순에 '미국인 의사 시약소'(American

Doctor's Dispensary)라는 간판을 걸고 개원했다. 간판 옆에는 "남녀노소 누구나 어떤 병에 걸렸든지 아무 날이나 열 시에 빈 병을 가지고 와서 미국 의사를 만나시오"라고 써 붙였다. 빈 병은 물약을 주기 위한 조치였다.

이 사립 선교 병원에 1887년 외부에서 시병원(施病院)이라는 이름과 함께 기수(旗手, 보초 경찰)를 배정했다. 병원 이름을 흔히 스크랜턴의 한자 이름인 시란돈(施蘭敦)의 '시'에서 따온 것으로 보지만, 당시 호조와 여러 공문에 사용된 그의 한자 이름은 시기란돈(時奇蘭敦) 혹은 시기안돈(時奇安敦)이었으므로 이는 잘못된 추측이다. 시병원의 '시'는 시약소라는 명칭에서 보듯이 '시혜'의 뜻이며, 가난한 일반 민중을 대상으로 한 시병원은 작은 종합병원(universal hospital)으로 발전해나갔다.

한편 1885년 7월 29일 서울에 도착한 아펜젤러도 8월부터 학교를 시작할 기회를 엿보면서 한국어 공부를 시작했다. 그는 예상했던 것보다 빠른 8월 3일에 영어를 배우기 위해 찾아온 고영필과 이겸라를 만났다. 이들은 제중원 직원이었는데 스크랜턴 밑에서 의학을 배워 의사가 될 뜻이 있었으므로, 스크랜턴이 먼저 아펜젤러에게 보내 영어를 배우게 했다.

아펜젤러는 그들에게 영어를 가르치는 동시에 (그들에게) 한국어를 배우다가 어학 선생을 물색했다. 9월 9일에는 그의 첫딸 엘리스(Alice Rebecca Appenzeller)가 태어났다. 이 아이가 한국에서 태어난 첫 서양인이었다. 10월에는 외무아문에 학교 설립을 신청했고 정부의 인허가 났다. 12월 10일에는 스크랜턴 부부의 둘째 딸인 매리언(Marian Fitch Scranton)이 태어났다. 아펜젤러 목사의 배재학당과 스크랜턴 여사의 이화학당은 1886년에 설립된다.

12-13, 17-18, 거래 은행

선교 사역에서 돈은 요긴하기 그지없고 반대로 그 처리는 어렵고 막중하다. 특히 한국에서 근대 은행 제도나 국제간 금융 거래가 성립되기 전인 1885년에 입국한 첫 선교사들에게는 전신환이나 어음 거래, 송금, 환율과 같은 문제가 복잡하여, 선교회 회계는 외국 돈을 한국 동전으로 바꾸는 환전과 장부 정리에 상당한 시간을 쏟지 않을 수 없었다.

조선 시대의 은행업자는 상인들이 묵어가는 여관의 주인인 객주(客主)였다. 그러나 이들 세력은 일본 은행이 들어오면서 점차 약해졌다. 첫 일본 은행은 제일은행 부산 지점으로서 1878년에 설치되었다. 일본 제일은행은 1883년 제물포가 개항하자 그곳에 출장소를 개설했다. 이 출장소는 1888년 인천 지점으로 승격되었다. 따라서 감리회나 장로회 등 한국선교회는 모두 일본 제일은행과 거래했다. 사실 1905년 한국에서 제일은행 서울 지점은 중앙은행 역할을 했다.

20-21. 봉급

한국 거주 선교사들은 리드의 편지에서 보듯이 일본 선교사들과 동일한 봉급을 받았다. 그러나 일본에서 제물포까지, 제물포에서 서울까지의 화물 운송비가 상당히 들었고, 외국인이 사용하는 물건들은 제물포나 서울에서 구하려고 할 때 그만큼 비싸서 생활비가 더 많이 들었다. 나아가 한국은 정치만큼 환율이 불안정하여 환전을 하면 곧잘 손해를 보았다. 이런 사정이 반영되어 한국 선교사의 봉급은 일본 선교사들보다 조금 더 많았다.

참고로 1886년에 기혼이었던 알렌 의사는 1,200달러와 자녀 두 명의 양육비 200달러를 기본으로 받았다. 언더우드는 미혼이었으므로 800달러를 받았다. 그러나 그 연봉만으로는 생활비가 모자라 1888년 초에는 빚을 지고 있었다. 그래서 그는 1,000달러를 요구했다. 반면 북감리회는 이보다 적어 기혼인 경우 1,000달러를 받았는데, 이 액수는 1899년에도 동일했다.

봉급은 호봉에 따라 올라가지 않고 기혼 미혼의 구분만 있을 뿐 평등했다. 곧 1899년 북감리회 기혼 남자 선교사는 1,000달러(2,000엔)와 자녀 1인당 100달러를 추가로 받았다. 새로 온 미혼 남자 선교사의 경우 650달러와 어학 조사 봉급 40달러를 받았다. 그 외 주택비와 안식년이 되면 미국까지의 왕복 여행비가 제공되었다.

편지의 결론

버틀러(William Butler) 목사는 미북감리회의 인도 개척 선교사로서, 인도 감리교회를 자급 자전하는 토착 교회로 크게 성장시켰다. 그는 1880년대에 감독으로서 널리 알려졌다. 리드 총무는 아펜젤러가 그런 개척 선교사가 되기를 기도하고 축복했다.

그는 아펜젤러가 20대 중반의 나이에 '내가 어떻게 이 모든 일을 감당할 수 있을까' 하며 의기소침해질 수 있는 마음을 이해하였고, 지혜의 근원이 되시는 하나님 앞에 무릎을 꿇고 간구하기를 부탁했다. 그는 하나님께서 이미 선교의 기초를 놓고 계시므로 아펜젤러가 한국에 두려움 대신 기쁨을 가지고 나아갈 것을 권하고 있다. 이 편지를 읽을 때마다 노련한 선교부 총무가 주는 격려 앞에서 가슴이 뭉클해진다.

추신

이 추신을 통해 우리는 미국 선교부에서 내한 선교사들에게 털을 넣은 매트리스, 스프링 침대, 석탄 난로, 석유 난로를 발송한 것을 알 수 있다. 당시 서울이 무척 춥고 아직 난방시설이 없었기에 무거운 난로, 풍금 등을 미국에서 수입하여 사용한 것이다. 선교사와 외국인들이 내한하면서부터 한국에서도 석탄과 석유가 난방에 사용되기 시작했다. 석탄과 석유는 초기에 일본에서 수입해서 사용했는데, 석유는 미국 스탠더드 오일(Standard Oil)이 독점하다가 이후 텍사코(Texaco)가 들어왔다. 선교사들이 침대 생활을 해야 했기에 침대와 매트리스도 수입해서 썼다. 그들은 점차 온돌과 바닥에 앉는 데 익숙해졌지만, 사택에서 지낼 때만큼은 서재의 의자에 앉아 공부를 하거나 식탁에 앉아 식사를 하는 생활양식을 바꾸지 않았다.

20대의 스크랜턴과 아펜젤러, 50대의 스크랜턴 여사. 그들의 인생은 하나님께서 조선으로 부르시고 보내심으로써 완전히 바뀌었다. 지금도 주님께서는 천상의 회의에서 "우리를 대신하여 누구를 보낼까?"라고 탄식하며 헌신할 사람을 찾으신다. 이사야뿐 아니라 루터, 스크랜턴, 아펜젤러도 대답했다. "주여! 내가 여기 있나이다. 나를 보내소서." 이제 우리가 응답할 때이다. "제가 여기 있습니다. 저를 사용해주십시오."

07

아펜젤러의 제물포 기도는
어떤 기도였는가?

계몽주의 선교의 승리주의

우리는 부활절에 이곳에 도착했습니다. 오늘 사망의 빗장을 산산이 깨뜨리시고 부활하신 주님께서 이 나라 백성들을 옭아매고 있는 굴레를 끊으시고 그들에게 하나님의 자녀가 누리는 빛과 자유를 허락해주옵소서!

1885년 4월 8일 밤에 드린 기도

언더우드 목사가 홀로 한양 성 안으로 들어가 알렌의 집에 기거하면서 제중원 일을 준비하던 때, 아펜젤러는 제물포 호텔 방에 앉아 등불을 켜고 펜과 편지지를 꺼내 펜에 잉크를 적셔가며 뉴욕 선교본부에 보내는 긴 보고서를 썼다. 일본에서 한국 선교를 준비한 이야기, 부산을 거쳐 한국에 오게 된 과정, 한국의 정세 등 편지 내용이 길어지면서 밤도 함께 깊어갔다. 낯선 항구에서 보내는 첫날 밤, 가까운 곳에서 파도 소리와 함께 짙은 갯내음이 몰려왔다. 첫 감리회 선교사로 파송을 받았으나 임명지인 서울에 갈 수 없게 된 현실 앞에서, 그는 글을 쓰던 펜을 내려놓고 조용히 무릎을 꿇었다. 그리고 기도했다. "주님! 저는 할 수 없습니다. 그러나 부활하신 주님께서는 이 칠흑같이 어두운 조선 땅에 빛과 자유를 주실 수 있나이다. 주여! 저를 사용해주옵소서! 하루에도 수천 명씩 주님의 복음을 모르고 죽어가는 이 백성들을 불쌍히 여겨주옵소서!"

1885년 4월 5일 부활절에 제물포에 도착한 후 아펜젤러는 나흘간 일본인이 운영하는 대불(大佛) 호텔에 머물면서 항구 주변을 배회했다. 그리고 8일 밤에 선교부 총무 레오나르드(A. B. Leonard) 목사에게 쓴 편지의 마지막 구절은 그렇게 해서 기록되었다. 이것은 지난 130년간 4월 첫 주일이 되면 늘 다시 인용되고 드려진 유명한 첫 기도요, 개신교가 한국에 '빛과 자유'를 주기 위해 '어둠과 압제'와 투쟁하면서 늘 내세웠던 역사의 지남철과 같은 기도였다.

4월 5일 제물포에 내린 선교사는 다섯 명이었다

130여 년 전 부활절 주일에 20대 중반의 세 선교사, 곧 언더우드와 아펜젤러 부부가 제물포 항에 도착했다. 그들은 그간 여러 책에서 감동적으로 말해온 부활절 아침이 아니라 오후 3시에 제물포에 상륙했고, 썰물 시간이라 작은 삼판을 타고 부두에 내렸다. 그들은 한국 선교사로 임명된 첫 목회 선교사들이었다. 또한 이날 한국 선교의 가능성을 탐사하려는 미국 회중교회 소속의 재일본 선교사이자 의사인 테일러(Rev. Wallace E. Talyor, MD, 오사카 거주)와 스커더(Scudder)도 함께 상륙했다. 이날 다섯 명의 선교사가 제물포에 내린 것이다. 세 남자 선교사(언더우드, 테일러, 스커더)는 제물포에 내리자마자 곧바로 마포를 거쳐 그날 밤에 한양 도성 안으로 들어갔다. 김원모가 번역한 『알렌의 일기』의 1885년 4월 6일 자를 보자.

어제 저녁 언더우드 박사가 (재)일본 미국 선교본부 소속 두 사람과 함께 우리 집을 방문했다. 테일러(Taylor)와 스커더(Charels S. Scudder)는 유망한 인물이다. 지금 제물포에는 병든 처를 대동하고 내한한 감리교인 한 사람이 있다. 나는 그들 부부가 무슨 사업을 벌일지 모른다. 그곳 제물포에는 그들을 수용할 만한 집이 없다. 우리 집도 지금 만원 상태이고, 포크 대리공사도 그들을 환대할 뜻이 없다고 주장했다. 언더우드 씨는 아주 빈틈없는 사람이고 사무적이며 민첩한 사람인 것 같아 보였다. 이 때문에 그는 오히려 자만에 빠지고 성급한 인간으로 간주되고 있다. 나는 이러한 그의 성격으로 인해 장차 우리들과 분쟁을 일으키지 않을까 우려하지 않을 수 없다.

이는 김원모 교수가 번역한 『알렌의 일기』에 나오는 대표적인 오역 가운데 하나다. 밑줄 친 부분이 오역이다. 영어 원문을 보자.

Yesterday evening Mr. Underwood came to us with two men of the American Board from Japan. Drs. Taylor and Scudder who are prospecting. There is a Methodist man at Chemulpo with a sick wife. I don't know what they will do. There's no place there for them. We are full and Mr. Foulk insists that he will not entertain them. Mr. Underwood seems smart and businesslike but he is rather conceited and rash. I am afraid he will get us into trouble.

여기서 가장 심각한 오류는 다음 두 가지다. 첫째, 'the American Board'는 선교본부가 아니라 미국 회중교회의 선교단체인 미국 공리회(美國公理會, the American Board of Commissioners for Foreign Missions)다. 두 번째 오역은 스커더에 관한 것이다. 여기서 Scudder는 도르미스 스커더(Doremus Scudder) 의사인데, 이를 찰스 스커더(Charles L. Scudder)로 번역하고 그 이름 다음에 영어까지 넣은 것이다. 도르미스는 유명한 선교사 겸 목사인 헨리 스커더 의사의 아들로서 1884년에 일본 의료 선교사로 파송되어 니가타(新潟)에서 사역하고 있었다. 그는 1885년 4월 5일 선임 의사 테일러와 함께 한국 선교 탐사 여행을 했다. 위 문단을 새로 번역하면 다음과 같다.

어제 저녁 언더우드 목사가 (재)일본 미국 공리회 소속의 두 남자 선교사와 함께 우리에게 왔다. 두 선교사는 탐사하러 온 테일러 의사와 스커더 의사다. 제물포에는 한 감리회 선교사가 몸이 아픈 아내와 함께 있다. 나는 그들이 어떤 일을 할 수 있을지 모른다. 제물포에는 그들을 위한 처소가 없다. 우리는 만원이고, 포크 씨는 그 부부를 맞이하지 않을 것이라고 주장한다. 언더우드 목사는 똑똑하고 사업가처럼 보이지만, 다소 자만하고 성급하다. 그가 우리를 곤경에 빠트릴까 염려된다.

김원모 교수가 언급한 미국인 찰스 스커더(Charles L. Scudder)는 선교사가 아니라 외교관이었다. 그는 푸트(Lucius H. Foote) 공사와 함께 서울에 설치된 미국 공사관에 부임하여 1883년부터 초대 서기로 근무하면서 월급 150달러, 연봉 1,800달러를 받은 자였다. 곧 첫 미국인 외교관 중 한 명으로 서울에서 최장기간인 약 2년 6개월간(1883년 3월 29일-1885년 9월 5일)을 서기로 근무했다. 그는 1885년 말에는 캘리포니아의 샌프란시스코 시청에서 근무했다.[1]

당시 서울의 정세는 12월 갑신정변이 끝난 지 만 4개월밖에 되지 않아 매우 불안했다. 중국 병사들이 서울을 점령하고 있었고, 갑신정변 때 살해된 대신들의 집에는 아직도 곳곳에 핏자국이 남아 있어 분위기가 뒤숭숭했다. 미국 공사관 대리공사였던 포크(George C. Foulk, 재임 기간: 1885. 1-1887. 9)는 아펜젤러가 임신한 부인을 데리고 서울에 오는 것이 위험하다고 경고했다.

테일러와 스커더는 한국이 선교지로서는 너무 좁고 정세가 불안한 것을 보고, 한국을 장로회와 감리회에 양보했다. 만일 그때 미국 회중교회의 공리회가 들어왔더라면 한국 선교는 좀 더 역동적으로 전개되고 신학도 다양하고 진보적인 측면이 강화되었을 것이다. 일본에서 회중교회(조합교회)는 일찍부터 미국 교회로부터 독립하였을 뿐 아니라 19세기 말 독일신학을 소화한 진보적인 교회가 되었다. 물론 그들은 일제의 한국과 대만 침략을 신의 섭리로 보고 제국(帝國)의 확장을 신국(神國)의 확장과 동일시하는 제국 신학을 수용하는 우를 범했다. 그러나 만일 1885년에 미국 회중(조합)교회 선교회가 한국에 독자적으로 들어왔다면, 한국 조합교회 역사는 다르게 전개될 수도 있었다. 역사에서 가정은 없지만, 그럼에도 한 번쯤 생각해볼 주제다.

---

1 Congressional Series of United States Public Documents, Volume 2443, "49th Congress, House of Representatives, Report No. 2841," 1.

아펜젤러는 제물포의 대불 호텔에서 일주일간 머물다가 어쩔 수 없이 나가사키로 철수했다. 그리고 5월 7일 서울에 입성한 스크랜턴 의사에 뒤이어 그 가족과 함께 6월 20일 다시 제물포에 도착했다. 그러나 거주할 집이 마련되는 동안 다시 40일간 제물포에 체류하면서 기다려야 했고 7월 말에야 서울에 들어가게 된다.

100주년 때 울려 퍼졌던 그 기도를 다시 읽는다

이제는 이 기도문을 쓸 당시의 아펜젤러의 한국 이해나 선교관을 되돌아볼 때가 되었다. 130년 전 내한한 20대 중반의 첫 선교사에게 어떤 오류나 약점이 있었는지를 반성하는 것은, 그에 대한 성인전(聖人傳)만 쓰고 읽고 가르쳐온 분들에게는 불편하겠지만 어차피 한 번은 반드시 거쳐야 할 과정이다.

첫째, 아펜젤러는 이 보고서에서 조선을 "untouched and unimproved by the hand of man"(인간의 손이 닿지 않아 개선되지 않은) 나라, 곧 황무지와 같은 원시적인 나라로 이해했다. 그는 전형적인 서구 중심의 근대 문명관의 소유자로, 당시 문명국, 반문명국, 미개국의 3분설 중 조선은 미개국(uncivilized country)에 속했다고 보았다. 그에게 한국은 유럽의 중세와 같은 수준, 곧 1천 년이나 뒤진 정체된 사회였다. 이는 당시 일본이 한국을 바라보던, 경제에서 단계적 발달론인 정체사관이었다.

둘째, 아펜젤러는 한국에 오기 전에 그리피스의 *Corea, the Hermit*

Nation(1882)을 읽었고 그 책을 화물에 포함하여 제물포에 도착했다. 그리피스는 일본의 시각에서 한국을 바라보았기 때문에, 미국이 일본을 개항하고 개화시켰듯이, 일본이 강화도조약을 앞세워 조선으로 하여금 개항하게 만든 것을 지지하면서 일본이 조선을 개화시켜줄 것을 기대했다. 일본을 통해 제물포에 도착한 아펜젤러 역시 동일한 시각을 가지고 있었다. 일본보다 수백 년 이상 정체된 한국은 내부의 힘만으로는 근대화를 이룰 수 없고 설령 그것이 가능하다고 해도 그 속도가 너무 느리므로, 외부의 자극과 함께 한국을 계몽할 '가정교사'가 필요하며, 따라서 이를 위해 (일본의) 식민지가 되어 먼저 배워야 한다는 식민지 근대화를 지지하는 식민사관이 배태되고 있었다. 그리피스와 아펜젤러는 1880년대에 풍미하기 시작한 사회진화론(약육강식론)에 기초한 계몽주의 문명관과 직선적 진보주의 역사관을 가지고 있었다. 이는 1890년대 감리교회의 두 대표 지도자인 윤치호와 최병헌의 사회진화론으로 연결되었고, 그 결과 그들은 1910년에 체결된 한일합병을 반대하지 않고, 오히려 1919년에 일어난 3.1운동을 반대하게 된다.

셋째, 아펜젤러는 한국인이 이방 종교의 굴레에 얽매여 자유 없는 노예처럼 살고 있으며, 그 동아시아의 이방 종교(무교, 불교, 유교, 도교)에는 계시의 빛이라고는 조금도 없어 모든 백성이 어둠 아래서 신음하고 있다고 보았다. 곧 자신의 정체성을 '빛과 자유'의 사자(使者)로, 이방 종교의 땅을 점령하는 잘 훈련된 군병(軍兵)으로, 무지 속에 사는 한국인에게 서구 기독교 문명의 빛을 전달하는 개화와 계몽의 선구자(先驅者)로, 동시에 하나님의 능력만을 절대적으로 의지하면서 복음을 전하는 질그릇으로 이해했다. 그는 자신이 문명의 시혜자(施惠者)요, 기독교 복음의 씨를 뿌리는 파종자(播種者)라고 이해했지만, 다른 한편 그것을 가로막는 방해 세력이 있으면 싸우고 죽여서라도 정복하겠다는 십자군(十字軍) 정신을 가진 병사이기도 했다.

아펜젤러의 이런 자기 이해는 그가 서울에 도착한 후 정동에서 배재학당을 지을 때 기초 공사 과정에서 고목을 자르는 행동을 통해 단적으로 드러났다. 마당에서 사람 이름이 새겨진 오래된 지석(誌石)이 나왔으나, 아펜젤러는 아무 거리낌 없이 그것을 가져다가 자신의 집에 두었다. 한국인들은 필시 그 지석의 주인공이 귀신으로 나타나 그에게 해코지를 할 것이라고 믿었다. 그러나 아펜젤러에게는 아무런 일도 일어나지 않았다. 또 한번은 마당 한쪽에 서 있는 임진왜란 때 심어졌다는 500년 된 느릅나무를 베어야 학교 터를 마련할 수 있었다. 한국인 인부들은 나무 안에 사는 오래되고 힘센 귀신의 노여움을 살까 두려워 아무도 그 나무를 베려 하지 않았다. 이번에도 아펜젤러가 나섰다. 아펜젤러는 기원후 723년에 게르만 민족의 첫 선교사였던 윈프리드(Winfrid)가 토르(Thor) 신을 섬기는 참나무를 베어버리고 난 후 선교에 성공을 거둔 일을 잘 알고 있었다. 그는 한국의 윈프리드가 되고자 그 나무를 베었다. 인부들의 우려에도 불구하고 이번에도 그에게는 아무 일이 일어나지 않았다. 이로써 그는 미국에서 온 기독교 신이 일본 귀신이나 한국 귀신보다 강하다는 것을 증명했다. 그는 서울의 한 모퉁이를 한국의 귀신들이 발붙이지 못하는 '작은 미국'으로 만들 작정이었다.

그리고 그 작은 해방구를 거점 삼아 이방의 땅을 정복하기로 작정했다. "십자가의 능력"이라는 설교에서는 "십자군 병사처럼 그는 십자가를 손에 들고 앞으로 나아간다.…인도, 중국, 일본의 거짓 신들 앞에 그것을 세우고 그 신들이 다곤의 신상처럼 땅에 떨어지는 것을 목도한다"라고 강한 어조로 말했다. 가나안을 정탐하고 정복했던 갈렙과 여호수아처럼 아펜젤러는 한국인을 볼모로 잡고 있는 이방 종교의 우상을 무너뜨리고 복음의 자유를 주는 그리스도의 군사가 되려 했으며, 미개와 무지 속에 있는 전근대적인 한국인에게 문명의 빛을 주려 했다. 우리는 그것을 가리켜 백인 우월주의, 종교 승리주의, 문화 제국주의라고 부른다.

물론 아펜젤러는 한국에 거주하는 기간이 늘어나면서 한국인과 한국 문화를 보다 더 많이 알고 이해하게 되었고, 점차 이런 인종주의, 정복주의, 문화 제국주의를 버리고, 한국의 개화와 민주주의를 위해 싸우는 정동파(서재필, 윤치호)의 독립협회를 지지하는 등 친한파로 변해갔다. 그 이야기는 언제 다른 기회에 할 수 있을 것이다.

맺음말
정지된 시간을 극복하자

한국 개신교는 지난 130년간 아펜젤러의 기도를 아무런 성찰이나 반성 없이 반복해서 되뇐인 결과 종교 배타주의, 문화 제국주의란 비난을 받게 되었다. 지금도 항공모함과 같은 거대한 덩치를 자랑하는 한국 대형 교회 강단에서는 "교회는 유람선이 아닌 전투함입니다. 십자가를 들고 나가서 이 땅을 복음으로 정복합시다. 복음의 야성을 회복한 그리스도의 군사로서 악한 세상과 싸워 승리합시다"라고 외치며 대형 스크린에 중무장한 전투함 사진을 보여주는 일이 벌어지고 있다. 그러나 복음 전도라고 하는 지상 명령과 또 세상의 악과 싸우는 교회의 야성(野性)을 비틀어서 강조하다 보면, 자칫 교회가 군사적이고 폭력적인 야만성(野蠻性)을 지닌 단체로 전락할 수 있다. 따라서 이제라도 한국교회는 배타적 승리주의의 문제점을 깨닫고, 새로운 펜과 잉크를 장만하여 새로운 종이에 새 기도문을 써야 한다. 더 늦기 전에 1880년대에 생산된 '흑암에 묻힌 조선'의 이미지를 재고하자! 변방의 '은둔국 한국'은 서구인들의 관점이다. 이제 그런 번역투의 자기 이해는 수정할 때가 되었다. 또한 1970년대에 만든 '민족 복음화'란 담론에 대해서도 반성하자. 1984년 인천항 100주년 기념 동상에 새긴 아펜젤러의 기도문도 이제는 우리의 관점에서 다시 쓸 때가 되었다. 교회가 그런 '정지된 시간'을 살 때, 정체될 뿐만 아니라 시대로부터 버림받는 존재가 될 뿐이다. 지금부터는 130여 성상을 지난 한국교회의 연륜이 묻어나는 역사를 시작하자.

08

'언더우드의 기도'는
누가 썼는가?

소설을 사실로 착각

2005년에 본 언더우드 기도문, "그런 기도는 없습니다"

2005년의 일이다. 새문안교회 역사를 집필한 한성대학교 윤경로 교수 (새문안교회 장로)가 필자에게 "(세간에) 언더우드의 기도가 떠돌아다니는데, 그것이 언더우드가 쓴 게 맞느냐고" 질문했다. 필자가 당시 연세대학교 국학연구원의 의뢰로『언더우드 자료집 제1권, 1885-92』을 출판했고, 이어서『언더우드 자료집 제2권, 1893-1900』을 편역하고 있었기 때문이었다(2권은 2006년 6월에 출판). 나는 언더우드가 남긴 초기 자료를 모두 수집하고 정리한 터라 그 질문에 쉽게 답할 수 있었다. "그런 기도는 없습니다." 그리고 온라인을 검색해 한 사이트에 있는 '언더우드 선교사의 기도문' 아래에 이렇게 간단한 댓글을 달았다. "이 기도문은 어떤 분이 작성한 것으로 보이며, 언더우드가 썼다는 증거는 없다. 일종의 작문이다." 이때가 2005년 11월 6일이었다. 당시 미국에 있던 나는 그 기도문에 더 이상 관심을 두지 않고 잠시 잊고 지냈다. 그런데 나중에 보니 그 기도문이 영문으로 번역되어 돌아다니고, 동영상과 노래까지 등장해 더 널리 퍼지고 있었다. '감동'과 '은혜'를 받았다는 댓글이 달린 블로그도 상당수 있었다.

언더우드의 기도는 정연희의 소설 『양화진』에 나온 글

지난 몇 년간 이미 여러 사람이 그 기도문을 조사해서 정연희의 장편소설 『양화진: 이야기 선교사』에 나오는 글임을 밝혀냈다. 하지만 그것이 허구임에도 아직도 언더우드가 실제로 한 기도인 줄 알고 있는 이들이 많아 다시 이 글을 쓴다. 왜곡된 사실이라도 은혜만 받으면 된다는 사고방식 때문에 오늘날 한국교회가 엉망진창이 되었다. "모로 가도 서울만 가면 되고", "꿩 잡는 게 매"라는 말이 80년대 말부터 90년대 초까지 유행했다. 그렇게 해서 간 서울(교회 성장)이, 그렇게 해서 잡은 꿩(대형교회)이 지금 어떻게 되었는가?

소설 『양화진』을 보면 언더우드는 1885년 4월 서울에 도착하지만, 선교의 자유가 없어 본격적인 전도를 하지 못하고 제중원에서 환자를 돌보며 지낸다. 그러다가 6월 21일 서울에 온 감리교회 선교사 스크랜턴 여사(스크랜턴 의사의 어머니)를 만나 한국인의 여성 차별과 야만적인 풍속에 대해 오리엔테이션을 받는다.[1] 그런 대화 후에 언더우드는 "생각할수록…이곳에서 스크랜턴 여사를 모시고 일할 수 있음이 감사합니다"라고 고백한다. 그리고 숙소로 돌아와 성경을 읽으며 묵상한 뒤 기도한다. 그때 드린 기도가 문제의 '언더우드 기도'다. 이 기도문은 개척 선교사로서 느꼈을 수 있는 언더우드의 절절한 심정과 당시 한국 상황을 상상해서 쓴 글이다. 그런데 그것이 어쩌다 언더우드가 실제로 1885년에 드린 기도로 알려지게 되었다.

---

1   정연희, 『양화진: 이야기 선교사(史)』(홍성사, 1992), 232-35.

더 큰 문제는 비록 이 기도가 소설에 등장하는 (허구적인) 것임을 알면서도, 언더우드가 그렇게 생각하고 실제 그런 기도를 드렸을 수도 있다고 수긍하는 태도다. 이 글을 쓰는 이유는 그것이 소설의 한 장면임을 다시 밝히는 한편, 언더우드라면 그런 기도를 드릴 수 없었다는 점을 분명히 하려는 데 있다. 역사가는 정연희 씨가 지어낸 기도문이 소설가의 작품이기 때문에 당시 상황과 맞지 않는 오류가 있음을 지적해야 할 것이다.

주요 내용은 아펜젤러의 글에서 인용한 것

소설 원문을 분석해보자.『양화진』은 1992년에 쓴 글이라 당시 한국교회의 선교 이해나 한국교회사 연구 수준이 반영되어 있다. 논의를 위해 기도문에 번호를 붙여 행을 구분했다.

　　언더우드는 숙소로 돌아온 뒤 성경을 읽으며 묵상했다.
1　"지금은 아무 것도 보이지 않습니다. 주님, 메마르고 가난한 땅, 나무 한
2　그루 청청하고 시원하게 자라오르지 못하고 있는 땅에 저희들은 옮겨와 앉
3　아 있습니다. 그 넓고 넓은 태평양을 어떻게 건너왔는지 그 사실이 기적입
4　니다. 주께서 붙잡아 뚝 떨어뜨려 놓으신 듯한 이곳. 지금은 아무 것도 보이
5　질 않습니다. 보이는 것은 고집스럽게 얼룩진 어둠뿐입니다. 어둠과 가난과
6　인습에 묶여 있는 조선사람뿐입니다. 그들은 왜 묶여 있는지도 모르고 묶여
7　있는 것이 고통이라는 것도 모르고 있습니다. 고통을 고통인 줄 모르는 자
8　에게 고통을 벗겨주겠다고 하면 의심부터 하고 화부터 냅니다. 조선남자들
9　의 속셈이 보이질 않습니다. 이 나라 조정의 내심도 보이질 않습니다. 장옷

10을 쓰고 다니거나 가마를 타고 다니는 여자들을 영영 볼 기회가 없으면 어
11찌하나 하는 생각도 듭니다. 조선의 마음이 보이질 않습니다. 그리고 저희가
12하게 될 일이 어떤 것인지 그 일이 어떻게 나타나게 될는지 조금도 보이지
13않습니다. 그러나 주님, 순종하겠습니다. 겸손하게 순종할 때에 주께서 일을
14시작하시고 그 하시는 일을 우리들의 영적인 눈이 볼 수 있을 날이 있을 것
15을 믿을 뿐입니다. '믿음은 바라는 것들의 실상이요 보지 못하는 것들의 증
16거니······'라고 하신 말씀을 따라 저의 믿음이 앞날의 조선을 볼 수 있게 될
17것을 믿습니다. 지금은 우리가 황무지 위에 맨손으로 서 있는 것 같사오나.
16지금은 우리가 서양귀신·양귀자(洋鬼子)라고 손가락질을 받고 있사오나, 저
17들이 우리의 영혼과 하나인 것을 깨닫고 하늘나라의 한 백성 한 자녀임을
18알고 눈물로 기뻐할 날이 있음을 믿습니다. 지금은 예배를 드릴 예배당도
19없고 가르칠 장소, 학교도 없고 그저 경계와 의심과 멸시와 박대만이 가득
20한 곳이지만 이곳이 머지않아 은총의 땅이 되리라는 것을 믿습니다. 주여,
21오직 제 믿음을 붙잡아 주소서."

문제의 언더우드 기도문.

1894년 부산항의 모습. 앞에 영도가 보이고 산에는 나무가 없다. 아펜젤러와 언더우드가 입항한
1885년에서 10년이 지난 후라 일본인 주택이 많다.

1-2행. "메마르고 가난한 땅, 나무 한 그루 청청하고 시원하게 자라 오르지 못하고 있는 땅." 이 문장은 1885년 4월 2일 아침 한국 땅을 처음 본 아펜젤러가 부산항에 들어갈 때 받은 인상을 쓴 글에서 가져왔다. 조선 후기에는 외국인의 해적질이나 침략을 막는 해금(海禁) 정책의 하나로 해변에 있는 산을 민둥산으로 만들어 해적이나 외부인에게 볼품없이 보이게 했다. 또 19세기 후반 인구가 늘면서 난방과 취사 용도로 나무를 남벌한 것도 숲을 줄이는 데 일조했다. 그 대신 그곳에는 가뭄이 잦았고 송충이와 붉은 산이 늘었다. 또한 부산의 영도(절영도)는 조선시대에 말(軍馬)을 기르는 목도(牧島)여서 숲이 거의 없었다.

그런 사정을 모르는 아펜젤러는 영도와 부산 해변의 산을 보며 불모의 땅이라고 혹평했다. 이것은 그가 한국에 오기 전 일본에서 한 달 이상을 보내면서 일본의 아름다운 자연과 잘 가꾸어진 정원과 발전한 도시들을 보고, 또 기선을 타고 오면서 일본 해변의 아름다운 숲을 보았기 때문이다. (그의 눈에는) 한국의 산이 더 황량하게 보였을 것이다. 그는 미국 펜실베이니아와 뉴욕의 풍광에 익숙했던 사람으로, 미국의 정경과 요코하마와 도쿄를 비교하다가 다시 일본에 익숙해진 눈으로 부산을 보면서 비교했다. 이른바 '이중굴절의 오리엔탈리즘'의 시각이 작동하고 있었던 것이다.

한국을 지칭하던 '조용한 아침의 나라'나 '은자의 나라'라는 용어는, 바로 일본의 시각을 반영한 미국의 오리엔탈리즘에서 나온 말이다. 퍼시벌 로웰(Percival Lowell)이 미국-일본-한국을 거치면서 만든 용어가 'the Land of Morning Calm'이다. 그리피스(William E. Griffis)가 일본에서 '미개국 조선'을 바라보면서 만든 용어가 'the Hermit Nation'이다. 그래서 한국의 민족주의자들은 그 담론에 대항하기 위해서 조선을 '동방예의지국'이라 불렀고, 한국 기독교인들은 '삼천리 반도 금수강산'을 찬송으로 불렀다.

정연희가 쓴 소설에 나타난 첫 번째 오류는 아펜젤러가 본 부산의 인상을 언더우드가 서울에서 드렸다는 기도문에 넣은 것이다. 두 번째 오류는 서울을 나무 하나 제대로 자라지 않는 불모지로 그린 것이다. 애국가에 나오는 소나무가 무성한 남산만 보아도 그런 말을 할 수 없었을 것이다. 사실 당시 내륙을 여행한 선교사나 외국인의 글을 보면, 한국의 자연은 아름답고 자원이 풍부하나, 한국인이 무지하여 자연과 자원을 잘 관리하거나 개발하지 못한다고 비난했음을 알 수 있다. 그런 근대주의 사회진화론과 자원개발론이 깔려 있던 전형적인 19세기 말 서구인의 식민주의적 자연관을 비판적으로 바라보지 못한 것이 『양화진』의 세 번째 오류다.

3행. "그 넓고 넓은 태평양을 어떻게 건너왔는지 그 사실이 기적입니다." 1세기 바울의 선교가 로마의 도로 발달에 힘입었다면, 19세기 후반 서구 교회의 세계 선교는 기선의 발달과 함께 가속화되었다. 언더우드와 초기 미국 선교사들은 샌프란시스코에서 대형 기선을 타고 하와이를 거쳐 요코하마에 오는 태평양 횡단 여행을 '기적적인' 항해로 묘사하지 않았다. 오히려 기선 항해가 제대로 자리 잡히지 않았던 부산에서 제물포까지의 항해가 더 힘들고 위험했다. 1876년 개항 후 일본과 중국의 회사들이 독점 운영하기 시작한 한국의 기선 노선은 아직 정착되지 않았다. 섬이 많고 간만의 차가 심해 여행이 어려운 전라도 해안과 황해를 작은 기선으로 여행하다가 자주 사고가 났다. 실제로 아펜젤러는 1902년 제물포-목포 노선에서 선박 충돌 사고로 사망했다(한국의 연안 기선들은 아직도 독과점 운영에 비리가 많고 위험하다. '세월호 사건'을 보라). 아펜젤러의 메모와 보고를 보면, 임신한 부인과 함께 4월 2일 부산을 떠나 3일간 멀미로 고생하며 4월 5일 부활절 오후에 제물포에 도착했는데, '단단한 대지'인 제물포 상륙이 감격스러웠다고 한다.

5행. "보이는 것은 고집스럽게 얼룩진 어둠뿐입니다. 어둠과 가난과 인습에 묶여 있는 조선 사람뿐입니다." 6-7행은 4월 8일 제물포 대불 호텔에서 쓴 아펜젤러의 보고서 마지막 부분에 나오는 '아펜젤러의 기도'에서 가져온 말이다. 어두운 감옥 속에 노예처럼 묶여 사는 조선인에게 빛과 자유를 가져다주는 선교사의 모습이 아펜젤러가 그린 선교사 상이었다. 선교사는 문명과 복음의 시혜자였고, 반면 조선인은 미개인이요 우상숭배자에 불과했다. 그런 이분법적 사고가 아펜젤러와 언더우드에게 있었다. 이런 20대 중반의 개척 선교사가 보인 미성숙한 태도와 시각을, 정연희는 소설에서 당연하고 바른 태도인 양 그렸다. 또한 그것이 20세기 말 보수적인 한국 개신교의 선교신학이기도 했다. 특정 작가만 비판할 일은 아니다. 그러나 선교사들이 계속 그런 시각을 고수하지는 않았다. 시간이 흐름에 따라 선교사도 변하고 그들의 한국관도 변했다. 1886년 제중원의 첫 여자 의사 겸 간호원으로 온 엘러즈(Annie Ellers)는 한국에서 40여 년을 보낸 후 다음과 같이 고백했다.

나는 이 나라에 오면서 이곳 사람들이 나무와 돌을 숭배하며 절하는 것보다 더 나은 것을 전혀 모르는 이방인이자 무지한 존재라고 생각했다. 나는 그들의 고대 문명과 높은 문화 수준, 다양한 예술적 역량에 대해서 알지 못했다. 그들의 고상함과 천부적인 존엄성, 자부심, 겸손함도 전혀 알지 못했다. 사실은 내가 무지한 자였다. 그래서 그들과 그들의 상황을 경시했던 것이다. 그들은 내가 생각했던 것과 너무 달라서, 과거에 가졌던 내 생각이 부끄러울 따름이다. 한국인들이 자주 자기 자신을 다스리는 힘을 보여주고, 분노 가운데서도 자신을 통제할 때, 그와 같은 통제력이 부족한 내가 부끄럽다. 한국인은 삶의 아주 중요한 많은 분야에서 훨씬 더 앞서 있다. 한국인은 존경과 감사와 사랑을 받을 만한 가치가 있다.[2]

9-10행. "장옷을 쓰고 다니거나 가마를 타고 다니는 여자들을 영영 볼 기회가 없으면 어찌할까." 당시 여성들이 애용하던 쓰개치마나 가마는 외출용이었다. 집에서는 비록 내외법에 따라 남녀가 별도로 거주했고 상류층 여자를 볼 기회는 적었지만, 잠시 만나거나 볼 수는 있었다. 언더우드에게는 집안일을 하는 한국인 여자 하인들도 있었으므로, 한국인 여자를 볼 기회가 있었다. '언더우드의 기도'는 정연희 작가의 조선 여성 이해를 보여주는 '보이지 않는 벽' 장에 들어가 있다. 그 장은 작가의 조선 여성에 대한 지나치게 부정적인 시각을 드러내고 있다.

---

2 Annie Ellers Bunker, "Personal Recollections of Early Days," *Within the Gate*, 66.

11행. "조선의 마음이 보이질 않습니다." 이 기도문에서 가장 문제가 되는 문장이다. 이 문장이 의미하는 바가 무엇일까? 조선의 마음(조선심)이란 게 과연 있을까? 누군가의 마음을 보고 읽어낸다는 것은 대단히 한국적인 말이다. 누군가의 복심을 읽고 그 지도자의 마음에 따라 정책을 정하고 입장을 바꾸는 것은 체면 문화, 인맥 문화, 보스 정치 문화 속에서 살아남는 생존법이자 출세법이었다.

따라서 서울에 온 지 두 달이 지난 언더우드가 조선심이니 '한국인의 마음'이니 '한국인의 정신'과 같은 단어를 사용했을 리가 없다. 언더우드나 아펜젤러의 초기 글에 그런 말은 나오지 않는다. 1900년경에야 게일 등이 '한국인의 정신'(the mind of Koreans)이라는 말을 사용하기 시작했다. 1920년대에 오면 일본인론의 영향으로 조선인론이 등장하고, 나아가 조선인 개조론이 등장한다. 또한 한국인은 의타적이고, 게으르고, 분열적이고 등등의 이등 종족론이 나온다. 이는 식민사관의 변형이었다. 해방 이후 조센진론은 '한국인병'이라는 말로 옷을 갈아입었다. 국가적 사업이 안 되면 "한국인은 어쩔 수 없다", "핫바지가 별 수 있나" 등의 말이 나왔다.

다시 말하지만 언더우드는 '조선의 마음'이란 말을 쓰지 않았다. 다만 작가 정 씨가 한국 문화에 젖어서 자신도 모르게 쓴 단어다. 누군가의 마음을 보고 싶은 심리, 그것은 1910년 이후 식민지 지배를 받은 서글픈 '조선인'의 심사였다.

16행. 1885년에 미국 선교사를 '양귀'로 불렀을까? 최소한 언더우드와 아펜젤러의 1885년 자료에는 이 단어가 등장하지 않는다. 오히려 선교사들은 하인이 있는 양반집에 살면서 정부가 보낸 포졸 경비인 기수

(旗手)의 보호를 받았다. 알렌과 헤론은 정이품이나 종이품 등 벼슬을 받고서 고종의 시의가 되어 있는 상황이었다. 이들은 '양교사'(洋敎師)와 '양대인'(洋大人)으로, 그들의 아내는 '洋대부인'으로 불렸다.

19행. "경계와 의심과 멸시와 박대만 가득하다." 이 말도 확인이 되지 않는다. 1885년 6월이면 이미 고종과 정부가 제중원을 허락해서 알렌 의사가 진료를 하고 있었다. 이 기도문을 썼다는 시기에는 제중원의 두 번째 의사 헤론도 서울에 도착해서 곧바로 병원에 출근을 한 터였다. 정부 관리들은 우호적이었다. 언더우드에게 영어를 배우러 오는 양반 자제들도 있었다. 경계와 의심은 있었지만 멸시와 박대는 없었다. 위의 16행 설명에서 보았듯이, 미국 선교사들은 중국과 달리 한국에서는 처음부터 정부

이화학당에서 내려다본 정동(1887). 선교사들은 이런 양반가를 하나씩 사서 거주했다.

의 호의 속에서 권세를 누려 심한 박해나 순교를 당한 경우가 없었다. 지방에서 강도나 반정부 반란군에 의해 공격을 당한 경우도 드물었다.

허구에 바탕한 감동은 뿌리 없는 나무

결론적으로 '언더우드의 기도'는 언더우드가 드릴 수 없었던 기도다. 굳이 부르자면 '아펜젤러의 기도'라고 하는 편이 더 타당하다. 하지만 그럼에도 역사적 사실과 부합하지 않는 내용이 많아, 이 기도는 초기 내한 선교사들의 기도라고 하기에 적합하지 않다. 그 기도를 인용하면 할수록 언더우드를 욕보이는 것이다. 곧 초기 선교사들을 오리엔탈리즘에 젖은 나쁜 선교사로 만드는 일이 된다.

비록 허구일지라도 감동만 주면 좋은 걸까? 감동이란 감화·감동의 준말이다. '감화'는 하나님의 말씀과 영에 연결되어 변화하는 것이고, '감동'은 그 영에 이끌리어 행동하는 것이다. 단순히 마음을 찡하게 하는 값싼 은혜를 주기 위해 말을 조작하거나 꾸며서 설교할 게 아니다. 목사들과 신학자들 그리고 기독 문인들은 신자들의 인격과 삶을 변하게 하고 실천을 통해 사회운동으로까지 나아가게 하는 글을 쓰고 말씀을 전해야 한다. 그리고 이때 반드시 하나님의 말씀과 역사적 사실을 바탕으로 그 내용을 전해야 한다. 모로 가도, 넓은 길로 가도, 수단·방법을 가리지 않아도 서울로만 가면 되는 것이 아니다. 바른 길, 좁은 길로 가지 않으면 천국에 갈 수 없다.

09

선교사들의 한국어 공부

5년간의 공부 과정과 시험

초기 선교사의 첫 과업은 현지 언어를 배우고 습득하는 것이다. 한국인에게 복음을 가르치기 전에 그들은 먼저 한국어와 한국 문화와 한국인을 배우는 학생이 되어야 했다. 한글 철자를 익히고 한글 문서를 읽는 것은 쉬웠지만, 한글 성경을 이해하고 그 내용을 한국어로 전도하고 설교하고 국한문으로 된 일상 문서를 읽는 수준이 되기 위해서는 최소한 5년이 필요했다.

첫 선교사들의 한국인 어학교사와 번역조사

서울에 정착한 초기 선교사들은 한국어를 배우기 위해서 어학교사들을 물색했는데, 대개 한문에 능하고 새로운 서구 학문에 대해 거부감이 적은 지식인으로서 과거에 실패했거나 몰락한 양반들이 생계를 위해서나 혹은 서구 문명과 종교에 대한 호기심 때문에 선교사들에게 접근했다. 각 선교사에게 한 명의 어학교사가

© Moffett

쉴즈 간호사와 스트롱 양의 어학교사. 차 서방과 이 서방(1897).

배정되어 1년간 한국어와 한국 문화를 가르쳤다.

그러나 언더우드, 아펜젤러, 스크랜턴, 게일 등과 같이 성경 번역자회 위원이거나 또는 전도문서를 번역하는 종교서회 번역 위원인 경우에는 반영구적으로 고용한 한국인 번역조사들이 있었고, 선교사들은 그들을 통해 한국어와 한문을 더 깊이 배울 수 있었다.

언더우드의 어학선생은 천주교인 송순용(宋淳容)이었다. 그는 『한불ㅈ뎐』(1880) 편집에 참여했으며 이전에는 프랑스 선교사들의 어학교사였는데, 언더우드가 그를 고용하자 천주교회에서 출교를 당했다. 그러나 개신교가 성경 번역에 착수하자 여기에 마음이 끌려 언더우드와 함께 일하게 되었다. 덕조(德祚) 송순용은 언더우드에게 한국어를 가르치고 프랑스 신부들이 한 세기 동안 연구한 한국어 문법과 사전 편찬 방법을 전수했다. 또한 그는 언더우드의 번역조사로 고용되어 '한국어에 관한 한 언더우드의 권위'로서 역할했다. 언더우드가 한국어를 빨리 습득하고, 내한 직후부터 문법서와 사전을 편찬하고 성경 번역과 소책자 번역을 추진할 수 있었던 것은 송순용이 있었기 때문이었다.

게일은 소래에 거주하면서 1889년 3월에 해주의 양반 이창직(李昌稙)을 만나 이후 1927년 은퇴할 때까지 35년 이상을 동역자로 함께 일하면서 번역하고 책을 만들었다. 이창직은 게일에게 한문과 한글을 가르쳤고, 게일은 고려시대 이규보 문집이나 조선시대 김만중의 「구운몽」 등을 영역하여 구미 세계에 한국 문학의 우수성을 알렸다. 게일은 1892년 4월 7일 헤론 부인과 결혼하고 원산으로 이주한 후에도 이창직의 도움을 받아 1895년에 『텬로력뎡』을 역간했으며 1897년에는 첫 『한영사전』을 간행했다.

여름에 남한산성에서 피서를 즐기는 선교사들과 한국인 조사와 하인들(1891). 왼쪽 마루 위에 서 있는 이창직, 앉아 있는 마페트, 중앙에 맥길 의사 가족, 개를 안고 있는 게일.

한국어와 한국 문화 공부 5년 과정

"한국 장로회 선교회 규칙과 내규" 1901년 판을 보자. 그 "Section G. Examination and Course of Study for New Missionaries"는 5항으로 이루어져 있다. 1항, 신임 선교사는 매년 9월 연례회의 때 3년간 시험을 보아야 한다. 2항, 한국어시험위원회는 시험 관리뿐만 아니라, 새 선교사들이 어학 공부를 잘할 수 있도록 조언하고 지도해야 한다. 3항, 새 선교사의 어학교사는 시험위원회의 승인을 받은 유자격자를 고용한다. 4항, 시험위원회는 시험 결과를 매년 선교본부에 바로 보고한다(이는 선교사의 프라이버시 보호가 목적이었다). 5항은 신임 선교사가 5년간 공부할 과정을 규정했다. 이런 식으로 점차 수준을 높여 5년간 공부하고 통과해야 정식 선교사로 인정받았다. 아래는 첫해 공부할 과목들이었다.

ARTICLE V.—Course of Study:—

FIRST YEAR.

1. Daily practice in talking Korean.
2. Mrs. Baird's *Fifty Helps*.
3. Study all the exercises in Scott's *Manual*.
4. Read carefully Underwood's *Grammatical Notes*.
5. Study sentences of first four chapters in Part II of Underwood's *Introduction*, noting especially the divisions of each chapter.
6. Read and analyze the first sixteen Korean exercises in the *Grammaire Coréenne*.
7. Frequent practice in writing Korean with a view to both proper writing and spelling.
8. Learn the specific classifiers given on pages 56 to 59 of Underwood's *Introduction*.
9. Study forms of address to the Deity.
10. Study carefully, with a view to thorough mastery, twenty-five verbal endings as explained in Gale's *Grammatical Forms*.
11. Read and translate the first chapter of the Gospel of Mark.
12. Read a Christian tract.
13. Learn the various forms of introduction and salutation.
14. Commit ten conversations.
15. Commit the Lord's Prayer.
Nevius' Methods of Mission Work.
Read Griffis's *Korea—the Hermit Nation.*
Optional.—Learn 200 Chinese characters.
The details of this course to be furnished to each individual by the Examination Committee on a separate printed sheet.

"미국 북장로회 한국선교회 규칙과 내규" G조 5항, "1년차 공부 과정"[1]

이 규칙은 1891년 처음 제정할 때에는 북장로회 선교회가 정한 것으로서 "The Rules and By-Laws of the Korea Mission of the PCUSA"

---

1 *Rules and By-laws of the Korean Presbyterian Missions* (Seoul: Council of the Presbyterian Mission in Korea, 1901), 10-11.

라는 제목으로 만들어졌으나, 이어 장로회 공의회가 구성되고 4개의 장
로회 선교회 간의 공동 규칙으로 운영되었기 때문에 "The Rules and
By-Laws of the Korean Presbyterian Missions"으로 제목을 수정했다.
그 주 내용은 네비어스 방법을 구체화한 것으로, 초기 한국 장로교회가
어떻게 성장하고 조직되었는지를 이해할 수 있는 중요한 문서다.

　　G조의 제5항은 선교사들이 한국어를 얼마나 열심히 배웠는지 잘 보
여준다. 선교사들은 첫해에 베어드(Annie L. A. Baird) 부인의 기초 한국
어 교본 *Fifty Helps*, 영국 영사 스코트(James Scott)의 한국어 교본인
Manual(1877), 언더우드(H. G. Underwood)가 쓴 『한영문법』(1890)의
제1부인 한국어 문법, 게일(J. S. Gale)의 문법서인 『사과지남』(辭課指南,
1894), 마가복음 1장 한글 번역, 한국어로 인사하고 소개하기, 주기도문
외우기 등을 공부했다. 이 내용을 1년간 배워 필기시험과 구두시험을
통과하려면 매일 몇 시간씩 책과 씨름하며 공부해야만 했다.

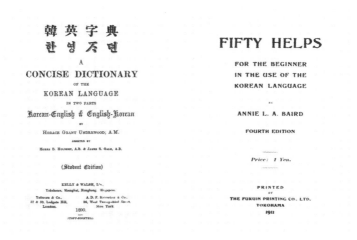

언더우드, 『한영문법』(1890).　　　　베어드 부인, *Fifty Helps*, 11판(1911).

이들이 배울 때 누구나 반드시 제일 처음 본 책이 평양의 베어드 부인이 쓴 *Fifty Helps: For the Beginner in the Use of the Korean Language*였다. 이 책은 과연 어떤 내용이었을까? 전문은 온라인을 검색하면 나오니, 여기서는 중요한 몇 페이지만 확인해보자.[2] 먼저 낮춤말, 예사말, 높임말에 대한 연습을 보자. '하다' 동사는 낮춤말에서 "하다/한다, 하였다, 하겠다; 하여라, 하자; 하는, 한, 할, 하던, 하였던; 하여, 하야, 하여서; 하기, 함" 등 16개의 변형이 있었다. 이것이 예사말에서는 "하오, 하였소, 하겠소, 하오"로, 높임말에서는 "합내다, 하였습니다, 하겠습니다, 하시오, 합시다"로 변형되었다. 게일의 『사과지남』(辭課指南)에는 25개의 어미변화가 있었고 선교사들은 이것도 익혀야 했다. 이런 동사 변화와 경어법을 익히는 데는 예술적 감각이 필요했을 뿐만 아니라, 자신의 생각을 낮추어 현지인의 문화를 배우는 자세를 요구했다.

나아가 그들은 무엇보다 복음을 전하기 위해 한국어를 배우는 것이므로, 기독교 용어를 숙지하고, 기본적인 복음의 내용을 쉽게 전하고 기도하는 법을 익혔다. 그 예들을 보면, 이들이 처음 전도할 때 어떤 말을 했는지 알 수 있다.

---

2 https://archive.org/stream/fiftyhelpsforbeg00bairuoft#page/n3/mode/2up

Pastor, 목사
Persecute, to, 핍박호오
Persecuted, to be, 해 밧소, 핍박밧소
Pity, to, 불상히녁이오
Pitiable, to be, 불상호오
Pray, to, 긔도호오, 비오; to Buddha, 념불호오
Prayer, 긔도, 비논말
Preach, to, 젼도호오
Preacher, 젼도호논사름
Punish, to, 형벌호오
Punished, to be, 형벌밧소
Punishment, 형벌
Religion, 도, 교
Repay, to, 갑호오
Repent, to, 회개호오
Resurrection, 다시살아나신것; 부활
Sabbath, 안식일; 쥬일; 례비날
Sacrifice, to, to ancestors, 졔스호오; to demons, 굿호오
Salvation, 구원홈
Satan, 마귀

Save, to, 구원호오
Saviour, 구원호신쥬
Sing, to, 찬미호오
Sin, 죄
Sin, to, 죄범호오, 죄짓소
Sinner, 죄인; 죄잇논사름
Son of God, 하느님의아들
Soul, 령혼
Spirit, 신
Suffer, 고성호오; 육보오
Trust, to, 밋소; 의지호오
Worship, or reverence, to, 공경호오; 위호오

SHORT SENTENCES USEFUL IN PRESENTING THE GOSPEL.

세상사름즁에죄엽논사롬어딕잇소
Among all mankind where is there one without sin?

하느님 셔셔 세상사름 다죄에싸저죽게 된거슬불상히녁이셧소
God pitied the sin-stricken and lost condition of man.

죄만히잇셧스되우리들소랑호셧소
Although our sins were many He loved us.

예수논하느님의외아들이오
As for Jesus, He is God's only son.

하느님쎄셔그외아들을세상에보내셧소
God sent His son to earth.

우리죄들속호러왓소
He came to atone for our sins.

세상사름의게해를밧앗소
He suffered at the hands of men.

우리죄들디신호여그몸에악흔형벌밧앗소
On account of our sins He received bitter punishment in His own body.

십즈가에못박혀죽으셧소
He died nailed to a cross.

엇지호여야그은혜를갑호깃소
How can we repay such kindness?

예수말슴대로호여야쓰깃소
We must do according to the word of Jesus.

우리다죄잇논줄을써닷고회개호여죄들 려야쓰깃소
We must realize our sinfulness, and having repented forsake it.

예수들밋으면텬당에가깃소
If we believe in Jesus we will go to Heaven.

멋지아니호면디옥에싸질수밧긔업소
If we do not believe in Him there is nothing for us but to fall into hell.

이말은사름의말이아니오
As for these words, they are not the words of man.

하느님의말슴이오
They are the words of God.

It will be good practice for the student to take these sentences and join them by the proper connectives, as had been already done in the following.

PRAYER SENTENCES.

하늘에게신우리아바지
Our Father which art in Heaven.

하느님의게엿온죄들사호여주옵시고
Forgive the sins that we have committed against Thee, and,

죄를결ㅁㅇ다시먹지말게호여주옵쇼셔
grant that we may have no more mind to sin.

베어드 부인, *Fifty Helps*, 86-89.

복음 전도는 인간론(죄론)에서 시작하여 하나님의 사랑과 그리스도의 구속과 대속을 말하고, 그 은혜를 갚기 위해 죄를 깨닫고 회개하여 죄를 씻고, 예수를 믿어 천당에 가야 한다고 설득했다. 또한 이 말은 사

람의 말이 아니요, 하나님의 말씀임을 강조했다. 이는 마페트의 전도 정책과 방법에서 왔다. 그는 "예수의 말씀대로 하여야 쓰겠소. 우리 다 죄 있는 줄을 깨닫고 회개하여 죄를 버려야 쓰겠소"라고 표현했다.

2년차부터 5년차까지는 언더우드, 스코트, 게일의 책을 더 공부하면서 한국 지리 익히기, 한국어로 기도하기, 한글 복음서 본문 외우기, 한글 소설 읽기, 한자 익히기, 국한문 읽기, 한문 복음서 읽기, 유교의 고전 읽기 등으로 심화해나갔다. 둘째 해부터 읽은 스코트의 한국어 교본은 실습을 위한 40과가 포함되어 한국의 문화와 제도를 이해할 수 있게 했다. 스코트의 교본 제37과 마지막 문장들을 보자.[3]

스코트, *Manual*(1877).

---

3 James Scott, *A Corean Manual or Phrase Book, with Introductory Grammar* (Seoul: English Church Mission Press, 1893, 제2판).

선교 이론이나 선교 방법과 관련한 필독서들은 다음과 같았다. (1년차) John L. Nevius, *Methods of Mission Work*(New York: Board of Foreign Mission, PCUSA, 1886); William E. Griffis, *Corea, the Hermit Nation*(New York: Scribner's Sons, 1882), (3년차) *Report of London Missionary Conference*(1888), *Report of Shanghai Missionary Conference*(1890), (4년차) S. H. Carpenter, *Self-support, Illustrated in the History of the Bassein Karen Mission from 1840 to 1880*(1883), (5년차) Edward A. Lawrence, *Modern Missions in the East: Their Methods, Successes, and Limitations*(New York: Harper & Brothers, 1895).

선교사들은 네비어스 방법과 원칙을 기본으로 익히고, 카펜터의 버마 카렌 선교 역사를 참고했으며, 1880-90년대 선교대회들의 자료를 읽어서 최신 선교학의 논의를 숙지했다. 이 가운데 아직 한국교회사가들이 그 영향을 거의 분석하지 않은 책이 카펜터(S. H. Carpenter)의 *Self-support*(1883)와 로렌스(E. A. Lawrence)의 *Modern Missions in the East*다. 이 책들을 보면 1890-1900년대 한국 장로회 선교회들이 얼마나 자급 원칙을 추진하려 했는지와, 아시아 선교 역사와 상황을 분석하고 배우려 했는지를 알 수 있다.

나아가 초기 선교사들에게는 한국 문화에 대한 이해와 존중이 강조되었다. 특히 우리의 관심을 끄는 것은 그들의 아시아 종교에 관한 공부였다. 선교사들은 2년차에 『오륜행실도』(五倫行實圖), 5년차에 『중용』(中庸)과 아시아 종교에 대한 전문 서적들을 읽고, 쉬운 문리(淺文理)로 한문 서적을 읽을 수 있는 실력까지 배양했다. 조선시대에는 오륜행실도나 삼강오륜도를 통해 유교 철학의 본령이 윤리로 일상화되고 가족공동체를 강화했다. 선교사들은 이런 언해서(諺解書)를 통해 사서를 공부하면서 한글과 한자를 익히는 동시에 한국 문화를 이해하고 배웠다. 즉 선교사들은 가르치기 이전에 먼저 배우는 학생이었다. 그들은 선교 활동에 앞서 한국인들에게 한국의 언어, 역사, 종교, 문화 전반을 배웠다.

다음은 이 규정에 따라 1905년 9월에 3년차 시험을 친 선교사들의 시험 결과다. 1904년에 조건부로 통과하고 정식 선교사 반열에 들어간 샤록스 의사와 샤프 목사도 구두 시험을 통과했다. 웰번 목사도 늦었지만 만족스럽게 통과했다. 통과 점수는 60점이었다.

	필기	구두
웰번 목사	1900년에 통과함	76.66
컨즈 목사	70	86.66
컨즈 부인	63	89
피터즈 목사	79	97.66[4]
스미스 목사	68	74.66
클라크 목사	66	83.66[5]

또한 초기 내한 선교사들은 씨 뿌리는 비유를 한국어로 이야기하는 시험을 치기도 했다. 당시는 농사를 짓는 농부들에게 말씀을 뿌리던 시대였기에 그 방식이 시험 과목으로 적절했다. 이 시험을 통해 씨를 뿌

---

4 한때 권서 활동과 시편 번역을 했던 피터즈 목사의 한국어 실력을 짐작해볼 수 있다.
5 S. A. Moffett to A. J. Brown, Dec. 26, 1905. 규칙에 따라 위원장 마페트가 선교부에 직접 보고했다.

리는 사명은 전도자에게, 그 결과는 하나님께 맡기는 믿음이 중요함도
알 수 있었다. 뿌리는 자는 뿌리고, 물을 주는 자는 물을 주되, 기르시는
자는 하나님이시다.

10

마페트의 턱 '흉터'는
박해의 상처인가?

'깡패 이기풍 투석 신화'와 '동양의 예루살렘 평양' 담론

한국교회사에 유명한 일화 하나는 1890년대 초 평양 지부를 개척하기 위해 그 도시를 방문한 선교사 마페트에게 이기풍이 돌을 던져 턱에 큰 상처가 났고 결국 그 자리에 깊은 흉터가 생겼다는 이야기다. 이는 교계 어른들이 설교하거나 칼럼을 쓸 때, 과거의 평양이 소돔과 고모라와 같은 흑암의 도시였다는 것을 보여주기 위해서 자주 인용하는 예화다. '한국인 최초 선교사'인 그를 소개할 때 으레 등장하는 일화는 다음과 같이 과장되어 서술된다.

1907년 6월 20일 평양 장로회신학교 졸업 당시의 이기풍(왼쪽), 서경조(중앙), 길선주(오른쪽).

이기풍 목사님은 1868년 11월 21일 평양에서 태어났습니다. 그는 어려서부터 재치 있고 슬기로워 주위 사람들로부터 신동이라 불렸습니다. 그러나 그는 사납고 성격이 급한 사람이었습니다. 나이가 들면서 혈기가 왕성해지자 사나운 기운을 여지없이 발휘하기 시작하였고 박치기의 명수로서 이름을 날렸습니다. 또한 그는 돌팔매질을 잘하여, 매년 대동강을 사이에 두고 벌어지는 석전(石戰)에서 동편 대장을 맡기도 하였습니다. 1885년 이후로 많은 선교사들이 우리나라에 들어왔고, 평양에도 많은 선교사들이 자리를 잡게 되었습니다. 그러나 당시 위정척사운동의 영향으로 사람들은 서양인을 경계했고 청년 이기풍 역시 그러하였습니다. 어느 날 이기풍은 집을 나서다가 코 큰 사람이 지나가는 것을 보았습니다. 이분은 사무엘 마페트 선교사였는데, 이기풍은 그의 도도해 보이는 몸짓이 싫어서 친구들과 떼를 지어 몰려가 그의 집에 돌을 던졌습니다. 집안의 모든 것이 부서지는 소리가 났지만 돌을 다 던져도 아무런 반응이 없었습니다. 한 달 뒤, 장터를 거닐던 이기풍은 그 서양인이 무슨 책을 들고 서투른 조선말로 사람들에게 무엇인가 이야기하는 것을 보았습니다. 그는 반사적으로 발밑에 있는 돌을 찾아서 있는 힘껏 날렸습니다. "에잇!" "탁!" 날아간 돌은 마페트 선교사의 턱에 정통으로 맞았고, 마페트 선교사는 피를 흘리며 쓰러졌습니다. 이기풍은 쓰러진 그를 보고 양심에 가책을 느꼈지만 시치미를 떼고 그 자리를 떠났습니다.[1]

다른 여러 글에도 이기풍은 평양에서 유명한 깡패 두목으로 나타난다. 그리고 하나같이 마페트 목사가 평양에 와서 회개의 복음을 전하자 이기풍이 이를 참지 못하고 마페트에게 돌을 던져 "턱에 정통으로 맞았다. 마페트 선교사는 그 자리에 거꾸러졌고 삽시간에 피가 흘러 낭자하게 땅에 배어들었다"라고 묘사했다.[2] 그러던 그가 원산에 가서 스왈른 선교사를 만난 다음 회개하고, 평양에서 헌트 목사의 요리사가 되어 신앙생활을 시작했으며, 스왈른의 조사를 거쳐 1907년 첫 7인 장로회 목

---

1 "최초의 한국인 선교사 이기풍 목사", 「선교타임스」 2015년 10월(http://missiontimes.co.kr/?p=4884).

2 이사례, 『이기풍 목사의 삶과 신앙』(기독교문사, 1991; 2003년 개정판), 30.

사의 한 명으로 안수를 받았다는 것이다.

그런데 이 평양 투석 사건에는 확인해야 할 점이 몇 가지 있다. (1) 언제, 어디서, 왜 일어난 사건인가? (2) 당시 이기풍은 깡패였나? (3) 왜 마페트는 1890년대 자료에서 이 사건을 자세히 언급하지 않았을까? (4) 과연 마페트는 그때 턱에 돌을 맞고 상처를 입어 깊은 흉터가 생겼을까? (5) 왜 그런 과장된 이야기가 1920-30년대에 생산되고, 1990년대 이후에 재생되었을까? 이런 질문을 하면서, 이 사건과 관련한 자료들을 1907년부터 연대순으로 살펴보자. 이기풍의 투석을 언급하는 더 이른 자료를 아직 찾지 못했기 때문이다.

1907-10년 마페트의 언급

마페트는 1907년 이기풍이 목사 안수를 받을 때 그를 소개하는 글에서 단 두 줄로 이 사건을 언급했다. 곧 "이 장로는 1891년 평양 거리에서 선교사에게 돌을 던졌다. 그는 당시 '포도청 포졸'(yamen runner)이었다. 원산으로 이주한 후 개종하고 1896년에 세례를 받았다."[3] 마페트는 1910년 에딘버러 세계선교대회에서 한국인 첫 목사들을 소개할 때도 동일한 내용으로 간단히 언급하고, 그가 제주도에서 첫 선교사가 되었다고 덧붙였다.[4] 이후 마페트는 이 사건을 1925년까지 그의 편지나 기

---

3 S. A. Moffett, "An Educated Ministry in Korea," *Interior* (Feb. 14, 1907).

4 Sydney Cope Morgan, "The Revival in Korea," *Christian* (Jul. 28, 1910), 17.

사에서 언급하지 않았다.

길선주 목사는 자신의 설교문들을 모아 1920년대에 붓으로 정서했다. 그 수기 원고는 현재 장로회신학대학교 도서관이 소장하고 있다. 그 가운데 아들 길진경 목사가 예화만 모아서 만든 『길선주 목사 예화모음』에는 다음과 같은 글이 나온다.

61
마포삼열 선교사가 당한 박해

마포삼열 선교사가 1890년 8월 19일에 평양에 도착해서 전도하기를 시작했다. 그 당시에는 서양 사람을 처음 볼 뿐만 아니라 생김새도 한국 사람과는 다르고 전하는 교리도 그들에게는 아주 이상했다.

그 까닭으로 그 지방에 사람들이 양귀자(洋鬼子)가 이상야릇한 양교(洋敎: 당시 심하게 악평하는 사람들은 사람 홀리는 마술이라고 했다)를 가지고 와서 사람을 꾀인다고 했고 이런 유언비어가 사방에 두루 퍼진 때였다. 그가 길가에 나서면 구경꾼들이 멀찌감치 모여 그의 일거일동을 지켜보면서 웃고 비웃고 큰 구경거리 난 것처럼 법석이던 때였다.

하루는 추운 겨울 삼동에 마목사가 길에 나와서 전도하던 때 이기풍(李基豊)이라는 사람이 얼려 두었던 술방울을 가지고 마목사의 얼굴을 향해서 힘껏 쳤다. 바로 마목사의 턱이 맞아서 피가 흘렀는데 그가 세상을 떠날 때까지 맞은 자리의 흠은 없어지지 아니했다.

그렇게 핍박하던 이기풍씨가 뒤에 예수를 믿고 평양신학교 제1회 졸업생으로서 교회의 목사가 되어 그 죄를 자복하였다. 그는 제주도에 가서 복음을 위한 개척자로서 일생을 마쳤던 것이다. (요일 5 : 4-5)

길진경, 『길선주 목사 예화모음』(기독교문사, 1994; 더 이른 판도 있지만 미확인), 52.

길선주 목사는 전국 여러 교회를 다니며 부흥회 설교를 할 때 이 이야기를 했을 것이고, 이로 인해 1920년대에 이기풍 투석과 마페트 흉터 일화가 한국교회 안에 정착되었을 것으로 짐작된다.

이 글에 따르면 다음 두 가지 새로운 사실을 알 수 있다. (1) 돌이 아니라 얼린 솔방울로 쳤다. 평양에서는 오랫동안 성 안과 성 밖으로 패를 나누어 석전(石戰)을 하는 풍습이 있었다. 이로 인한 피해자가 속출하자 점차 돌 대신 얼린 솔방울을 사용했을 것으로 짐작해본다. 해방 이후 작은 마을들에서 아이들은 추수 후에 논에 남아 있는 벼 뿌리뭉치를 잡고 던지며 옆 마을과 패싸움을 했는데, 이 역시 석전의 유산으로 보인다. (2) 마페트의 턱에서 피가 흘렀지 뼈가 부서지지는 않았다. 그러나 그 흉터는 평생 지속되었다.

사진으로 보는 마페트의 얼굴

그런데 길선주 목사의 말도 신빙성이 떨어진다. (1) 과연 그때가 '겨울'이었을까? (2) 그래서 돌이 아닌 '얼린 솔방울'을 던졌을까? (3) 마페트는 솔방울(돌)에 '턱'을 맞았을까? (4) 그래서 그때 큰 '흉터'가 생겨 평생 사라지지 않았을까? 다음 인용할 사진과 자료를 보면 이 네 가지는 사실이 아니다.

1890년   1899년   1932년

마페트의 변화 모습.

먼저 마페트의 사진을 통해 직접 확인해보자. 1890년 내한 당시의 (26세) 사진에는 턱에 흉터가 없는 것처럼 보인다. 1899년 결혼할 때 사진에는 턱 부분 '흉터'가 깊다. 그 중간에 어떤 사건이 있었던 것처럼 보인다. 말년의 1932년 사진에서는 그 '흉터'가 더 깊어져 있다.

그러나 이것은 흉터가 아니라 서양인에게서 흔히 보이는 chin cleft (턱 홈)이다. 어떤 사람은 둥근 점처럼 생겼고, 마페트처럼 홈이 파이는 경우도 있다. 젊었을 때보다 나이가 들면 더 깊어진다. 1888년 사진을 보자.

사진을 찍는 각도에 따라 다르게 보이지만 이 사진에는 턱 홈이 분명히 보인다. 20대 청년이라 그 홈이 완전히 발달하지는 않았지만, 분명 턱 아래를 향해 일자로 홈이 패여 있다. 이는 서양인에게서 흔히 볼 수 있는 패인 턱으로

마페트(1888).

선천적으로 생긴 것이다. 그나저나 마페트는 정말 턱에 돌을 맞기는
했을까?

1925년 마페트의 회고

마페트가 1925년에 작성한, 초기 평양 개척을 회고한 글에는 1891년이
아니라 1893년에 서문 길을 걸어가다 이기풍이 던진 돌에 맞을 뻔했다
고 적혀 있다.

> 1893년 2월 우리는 선교지부 부지를 선정하고 한[석진] 씨로 하여금 그
> 인근에 작은 기와집을 사게 했다. 현재 여자성경학교가 있는 자리였다.
> 동시에 감리회의 홀(W. J. Hall) 의사도 그들의 조사를 통해 서문 안에 부
> 동산을 매입했다. 그때 '야단'이 일어나 시의 관리들이 한 씨에게 부동산
> 을 돌려주라고 하여 그렇게 했는데, 얼마 후 동문 안에 더 큰 집을 샀다.
> 　　리 목사와 내가 서문 거리에서 관청을 따라 내려가고 있을 때, 아
> 문(포도청) 포졸들이 돌을 던졌다. 주먹 크기의 돌 한 개가 획 소리를
> 내며 내 귓가를 스쳤으나 섭리적으로 더 이상 가까이 오지 않았다. 여
> 러 해 후 돌을 던진 포졸 중 한 명은 첫 목사 안수를 받은 7명 중에 한
> 사람이 되었고, 한국교회가 제주도에 보낸 첫 선교사가 되었다.[5]

5　Samuel A. Moffett, "Early Days in Pengyang," *Korea Mission Field* (Mar. 1925),
　53.

이 글은 1907년이나 1910년의 회고와 달리 사건 연도를 1893년으로 수정했고, 상세한 내용을 처음으로 서술했다. 그러나 돌에 맞은 것은 아니라고 적었다.

로즈의 북장로회 한국선교회 희년사(1934)

아래 글은 1934년 미국 북장로회 한국선교회 50주년 역사를 쓴 로즈(Harry A. Rhodes) 목사의 서술이다. 이는 9년 전 마페트의 회고를 따랐다.

그래함 리 목사는 1892년 9월에 도착했고, 새 선교지부를 개척하는 마페트 목사의 동료로 임명되었다. 두 사람은 1893년 2월에 함께 평양으로 갔다. 이들은 한[석진] 씨를 통해 땅을 샀는데, 현재 여자성경학교 건물이 있는 곳이다. 그러나 한국인들은 즉시 분쟁을 일으켰고, 도시의 관리들은 한 씨에게 그 땅을 [원 주인에게] 돌려주라고 강요했다. 그 대신한 씨는 얼마 후에 대동문 안에 큰 한옥을 매입했다. 이곳을 방문하려고 마페트와 리 목사는 서문 도로를 따라 걸어 내려가고 있었는데, 관청 건물을 지날 때 포졸들이 돌을 던졌다. 그 한 명이 이기풍으로, 그는 나중에 예수교인이 되었고, 헌트 목사의 요리사가 되었으며, 마침내 장로교회의 목사로 안수받은 첫 일곱 사람 중 한 명이 되었다. 그와 그의 아내는 조선 장로교회가 파송한 첫 선교사가 되어 제주도로 갔다.[6]

---

6   Harry A. Rhodes ed., *History of the Korea Mission, Presbyterian Church,*

위의 두 글에 의하면 (1) 투석 사건은 1893년 2월 이후에 발생했고, 그 시점은 땅을 샀다가 물리고서 다시 대동문 안에 집을 매입한 이후다. 곧 봄이었다. (2) 사건의 원인은 선교사들이 조약을 어기고 개항장이 아닌 평양 성 안에 부지나 건물을 샀기 때문이다. 평양 감영은 선교사들이 한석진의 이름으로 산 대지를 본래 주인에게 돌려주도록 조치했다. 이어서 한석진이 조용히 대동문 안에 집 한 채를 매입하여 거주하고 또 서양 선교사들이 계속 활동하자, 외국인을 추방하라는 감사의 명령을 받은 포졸들이 돌을 던졌다. (3) 이기풍은 그 포졸들 중 한 명이었다. (4) 이기풍은 개종 후에 헌트 목사의 요리사로 일했다.

로즈의 이 기록은 마페트가 회고한 글을 인용했고, 다음 회고에서도 재확인했으므로 그 발생 시점과 원인, 이기풍의 직업은 그대로 인정해야 한다. 즉 이기풍은 깡패로서 투석한 것이 아니라 포졸들이 서양인들을 향해 돌(얼린 솔방울)을 던질 때 함께 던졌으며, 이는 외국인이 평양에 부동산을 구입할 수 없는데도 한국인을 통해 (편법으로) 매입한 데 대한 항의였다.

마페트의 회고(1936)

이 사건에 대해서 1936년 마페트가 회고한 부분을 번역해보자. 마페트

USA, Volume I, 1884-1934 (Seoul: Department of Education, Presbyterian Church of Korea, 1934), 146.

는 이를 훨씬 더 긴박감 넘치게 표현하고 있다.

　　1893년 봄에 리 목사와 나는 부지를 샀는데 현재의 여자성경학교가 있
는 곳이다. 이 일로 관리들이 경악했고, 백성에게 우리를 몰아내라는
명령이 주어진 것이 분명했다. 수백 명의 군중이 모였고, 한국에서 쓰
는 말로 '야단'이 났다. 리 목사는 밖에서 무슨 말을 하고 있는지 몰랐
지만 사태가 심각하게 돌아가는 것을 아주 잘 판단하고 벽에 걸어둔
장총에 손을 댔다. 바로 그날 아침 우리가 서문에서 길을 따라 내려갈
때 포졸들이 돌을 던졌는데, 이 군중은 우리에게 좋은 징조가 아니었
다. 로즈 박사의 역사가 이때 우리의 경험을 잘 설명하고 있으므로 여
기서 다시 반복하지는 않겠다. 하지만 우리에게 돌을 던진 포졸 가운데
한 명이 이기풍이었고, 그가 나중에 안수받은 첫 한국인 목회자 중 한
명이 되었고, 한국교회의 첫 선교사가 되어 제주도에 갔으며, 이번에는
그가 그곳 사람들에게 돌을 맞고 위협을 당했다는 점은 반복할 가치가
있다.[7]

　　이 회고에서 우리는 선교사들이 한석진을 통해 부동산을 (불법으로)
매입한 것 때문에 먼저 포졸들이 돌을 던졌고, 이어서 수백 명의 주민
들이 선교사가 머무는 여관 주변에 모여 들어 도성을 떠날 것을 요구
하는 야단이 났음을 알 수 있다. 그러나 포졸들이 돌을 던졌다고 해서
그 돌에 진짜로 맞았다는 말은 없다. 또 군중들이 방 안에 있는 선교사

7　S. A. Moffett, "Early Days," *Korea Mission Field* (Jan. 1936), 4.

들을 위협하기 위해 돌을 던진 것이지, 직접 사람을 향해 던진 것은 아니었다. 아무튼 마페트와 리는 주민들의 강한 반외국인 정서 때문에 더 이상 평양에 있을 수 없어 일단 서울로 철수했다.

흥미로운 것은 역사의 반복이다. 평양에 온 첫 선교사 마페트가 이기풍에게 돌팔매질을 당했고, 제주도에 첫 선교사로 간 이기풍 역시 그곳에서 동일한 일을 당했다. 마페트는 1893년 가을에 다시 평양에 가서 7개월간 머물며 선교 활동을 벌였다. 대동문 안 집의 사랑방을 개방하여 전도하고 초신자들을 가르친 결과 그는 1894년 1월 7일 8명에게 세례를 주고 널다리교회를 시작할 수 있었다.

길진경, 『영계 길선주』(1975)

길진경은 부친의 전기를 쓰면서 이 투석 사건을 언급했는데, 부친의 예화 속에 있는 자료를 보고 상상을 더했다.

미개한 민족 사회 속에서 이교인 기독교를 전하는 외국인 선교사에게 피할 수 없는 운명인 박해가 마포삼열[마페트] 선교사에게도 닥쳤다. 그가 평양에 와서 전도를 시작한 그해 겨울이었다. 동대문 안 사거리에서 전도하고 있을 때, 이기풍이라는 젊은이가 많은 구경꾼들이 둘러서 있는 뒤에서, 물에 적시어 눈 속에 묻어 얼린 솔방울을 선교사에게 던졌다. 그 솔방울은 선교사의 턱에 맞아 피를 뿜게 했다. 마포삼열은 손수건으로 턱을 감싸 쥐고 군중의 수모와 야유를 받으면서 숙소로 돌

아갔다(폭행당한 흉터는 일생의 선교 기념이 되었을 것이다!).[8]

투석 사건의 신화는 이때를 전후하여 태동하기 시작했다. 미개한 평양 주민이 얼린 솔방울로 선교사의 턱에 피가 낭자할 정도로 큰 상처를 냈으나, 그 흉터는 승리한 선교사의 영광의 상처가 되었다는 선교 승리주의는 비단 길진경 목사 한 사람만의 선교사관이 아니었다. 그러나 아들이 쓴 아버지의 전기는 아무래도 영웅전이 되기 쉽고, 아버지의 주변 인물, 특히 마페트에 대해서도 동일한 시각이 적용될 가능성이 농후했다. 한국에서 자서전이나 직계 가족이 쓴 전기가 대부분 신빙성이 적고 학계의 인정을 받지 못하는 이유가 여기에 있다.

『마포삼열박사 전기』의 기록(1978)

1978년 마포삼열박사전기위원회(위원장 계일승, 감수 백낙준 등)는 마페트의 전기를 출간했다. 서문에는 그의 업적을 다음과 같이 요약했다. "평양을 중심으로 하여 3백리 주위에 신자 한 사람도 없던 곳에서 1천여 교회와 10만여 교인을 얻었고, 3백여 소학교와 숭덕, 숭실, 숭의 등 많은 기독교 학교를 세웠다. 그리고 교역자를 위한 신학교를 창설하여 23년간 교장으로 봉사하면서 고(故) 길선주, 한석진, 김익두, 함태영, 김선두, 남궁혁, 주기철, 채필근 등 8백여 명의 목사를 배출했고, 한국교회를 자

---

8   길진경, 『영계 길선주』(종로서적, 1975), 42-43.

립하게 한 전국 독노회 초대회장이었으며, 1919년(기미년)에는 총회장으로 수고하기도 했다." 동료 클라크 목사는 마페트를 가리켜 '한국교회를 낳은 아버지' 역할을 했다고 평가했다. 그를 위해 1935년에 평양 경창리에는 마포기념관이 건립되었고, 해방 후 남한에서는 숭의학교와 장로회신학대학에 마포삼열기념관이 두 차례 이상 각각 설립되었다.

그러나 이 전기는 이기풍의 투석-선교사 축출 사건을 과장하거나 소설화하지 않는다. 대신 1936년 마페트의 회고를 거의 그대로 번역하여 소개할 뿐이다. 다만 1893년을 1892년으로, 수백 명의 군중을 300여 명의 군중으로, 포졸을 순경으로 옮기는 오류를 범했다. 그러나 이기풍이 깡패였다거나, 마페트의 턱에 돌을 맞추어 유혈이 낭자했다거나, 그곳에 나중에 깊은 흉터가 생겼다 등과 같은 말은 쓰지 않았다. 길선주-길진경의 겨울 솔방울 이야기도 거부했다.

흉터 신화와 동양의 예루살렘인 평양 담론

공식적인 전기에도 나오지 않는 턱 흉터 운운은 어디에서 나온 것일까? 그것은 앞서 소개한 길진경의 『영계 길선주』(1975)와 『길선주 목사 예화모음』에서 비롯되었다고 짐작된다. 교문사에서 출판한 『마포삼열박사 전기』보다 종로서적에서 출판한 길선주의 전기가 더 널리 읽혔을 것이다. 두 이야기의 차이를 크게 느끼지 못한 일반 교인들과, 길선주 목사의 권위와 함께 마페트의 노년(1932-34) 사진에 있는 턱 홈을 흉터로 오해한 목회자들이 설교 예화에서 널리 사용했을 것으로 짐작된다.

그러면 마페트의 턱 흉터 이야기가 1920년대 후반에 널리 퍼진 이유가 있을까? 아마도 이것은 1920년대 중반부터 평양을 '동양의 예루살렘'이라고 부르면서 성시화 작업을 할 때 나온 이야기일 것이다. 평양을 미화하기 위해서는 과거의 평양이 얼마나 어둡고, 미신적이고, 기독교를 핍박했는가라는 흑역사가 필요했고, 그때 신화화된 두 이야기가 토마스의 순교와 마페트가 돌에 맞아 피를 흘린 핍박 사건이다. 이처럼 한국교회사의 핍박사와 순교사는 적색과 흑색이 만나는 지점이라 엄밀한 연구가 필요한 분야다.

　　그렇다면 1990년대 들어 다시 이 일화가 부활하고, 2000년대에 재생산되고 유행한 이유는 무엇일까? 아마도 북한 붕괴론과 흡수 통일론, 해방 이전의 북한 교회 복원 운동, 평양대부흥 100주년 운동, 장대현교회 복원 운동, 평양과학기술대학 건립 지원 운동 등 (자본주의적) 남한 교회의 사회주의(공산주의)적 북한에 대한 승리주의와 연결되어 있을 것이다. 하지만 이미 이 글이 길어졌으므로 이 주제는 그 가능성만 제기하고 차후에 논하기로 하겠다.

　　1920년대 평양을 지칭하여 '동양의 예루살렘'이라고 부른 두 세력이 있다. 먼저 기독교인들, 특히 교권을 잡은 지도자들은 한국과 동양에서 최대의 기독교 도시가 된 평양을 바라보며, 기독교 승리주의(triumphalism)의 입장에서 그 용어를 사용했다. 거룩한 도시를 위해서는 순교자적인 영웅이 필요했고, 거기에 죽은 자로는 토마스, 살아 있는 자로는 마페트가 적임자였다.

　　또 다른 세력은 사회주의자들로서, 그들은 이 용어를 비판적으로 사용했다. 사회주의자들은 사회나 정치 혹은 민족 문제에 무관심한 기독교인들을 가리켜 이 용어를 사용했다. 이를 통해 기독교인들을 당신들의 천국인 예루살렘 도성 안에 갇혀 있는 몽매한 '영적' 무리라고 비판한 것이다. 1920-23년 김익두 목사를 '고등 무당'으로 비판한 사회주의자들이, 당시 평양의 기독교인들을 한국의 섬 같은 존재로 보고 비난한 용어가 바로 '동양의 예루살렘'이었다.

이러한 1920년대 근본주의자들이 지닌 승리주의에 대한 사회주의자들의 비난은, 1980년대 이후 남한에서 재현되었다. 대형 교회를 세운 전자의 후계자인 복음주의자들은 북한 복음화를 외치며 흡수 통일론을 지지하고 평양 대부흥의 재현을 수사학적으로 꿈꾸었다. 후자는 '맘모스' 교회 안에 갇혀 있는 '개독교인'들이 반통일적인 주요 세력이라고 비판했다. 그 갈등의 잔해는 한국사회의 40대와 50대에 사이에서 아직도 치유되지 않은 채 응어리로 남아 있다. 지금도 한국 개신교 안에는 여전히—마페트의 턱 홈보다 더 깊이—'돌을 던지는 미개한' 평양인, '선교사의 목을 치는 마귀의 자식'인 평양 정부 관리들의 이미지가 새겨져 있다. 한국교회 안에 만연한 반북한 정서가 바로 그것이다.

오늘은 일단 이 글을 통해 1920년대에 만들어진 마페트의 턱 흉터를 지운다. 그것이 한국 개신교에 강하게 남아 있는 좌우 갈등의 상처, 종북 낙인을 치유하는 한 계기가 될 수 있기를 희망한다. 예수의 스티그마인 노예의 낙인을 받고 민족을 섬기는 교회가 되기 위하여 지워야 할 거짓 흉터와 낙인이 많은 역사에서, 작은 점 하나를 지운다.

11

헐버트의 속담

새우 싸움에 고래가 죽는다

우리가 흔히 쓰는 속담에 "고래 싸움에 새우 등 터진다"는 말이 있다. 한 반도를 에워싼 4강의 틈바구니에서 우리나라가 눈칫밥을 먹거나 힘들 때, 혹은 정파들이 패거리 싸움으로 허송세월할 때 결국 죽어나는 건 서민이라는 뜻으로 사용하는 말이다. 이 속담을 말하다 보면 냉혹한 국제사회에서 새우 같이 작고 무력한 한국이나 권세가들 사이의 힘없는 서민이 떠오른다. 문서상 남아 있는 이 속담의 첫 자료는 제물포에서 의료 선교를 하던 성공회 누가병원의 미국인 의사 랜디스(E. B. Landis)가 수집한 속담집에서 발견됐다. 원문을 보자. 이는 그가 소개한 속담 100개 중 10번에 나온다.

9. **함 홍 차 ᄉ**
"A Ham Heung messenger."
To disappear entirely.
When Tai Cho Tai Oang, the founder of the dynasty, was in Seoul, he had a disagreement with his son the Crown Prince and, resigning in his favour, he returned to his native place. Ham Heung. A few weeks after he had left, his son sent a messenger to beg him to return. He refused to return and the messenger became so importunate that the ex-king became angry and had him beheaded. Now when some one disappears and can not be found he is called a "Ham Heung messenger."

10. **고 리 싸 홈 에 서 우 등 터 진 다**
"When whales fight, shrimps' backs are broken."
When powerful people have a quarrel and servants or less powerful ones interfere they usually suffer more than the principals.

11. **비 주 고 속 비 러 먹 기**
"To present another with a pear and beg for the core."
To help another to get a good position and then ask for his aid in return and not get it.

랜디스 의사가 수집한 한국 속담들.

이를 현대어로 옮겨 적으면 다음과 같다. "10. 고래 싸움에 새우 등 터진다"("When whales fight, shrimps' backs are broken." When powerful people have a quarrel and servants or less powerful ones interfere, they usually suffer more than the principals).[1]

랜디스 의사는 이 속담의 의미를 가리켜 권세 있는 양반들이 싸울 때 하인들이 끼어들다가는 더 다친다는 뜻이라고 풀이했다. 그는 한국에 온 유일한 미국 성공회 소속 선교사로서, 제물포에서 매일 한국학을 꾸준히 연구하여 훗날 한국 최고의 한국학 학자가 되었다. 한편 의사였던 그는 허준의 『동의보감』에서 기생충 치료 부분을 영어로 번역하기도 했다. 그는 남다른 성실함과 과학자로서의 논리적이고 분석적인 시각으로 한국어, 한국 역사, 한국 종교를 깊이 연구했는데, 특히 한국인의 종교 의례에 관심이 많아 유교의 관혼상제와 무당의 신들림 현상인 신병(神病)에 대한 논문도 발표했다.

유경민의 연구 논문을 보면,[2] 이 속담은 일제 식민지 시대에 와서 『조선이언』(朝鮮俚諺, 1913)에 실렸으며, 후에 『조선속담』(朝鮮俗談, 1922)에 다시 수록되었다. 후자의 풀이를 보면 과거에 랜디스가 소개했고, 현재 우리가 알고 있는 뜻과 동일하다. 곧 이 책은 이 속담을 "강한 자들끼리 싸우는 통에 아무 상관도 없는 약한 자가 중간에 끼어 피해를 입게 됨을 비유적으로 이르는 말"이라고 정리했다.[3]

---

1   E. B. Landis, "Some Korean Proverbs," *Korean Repository* (Aug. 1896), 313.
2   유경민, "개신교 선교사가 정리한 한국어 속담과 수수께끼 연구—외국인의 한국 언어문화 습득에 대한 고찰을 중심으로", 「민족연구」(2012).
3   『朝鮮俗談』(1922), 89.

그런데 헐버트는 이 속담을 다르게 이해했다. 그는 1897년에 74개의 속담을 수집하여 소개하는 글에서, 이 속담을 "새우 싸움에 고래가 죽는다"로 적었다.[4] 이어서 그 의미를 "'Two leviathans fight and even the whale is crushed between them.' shows the irony of fate; one man crushed between two others who are quarrelling. An innocent man is injured by a quarrel between two other men, tho he himself is not a party to it"로 풀이했다. 즉 새우를 구약성서에 나오는 바다 괴물인 '리바이어던'으로 번역하고, 두 괴물이 싸우는 바람에 큰 고래가 죽는다고 직역한 후, 두 사람이 싸우면 상관없는 제3자가 해를 입는다고 풀이했다.

45. 시우싸홈에고리가죽다
  "Two leviathans fight and even the whale is crushed between them," shows the irony of fate; one man crushed between two others who are quarrelling.
  An innocent man is injured by a quarrel between two other men, tho he himself is not a party to it.

46. 동작에셔욕먹고셔빙고에셔눈흘겨
  "The man who is insulted in Tongjagi waits till he gets to Sopinggo before he scowls back."

헐버트의 "한국의 속담"(1897)에 나오는 문제의 글.

랜디스는 강자들 간의 싸움에 약자들이 피해를 본다는 점을 강조했고, 헐버트는 싸움과 관련 없는 무죄한 사람이 피해를 본다는 점을 강조했다. 유경민의 말마따나 헐버트가 한국어에 서툴러 속담을 잘못 알

4　H. B. Hulbert, "Korean Proverb," *Korean Repository* IV (1897), 314.

고 소개했을 가능성도 있다. 그러나 헐버트가 의도적으로 그렇게 표현했거나, 아니면 당시 한국인 중에 실제로 이런 속담을 사용하는 사람이 있었을 수도 있다. 곧 한국 문화와 언어를 배우는 외국인인 헐버트가 한국어에 익숙지 않아 단어를 잘못 교환 배치한 것이 아니라, 첫 번째 속담을 비꼬아 만든 제2의 다른 속담이 존재했을 가능성도 있다. 이것이 만일 헐버트의 오류라고 해도, 그 오류로 만들어진 속담이 실상 오늘날에 더 의미심장한 속담이 될 수도 있다.

'나비 효과'란 말도 있듯이, 새우들끼리 싸우는 통에 발생한 잔물결 때문에 고래도 숨이 막혀 죽는다. 헐버트의 해석과 달리, 나는 이 속담을 비본질적인 사소한 주제를 놓고 새우들끼리 싸우다 보면, 정작 중요한 현안과 의제를 상징하는 고래가 실종될 수도 있다고 해석하고 싶다. 이를 한국이 왜 주변 열강 사이의 싸움에 희생되어 허리 끊긴 새우 신세가 되었는지에 대해 열심히 연구하고 그 활로를 모색하는 대신에 국사 교과서 국정화 같은 문제로 새우끼리 싸움을 하면, 우리 민족을 더 나은 미래로 가게 하는 고래가 죽는다는 속담으로 보면 어떨까? 진정한 선교가 무엇인지, 교회 확장이 하나님 나라의 확장인지, 쇠퇴하는 한국교회를 개혁할 활로가 무엇인지, 교회가 잃어버린 대사회적 신뢰와 기독교를 등진 젊은 세대를 되찾는 방법이 무엇인지를 연구하고 모색하는 대신에 내부에서 신학적 성향이나 이념, 노선과 전통, 어느 출신이냐를 놓고 싸우면, 결국 죽는 것은 고래인 성도요, 나아가 그 고래와 함께 고통받으시는 그리스도이시다.

헐버트는 한국인의 속담, 민요, 민담, 동요 등을 수집하고 소개하는 데 남다른 관심을 가졌던 문서선교사였다. 그는 "아리랑"을 최초로 채보해서 출간했고, 오랫동안 한국 속담을 수집하여 그중 수백 개를 모아서 출판하기도 했다. 왜냐하면 (1) 속담을 통해 한국인과 한국문화를 이해하기 위해서였다. 당시 대다수 민중은 특권층의 전유물인 한자 문화의 직접적인 영향 밖에 있었다. 헐버트는 민중들이 발전시킨 민담, 설화, 속담, 민화 속에 한국인 일반의 정체성과 종교성과 창조성이 녹아 있다고 보았다. (2) 속담 안에는 장기간 축적된 한국인의 집단 지성과 지혜가 있기 때문이었다. 그는 한국인의 자주성과 우수성을 서구 세계에 알리기 위해 한국인의 동화, 설화, 속담, 역사를 영어로 번역하여 영미권 독자들에게 소개하기도 했다. 그가 수집한 속담 몇 개를 더 보자.

"흙부처가 돌부처를 가르치오"(정치가들이 나서서 역사가들을 나무라고 있다). "사람이 눈치 있으면 절에 가도 젓국을 먹는다"(교회사 교수가 눈치가 있으면 국정 국사 교과서에서 기독교 서술 분량을 늘릴 수 있는 세상이다). 그러나 "지름길로 가면 도적 만난다"(기독교 사관이 반영된 검정 교과서 하나도 제대로 만들지 않고 바로 국정 교과서로 해결하려 하면 더 큰 문제가 발생할 수 있다), "젯밥(all souls' rice)에만 마음 있고 염불에 마음 없소"가 아니기를 바랄 뿐이다. 그렇게 들러리를 서다 보면 "중의 상투" 같고 "중의 빗" 같은 존재가 될 수 있다. 인적이 끊긴 "절간 같소"란 말 대신에 "신학교 같소"란 말을 들을 날이 올까 두렵다. "불 아니 땐 굴뚝에 연기 나느냐?"(한국교회가 냄비에 개구리를 넣고 불을 많이 땐 까닭에 젊고 똑똑하고 상처 입은 개구리들이 모두 뜨거운 교회당을 뛰쳐나가 가나안 개구리가 되었다) 그렇다고 해서 "동작에서 욕먹고 서빙고에서 눈 흘긴다"는 말처럼, 가나안에 가서 눈만 흘긴다고 문제가 해결되지는 않는다.

다시금 죽어가는 고래를 생각한다. 여기서 고래는 무죄한 백성들, 싸움질에 여념이 없는 두 새우는 악인들로 볼 수도 있다. 악인들의 싸움판에 선한 고래마저 죽는 것이 우리 민족의 운명이 되지 않도록 고래를 애써 지킬 일이다. 지금은 새우 싸움에 고래가 죽는 험한 세상이다. 정신 바짝 차리고 힘을 합해 하나님의 백성인 고래를 살리자.

12

천 개의 생명 루비 켄드릭에
대한 신화

1905년에 미국 캔자스 여자 성경학교를 졸업한 루비 켄드릭(Ruby Rachel Kendrick, 1883-1908)은 북텍사스 엡윗 청년회(North Texas Conference Epworth League)의 후원을 받아 남감리회 한국선교회 소속 선교사로 파송되었다. 그녀는 1907년 8월

한국 송도의 루비 켄드릭 양, 1907년 파송, 1908년 6월 사망. *Woman's Missionary Advocate*(Jul. 1908) 표지에 실렸다.

29일 미국을 떠나 9월에 서울에 도착했고 같은 해 11월 송도(개성)에 파송되었다. 당시 대부흥운동이 휩쓸고 지나간 한국교회는 급성장 중이었다. 특히 부흥운동의 중심지였던 송도는 성령 충만한 기독교인들이 많아 전도열과 교육열이 높았다.

켄드릭은 개성에서 여성 사역을 시작하면서 한국어를 배웠다. 그러나 6월 9일 병에 걸려 급히 서울 세브란스병원으로 이송돼 치료를 받고 수술을 했으나, 내한한 지 9개월만인 1908년 6월 19일 25세의 젊은 나이로 하나님의 부르심을 받았다. 남감리회 소속 선교사 중 첫 사망자였다. 그녀는 서울에 있는 세브란스병원으로 후송되어오면서 마치 마지막 유언처럼 텍사스 엡윗 청년회에 자신이 죽으면 자신을 대신할 청년을 보내어줄 것을 부탁했다. 그리고 그 전에 보낸 편지에서 "나에게

줄 수 있는 천 개의 생명이 있다면, 그 모두를 한국에 드리겠습니다"(If I had thousand lives to give, Korea should have them all)라고 썼다. 이 말은 양화진 묘지의 묘비명이 되었다.[1]

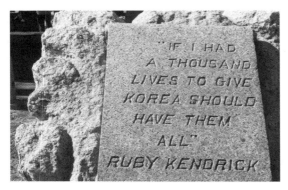

양화진 묘비명

---

1   이 문구는 본래 미국에서 아메리칸 인디언 선교를 했던 데이비드 브레이너드(David Brainerd, 1718-47)의 1742년 4월 27일 자 일기에 나오는 구절에서 온 말이다. "If I had a thousand lives, my soul would gladly have laid them all down at once to have been with Christ"("만일 나에게 천 개의 생명이 있다면, 내 영혼은 그 모두를 그리스도와 함께 있기 위해 즐거이 즉시 내려놓겠다")—Jonathan Edwards ed., *The Life and Journal of David Brainerd* (Edinburgh: H. S. Baynes, 1826), 27. 이 책을 읽은 중국내지선교회 창시자 허드슨 테일러(J. Hudson Taylor)가 초창기에 그의 여동생 아멜리아에게 보낸 편지에 이 문장을 인용하면서 다음과 같이 바꾸었다. "If I had a thousand pounds, China should have it. If I had a thousand lives, China should have them"("만일 나에게 1,000파운드가 있다면 중국에 줄 것이다. 만일 나에게 천 개의 생명이 있다면 중국에 줄 것이다. 아니, 중국이 아니라 그리스도께 드릴 것이다. 그를 위해 우리가 무엇을 더 할 수 있을까? 소중한 구주를 위해서 우리가 무엇을 해야 충분할까?"). 중국내지선교회의 산동 즈푸 선교사로서 1883년 10-12월 스코틀랜드성서공회 권서 자격으로 한국의 개항장인 부산·원산·제물포·서울을 처음으로 탐사하고 성경을 반포한 다우스웨이트(Arthur William Douthwaite, 稻惟德, 1848-99) 의사의 묘비에는 다음 문구가 새겨져 있다. "If I had a thousand lives, China should have them"("만일 나에게 천 개의 생명이 있다면, 그 모두를 중국에 드리겠습니다"). 이 유명한 말을 켄드릭은 편지에서 중국 대신 한국을 넣어 사용했고, 사후에 묘비에 새겨졌다.

이 문구를 담은 편지는 태평양을 건너 1908년 여름 텍사스 엡윗 청년회 연회 모임 때 전달되었고, 회원들은 켄드릭 양의 헌신적인 모습에 감동을 받았다. 그러나 다음날 그 자리에는 서울에서 보낸 '켄드릭 사망'이라는 전보가 도착했다. 그녀의 모범과 유언을 따라 청년 20여 명이 외국 선교사로 자원했고, 그중 서너 명이 남감리회 선교회 선교사로 한국에 파송되었다. 다음은 켄드릭 양과 관련하여 현재 온라인에 유포되고 있는 세 가지 오류 사항이다.

사망일: 1908년 6월 19일

그녀는 1908년 8월 15일에 사망한 것으로 되어 있으나, 실제로는 6월 19일에 사망했다. 사망일을 8월 15일로 기록한 것은 아마 이 자료를 인용하다가 이 잡지의 발행일을 사망일로 착각했기 때문으로 보인다. 어떤 자료에는 6월 20일로 나오는데, 이는 미국에서 잘못 알았거나 착오를 일으킨 날짜다.

1911년, 당시 미국 밴더빌트 대학교에서 유학 중이던 양주삼 목사가 쓴 글에도 (그녀가) 6월 19일에 사망한 것으로 나온다.[2] 이 글은 원래 *Korean Evangel*에 실렸다고 한다. 양 목사는 켄드릭 양을 직접 만난 적은 없으나 1910년 텍사스를 방문했을 때, 그녀가 한국에 오기 전 활

---

2 J. S. Ryang, "In Memory of Ruby Kendrick, the Lover of Korea," *Missionary Voice* (Jan. 1911), 19.

동했던 일과 한국 선교사로 파송되기까지의 사정에 대해 들었다. 뒷날 양주삼 감독이 편찬한 『남감리회 30주년 역사』 영문판에도 그녀의 사망 일자는 6월 19일로 기록됐다.[3]

THE KOREA MISSION FIELD.

IN MEMORY.

MISS RUBY RACHEL KENDRICK.

" To live in hearts we leave behind is not to die "—and she truly lives in the hearts of those she left behind. She came to us last November in our "Tallulah Ladies Home" in Songdo and with her our happiness and member seemed complete. Oh, how the Koreans had learned to love her too; she was so young, lovable and beautiful! Her teacher who knew her best loves her most and refuses to be comforted.

She was with us such a short time that she had not entered into much school work, but she assisted in morning prayers, an English class and helping to nurse the sick children. She left us on the 19th of June, having lain in Korea only about eight months. The first month was spent in Seoul and the rest of the time in Songdo.

While she studied the language she also studied conditions as they realy are and was planning and preparing methods by which she might help "my Korean sisters" as she so often called them. We attended church together at South Ward Church and she was planning to take charge of the primary department of the Sunday School. The babies and little tots were not at all afraid of her because they knew she loved them. Long before she could talk in their tongue they knew she loved them because love is a language that needs no interpretation. She usually carried candy or nuts in her purse and would give them to the babies at church to keep them quiet. She had many warm friends among these little tots. The women were happy when she came, saying that for so long they had had only one "pooin" and now that she had come, just how happy and glad they were it was impossible to say in words. Now that she is gone from among us they are most sad. One said: " We have lost her but she has gained every thing, Heaven, Jesus and our Heavenly Father."

In our sadness we think of her loved ones in America—our hearts go out with love to them across the sea and we long to tell them that while Ruby was not with her own kindred whom she loved so tenderly, that she was among those who had learned to love her as a dear sister. This new made grave on the sunny slope of the quiet Han river is not in her native land but is appropriately here in the land she had adopted as her own, giving her beautiful young life to save from heathenism and we belive that had she been able to choose she would have said: " Let my body rest with those whom I came to tell of Jesus." The evening she was brought to Seoul, her last words to those left in Songdo were: "If my work here in Korea is to be so short, I want to write to the "Young People" at home to come take my place." This letter she did not get to write, but the thought was continually with her and one of her deepest desires seemed to be that should her labor be short, God would use her death in touching other lives. We believe it for both in America and Korea she has put in motion an influence that only time and eternity can measure.

On Sunday morning June 21 in the home of Dr. and Mrs. J. W. Hirst at 8 : 30 the funeral services were conducted by Rev. A. W. Wason, her Songdo pastor. He said in part: "To our human eyes. Oh, the mystery of it, a life so young, so well prepared, so consecrated, coming to a field so ripe unto harvest and just as she had put in her sythe to be called away—to our human eyes it is a depressing mystery—but thank God we do not see with human eyes, we have more than human eyes. The risen and transformed Christ says : ' I am the Light of the World ' and his love illuminates the mystery. Through him we know that the loss is all ours."

We do not know but that to-day she may be doing more for the Korea she loved than ever before.—*Cordelia Erwin.*

> She left us on the 19th of June,

> On Sunday morning June 21 i

자료 1. 한국에서 발간된 추도문.[4]

---

3 J. S. Ryang ed., *Southern Methodism in Korea: Thirtieth Anniversary* (Seoul: 1929), 25.

4 Cordelia Erwin, "In Memory: Ruby Rachel Kendrick," *Korea Mission Field* (Aug. 15, 1908), 118.

한국 선교사 지원자: 4명

켄드릭 양의 헌신과 죽음에 감동을 받은 텍사스 엡윗 청년회에서 20명이 한국 선교사로 지원해서 왔다는 글들이 있으나 이는 사실이 아니다. 다만 양주삼의 위의 글에 의하면, "내가 이해하는 바로는 20명 이상이 켄드릭 양의 모범을 따라 외국 선교지에서 예수 그리스도를 섬기는 일에 자원했으며, 그중 많은 사람이 한국에 갔다"고 한다. 선교사로 자원했다고 해서 모두 선교사로 파송되는 것은 아니다. 또한 텍사스 엡윗 청년회는 켄드릭을 기념하여 한국 주재 남감리회 소속 선교사 1명을 지원하기로 했다고 썼다.

남감리회 한국선교회 30년사의 선교사 연대별 파송 목록(자료 2)과 *Southern Methodist Mission Handbook*(1914, 자료 3)에 의하면 1909-13년 파송된 해외 선교사 중 텍사스 연회 소속 선교사는 15명이었으며, 그중 한국에 파송된 자는 4명(로라 에드워즈 양, 뉴톤 바우만 의사, 메이즈 의사, 아그네스 그레이엄 양)이었다. 다음 표는 당시 내한한 남감리회 선교사들로서 파란 선 앞에 T자가 있는 사람이 텍사스 출신이다. 따라서 켄드릭 사후 1909-13년에 4명의 텍사스 출신 남감리회 선교사가 한국에 파송되었다. 텍사스 엡윗 청년회가 그중 누구를 후원했는지, 얼마 동안 후원했는지는 더 조사가 필요하다.

No.	Name	Date of Arrival in Korea	Remarks
36.	Rev. C. N. Weems,	Sept. 1909	Effective.
37.	Miss Hallie Buie,	Oct. 1909	Effective.
T 38.	Miss Laura Edwards,	Oct. 1909.	Effective.
39.	Miss Elsie Lowe,	Oct. 1909.	Married to Mr. L. H. Snyder in 1912.
40.	Miss Hotense Tinsley,	Aug. 1910.	Effective.
41.	Mr. D. Frank Higgins,	Sept. 1910.	Resigned in 1913.
42.	Miss Alice D. Noyes,	Sept. 1910.	Returned home in 1918
43.	Miss Bertha Smith,	Sept. 1910.	Effective.
44.	Miss Gilberta Harris, R. N.,	Oct. 1910.	Returned home in 1916 and married afterwards
45.	Rev. L. C. Brannon,	Dec. 1910.	Effective.
46.	Mr. C. H. Deal,	Dec. 1910.	Returned home in 1928 and resigned.
47.	Miss Lillie M. Reed,	Aug. 1911.	Returned home in 1916 and married to Rev. A. L. Smith.
48.	Miss Carrie U. Jackson,	Aug. 1911.	Effectiue.
49.	Miss Myrtle Barker,	Aug. 1911.	Married to Rev. L. C. Brannon in 1913.
50.	Miss Ida Hankins,	Aug. 1911.	Effective.
51.	Miss Bertha Tucker,	Aug. 1911.	Returned home in 1923 and transferred to Cuba.
T 52.	N. H. Bowman, M. D.,	Aug. 1911.	Returned home 1913.
53.	Miss Bessie Oliver,	Sept. 1912.	Effective.
54.	Miss Laura Summers,	Sept. 1912.	Returned home in 1913 and married.
55.	Miss Mae Owings,	Sept. 1912.	Returned home in 1914
56.	Rev. V. R. Turner,	Sept. 1912.	Effective.
57.	Rev. F. G. Vesey,	Sept. 1212.	Resigned in 1920.
58.	Rev. B. A. Powell,	Aug. 1913.	Returned home in 1915.
T 59.	Miss Agnes Graham,	Aug. 1913.	Effective.
60.	Miss Eva Hardie,	Aug. 1913.	Married to Mr. C. P. Wilson in 1919.
61.	Miss Bessie Hardie,	Aug. 1913.	Married to Mr. J. E. Fisher in 1917.
62.	Rev. L. P. Anderson,	Aug. 1914.	Effective.
63.	Rev. E. W. Anderson, M.D.,	Oct. 1914.	Effective.
64.	Miss Allene Pearce,	Oct. 1914.	Returned home in 1918
65.	J. B. Trice, M.D.,	Jan. 1915.	Returned home after a few months in Korea.

자료 2: 양주삼 편, *Southern Methodism in Korea: Thirtieth Anniversary*(1929), 부록.1909-13년에 텍사스에서 3명의 선교사가 내한했다.

KOREA.

1910. Rev. Lyman Coy Brannon, Choon Chun, Korea.....Alabama
T 1911. Dr. Newton H. Bowman, Choon Chun, Korea........Texas
1896. Rev. C. T. Collyer, Wonsan, Korea..............Tennessee
1902. Rev. W. G. Cram, Songdo, Korea...............Kentucky
1910. Mr. Carl Hosea Deal, Songdo, Korea.........North Carolina

SOUTHERN METHODIST HANDBOOK.   67

Appointed.	Name and Present Address.	Home Conference.

1908. Rev. F. K. Gamble, Songdo, Korea..........North Alabama
1905. Rev. J. L. Gerdine, Senatobia, Miss..........South Georgia
1898. Rev. R. A. Hardie, M.D., Seoul, Korea..............Canada
1907. Rev. J. W. Hitch, Waycross, Ga...............South Georgia
T 1913. Dr. W. C. Mayes, Choon Chun, Korea.....Northwest Texas
1899. Rev. J. R. Moose, Seoul, Korea.....Western North Carolina
1907. Rev. E. L. Peerman, Rustburg, Va...............Virginia
1907. W. T. Reid, M.D., Songdo, Korea................Kentucky
1900. J. B. Ross, M.D., Wonsan, Korea................Kentucky
1907. Rev. M. B. Stokes, Wonsan, Korea.. Western North Carolina
1907. Mr. J. A. Thompson, Songdo, Korea................Illinois
1912. Rev. V. R. Turner, Wonsan, Korea...............Virginia
1905. Rev. A. W. Wasson, Fayetteville, Ark.............Arkansas
1909. Rev. C. N. Weems, Songdo, Korea...............Kentucky
1906. T. H. Yun, Songdo, Korea..................Korea Mission

* * *

1911. Miss Myrtle Barker, Wonsan, Korea............Kentucky
1909. Miss Hallie Buie, Wonsan, Korea..............Mississippi
1887. Mrs. J. P. Campbell, Seoul, Korea..........Los Angeles
1908. Miss Kate Cooper, Wonsan, Korea..........North Georgia
T 1909. Miss Laura Edwards, Choon Chun, Korea..Northwest Texas
1905. Miss Cordelia Erwin, Songdo, Korea..............Memphis
1911. Miss Ida Hankins, Choon Chun, Korea...W. North Carolina
1913. Miss Eva Hardie, Seoul, Korea.............Korean Mission
1913. Miss Bessie Hardie, Seoul, Korea..............Korean Mission
1910. Miss Gilberta Harris, Songdo, Korea...........Little Rock
1905. Miss Mattie M. Ivey, Calvert, Tex....................Texas
1911. Miss Carrie Jackson, Choon Chun, Korea....;......Memphis
1912. Miss Carrie F. Minor, Wonsan, Korea.............St. Louis
1906. Miss Mary D. Myers, Seoul, Korea...........South Georgia
1906. Miss Lillian E. Nichols, Seoul, Korea..............Florida
1910. Miss Alice Dean Noyes, Wonsan, Korea......North Georgia
1912. Miss Bessie Oliver, Choon Chun, Korea........South Georgia
1912. Miss Mae Owings, Seoul, Korea...........South Carolina
1911. Miss Lillie Reed, Songdo, Korea.................Oklahoma
1910. Miss Bertha A. Smith, Seoul, Korea.....Southwest Missouri
1912. Miss Laura V. Summers, Songdo, Korea......North Georgia
1911. Miss Hortense Tinsley, Songdo, Korea......South Georgia

68   SOUTHERN METHODIST HANDBOOK.

Appointed.	Name and Present Address.	Home Conference.

1911. Miss Bertha Tucker, Wonsan, Korea........North Georgia
1904. Miss Ellasue Wagner, Songdo, Korea..............Holston
T 1913. Miss Agnes Elise Graham, Songdo, Korea.....Central Texas

자료 3: *Southern Methodist Mission Handbook*(1914), 66-68. 1909-13년에 4명
의 텍사스 출신 선교사가 한국에 파송되었다.

12 | 천 개의 생명 루비 켄드릭에 대한 신화   199

다음 기사(자료 4)에 의하면, 그녀가 사망한 후 텍사스 엡윗 청년회 안에 켄드릭 기념 선교기금위원회가 조성되었으며, 7년 후인 1915년에 수천 달러의 기금이 조성되었을 때 그 명칭이 루비켄드릭선교공의회(Ruby Kendrick Council of Missions)로 재조직되었는데, 퍼거슨(Mary Hay Ferguson) 양이 그 책임자였다.[5] 1920년에는 North Texas Conference Epworth League at Southern Methodist University가 1만 달러의 기금으로 루비켄드릭선교장학금(The Ruby Kendrick Missionary Endowed Scholarship Fund)을 조성했다. 퍼킨스 신학교(Perkins School of Theology)는 지금도 이 장학금을 수여하고 있다. 따라서 이 기금으로 선교사를 직접 파송했다기보다는 선교에 대한 관심을 불러일으켰다고 하는 것이 옳겠다.

자료 4: *Missionary Voice* (Aug. 1917), 248.

---

5 Gus. W. Thomasson, "The Moving Spirit of Ruby Kendrick Memorial," *Missionary Voice* (Aug. 1917), 248.

부모에게 보냈다는 그녀의 편지는 조작되었다

켄드릭과 관련된 이야기 중 가장 심각한 문제는 그녀가 부모에게 보낸 편지가 실은 소설처럼 누군가가 지어낸 창작물이라는 점이다. 아마도 그 편지는 신호철이 쓴 『양화진 선교사의 삶』(2005)에 처음 등장하는 듯하며, 그 후 수없이 재생산되어 하나의 신화가 되었다. 무엇보다 대한예수교장로회 통합 총회와 양화진대책위원회가 기획하고, 한국교회사학회와 한국복음주의역사신학회가 공동 편찬한 『내게 천 개의 생명이 있다면』(2012)에 이 내용이 그대로 재록되면서 마치 사실인 양 수용되었다. 이어 한국기독교역사문화관 박경진 장로 등이 이를 여과 없이 온라인에 옮겨 실었다. 신호철 장로가 작문한 글은 페이스북 상에서 수천 번 이상 공유되고 또 설교에 인용되었다. 1907년 루비 켄드릭 양이 미국의 부모님께 보냈다는 편지의 중간에 있는 다음 내용을 보자.

> 그러나 한편에서는 탄압이 점점 심해지고 있습니다. 그저께는 주님을 영접한 지 일주일도 안 된 서너 명이 끌려가 순교했고, 토마스 선교사와 제임스 선교사도 순교했습니다. 선교 본부에서는 철수하라고 지시했지만 대부분의 선교사들은 그들이 전도한 조선인들과 아직도 숨어서 예배를 드리고 있습니다. 그들은 모두가 순교할 작정인가 봅니다.

여기 보면 1907년에 "한국 교인들이 순교를 하고 선교사들도 순교를 했다! 선교 본부에서도 철수를 명령했다! 그러나 선교사들과 한국 교인들은 지하에 숨어서 예배를 드리며 순교를 각오하고 있다"고 되어 있다. 하지만 그런 일은 결코 없었다. 이 글에는 실제로 질병으로 죽은 한 여성 선교사가 순교자로 소개되고 있다. 소설도 사실에 바탕한 허구라야 실감이 난다. 1907년에는 한창 대부흥운동이 진행되고 있었는데, 어찌 지하교회가 있고 순교자가 나올 수 있겠는가? 자료 1에서 보았듯이 그녀의 유언은 자신을 대신할 청년을 보내달라는 것이었다.

신호철의 작문은 한국교회사에서 가장 왜곡된 역사 서술 중 하나다. 그것은 "언더우드의 기도문"과 더불어 소설가가 쓴 허구적 작품이다. 그녀의 마지막 편지를 작문하고 올린 신호철의 『양화진 선교사의 삶』(2005, 140-41쪽)과 이를 그대로 표절한 한국교회사학회와 한국복음주의역사신학회가 공동 편찬한 『내게 천 개의 생명이 있다면 1: 양화진 선교사들의 삶과 선교』(2012), 이 두 책은 즉시 회수하고 사과 성명서를 발표해야 한다. 또한 그 내용을 역사적 사실로 알고 온라인에 퍼나른 이들은 해당 글을 삭제해야 할 것이다. 다행히 후자는 수정판을 출판했으나, 아직 초판에 대한 조치는 이루어지지 않고 있다.

한국교회는 결자해지(結者解之)의 정신, 곧 회개의 행동이 많이 부족하다. 지금이라도 더 늦기 전에 가라지 씨를 뿌렸던 자가 스스로 무성한 가라지를 뽑아 타작마당에서 불살라야 할 때다. 그 회개의 연기를 주께서 흠향하실 것이다. 타고 남은 재는 한국교회사 연구를 위한 거름으로 쓰면 좋겠다.

한국교회사에서 루비 보석처럼 빛나는 신앙고백의 선교사였던 켄드릭 양. "나에게 줄 수 있는 천 개의 생명이 있다면, 모두 한국을 위해 드리겠습니다." 그녀의 이 한 마디가 마치 어두운 밤 같은 한국 개신교회에 별처럼 빛난다. 지금 우리에게 다시 태어나도 한국 땅에 그리스도를 전하기 위해 목숨을 바칠 사람 열 명만 있어도 교회가 달라질 것이다.

3부

교회

13

남대문교회는 정말 130년
전에 세워졌을까?

유니언교회와 남대문교회는 별개임

서울 남대문교회 역사편찬위원회는 1885년에 제중원 공동체가 첫 공식 주일예배를 드렸다고 주장하고, 그 해를 자신들 교회와 연관시켜 설립 연도로 만들려고 하지만, 여러 가지 일차 사료와 1920년대 남대문 교인들의 회고로 볼 때, 남대문교회는 1909년에 남대문 밖 세브란스병원 구내에 설립되었다. 일개 지역교회인 남대문교회는 선교사들의 유니언교회 첫 연합 공식 주일예배를 기념할 주체가 될 수 없으며, 유니언교회 초기 역사를 가져갈 수 없다.

주님의 평강이 130년의 역사를 가진 한국교회 위에 그리고 이 행사를 준비하는 모든 분들과 참여하신 여러분들 위에 언제나 함께 하시기를 기도합니다.

한국교회 130년의 역사는 제중원에서 시작되었습니다.

제중원이 겉으로는 병원이었으나 실제로는 교회였습니다. 고종은 병원과 학교는 허락하면서도 교회는 허락하지 않았습니다. 그러나 선교사들은 제중원을 선교의 기지로 삼고 이곳에서 예배를 드리고 세례와 성찬을 행함으로 한국교회를 태동시켰습니다.

특히, 한국 최초의 공식적인 주일예배는 제중원에서 시작되었습니다. 1885년 6월 21일 주일 저녁, 알렌 선교사 부부와 헤론 박사 부부, 스크랜튼의 어머니가 참석하여 한국 최초의 주일예배가 드려졌습니다. 그후 언더우드, 아펜젤러, 외국관료까지 이 예배에 참석하였습니다. 최초의 성찬식(1885년 10월 11일)과 세례식(1886년 4월 15일)도 거행되었으며, 한국에서 행하여진 세례식으로 처음 한국인으로 세례를 받은 사람은 알렌의 어학교사인 노도사(본명 노춘경, 1886년 7월 18일)입니다.

남대문교회는 한국교회의 역사입니다.

제중원신앙공동체에서 시작된 예배는 1886년 7월 23일 조선정부에 공식적으로 통보가 되었으며 같은 해 11월 6일에는 외국인을 위한 연합교회가 정식으로 출범하였습니다.

한국교회의 모태인 제중원신앙공동체는 "후일 동현(구리개)교회, 곤당골 교회와 홍문동교회의 분리와 재결합후 서울 전체 교우 사경회 장소로 사용되어 선교사들에 의해 중앙교회라 불렸으며," 1902년 9월에는 조선장로교공의회가 제중원에 소집되었습니다. 세브란스 남문밖교회로 발전하면서 (1904년) 마태복음4:23에 근거한 에비슨의 '트라이앵글선교전략'에 따라 '교회-병원-학교'라는 삼각선교의 한 축을 수행한 한국교회의 뿌리입니다.

2015년은 한국교회 130주년을 기념하는 해입니다.

제중원 남대문교회는 한국문화의 못자리의 역할을 성실이 감당해 왔습니다. 초기한국교회의 지도자인 서상륜, 함태영, 김익두 같은 분들이 조사와 목사로 3.1운동을 비롯한 독립운동을 위한 구심점이 되었으며, 해방 후에는 "서울역앞 남대문교회"가 중요한 약속의 장소였으며, 300만 구령 운동, 피어선 박사의 부흥회는 월드 비전의 터를 닦았습니다.

이러한 남대문교회의 130년 역사를 한국교회의 처음 신앙 회복을 위한 중요한 계기로 삼기 위하여 첫 공식주일예배 130주년 기념행사를 갖게 된 것입니다. 이를 위하여 수고해 주신 여러분들에게 거듭 머리 숙여 감사를 드립니다.

이번 행사를 통하여 남대문교회도 민족 복음화와 세계선교를 위해 민족을 가슴에 품고 선교에 힘쓰는 교회로서의 사명을 다하기 위하여 다시 한 번 다짐할 수 있는 귀한 기회가 되었으면 하는 간절한 바람입니다.

담임목사 손 ⃝ ⃝

남대문교회 130주년 행사 초대문(2015). 제중원과 남대문교회의 역사를 일치시키려는 노력을 볼 수 있다.

대한예수교장로회(통합) 소속인 남대문교회는 1885년 6월 21일 알렌의 집에서 드린 '공식' 주일예배를 기점으로 시작되었다고 2008년부터 주장해왔으며, 이에 맞춰 2015년 6월에 130주년 기념식을 했다. 기념 예배에 앞서 열린 "첫 공식 주일예배 130주년 기념 역사 포럼"에서도 몇몇 교수들이 그것을 지지했다("제중원, 한국교회 태동의 요람", 「뉴스파워」, 2015년 6월 22일 자). 당시 애매하게 무엇의 첫 공식 주일예배 130주년인지 표현하지 않은 면도 있지만, 결국 그 기념 주체인 남대문교회는 본 교회의 130주년과 제중원-세브란스병원의 130주년을 연결시켜 두 기관의 역사를 통합하려고 했다.

이 글은 남대문교회의 주장을 다섯 가지 주제로 나누어 반박하려고 한다. 역사가의 1차 임무는 관련 사료를 발굴하고 정리하여 사료 스스로 말하게 하는 실증적 연구를 하는 것이다. 2차 임무는 자료의 해석인데, 이때 사료를 억지로 해석하지 않고 당대 상황과 맥락 속에 놓고 다양한 사실들의 관계망과 상호 연결성을 통해 의미를 규명해나간다. 삶의 정황과 시대의 흐름 속에서 큰 그림을 보면서 동시에 세세한 이야기의 실마리를 풀어갈 때 사실성과 현재적 교훈이 나올 수 있다. 남대문교회 창립 역사는 1차 사료의 제한적 사용과 사료의 억지 해석, 두 가지 면에서 문제가 있다.

2015년에 거행된 남대문교회 130주년 행사 초대문의 소제목과 그 아래 내용은 남대문교회 역사편찬위원회의 역사관에 심각한 문제가 있음을 보여준다. (1) 한국교회 130년 역사가 제중원에서 시작되었는가? 1885년이나 1886년에 제중원 남대문교회라는 것이 존재했는가? 한국 최초의 공식 주일예배가 제중원에서 혹은 알렌의 집에서 1885년 6월

21일에 시작되었는가? (2) 남대문교회 역사가 한국교회의 역사인가? 1886년에 '제중원 신앙 공동체'가 존재했는가? (3) 2015년이 한국교회 130주년이라고 할 때 그것이 제중원의 첫 공식 주일예배를 기점으로 하는가? 이 모든 질문에 대해서 나는 '아니오'라고 주장한다. 그 반론을 하나씩 풀어나가 보자.

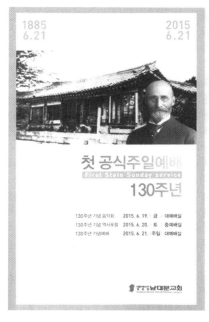

남대문교회 130주년 행사 초대문(2015). 그 근거가 되는 1885년 6월 21일 자 알렌의 일기에 나오는 'our first State Sunday service'를 '첫 공식 주일예배'로 읽고 있다.

1. 1885년 6월 21일 알렌의 집에서 드린
주일 저녁 예배의 성격

이는 한국인 개교회의 출발이나 한국인 신자들을 위한 예배와는 아무런 상관이 없으며, 당시 서울에 있던 장로회와 감리회 선교사들이 정기 주일예배로 드린 첫 예배로서 서울 유니언교회의 출발점이 되었다. 따라서 남대문교회와는 전혀 상관없는 예배였다.

2008년에 출판된 『남대문교회사』 표지. 알렌과 제동 제중원 사진을 넣고 교회 기념을 1885년으로 잡았다.

2008년 12월 『남대문교회사』가 출판된 후 한 신문에 집필자의 대담 기사가 실렸다. 최근 130주년 행사도 이 책을 근거로 했으므로, 출간 당시 저자의 생각이 드러난 인터뷰를 살펴보자.

지난달 15일 출판된 『남대문교회사: 1885-2008』는 남대문교회 창립일에 대한 오랜 논의에 마침표를 찍었다. 120년이 넘은 남대문교회는 왜 지금에 와서야 창립일이 확정되었을까? 그 배경에 대해서 살폈다. 집필을 맡은 영남신대 정성한 교수는 "이번 역사 서술을 통해 남대문교회의 시작을 확실히 규정하게 된 것을 큰 보람으로 생각한다"고 강조했다. 남대문교회는 창립 120주년 기념사업의 하나로 『남대문교회사: 1885-2008』을 발간하면서, 1885년 6월 21일 알렌 선교사가 제중원에서 드린 예배를 교회의 창립일로 확정지은 것이다. 알렌은 그의 일기에서 당시를 "우리나라 안에서 드린 첫 공식 주일예배"라고 기록하였다. 이 자리에는 언더우드·아펜젤러 목사, 포크 대리공사도 함께했다. 첫 공식 주일예배 이후에도 예배는 계속되었고, 성찬식과 세례까지 베풀었다. 1886년 7월 18일 알렌 의사의 어학 선생인 한국인 노춘경은 제중원 중심의 '선교사 공동체'로부터 세례를 받았다.…이를 『남대문교회사: 1885-2008』은 "노춘경이 받은 세례는 한국인 '자생적 신앙 공동체'와 서양인 '선교사 공동체'의 만남으로 이루어진 '제중원 신앙 공동체'의 시작이었다"고 기록했다.[1]

이 글에서 필자가 밑줄을 친 부분은 본문에 없거나 오역이거나 잘못 해석한 것이다.

1-1. 그것은 한국에서 드린 개신교의 첫 공식 주일예배가 아니라 장감 선교회의 첫 연합 주일예배였다. 원문을 보면 "우리나라 안에서"란 말은 없다. 원문은 "Held our first stated Sunday service this eve. after dinner 8 pm. Dr. and Mrs. Heron, elder Mrs. Scranton, and myself and wife present"이다. 우리('our')를 '우리나라 안에서'로 오역한 것이다. 여기서 '우리'란 서울에 거주하는 장로회와 감리회 선교사들을 지칭하며, 그 예배는 장감 연합예배였다. 따라서 그날 예배 모임은 한국인 교회의 출발이 아니라 선교사와 외국인 교회인 서울 유니언교회의 출발이었다.

---

1   이범진, "잇따른 개교회사 편찬, 빛 보는 역사들", 「뉴스파워」, 2009년 1월 14일 자. 밑줄은 필자.

1-2. 남대문교회는 120년사나 최근 130주년 행사 안내문에서 알렌의 1885년 6월 21일 일기를 이용하면서, 영문은 김원모의 읽기를 인용하고, 번역은 백낙준의 번역을 인용했다(아마도 백낙준의 영어 책은 보지 않은 듯하다). 그러나 선교사들만의 예배였다는 백낙준의 해석은 받아들이지 않았다.

EVANGELISTIC WORK

Hospitals and schools are termed indirect missionary work, as distinguished from direct proselyting efforts through open preaching and religious observances. The humanitarian work was undertaken to prepare the way for direct preaching. When the early missionaries reached Korea, the old anti-foreign laws were still in force. The only religious liberty that these foreigners possessed was the right granted by treaty to hold their own religious services, and to erect chapels. We have already observed the religious practices in the home of Dr. and Mrs. Allen. The earliest gathering of a religious nature recorded is the Sunday service of June 28, 1885. Dr. Allen entered this event in his diary: "Held our first stated Sunday service this eve after dinner 8 p. m. Dr. and Mrs. Heron, elder Mrs. Scranton and myself and wife present." The first baptism in Korea was administered on April 25, 1886. We again refer to Dr. Allen's diary for this record: "Today the first Protestant baptism took place in Korea. The infant daughters of Dr. Scranton and Rev. Appenzeller, as also the Japanese English interpreter of the Japanese legation."

"The stated Sunday service" which Dr. Allen mentioned was evidently confined to missionaries who lived in adjoining compounds. A foreign Sunday service including other foreigners was not inaugur-

---

백낙준의 『알렌의 일기』 인용과 해석.[2] 그는 『알렌의 일기』를 정확히 읽고 이날의 예배를 선교사들의 예배로 규정했다.

---

2 George N. Paik, *The History of Protestant Missions in Korea, 1832-1910* (Pyongyang: Soongsil College Press, 1929), 134.

김원모 교수는 『알렌의 일기』(1991), 474쪽에서 "Held our first State Sunday service"라고 잘못 독해하였으며, 한글 번역문에서는 "우리의 첫 일요 예배를 보았다"로 번역했다.[3] 'State Sunday service'란 말이 영어에 없기 때문에 번역문에서는 'State'를 생략하고 그냥 '일요 예배'로 옮겼다.

---

474   **Horace Newton Allen's Diary**   **1885. 6**

The King sent to Mr. Foulk for help concerning the demands made by the Russians. He said he could do nothing as he had heard that one of the Corean Ministers had said that Americans were not wanted. The King was wrath and ordered the man spied out and executed. It was found that Moellendorff was the man. His connection with the Foreign Office was severed and the King asked Foulk if he had the right to kill him. Foulk told him to defeat him.

Held our first State Sunday service this evening after dinner 8 P. M. Dr. and Mrs. Heron, Elder Mrs. Scranton and myself and wife present.

김원모, 『알렌의 일기』(1991), 474.

---

3   김원모 편역, 『알렌의 일기』(단국대학교 출판부, 1991), 89.

1-3. 1885년 6월 21일에 알렌 의사의 집에서 드린 주일 저녁 예배는 첫 공식 주일예배가 아니라 첫 정기 주일예배였다. '첫 공식 주일예배'의 원문은 "our first stated Sunday service"로 이는 '우리의 첫 정기 주일예배'로 번역해야 한다. 1884년 9월 말 서울에 온 알렌 의사나 1885년 4월 5일 서울에 온 언더우드 목사, 5월 6일에 입경한 스크랜턴 의사는 이미 각기 가정 예배를 드리고 있었다. 6월 21일 혜론 의사와 스크랜턴 가족이 온 날을 기점으로 장로회·감리회 선교사들이 앞으로는 다 함께 모여 정규적인 예배를 드리자고 합의하고 첫 정기 주일예배를 정동에 있던 알렌의 집에서 드렸던 것이다(스크랜턴 부부와 세 자녀는 도착 한 날이라 여장을 풀고 정리하느라 예배에 참석하지 못했다). 정성한 교수는 김원모의 『알렌의 일기』에 잘못 타이핑한 영문 본문인 "our first State Sunday service"를 그대로 가지고 와서[4] 'State'를 '공식' 예배로 번역했다. 정성한 교수와 남대문교회는 '130주년 행사' 안내문이 발행될 때까지 백 박사의 영문 서적을 확인하지도 않았고, 알렌의 원문을 제대로 읽지도 않았기에 계속 'State'로 읽었다.[5] 그러나 이것은 '공식' 주일예배가 아니었다. 그 이유는 (1) 그날 서울에 있던 두 목회 선교사(목사)인 언더우드와 스크랜턴이 참석하지 않은 채 의사 두 명과 그 부인들, 그리고 스크랜턴 여사만 참석했기 때문이다. (2) 당시는 아직 종교의 자유는 물론 공개적으로 예배를 드릴 자유도 없었기 때문에 공식적인 예배가 될 수 없었다. 따라서 'stated Sunday service'는 '정기적

---

4   위의 책, 474.
5   필자의 지적으로 'State' 대신 'stated'로 수정해서 읽게 되었다.

인 주일예배'로 번역하는 것이 좋다.

1-4. 예배를 드린 장소는 제동의 제중원이 아니라 정동에 위치한 알렌의 사택이었다. 첫 제중원은 경복궁 부근 제동에 있는 홍영식의 집을 개조한 것이었다. 제중원은 1886년에 구리개(동현)로 이전했으며, 1904년 남대문 밖 세브란스병원으로 발전했다. 알렌의 집은 정동의 미국 공사관 옆에 있었는데, 언더우드와 헤론의 사택이 인접해 있었다.

1-5. 이 예배에 언더우드·아펜젤러·포크는 참석하지 않았다. 정성한은 당시 아펜젤러가 제물포에서 서울 입경을 기다리고 있었고, 아펜젤러 부부가 7월 29일이 되어서야 서울에 올 수 있었던 사실을 몰랐다. 그날 언더우드도 참석하지 않았으며, 포크 공사가 특별히 올 이유 역시 없었다. 정성한과 남대문교회는 이런 기초적인 역사적 사실도 검토하지 않고, 그날 예배가 마치 장감 선교사 전체와 외교관까지 참석한 공적(formal, official)인 행사였고 또 공식적인 예배였던 것처럼 과장하고 조작했다.

1-6. 노춘경은 1887년에 조직되는 정동장로교회의 교인이었다. 서울에서 한국인으로는 처음으로 세례를 받은 노춘경은 언더우드에게서 교리와 성경을 더 배우고 1886년 7월 18일 정동 헤론의 사택에서 장감 선교사들이 경계를 선 가운데 언더우드 목사로부터 은밀히 세례를 받았다. 그는 '선교사 공동체'나 '구리개 제중원 신앙 공동체'의 일원으로 세례를 받은 것이 아니라, 장로회 목사 언더우드로부터 세례를 받고 장로교인이 되었다.

1-7. 장로교회는 1886년부터 한국인들로 이루어진 '정동 신앙 공동체'를 형성했다. 노춘경은 실체가 없었던 '제중원 신앙 공동체'와는 상

관이 없었고, 1887년 9월 27일에 정동장로교회(나중에 새문안교회)로 발전한 장로회의 '정동 신앙 공동체'의 일원이었다.

2. 서울의 첫 개신교회인 유니언교회의 발전(1885-87)

2-1. 위의 1-1항에서 언급한 유니언교회의 발전을 좀 더 살펴보자. 내한 선교사와 외국인을 위한 서울 유니언교회는, 1886년부터 한국인 개종자가 나오면서 1887년에 조직되고 출범하는 한국인 교회와는 다른 별도의 교회였다. 그동안 역사가나 개교회 역사위원회가 이 둘의 차이점을 잘 알지 못하거나 혼동했다. 내한 선교사와 외국인들이 서로 만나 예배하고 성찬을 베풀고 세례식을 거행한 것이 마치 서울에 있는 장로교회나 감리교회의 발전으로 연결되는 것처럼 오해했다. 서울의 첫 개신교회는 선교사와 외국인으로 구성된 서울 유니언교회였다.

2-2. 유니언교회는 서울에 거주하며 각기 가정 예배를 드리던 알렌 의사 부부, 언더우드 목사, 스크랜턴 의사가 1885년 6월 21일 헤론 부부와 스크랜턴 가족이 서울에 오자 그날 밤 알렌 의사 집에서 첫 연합 주일예배를 드리면서 시작되었다. 7월 말 아펜젤러 부부가 서울로 오면서 더욱 활기를 띤 주일 오후 연합예배는 10월 11일 미국성서공회 일본 지부 총무 루미스(Henry Loomis) 목사가 참석한 가운데 첫 성찬식을 가졌다. 언더우드와 아펜젤러가 집례한 이 성찬식에는 당시 제물포에 정박하고 있던 미 해군 군함 마리온 호의 장교 두 명도 참석했다.

2-3. 1886년에는 정규적인 주일 오후 예배에 일본인 감리교인이 세

사람 참석하여 아펜젤러와 함께 성경공부를 했다. 4월 25일 부활절에는 유니언교회의 첫 세례식이 거행되어 스크랜턴의 딸 매리언과 아펜젤러의 딸 엘리스가 유아세례를, 일본인 하야카와가 성인 세례를 받았다. 5월에 정동 언더우드 고아원을 개원하고, 6월에는 배재학당이 개교하고, 7월에 노춘경이 세례를 받으면서 한국인 선교 사업이 시작되자, 7월에 선교사들과 외국인을 위한 유니언교회를 건축하기로 결정하였으며, 이를 위해 정동에 별도의 예배 처소를 마련한 후 11월에 아펜젤러를 첫 담임목사로 임명했다. 이로써 서울 유니언교회가 공식 출범했다.

2-4. 1887년에는 아펜젤러 목사의 지도 아래 유니언교회가 정상 궤도에 올랐다. 4월 유니언교회 부활절 예배 시간에 거행된 세례식에서 일본 영사관 순사인 수기바시가 세례를 받았으며, 선교사와 외국인으로 구성된 성가대가 조직되었다. 이 예배에 외교 고문 데니(Owen Nickerson Denny) 판사가 처음으로 참석하기도 했다.

2-5. 남대문교회가 말하는 '제중원 신앙 공동체'라는 것은 1886-87년 당시 존재하지 않았다. 당시 제중원은 구리개에 있었으며, 구리개에는 신앙 공동체가 없었다. 정동의 알렌-언더우드-헤론의 주택들을 중심으로 한 장로회 선교사들의 사택에 모인 공동체라면 '정동 장로회 신앙 공동체'라고 해야 하고, 길 건너 아펜젤러-스크랜턴 주택에 모인 공동체라면 '정동 감리회 신앙 공동체'라고 해야 할 것이다. 이곳에서 선교사들과 선교사들의 한국인 하인들과 소수의 한국인 신자들이 모여 예배를 드리던 정동 신앙 공동체가 1886년에 외국인의 유니언교회와 한국인의 정동장로교회와 정동제일감리교회로 분리 발전하였다. 곧 1887년 말 서울에는 3개의 개교회인 유니언교회, 정동장로교회(새문안

교회로 발전), 벧엘감리교회(정동제일교회)가 설립되었다. 병원(제중원, 시병원)과 연관된 교회는 아직 없었다.

2-6. 최근 남대문교회는 1886-87년에 선교 사역이 모두 제중원의 사역이었고 따라서 정동에서 이루어진 사역도 모두 '제중원 신앙 공동체'의 사역이었다고 주장하지만, 이미 1886년에 별도의 교육 기관들(배재학당, 이화학당, 언더우드 고아원)과 의료 기관(시병원)이 제중원에서 독립하여 운영되고 있었다.

2-7. 제중원은 정부병원이었기 때문에 병원 내에서는 일체의 종교 활동이나 전도가 불가능했다. 더구나 1886년까지 알렌이나 헤론은 한국인을 상대로 직접 전도할 수 있는 한국어 실력이 없었다. 그러나 그곳에서 선교사 신분의 의사와 간호원이 사역함으로써, 비록 직접적인 복음 전도는 없었지만 그리스도의 사랑의 실천으로서의 의료 사업 자체가 선교라는, 넓은 의미에서의 선교가 진행되었다. 1894년까지도 병원 내에서는 한국인에게 복음을 전하거나 예배를 드릴 수 없었다. 따라서 제중원을 중심으로 형성된 '제중원 신앙 공동체'라는 말은 성립될 수 없었다. 1894년 에비슨 원장의 부임 이후 종교 활동이 가능했던 시기의 제중원 신앙 공동체를 그 이전 시기에 소급해서 적용할 수는 없다. 1885-94년 사이의 제중원 역사를 세브란스병원과 남대문교회로 가져가고 싶은 의도는 이해하지만, 역사적 실체가 없는 '제중원 신앙 공동체'를 만들면서까지 그렇게 할 필요는 없다.[6]

6　제중원의 초기 역사와 세브란스병원과의 연계 문제는 Sung-Deuk Oak, "A Genealogy of Chejungwŏn, the First Modern Hospital in Korea, 1885-1904: Searching for Its Identity between the Governments and the Missions," 연세

3. 1885-87년 정동에서 발생한 한국인 개종자의 성격

알렌과 헤론이 선교사로 활동한 이 시기에 정동에 한국인을 위한 '제중원 신앙 공동체'는 없었다. 따라서 알렌 의사나 헤론 의사와 남대문교회는 전혀 상관이 없다. 남대문교회 측은 제중원을 지리적 의미로 보지 말 것을 당부하며, 1885-86년에는 모든 선교 사역이 제중원을 중심으로 이루어지고 있었기 때문에, 서울에서의 사역 전체가 제중원 사역이고 선교사 공동체도 '제중원 신앙 공동체'로 보아야 한다고 주장한다. 이것이 억지 주장인 이유는 다음과 같다.

3-1. 장로회의 경우: 1886년 5월 11일에 언더우드가 정동 고아원을 개원했다. 그것은 제동에 위치한 정부 병원인 제중원에서는 전도가 금지되어 있었기 때문에, 정동에 작은 집을 구해 고아원을 시작하면서 소년들을 통해 그 부모나 친척에게 복음을 전할 목적으로 설립되었다. 따라서 언더우드는 이를 첫 선교 기관이라고 불렀다. 곧 5월 중순에는 정동에 정식 선교 기관(고아원)이 설립되었고 이를 중심으로 정동의 한인 신앙 공동체가 형성되기 시작했으며, 이것이 발전하여 정동(새문안)교회가 되었다. 첫 한국인 개종자 노춘경도 제중원과 상관없이 개종하고 1886년 7월 18일에 세례를 받았다. 따라서 1886년 후반 서울에는 '자생적인 한국인 신앙 공동체'는 없었고, 선교사들과의 개별 접촉을 통해 개종자와 초신자가 발생하면서 비로소 정동에 한국인 신앙 공동체가 형성

대의학사연구소 편, 『동아시아 선교 병원의 역사』(역사공간, 2015), 313-84를 참고하라.

되기 시작했는데, 이것이 정동장로교회와 벧엘감리교회로 발전했다.

　1887년 9월 27일 조직된 정동장로교회는 한국 전체 장로교인을 포괄하는 조직이었기 때문에 그 자리에는 서울의 유일한 세례교인인 노춘경을 비롯하여 소래에 있던 자생적 교인인 서상륜, 서경조, 최명오, 정공빈과 의주의 백홍준 등 14명의 세례교인이 참석하였고, 또한 만주의 로스 목사도 참관했다. 일부 학자들이 1887년 조직된 정동장로교회 교인 14명이 대부분 제중원을 통해 개종한 서울이나 서울 인근 사람이라고 보는 것은 잘못이다. 서울에서는 노춘경만이 수세자로 참여했고, 나머지는 소래나 의주 등지에서 온 자들이었다.

　3-2. 감리회의 경우: 6월 21일 헤론 의사가 서울에 도착하자 제중원에 임시로 머물던 스크랜턴 의사는 제중원을 사임하고 자신의 정동 사택에서 선교 병원인 시병원(施病院)을 시작했다. 그는 정부병원인 제중원에서는 전도가 금지되어 있었기 때문에 그곳에 더 이상 있을 이유가 없다고 판단하고 선교 병원을 시작하기 위해서 사직한 것이다. 1886년 7월부터 제중원과 감리회는 상관이 없었다. 따라서 1886년 6월은 물론 7월 이후 장감 선교사 연합예배를 '제중원 신앙 공동체'로 볼 수 없다.

　3-3. 1886년 제중원이 구리개(동현)로 이전했으나 여전히 정동과는 거리가 멀었다. 그래서 감리회는 한국인이 많이 거주하는 남대문시장 부근에 상동교회를 세우게 된다. 1887-90년 헤론 부부가 정동에서 행한 전도 사업(성경공부 등)은 1887년 9월 27일에 조직된 정동장로교회와 연계된 전도활동이었다. 헤론의 구리개 제중원 의료 활동은 환자를 치료하는 선에서 머물렀지, 그곳에 '제중원 신앙 공동체'라는 것은 존재하지 않았다. 이미 정동에 장로교회와 감리교회가 설립되었고 그 교회를

중심으로 신앙 공동체가 형성되어 전도가 이루어지고 있었기 때문이다.

남대문교회는 역사적 사실을 억지로 연결시키지 말고 1894년 제중원이 에비슨 원장에 의해 선교병원으로 재편되면서부터 비로소 병원 안에서 전도와 예배가 시작되고 개종자가 나오면서 교회가 출발하던 시점을 찾아 교회의 전사(前史)로 삼아야 한다. 그것이 남대문교회 자체는 아니었으나, 이후 (남대문교회로) 연결되고 발전하는 출발지가 될 수 있기 때문이다. 1894-1904년 어간에 구리개 제중원에서 형성된 '제중원 신앙 공동체'가 1907-08년에 남대문 밖으로 나와서 남대문밖교회를 세웠다. 1894-1904년 어간의 제중원 신앙 공동체가 마치 1885-1893년에도 존재한 것으로 오해하면서 남대문교회의 기원과 설립연도에 오류가 발생했다.

3-4. 남대문교회가 발행한 130주년 기념 순서지에 보면 「독립신문」 1897년 1월 21일 자에 나오는 '조선 서울 장로교회 제중원'이란 구절을 제중원이 교회 기능까지 한 것으로 해석했는데, 이 구절은 그저 장로교회 소속 병원인 제중원을 언급한 것뿐이다. '교회 제중원'이 아니라 '장로교회의 제중원'이라는 뜻이다. 이는 곧 1894년 이후 정부 병원의 성격보다 선교 병원의 성격이 강했던 구리개 제중원의 정체성을 보여준다.

제중원 간호원 제이컵슨 사망 기사, 「독립신문」, 1897년 1월 21일.

4. 남대문교회는 1909년 11월 21일에 창립되었다

그렇다면 세브란스병원 부근의 남대문교회는 언제 조직 교회로 (정식) 설립되었는가? 결론부터 먼저 말하면 남대문교회의 창립일은 1909년 11월 21일이다.

4-1. 『남대문교회사, 1885-2000』이 나오기 전까지 남대문교회는 오랫동안 1909년 11월 21일을 창립일로 지켜왔다. 그런데 어떤 이유에서인지 이를 수정하고 연도를 앞당기려는 시도가 이루어졌다.

4-2. 1979년 이전에는 1909년 11월 21일을 창립일로 알고 기념했다. 그 근거는 "Notes from the Stations," *Korea Mission Field*(Jan. 1910), 7페이지였다. 본문을 번역하면 다음과 같다. "11월 21일 남대문 회중이 교회로 조직되었다. 이날 20명의 교우가 세례를 받고 입교인이 되었으며, 15명이 학습교인으로 등록했고, 13명이 다른 교회로부터 이명해왔다." 이와 같은 명백한 기록이 있었기 때문에 그들은 오랫동안 이를 수용했다. 다른 교회로부터 13명이 이명(移名)해왔다는 말은, 이들이 홍문동교회 등록교인으로 적을 두고 있다가 남대문교회가 조직되자 교적(敎籍)을 옮겼다는 말이다.

이 기록과 동일한 내용이 1910년 1월 6일 자로 언더우드가 브라운 총무에게 보낸 편지에 나온다. 언더우드가 남대문교회 당회장이었으므로 이는 가장 확실한 증거다. "이제 정규 교회로 조직된 남대문교회에서는 36명이 신청하여 20명이 세례를 받았으며, 15명이 학습교인으로 들어왔고, 현재까지 17명이 다른 교회에서 이적해왔습니다."[7]

4-3. 그런데 1979년에 창립 날짜는 그대로 놔두고 설립연도를 1909

년에서 1887년으로 수정하는 과감한 시도가 이루어졌다. 무려 22년이나 끌어올린 것이다. 남대문교회 설립이 새문안교회(1887년 9월 27일)나 정동제일교회(1887년 10월 9일)보다는 앞설 수 없기 때문에 최대한 연도를 올려 1887년으로 하고 날짜는 11월 21일로 해서 서울에서 세 번째로 설립된 교회로 만들었다. 이는 한국교회 사상 최초로 역사 끌어올리기 작업을 한 경우였다. 누가 왜 그런 작업을 했는지 더 연구해보아야 하겠지만, 아무튼 그는 1887년에 헤론 의사 사택에서 한국인들의 성경 공부가 열린 사실을 근거로 삼아 설립연도를 잡았다. 당시 남대문교회는 이를 제중원교회와 연결되는 신앙 공동체로 보고 그 연도를 가져오되, 창립일은 전통적으로 지켜오던 11월 21일을 그대로 지켰다. 창립일자와 연도를 섞은 일종의 혼종 창립일이었다. 이런 역사 왜곡이 교회 안에 잠재되어 있다가 2000년대에 다시 2년 더 끌어올리는 작업으로 분출되었다.

4-4. 2007-08년 남대문교회역사편찬위원회(위원장 신재의 장로)는 『남대문교회사』를 만들면서 문제의 1885년 6월 21일 자 알렌의 일기를 재해석하여 이를 제중원 신앙 공동체의 출발로 보고, 그것을 남대문교회의 설립일로 만들었다. 설립연도를 2년 더 끌어올리기 위해 개발한 논리는 두 가지였다. **논리 A**: 1885년 제중원이 선교의 중심이었고, 제중원의 의료나 교육 부분은 세브란스병원 → 연세대학교 세브란스병원으로 연결되지만 신앙적 측면은 결국 남대문교회로 연결되므로, 1885

7   H. G. Underwood to A. J. Brown, Jan. 6, 1910. 옥성득·이만열 편역, 『언더우드 자료집 제4권』(연세대국학연구원, 2009), 24.

년 알렌 의사의 집에서 열린 예배는 제중원교회 → 남대문교회로 연결된다고 보았다. **논리 B**: 남대문교회 설립이 새문안교회와 정동감리교회보다 앞설 수 없다는 생각은 아직도 목사나 선교사 중심의 편협한 생각이 남아 있기 때문이다. 남대문교회 설립은 의료 선교사(의사)나 평신도들도 얼마든지 교회(하나님의 백성)를 세울 수 있다는 새로운 교회론이었다. 이런 이론은 아마도 1990년대 해외 선교에 나선 많은 의료 선교사들이 병원 안에 신앙 공동체를 세우면서 생긴 듯하다.

4-5. 논리 A는 이 글 첫 부분에서 반박했다. 1-4부터 1-7을 보라.

4-6. 논리 B는 초기 한국교회사에서 지방에 교회가 세워질 때, 초창기에는 목사나 장로 없이 세례받은 몇 사람을 중심으로 신자 공동체가 형성되어 예배당을 구입하고 예배를 드리기 시작한 때를 교회 설립일로 보았으므로 가능한 일이었다. 그러나 이 경우도 목사가 가서 학습교인을 등록시키고, 세례 문답 후 세례를 주고, 이어서 영수(안수받지 않은 장로)를 임명해 교회 예배를 인도하며 교인들을 관리하게 하고, 순회하는 조사(안수받지 않은 목회자)나 목사가 교회를 방문하여 지도하면서 1년에 한 차례 이상 사경회를 통해 지도자 훈련을 했기 때문에 가능했다. 곧 목사(선교사)나 한국인 조사의 목회가 있었기에 회중교회 형태의 지방 개교회가 설립될 수 있었다. 서울에서도 장로교회는 목사가 목회하고 세례교인들로 조직되어나갔다.

4-7. 1897년부터 발행되기 시작한 「그리스도신문」을 보면 교회 이름, 예배 시간, 설교자 등을 안내하는 부분이 있다. 이 신문에서 몇 년 동안 서울 지역 장로교회 주일예배 안내란에 남대문교회는 등장하지 않는다. 비록 조직 교회가 아니라도 독립문과 인성부재(지금의 인현동)에는 미

조직교회의 예배 처소가 있어서 예배를 드렸으나, 구리개에는 1901년 전후에 병원 채플이 있었을 뿐, 1904년까지 제중원교회가 별도로 존재하지 않았다.

4-8. 1905년에 남대문 밖의 세브란스병원이 정상적으로 운영되자, 남대문 안에 예배 처소를 마련하고 주일예배를 드렸다(이 책 16장 참고). 이어 아마도 1907년에 병원 부근 남대문 밖에 예배 처소를 마련하고 예배를 드리다가, 교인이 늘어나면서 집사·장로를 세우고 교회를 조직한 것이 1909년 11월 21일이었다.

4-9. 선교 잡지와 편지에 명백하게 교회 조직일이 명시되어 있는데 왜 남대문교회는 1979년 이후 지난 36년간 창립연도를 끌어올리려고 노력해왔을까? 그 이유는 정확하게 알 수 없지만, 일부 장로나 집사중에 세브란스병원 관련자들이 제중원-세브란스병원 역사를 공부하는 과정에서 자연스럽게 남대문교회사를 제중원 역사와 연결시키면서 1894년 이전의 제중원 역사까지 남대문교회와 연결하려고 노력했기 때문이라고 추측해본다.

5. 1920년대 남대문교회 창립 멤버들은 창립연도를 1907년으로 보았다

1907년 설립설은 위에서 토론한 1909년 설립설과 모순되지 않는다. 1928년 9월에 발간된 『조선예수교장로회 사기』(朝鮮예수敎長老會 史記)는 초기 각 장로교회의 설립 역사와 연도를 밝히고 있다. 선천의 양전백 목사가 초대교회의 산 증인으로 초고를 정리했으며, 서울 새문안교회의 차재명 목사가 여러 교인과 대화하고 자료를 보완하여 최종 원고를 작성했다. 이 책은 1920년대에 남대문교회 창립 교인들이 생존해 있을 때 서울에서 작성된 것이므로 당시 남대문교회 초창기 멤버들이 기억하고 수용하던 역사를 담고 있다.

이 『사기』(史記)의 187-88쪽에 나오는 정미년(1907년) 남대문외교회 설립 역사는 어떠한가?

一. 敎會組織

一千九百七年(丁未)高陽郡細橋敎會에서禮拜堂과傳道室을擴張하야瓦製十餘間을增築하고學校도新設하야兒童敎育을實施하얏스며

廣州郡新沙里敎會에서合心協力하야禮拜堂을瓦製로新建하니라

京城蓮洞敎會에서…浦하야五千餘圓을鳩聚하야八十間禮拜堂을建築하고

是年冬에落獻奉獻하얏스며信者가越加함으로李明赫、李潤赫…로擇하니라

楊平郡新店敎會난義兵과日兵의衝突窘時에兵火를被하야禮拜堂은被燒되고敎人들은山峽穴岩에避接하야新福로生活하난中思難을避하얏난대適其時宣敎師郭安連이冒險巡行中에釋訪慰問함으로多少의安慰을엇고稍々復歸하야禮拜堂을合力建設하니敎會가復振하얏고助師李春景、朴奈養等이巡回視務하니라

坡州區域을管理하난宣敎師元杜尤가傳道人崔德俊으로巡回傳道하난結果信者가蔚興하야坡州呂新山里葛峴里、龍尾里、笠院里、德川里、富作洞、金村等地에敎會를設立하니라

宋奉西、金俊成等이宣敎師元杜尤의派送한傳道人의게福音을밧은後永登浦敎會에往來하더니本地信者가漸加함으로禮拜堂을建築하고分立하니라

楊州郡烽火峴敎會가成立하다 先是에崔聖烈、崔承晉等이監理派宣道師의傳道로밋고傳道한結果三十餘人이集會하야三間屋을禮拜堂으로使用하고敎會를成立하니라

京城府南大門外敎會가南大門外世富蘭偲病院內에設立하다 先是에同病院이關…

朝鮮예수敎長老會史記
一八八

朝鮮예수敎長老會史記
一八七

觀에잇던새禮拜堂內에會集禮拜하던信者一部分과弘文洞敎會의信者一部分이會成立하얏난대弘文洞敎會난瑞奧人黃某와俟洞敎會信者袁某가鐵道敷設에對하야私益을圖得할할것인故로紛爭이起하야宣敎師牟三悅、魚不信이歐打逐出하야끗츨解散하난故로畢竟解散하야小部分의信者난南大門外에敎會를設立하야弘文洞禮拜堂을貰賃하야勝洞禮拜堂建設者들은勝洞에敎會를設立하더니宣敎師元杜尤가管理하고補助하얏고小部分의信者난南大門外에敎會를設立함에宣敎師牟三悅이助師로視務하니라

『朝鮮예수敎長老會 史記』(1928), 187-88.

5-1. 장로교회 공식 역사서인 『사기』에 나오는 내용을 정리해보자.

5-1-1. 남대문외교회는 1907년 세브란스병원 내에 설립되었다. 당시는 1907-11년 사이의 독노회 시절로서, 서울·경기·충청도 지역 교회가 '경충대리회'(京忠代理會)로 있을 때였다.

5-1-2. 그 병원(제중원)이 동현(구리개)에 있을 때 병원 안에서 모여 예배하던 신자 일부분과 홍문동교회의 신자 일부분이 모여 함께 설립했다.

5-1-3. 홍문동교회의 황 모와 배 모 등이 철도 부설 관계로 사적인 이익을 추구하고 반선교사 독립교회를 세우려 하자 홍문동교회는 마침내 해산되고, 대부분의 교인이 승동교회로 가고, 그 일부가 남대문외교회를 설립했다.

5-1-4. 초대 당회장은 언더우드 목사요, 장로는 에비슨 의사였다. 교회가 점차 발전하면서 최용호가 첫 조사로 시무했다.

1907년 설립은 남대문 제중원(세브란스병원)이 1904년에 설립된 후 1907년 병원 구내에 별도의 예배당을 마련하고 예배를 드리기 시작한 시점이다. 앞서 소개한 언더우드의 편지(1910년 1월 6일 자)나 *Korea Mission Field*(Jan. 1910)에 나오는 1909년 11월 21일 교회 조직은 정식으로 남대문외교회 당회를 구성하고 세례식을 베풀고 교인 명부를 작성하여 공식 교회를 조직한 날이다. 따라서 이 기록과 『사기』의 기록이 서로 어긋나는 것은 아니다.

5-2. 『사기』의 경우 지방의 개교회 설립연도는 대개 특정 마을의 세례교인들이 가정예배를 드리다가 함께 예배당을 사거나 지어서 좀 더 공식적인 예배를 드렸을 때를 잡고 있다. 이런 관점에서 남대문외교회는 동현 제중원에서 예배드리던 일부 신자들과 홍문동교회 일부 신

자들이 남대문 밖으로 나와 1907년에 작은 예배당(장소는 조사 요)에서 예배를 드리기 시작했으므로, 교인들과 『사기』 편집자(차재명 목사)는 1907년을 설립연도로 보았다.

5-3. 남대문교회는 두 개의 연원을 가지고 있다. 곧 구리개 제중원 채플(제중원이 아니라 제중원채플이다!)과 홍문동교회다. 그런데 홍문동교회 유래설은 별로 이야기되지 않는다. 1909년에 남대문교회가 조직될 때 최소한 10명 정도는 홍문동교회에서 교적을 이명해왔다. 그러나 사익 추구, 반선교사 독립교회 운동의 어두운 치부가 그 교회에 있기 때문인지 홍문동교회 유래설은 별로 언급되지 않는다. 제중원의 역사는 밝기 때문에 추적하는 것일까? 알렌-헤론-에비슨 쪽의 의료 선교사들에게 의존하는 이유는 무엇일까? 홍문동교회 교인(무어 목사와 밀러 목사 치리)과 병원 교인들(에비슨 장로 관리)이 함께 모여 교회를 설립할 때는 언더우드 목사의 치리를 받았다. 의료 선교사보다 목회 선교사들과의 관계를 바로 밝혀야 한다.

5-4. 남대문교회는 1907년에 임시로 설립되었고, 1909년 11월 21일에 정식으로 장로교회로 조직되어 당회장 언더우드 목사와 장로 에비슨이 당회를 구성하여 교회를 관리했다. 당시 교회 조직 직후에 다음 사진에 나오는 건물을 마련하여 입당했을 것이다.

신축한 남대문교회(1911년경).

6. 맺음말

새문안장로교회는 1887년 9월 27일에 세례교인 14명, 장로 2명, 목사 1명(언더우드)으로 정식 조직되었고, 이날을 교회 설립일 혹은 창립일로 잡는다. 이 선례를 따르자면 남대문(외)교회는 1909년 11월 21일에 조직·설립되었다. 1885년 6월 21일 알렌의 집에서 드린 장로회와 감리회 선교사들의 첫 정기 연합 주일예배는 유니언교회의 출발이지 남대문교회의 출발과 전혀 상관이 없다. 그러나 구리개 제중원이 선교병원이 된 1894년부터 홍문동교회와 제중원중앙교회가 성장하던 시절 (1894-1904)은 모판에서 싹이 자라던 발아기로 볼 수 있다. 즉 그 두 교회에서 개종하고 신앙생활을 하던 이들이 1907부터 남대문교회로 이명했기 때문이다. 1907-09년의 3년간에 걸쳐 이들이 이명하던 시기는 모종을 옮겨 심은 이양기로 볼 수 있으며, 1909년 말 교회가 공식 조직되었다.

이 장에서 논의하지 않은 연동교회도 1894년이 아닌 1896년에 설립되었다. 그 설립 주체도 무어 목사가 아니라, 『조선예수교장로회 사기』가 밝힌 대로 밀러(F. S. Miller) 목사와 김홍경 조사에게 돌아가야 한다.[8]

남대문교회는 창립 정신인 '성문 밖' 정신, 곧 소외된 약자와 소수자를 섬기는 종의 정신, 스스로를 낮추는 십자가의 정신을 회복하고 원래 지키던 창립일로 돌아갈 때 교회의 정체성이 회복되고 많은 이의 박수

8　　차재명 편, 『朝鮮예수教長老會 史記』(조선예수교장로회총회, 1928), 33.

를 받을 것이다. 그렇게 되면 사료에 대한 자의적인 해석을 통해 창립일을 끌어올려서 첫째가 되려고 노력해온 다른 여러 교회도 부끄러움을 느끼고 이를 바로잡아 한국사회를 섬기는 종의 정신을 회복할 수 있을 것이다.

14

정동제일교회는 1885년에
세워졌을까?

한국의 첫 감리교회인 정동제일교회는 남대문 근처에 마련한 벧엘 채
플에서 1887년 10월 9일 예배를 드리면서 시작되었다. 그 이전에 두 명
의 배재학당 학생이 세례를 받았고, 교회 설립 이후에는 첫 여성 교인
을 대상으로 한 세례식과 성찬식이 거행되었다. 그 후 교인 수가 증가
하고 어느 정도 종교의 자유가 허용되자 정동으로 옮겨 예배를 드렸으
며, 1897년 12월 새 벽돌 건물 예배당으로 이주했다.

1886년 6월 서울에
북감리회 한국인 초신자 100명의 의미

다음 보고서는 1886년 6월 상황이다. 보고서의 마지막 통계를 보면 한
해 동안 개종자 1명이 생겨서 학습교인 1명, 초신자 100명, 주일학교 학
생 12명, 배재학당과 이화학당의 학생 30명, 병원 1개가 있었다.[1]

---

1 *Annual Report of the Missionary Society of the Board of Foreign Missions
of the Methodist Episcopal Church* (New York: 1886), 278. 미국 북감리회
선교회(the Missionary Society)는 1820년에 조직되었고, 1907년에 The Board of
Foreign Missions(해외 선교 이사회)와 The Board of Home Missions(국내 선교
이사회)로 재조직되었다.

1886년 북감리회 해외선교회 연례보고서 한국 항목 마지막 부분.

그러나 통계가 보여주듯이 아직 서울이나 한국 전체에 한국인 감리교회는 없었다. 즉 한국인들이 예배드리는 처소가 구입되지 않은 상태였다. 그러나 1년 이상 학교, 병원, 인쇄소를 세우고 합법적인 범위 안에서 교육, 의료, 문서 사업을 전개했으며, 정동에 선교사 사택 3채를 매입하여 선교의 기초를 다졌다. 세례받은 준회원 1명(4월 25일 세례를 받은 일본 공사관의 하야카와 테츠야)이 있다고 해서, 한국인 초신자(adherents, 아직 원입인/학습인은 아님) 100명(이는 추산한 숫자로 아직 등록 명부는 없었다)이 있다고 해서, 한국인으로 구성된 개교회가 설립된 것은 아니었다. 이는 장로교회도 마찬가지였다. 1886년 한국에는 한국인으로 이루어진 감리교회(개교회)나 장로교회가 없었다. 다만 미국 북감리회 한국선교회, 미국 북장로회 한국선교회만 서울에 존재했다.

첫 한국인 감리교인 박중상의 세례식(1887. 7. 24)

벧엘 예배당이 마련되기 몇 개월 전인 1887년 7월 24일 일본 유학생 출신 박중상이 아펜젤러의 사택에서 비밀리에 한국인 감리교인으로서는 첫 세례를 받았다.

> 최초의 세례: 오늘 나는 우리 집에서 한국인 최초의 감리회 신자에게 세례를 베풀었다. 그의 이름은 박중상인데 우리 학교 학생으로 진지하고 총명한 젊은이다. 그는 일본에 갔다 왔으며 그곳에서 기독교에 대해 처음으로 들었고, 한국에 돌아온 이후 하야카와 형제와 교제를 나누다 그로부터 세례 권면을 받았다.
>
> 이는 이곳에서의 우리 사역의 시작이다. 나는 그를 온전히 여호와의 손에 맡겼다. 왜냐하면 그는 오직 그곳에서만 안전하기 때문이다. 많은 사람들이 우리 교회에 붙어나게 하옵소서. 그는 약속의 사람이다.[2]

박중상은 배재학당 학생이었다. 첫 세례교인이 일본 유학 경험이 있는 배재학당에서 나온 것은 자연스러웠다. 박중상은 일본인 감리교인 하야카와와 교제하고, 아펜젤러를 통해 서양 학문과 영어를 배우고 성경공부를 하면서 기독교 복음을 깊이 이해한 끝에 세례를 신청했다. 이 글에서 유념할 부분은 두 번째 문단의 '우리 교회'다. 영어를 보면 'our Church'로 대문자 교회를 사용하여 감리교회를 지칭하고 있다. 이를

---

2 Appenzeller Diary, Jul. 24, 1887. 밑줄은 필자.

개교회인 정동교회를 지칭하는 말로 오해해서는 안 된다.

벧엘 예배 처소의 구입(1887. 9)

8월 6일에는 배재학당 건물의 정초식이 열렸다. 8월 7일 아펜젤러는 요한복음을 번역한 서상륜에게 봉급을 지불했다. 8월 말 선교 본부에 올린 예산 청구에서 아펜젤러는 일본인을 위한 예배당을 먼저 구입하여 그곳에서 한국인을 위한 모임을 가지기 위한 예산을 요청하고, 좀 더 떨어진 곳에 한국인 구도자들이 드나들 수 있는 별도의 방을 마련할 계획을 세웠다.

9월 10일에 워렌(Henry W. Warren) 감독이 제물포를 거쳐 서울을 방문했다. 그는 11일 주일에 유니언교회에서 설교하고 스크랜턴의 딸 캐서린(Catherine Arms Scranton)에게 유아세례를 주었다. 워렌 감독은 배재학당 건물 개관식에서 연설했는데, 이 공식적인 첫 기독교 행사에는 한국인 관리들도 참석했다.[3] 9월 14일 유니언교회 수요기도회에서 워렌 감독은 아펜젤러, 스크랜턴, 스크랜턴 여사, 로스와일러의 임명장을 낭독하고 축복했다. 13일에 열린 선교회 연례회의에서 워렌 감독의 재가를 받은 아펜젤러는 9월 말에 성경공부를 위한 방 하나를 구입했고, 이 상동 초가집이 벧엘 예배 처소가 되었다.

---

3 Appenzeller Diary, Sept. 17, 1887.

두 번째 세례자 한용경(1887. 10. 2)

박중상에 이어 두 번째 세례자도 배재학당 학생 가운데서 나왔다. 그는 한용경이란 사람으로 학교와 벧엘 채플에서 성경공부를 하다가 결심하고 세례를 받았다.

두 번째로 세례받은 한국인: 10월 2일 일요일 저녁에 우리 집 안방에서 두 번째 세례를 주었다. 우리 학교 학생 한용경이었다. 나는 언문으로 번역된 세례 의식서를 가지고 한국말로 그에게 세례를 베풀었다.[4]

박중상에게 세례를 준 후 학생들 사이에 신자가 늘면서 세례 신청이 증가하자, 아펜젤러는 세례 예식서를 한글로 번역해서 사용하기 시작했다.

아펜젤러의 권서(1887). 마부가 이끄는 당나귀에 사람들에게 반포할 복음집을 실었다. 부엌에 아펜젤러 부인과 딸 엘리스가 보인다.

---

4 Appenzeller Diary, Oct. 11, 1887.

첫 예배(1887. 10. 9)

아펜젤러는 중요한 사건이 있을 때마다 일기에 기록하면서 오른쪽 빈 칸에 제목을 달았다. 그는 위의 첫 세례와 두 번째 세례에 이어, 최초의 감리회 예배를 다음과 같이 기록했다.

> 감리회 선교회가 가진 최초의 종교 집회: 10월 9일 일요일에는 '벧엘'에서 오후 예배를 시작했다. 그곳은 우리가 성경공부를 하기 위해 매입한 집이다. 지난주에는 봉천에 있는 로스 목사가 이곳을 방문했는데, 한국인 신자 두 명을 데리고 왔다. 그중 한 명은 지금 학교에 다니고 있으며, 다른 한 명은 로스 목사가 만난 한국인 중에서 제일 우수한 사람이라고 추천을 해서, 나는 그(장 씨)를 두 번째 권서로 채용했다. 현재 4명의 한국인 신자가 있는데, 2명의 권서(최성균과 장 씨), 강 씨, 그리고 구도자요 진리를 믿고 있는 최 씨의 아내 등이다.(하략)[5]

10월에 쓴 연례보고서에는 다음과 같이 기록했다.

> 9월에 우리는 작은 집 한 채를 샀는데 이곳을 벧엘 채플이라고 불렀다. 우리가 그 집을 예배당 용도로 사용하기 때문이다. 그곳으로 구도자들이 모이고, 일요일에는 예배를 드린다. 10월 9일에 나는 한국인을 위한 최초의 공중 예배를 인도했다. 나를 제외하고 4명이 참석했으며, 그 모

---

5 Appenzeller Diary, Oct. 11, 1887.

임은 우리 모두에게 특별한 관심을 끌었다.[6]

첫 여자 교인 세례식(1887. 10. 16)

이곳에서 권서인 최성균의 부인이 그다음 주일인 10월 16일에 세례를
받았는데 이는 최초의 한국 개신교인 여성 세례식이었다.

> 최초로 세례받은 한국 여성: 10월 16일 일요일에 나는 29세의 젊은 부
> 인인 최 씨의 아내에게 세례를 주었다. 그녀는 질문에 분명하고 명확
> 하게 대답했다. 그녀는 거의 틀림없이 이 나라에서 개신교 선교사에
> 의해 세례받은 최초의 여성이다. 나는 우리 감리회가 안방 안으로 진
> 출한 것이 무척 기쁘다. 말씀을 받은 다른 여성들도 있다. 이 첫 열매로
> 인해 여호와께 감사를 드린다.[7]

뒷날 강매는 이 사건을 가리켜 다음과 같이 평가했다. "1887년 전
예수께서 부활하실 때 그 나타나심을 먼저 본 자는 또한 여인이더니,
조선교회가 시작될 때에도 주를 먼저 깨달은 자는 또한 여인이라. 이는
어찌 거대한 일이 아니리오."[8]

---

6   *Annual Report of the Missionary Society of the Methodist Episcopal Church
    for 1887* (New York: 1888), 314.
7   Appenzeller Diary, Oct. 31, 1887.
8   강매, 『정동교회 30년사』(井洞敎會 三十年史, 수필본, 1915), 8.

첫 성찬식(1887. 10. 23)

그다음 주일 10월 23일에는 한국인 5명을 대상으로 한국 개신교의 첫 성찬식을 거행했다.

> 벧엘에서의 최초의 성찬식: 일주일 후 10월 23일, 우리는 한국에서 감리회 최초의 성찬식을 가졌다. 이것은 감리회의 요람인 벧엘의 같은 방에서 거행되었다. 참석자는 형제들 최·장·강·한 씨 등과 최 씨의 아내였고, 이날 박 형제는 불참했다. 스크랜턴 의사도 동참했다. 우리는 감리회 예식을 따랐으며 모두 진지하게 참여했다. 이 백성에게 생명의 떡을 떼어주는 일은 얼마나 큰 특권인가! 우리의 가슴이 감사로 넘치게 하소서.[9]

11월 말 추수감사절에는 벧엘 예배당이 가득 찰 정도가 되었다. 배재학당 학생 유치경과 윤돈규가 세례를 받았다. 12월 7일에는 한용경의 집에서 학생 기도회가 처음 열렸다.[10] 12월 25일에는 첫 성탄절 예배를 드렸다. 이날 아펜젤러 목사는 처음으로 한글로 쓴 설교문을 읽었다.

> 오후 2시에 나는 처음으로 한국어로 설교했다. 이것은 대단한 일이었으므로 좀 더 설명을 해야겠다. 내가 설교문을 쓴 것은 아니고 요점을 알

---

9 Appenzeller Diary, Oct. 31, 1887.

10 Appenzeller Diary, Dec. 11, 1887.

려주면 나의 권서인 최 씨가 적절한 한국어로 옮겨 적었다. 설교를 쓰는 데 적지 않은 시간이 걸렸지만, 한국어 설교를 시작한 것이 매우 기쁘다. 본문은 마태복음 1:21로 제목은 "그의 이름을 예수로 하라"였다.[11]

한국어 설교가 이루어지면서 벧엘 예배 공동체는 명실공히 한국인 개교회가 되었다. 이상을 다시 정리해보자. 벧엘 예배 처소에서 1887년 10월 9일 주일 첫 한국인 예배, 10월 16일 주일 첫 여성 세례식, 10월 23일 주일 첫 한국인 성찬식, 그리고 12월 25일 한국어 설교가 이루어졌다. 이로써 세례, 성찬, 설교가 함께한 한국인 신앙 공동체인 벧엘 감리교회가 공식적으로 설립되었다고 하겠다.

상동 부근 벧엘 채플에서 형성된 이 한국인 신앙 공동체가 5개월 후 예배 중단 칙령을 받아 정동 아펜젤러 사택과 이화학당으로 옮겨 남녀가 따로 예배를 드리면서 정동제일교회로 발전했다.

벧엘 예배당의 위치

최 씨 아내가 세례를 받은 후 예수교에 입교하려는 여성들이 늘기 시작했다. 그로 인해 1887년 11월에는 예배당 바로 옆에 있는 큰 가옥을 매입하여 예배당으로 삼았다. 그 집은 사방 8자의 작은 방 대신 8×16자의 큰 방이 있어 가운데에 병풍을 둠으로써 남녀 좌석을 분리할 수 있

---

11 Appenzeller Diary, Dec. 25, 1887.

었다. 이 벧엘 예배당이 있었던 곳은 어디일까? 1897년 12월 26일 정동 벽돌 예배당을 봉헌할 때 아펜젤러 목사가 낭독한 '교회 약사'에는 다음과 같은 내용이 나온다.

교회는 이리저리 옮겨 다녔습니다. 10년 전에는 현 스크랜턴 여사의 소유로 되어 있는 달성 사택의 뒷문에서 돌을 던지면 닿을 거리에 있는 벧엘에서 예배를 드렸습니다. 1888년 제가 지방을 여행할 때 내려진 포교 금지령으로 인해 모임은 중단되었고, 벧엘은 처분되었으며, 지금은 이곳에 한국인들이 거주하고 있습니다. 이후 여자 집회는 이화학당에서 열렸고, 남자 집회는 지금 응접실로 쓰고 있는 저의 집 방 안에서 열렸습니다. 나중에 여자 집회는 이화학당 언덕 아래의 채플에서 모였고, 남자 집회는 배재학당 채플에서 모였습니다.[12]

스크랜턴 여사의 달성 사택은 소공동에 있는 저경궁(儲慶宮) 안쪽의 달성위궁(達城尉宮)을 말하는 것으로 지금의 한국은행 바로 뒤편에 있었으며, 이 길 건너편에 상동교회(현 남창동 1번지)를 짓게 된다. 곧 원래의 벧엘 예배 처소는 한국인들이 밀집해서 사는 남대문 안 상동에 있었고, 나중에 상동에 교회를 세울 때에도 그 주변을 매입하여 상동교회를 지었다.

상동에 1887년 10월부터 1888년 5월까지 존재했던 벧엘 예배 처소의 위치에 대해서, 1916년 존스(G. H. Jones)는 그것을 기억하는 자가 거

---

12 H. G. Appenzeller, "The First Methodist Episcopal Church, Seoul, Korea, read at the District," Dec. 26, 1897.

의 없다고 하면서 다음과 같이 말했다.

> 아펜젤러는 항상 앞날을 대비하는 자로서 새로운 날이 오고 있는 것을
> 감지하여 예배당 부지를 확보하는 용기를 가졌다. 정동 선교구역에서
> 벗어나 도시를 건너 남서쪽으로 일본인 거주지인 진고개와는 거의 중
> 간 지점, 초가지붕과 진흙이 바다를 이룬 것 같은 수많은 본토인 집들
> 이 늘어선 곳에서 그는 집 한 채를 매입했고, 벧엘 예배당이라는 이름
> 을 붙였다.…여기서 말하는 '예배당'은 이 초가집 안에 있는 안방으로
> 키가 180cm 이상인 아펜젤러가 똑바로 서면 천장에 닿았다. 그러나
> 방을 새로 깨끗하게 꾸몄기 때문에 비록 비천하게 출발했지만 두 가지
> 의미에서 중요했다. (1) 그것은 한국인을 위한 새로운 형태의 공중 집
> 회의 시작이었다. (2) 그것은 한국의 모든 지역에서 만들어지고 증가
> 한 교회 재산의 선봉이었다.[13]

아펜젤러와 존스의 증언에 따르면 1887년 가을에 구입한 벧엘 예배
처소는 정동과 진고개 중간인 상동에 있었고, 그 집은 달성회관과 저경
궁의 길 건너편, 곧 현재 상동교회가 자리 잡은 부근의 작은 초가집이
었다. 벧엘은 한국 감리교인들이 모여 예배를 드린 첫 예배 처소였고,
이후 여러 지역에서 장만된 한국 감리교회의 재산 제1호였다.

---

13 존스 저, 옥성득 역, 『한국교회 형성사』(홍성사, 2013), 8장.

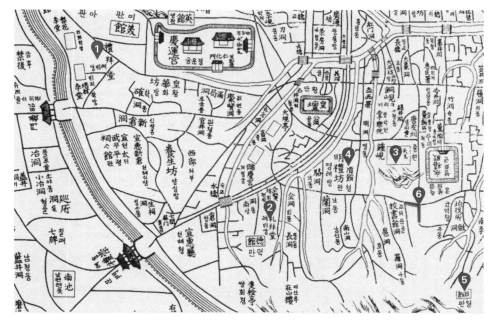

벧엘 예배당의 위치(2번). 정동교회와 진고개 중간, 저경궁 건너편, 현 상동교회 근처에 있었다.
1. 정동제일교회, 2. 상동감리교회, 3. 명동성당, 4. 중국공사관, 5. 일본공사관, 6. 진고개

벧엘 공동체의 첫 교인들

첫 교인인 박중상, 한용경, 최성균, 강재형 등에 대해 살펴보자. 박중상은 10월 23일에 거행된 첫 성찬식에 불참했다. 사실 그는 배재학당을 졸업한 후 1891년 "선교회 소속의 [한미화] 활판소를 도둑질하려는 대담하고 계획적인 음모를 꾸민 죄 때문에 처벌을 받았다." 장로교회의 첫 선출 장로들처럼 선교사들과 처음 접촉하고 개종한 자들 중에는 마치 아나니아와 삽비라 같이 돈 욕심에 넘어진 자들이 있었다. 초기 한국교회라고 해서 완전한 것은 아니며, 이런 '쌀 신자' 문제를 해결하는

것이 급선무였다.

　권서인 최 씨는 최성균이며, 두 번째 권서인 장 씨의 이름은 알려져 있지 않다. 한용경의 이름은 밝혀져 있다. 강 씨는 아마도 1888년에 배재학당 도서실장을 맡은 강재형일 것이다. 이어 눈에 띄는 인물은 유치겸으로, 그는 1888년에 배재학당 3학년에 재학 중이면서 동시에 한문을 가르치는 교사였다.

남은 이야기

첫째, 1887년 10월 이전에는 한국에 감리교회가 없었다. 1888년 12월 올링거 목사가 서울에 부임한 이후 1889년에 그가 인천 지역 전도를 맡으면서 인천의 감리교회 역사가 시작되었다. 그래서 1885년에 내리교회가 설립되었다고 보는 것은 잘못이다. 앞에서 보았듯이 1886년에는 감리교회에 초신자들과 학습교인 1명이 있었지만, 세례교인은 없었고 한국인으로 구성된 개교회도 없었다. 1887년에 와서야 정동에서 첫 세례교인이 나오고 상동에서 첫 예배를 드렸다. 그때까지 제물포에는 신자도 예배도 없었다.

　둘째, 정동제일교회는 1887년 10월에 출발했으며, 그 이전에 존재한 신앙 공동체는 외국인으로 구성된 서울 유니언교회뿐이었다. 19세기 말 당시 감리교회는 어떤 경우에 교회가 정식으로 설립되었다고 했을까? 『정동제일교회 125년사』(2011)는 조직이 아니라, '신앙 공동체' 관점에서 '예수 그리스도를 고백하는 사람들의 공동체'가 복음을 전하고 성례전을 집행할 때 교회가 출발되었다고 볼 수 있다고 했다.[14] 그런 관점에서 1885년 7월 29일에 아펜젤러가 가정예배를 드린 날을 기점으로 삼고, 1885년 10월 11일에 거행된 첫 성찬식 날을 교회 창립일로 삼는다. 곧 그들은 1886년 이전에 이미 정동 신앙 공동체가 존재했다고 주장한다.[15]

그러나 1885년 10월 11일에 거행된 성찬식에는 한국인 신자가 참여하지 않았다. 선교사들과 외국인들만 참석한 성찬식, 그것은 유니언교회의 성찬식이었다. 1887년 10월 9일과 16일을 교회 출발로 보는 것은 교회 조직의 관점이 아니다. 그때 한국인 교인들이 함께 모여 예배를 드리고, 세례를 받고, 성찬식을 나누었을 뿐, 어떤 조직을 한 날이 아니다. 1898년 아펜젤러는 정동제일교회 머릿돌에 다음과 같이 분명히 썼다. "이 교회는 1889년 12월 7일 계삭회(Quarterly Conference)를 구성함으로 조직되었다. 설교와 기도회는 그 2년 전에 시작되었다."[16] 감리교회는 담임 목사가 책임지는 계삭회, 장로사의 지방회, 감독의 연회, 감독 회장의 총회 등 조직이 중요하다. 그러나 1887년 10월 정동제일교회 창립설은 교회 조직의 관점이 아니라 바로 한국인 신앙 공동체의 출발의 관점에서 보는 것이고, 아펜젤러나 존스와 같은 초기 선교사들의 관점에서 보는 것이며, 강매나 최병헌 등 초기 정동제일교회

---

14 오영교, 『정동제일교회 125년사, 제1권 통사편』(정동삼문출판사, 2013), 102-05.

15 위의 책, 93-106.

16 강매의 『정동교회 30년사』(井洞教會 三十年史, 1915)에도 "1889년 12월 7일에 경성에서 미감리교회가 처음으로 조직되었다 하였고, 1890년 1월 25일에 첫 번 계삭회를 개회하고, 1890년 2월 25일에 장유회와 지방회를 처음으로 개회하고, 1895년에 조선선교회가 설립되고, 1898년에 조선 매년회가 설립되었다 하였더라"라고 정리했다.

지도자들의 관점에서 보는 것이다. 1885년 창립설은 1986년 이후에 등장한 설이다.

15

복원된 소래교회는 재건축
해야 한다

1988년 대한예수교장로회 합동(예장합동) 황해노회가 중심이 되어 준공하고 1989년 봉헌한 총신대학교 양지캠퍼스 내 소래교회는 원형대로 복구되지 않았다. 당시 1896년 증축한 황해도 장연군 소래교회를 원형대로 재건하는 것이 목적이었고, 이를 위해 이용 가능한 사진 자료나 사료를 일부 수집하였으나 충분하지 못했고 자료 해석에도 심각한 오류가 있었다. 이제 관련 사료가 충분히 발굴된 상황이므로 원형과 다르게 복구된 소래교회는 재건축하거나 구조를 바꾸어야 한다.

1989년 복원한 총신대 소래교회의 근거 사진

현재 교회 안에는 1895년 7월 3일 건축한 예배당과 1896년 6월 23일 증축한 예배당 두 장의 사진을 걸어놓고, 후자를 양지캠퍼스에 복원했다고 설명하고 있다. 전자는 직사각형으로 된 정면 방향의 예배당 모습으로 중간에 대청마루가 보인다. 후자는 좌측 측면에서 찍어 전자의 건물 뒤에 있는 예배실을 보여준다. 이 설명대로라면 정면 부분이 원래 예배당인데, 1896년 증축할 때 뒷부분을 추가한 것이 된다. 그러나 이는 역사적 사실이 아니다. 첫 사진은 1900년대에 촬영된 것으로서 증축 이후에 찍은 것이며, 1896년에 증축된 건물의 앞부분을 보여준다. 곧 두 번째 사진에 보이는 뒷부분이 원래 예배당이었으며, 1896년 'ㄱ'자

모양이 되도록 앞에 길게 방 2개와 대청마루가 있는 부분을 추가하여 증축했다.

1895년 7월 3일 소래교회의 첫 번 교회 모습 (8칸 약16평)

총신대 양지캠퍼스 소래교회 안에 걸려 있는 두 사진. 사진 설명이 모두 잘못되었다. 첫 번째 사진도 증축한 이후 모습이다.[1]

1896년 6월 23일 증축된 소래교회의 전경 1896년 6월 23일 16칸(32평) 증축. 〈총신대학 대학원, 양지캠퍼스 복원〉

---

1 http://www.walkview.co.kr/2965

1895년 건축한 원래 소래교회는 뒷부분의 예배실

1895년 캐나다 노바스코샤 출신 맥켄지(William J. MacKenzie, 梅見施, 1861-95. 7. 23) 목사가 목회할 때 처음 세운 소래교회, 일명 '맥켄지 예배당'은 소래 교인들의 헌신으로 드려진 17만 냥의 헌금과 8일간의 노동으로 7월 5일 기와지붕을 올린 한국 개신교 최초의 자급 교회당이었다.[2] 자신들의 교회당을 외국인의 도움 없이 마을 사람들의 힘으로 지어야 한다는 맥켄지의 말에 소래 교인들이 모두 동의했다. 그리하여 가난한 중에도 많은 희생을 감내하며 지은 교회였다. 언더우드의 1896년 개인 연례보고서를 보자.

> 교회 건축에 외국인의 자금을 사용해서는 안 된다는 것은 그의 생각이었습니다. 그는 연보하는 특권을 포기했습니다. 그는 사람들에게 무엇을 반드시 해야 하는지 말했습니다. 한 사람은 다른 사람이 낸 12개의 서까래를 제외한 모든 나무를 댔습니다. 다른 사람들은 쌀을, 많은 사람들은 노동력을 제공했고, 한 가난한 과부는 가진 게 전혀 없었지만 양반 댁 부인임에도 불구하고 바닷가에 나가 무릎까지 갯벌에 빠지면서 조개를 파서 그 판 돈 전부를 하나님의 집을 돕는 데 연보했습니다. 제가 가서 보니 이 부인은 매 주일 40리(영국의 13마일) 이상을 걸어서

---

2 참고로 1895년 4월 평북의 순안장로교회가 외국인의 재정 도움을 전혀 받지 않고 한국인의 돈으로만 예배당을 확보한 첫 교회가 되었다. 그러나 그 절반 이상은 최치량 등 평양 교인의 헌금이었다. 따라서 완전 자급한 첫 예배당은 1895년 7월의 소래교회였다.

교회에 오는데, 개종한 후 지난 1년간 비가 오나 눈이 오나 한 주일도 빠지지 않았다고 합니다.[3]

소래교회는 가난한 과부가 기증한 무당 집터에 세운 예배당이었다. 또한 가난한 양반가의 과부가 갯벌에 나가 조개를 파서 번 돈이 들어간 교회였다. 그녀는 예배당이 완공되자 감사한 마음에 40리 길에도 불구하고 한 주일도 빠지지 않고 주일예배에 참석했다.

소래교회(맥켄지 예배당)의 구체적인 모습은 1898년 11월 언더우드 부부와 새로 한국에 파송된 캐나다 장로회의 의사 그리어슨 부부가 남긴 사진 자료와 일기(1898년 11월 19일 자)에 잘 나타나 있다. 그리어슨 의사가 소래를 방문한 날의 일기를 번역해보자.

전적으로 한국인들의 기금으로 세워진 한국 최초의 예배당 건물인 맥켄지 목사의 교회는 마을 뒤 언덕 위에 있는 기와집으로, 멋진 나무 울타리가 둘러쳐 있고, 앞에는 높은 깃대가 있으며, 뒤에는 아름다운 나무들이 드리워져 있다. 맥켄지 목사의 무덤은 교회 뒤편으로 약 50야드(46m) 떨어져 있으며, 단순한 큰 흙무덤 형태로 잔디가 덮여 있다. 맥켄지 목사의 감독 아래 지은 원래 교회 건물은 직사각형 독채로 36×20자(11×6.2m) 크기였으며, 내부에는 한 자 반(50cm) 간격으로 기둥을 세워 지붕을 받쳤다. 기둥 사이에는 6자(1.85m) 높이로 칸막이를 설치하여 설교단까지 연결함으로써 남녀 좌석을 구분했다. 가구는

---

3 옥성득·이만열 편역, 『언더우드 자료집 제2권』(연세대학교출판부, 2006), 160-61.

없었고 천장에 매단 미국제 램프들과 난방을 위한 아주 좋은 미국제 난로가 있었다. 설교단과 회중석에는 좋은 방석을 깔았다.[4]

소래교회의 자리에는 본시 마을의 동제(洞祭)를 드리던 초가집 사당이 있었으나, 주인인 가난한 과부가 개종하고 대지를 교회에 헌납했다. 그래서 언덕 위 사당 터에 직사각형으로 기와 8간 건물을 짓고, 주변에는 울타리를 둘러 사당처럼 성소로 구별했다. 깃대는 십자기를 게양했는데, 깃대와 붉은 십자기는 한국 종교 전통에서 솟대나 불교 사찰의 당간(幢竿), 무당집의 대나무 깃대 등과 연속성을 가지는 성소(聖所) 표시 기능을 했다. 교회 뒤의 신목(神木)들은 그대로 두었다. 멀리서 보면 일반 기와집으로 보였으나 하늘을 향한 수직성을 상징하는 십자기가 게양되어 있어서 교회로 구분할 수 있었다.

맥켄지 목사는 1894년 10월 황해도에서 동학군이 제2차로 봉기하여 황해 감영 해주를 점령하자, 동학농민운동에 관여하지 않고 핍박이 오면 고난을 받겠다는 표시와 더불어 자신이 치외법권을 가진 영국인(캐나다인은 당시 영국 공사관 관할 소속)임을 표시하기 위해 흰 바탕에 붉은 십자가를 그린 성 조지 십자기(a flag of St. George Cross)를 자신의 집과 교회에 게양했다. 교회에 게양된 십자기는 고난과 평화의 상징인 '예수기'(Jesus flag)로 불렸으며, 동학군은 맥켄지와 소래교회에 간섭하지 않았다. 오히려 그에게 서울 중앙정부에 대한 정보나 총기 사용법을 물었

4   Doris Grierson ed., *Diary of Reverend Robert Grierson MD: Missionary to Korea* (Personally Published, 1998), 41 (July 16 1898 to March 25 1901); 연규홍 역, 『조선을 향한 머나먼 여정: 로버트 그리어슨의 선교 일화와 일기』(한신대, 2014), 272.

고, 소래 교인인 서상륜·서경조·김윤오 등과는 협조 관계를 유지했다.

1896년 증축한 부분은 정면의 방 2개와 마루

위의 그리어슨의 일기(1898년 11월 19일)에 나오는 평면도를 보자. 이는 1895년에 건축한 원래의 예배실 8간과 1896년 증축된 정면의 8간을 보여준다.

예배실은 뒷부분에 설교단(강단)이 있고, 설교자가 바라볼 때 오른쪽 남자석과 왼쪽 여자석이 중간의 높은 칸막이로 구분되어 있어 일어섰을 때에도 반대편 좌석이 보이지 않았다. 예배실 출입구는 남녀석 정면에 각각 따로 있었고, 측면에는 없었다. 1896년에 증축한 앞부분은 12자 크기의 방 두 개와 그 중간에 있는 대청마루로 이루어져 있다. 방은 성경 공부 때 여자반과 초등반을 위해서 필요했다. 혹은 예배 시간에 어린아이를 가진 부녀자들이 사용할 수 있

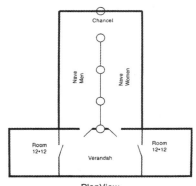

PlanView
Sorai Church 1898

그리어슨 선교사가 그린 소래교회 평면도.[5] 예배실은 설교자가 볼 때 오른쪽이 남자석, 왼쪽이 여자석이다.

는 공간이었다. 중간 마루는 예배 시간이나 친교 시간에 이용할 수 있었

---

5   D. Grierson ed., *Diary of Reverend Robert Grierson MD*, 41.

1898년 소래교회. 언덕 위의 기와집, 십자기 깃대, 울타리, 교회 뒤 나무숲이 선명하다.

증축한 소래교회(1898). 마루에 언더우드 부부가 앉아 있고 서 있는 서상륜·서경조 형제, 자전거를 잡고 서 있는 그리어슨, 언더우드 부인과 그리어슨 부인을 위한 두 대의 가마가 보인다.[6]

---

6   옥성득, 『한반도 대부흥』(홍성사, 2009), 28, 96.

고, 마루 앞에서 신발을 벗고 남자석 문과 여자석 문을 통해 각각 예배실로 들어갈 수도 있었다. 당시 소래에는 60가구가 있었고 전체 인구는 280명 정도였다.

1898년에 새로 파송된 그리어슨 부부를 데리고 소래교회를 방문한 언더우드 부부가 촬영한 소래교회 모습은 언더우드의 책과 세브란스병원에서 간호사로 오래 근무한 쉴즈(Esther Shields)의 앨범에 보관되어 있다. 이 앨범은 프린스턴 신학교의 '마페트 자료'에 소장되어 있다.

이상의 설명을 바탕으로 필자가 그린 교회 전체의 평면도는 다음과 같다.

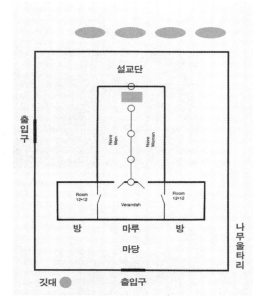

설교단

출입구

Nave Men

Nave Women

Room 12×12

Verandah

Room 12×12

방 　 마루 　 방

마당

깃대 　 출입구

나무울타리

1896년 당시 소래교회 전체 평면도.

1989년 복원한 현재의 총신대 소래교회의 문제점

현재 총신대학교 양지캠퍼스에 복원되어 있는 소래교회는 예배당 전체 모양을 'ㅗ'자형(T자형)으로 하고, 뒷부분을 예배실로 한 것은 바르게 했으나, 다음과 같은 열다섯 가지 점을 잘못 복원했다.

마당

설교단

교회명비

종탑

소래교회 복원 당시 사진(왼쪽)[7]과, 필자가 그린 평면도(오른쪽).

1) 정면 부분(1896년 증축한 부분)에 있는 대청마루를 없앤 것. 마루
는 앞의 사진에서 보듯이 성도들이 예배 후나 성경공부 후에 쉬
면서 교제하는 공간이었다. 대청마루를 없앤 교회는 성도 간의
교제(코이노니아)를 없앤 것과 같다.

2) 마루에만 남녀 출입문이 있었으나, 현 건물에는 예배실 측면과
두 방 옆에 출입문이 있다.

3) 증축한 방 2개(각각 12×12자)의 기능과 크기를 바꾼 점. 이 방들
은 주일 성경공부 때 여자반과 어린이용으로 사용하던 공간이므
로 복원해야 한다. 즉 교회의 교육(디다케) 기능을 회복해야 한다.

4) 원래 예배실(1895년 준공)을 길게 직사각형으로 지은 후 예배실을

---

7 http://photohs.co.kr/xe/1174

대청마루가 있던 자리까지 연장하고(대청마루를 없애고), 예배실과 마루 사이 벽과 문을 없애는 대신 왼쪽 방과 연결하여 'ㄱ'자로 만든 것(설교단에서 보면 왼쪽 방이 열려 있어 ㄱ자로 보인다).

5) 예배당 전체 크기가 원형과 맞지 않음(원래 예배실은 36×20자, 중축한 정면은 12+20+12자 크기). 곧 약 11×6.2m의 원 예배실에 14.16×3.96m의 정면 부분으로 건축하지 않은 점.

6) 예배실에서 남녀 간 좌석을 분리하던 높은 목책을 없앤 것.

7) 설교단을 북쪽 벽에 두지 않고 정면 미닫이 문 앞에 둔 것. 전통적으로 설교단은 북쪽에 위치하고, 남쪽을 향해 설교하게 되어 있었다(경복궁의 경우에도 임금은 북쪽 끝에 앉아 남면[南面]하고, 신하들은 북쪽을 향해 좌우로 서서 알현했다). 설교단의 위치를 반대로 옮긴 것은 중대한 오류이다.

8) 예배실 중간 기둥이 50cm 간격으로 최소한 4-6개 있었으나 3개로 줄인 것.

9) 예배실 난로를 없앤 것.

10) 깃대를 없애고 종탑을 설치한 것. 종탑은 몇 년 뒤에 설치되었다.

11) 사방의 목책 울타리를 없앤 것.

12) 마루 앞 넓은 마당을 없앤 것.

13) 정면에서 바라볼 때 지붕 중앙에 있던 십자가 한 개를 없앤 것.

14) 정면에서 볼 때 왼쪽 방 앞에 세워둔 마당 등(燈)을 없앤 것.

15) 대청마루 기둥에 있던 주련(柱聯) 3개를 없앤 것. 위의 1898년 사진에서 언더우드 옆 마루 양쪽 기둥에 있는 주련(柱聯)의 글씨는 요한복음 3:16의 첫 부분인 "上帝愛世授獨子"과 "萬榮光歸天主"

이다. 이는 상제와 천주를 동시에 사용하던 언더우드의 입장을 반영하고 있다.[8]

맺음말

'한국 개신교의 요람'으로 알려진 소래교회는 1895년에 외국인의 도움 없이 자체적인 힘과 수고만으로 기와집 예배당을 마련했다. 이는 맥켄지 선교사의 땀과 피가 어린 교회, 한국인 과부들과 농민들의 희생으로 지어진 최초의 자급 교회였다. 맥켄지 목사가 비극적인 죽음을 맞이했으나 서상륜·서경조 형제의 목회로 교회는 더욱 흥왕하여 이듬해 1896년 예배당을 증축했다. 그 증축한 교회당이 흔히 알려진 'T'자형 소래교회다.

예장합동과 총신대는 1989년 소래교회 복원 당시 1896년에 증축한 예배당을 원형 그대로 재건한다고 했으므로, 두 평면도를 비교해보고 차이가 나는 위의 15가지 오류를 수정하여 재건축을 하거나 리모델링을 해야 할 것이다. 재건축 이전에는 이 사실을 알리는 설명서를 교회 안에 두고 사진 설명도 바꾸어서, 방문하는 이들이 본래 소래교회의 원형이 무엇이었는지 제대로 알도록 하면 좋겠다. 소래교회를 정확하고 바르게 복원하고 예배당 건축과 관련한 역사적 사실을 제대로 교육하는 것이 소래 교인들의 자급과 희생의 정신, 전쟁과 박해 속에서도 화평케 하는 자의 믿음을 지킨 신앙의 선조들을 바로 기억하는 지름길이 될 것이다.

---

8   옥성득, 『한반도 대부흥』(홍성사, 2009), 28.

16

서울의 첫 교회들

장로회와 감리회, 1910년까지

1887년 서울의 서소문 근처 정동에서 처음으로 장로교회(새문안교회)와 감리교회(정동제일교회)가 창립된 이후 교회는 서울의 중앙과 동대문, 남대문, 북서쪽, 그리고 서대문과 남대문 밖으로 확장되어나갔다. 모두 전략적인 지점들이었다. 두 교회가 예배 처소와 교회를 확장하고 성장시켜나가는 추세를 살펴보자.

1901년 게일의 지도에 표시한 서울의 개신교회.

장로회
1. 정동교회
2. 홍문수골교회
3. 연못골교회
4. 인성부재 예배 처소
5. 모화관 예배 처소

감리회
A. 정동제일교회
B. 상동교회
C. 동대문교회
D. 애오개교회
E. 자골교회

북감리교회

1894년 배재학당 채플에서 개최된 서울 시내 감리교회 부활절 예배는 정동제일교회, 애오개 예배 처소, 상동교회, 동대문교회 등이 연합하여 드린 첫 부활절 연합예배였다.[1] 곧 1894년에는 이 네 곳에 예배 공동체가 있었다. 1910년까지 정동, 상동, 동대문, 아현 외에 남감리회의 종교교회가 모두 벽돌 건물로 된 예배당을 마련했다.

 1) 정동제일교회: 1887년 10월 9일 상동 달성궁 후문 근처 벧엘 예배당에서 출발했다. 이어 교인이 늘어나자 여성들은 이화학당에서 모이고 남성들은 아펜젤러의 집에서 회집하다가, 나중에는 여성들은 이화 언덕 밑의 예배실에서, 남성들은 배재학당 예배실에서 모여 별도의 예배를 드렸다. 청일전쟁 이후 교인이 200명을 넘어서자 1894년 12월 28일 정동, 이화학당, 종로 예배처의 지도자들이 모여 정동 예배당 건축을 결의하고 헌금을 약정했다. 1895년 8월 7일에 공사를 시작하고 9월 9일 정초식을 거행했으며, 1896년에 지붕을 얹었고, 1897년 5월과 10월에 몇 번의 예배를 드린 후, 동대문 볼드윈 예배당과 함께 1897년 12월 26일 성탄 주일에 헌당했다.[2] 총 건축비 8,048.29엔 중 한국인이 연보한 돈은 693엔(346.5달러)으로 외국인 헌금과 기부금이 90%를 차지했

---

1 Appenzeller to Scranton, Apr. 2, 1894.
2 "Korea," *Annual Report of the Board of Foreign Missions of MEC* (New York: 1898), 264.

다.[3] 새 예배당은 앞에서 보았듯이 삼각형 박공지붕과 종탑으로 수직성을 나타냈으며, 평면은 라틴 십자가형, 내부는 삼랑식으로 주랑 쪽에 설교단을 배치했다.[4]

감리교회는 정동교회(1897)를 모델로 하여 동대문교회(1897), 상동교회(1901), 인천 내리교회(1901), 평양 남산현교회(1902),[5] 서울 종교교회(1910)를 모두 고딕 복고풍의 붉은 벽돌 건물로 건축했다. 이는 서양식 배재학당(1888)과 이화학당(1902) 건물과 더불어 감리회의 선교 정책인 '기독교 문명' 노선에서 이루어졌다. 아펜젤러가 후원한 독립협회 운동이 시작될 때 봉헌된 정동감리교회는 기독교 문명의 상징이 되었다.

2) 상동감리교회: 상동교회는 스크랜턴 의사가 1888년 시병원을 정동에서 남대문 근처 상동으로 옮기면서 시작되었다. 1888년 10월 9일에 상동교회 대지를 구입하고 교회를 창립했다. 1895년 달성궁(현 한국은행 자리) 안에 건물을 구입하여 예배당으로 사용했기 때문에 달성교회로 불리기도 했다. 1899년 전덕기를 중심으로 공옥(攻玉)학교를 설립하고 남녀 학생을 교육했다.

1902년 5월 12일에 상동교회의 새 교회당인 미드기념교회(Mead

---

3   Rosetta S. Hall, "Dedication of the New Methodist Church in Korea," *Gospel in All Lands* (Apr. 1898), 186.

4   아펜젤러는 1894년 미국 북감리회가 발간한 예배당 설계 도안집의 25번을 채택하고, 배재학당을 설계한 요시자와에게 설계를 맡겼다(벧엘예배당 발전위원회, 『하늘 사명의 전당, 벧엘예배당』[정동제일교회, 2002], 27-31).

5   평양 남산현교회는 1898년 건축할 때, 방 3개의 십자형으로 설계하고, 작은 방 2개는 남자용, 세로로 긴 방 1개는 여자용으로 하였다. 또한 1898년 미국에서 보내온 오르간과 종을 설치했는데 평양에서는 첫 오르간이었다(*Official Minutes of the Korean Mission*, MEC for 1898, 30).

Memorial Church)를 봉헌했다. 새 교회당은 남대문이 바로 보이는 약간 높은 지대에 자리 잡았으며 전형적인 뉴잉글랜드의 감리교회처럼 붉은 벽돌 건물에 종탑을 옆에 높이 세웠다. 1904년에는 상동청년학원이 설립되었고, 1905년 11월 을사조약이 체결되자 교회는 반대 운동을 전개했다. 서울에서 정동파, 연동파와는 달리 상동파는 민족항일운동에 적극적이었다. 아래 사진은 1901년 체코인 여행가 브라즈(Objecktivem E. st. Vráze)가 서울을 방문했을 때 촬영한 상동교회와 주변 모습이다.

상동감리교회(1901).[6] 종탑 위에 십자가는 아직 달지 않았다. 남대문로를 지나는 전철 레일과 전기선이 보인다. 왼쪽에 남자 한 명과 오른쪽 입구에 장옷을 입은 여자 한 명이 서 있다. 왼쪽 시병원 입구에는 깃대가 있어 외국 선교사 거주 지역을 표시하고 있다.

---

6   서울역사박물관, 『1901년 체코인 브라즈의 서울 방문』(필컴, 2011), 83.

3) 동대문감리교회: 1891년 동대문 안에 볼드윈 부인 진료소가 설립되고 1892년 그 안에 예배실이 마련되면서 시작된 교회다. 목사 겸 의사인 스크랜턴이 담임하되, 기도회와 예배는 진료소의 여성 선교사들과 한국인 전도부인이 인도했다. 예배실은 본래 부인 전용 진료소였으나 일부 남성들도 기도회나 예배에 참석하면서, 한국 최초로 남녀가 같은 예배실을 사용하게 되었다. 스크랜턴 가족은 1891년 3월 안식년 휴가를 얻어 미국으로 돌아갔다가 1892년 5월에 귀환하였다. 1892년 안식년 휴가를 마치고 돌아온 스크랜턴 의사는 동대문에 전도처를 개척하기로 결정하고 볼드윈 부인의 기부금으로 12월에 채플을 건축한 다음 본격적인 사역에 나섰다. 1893년 5월 6일 자 스크랜턴의 편지를 보면 이곳에서는 세례교인 12명과 학습교인 36명을 비롯하여 남녀 합한 전체 회중 약 50-70명이 매주 예배를 드렸다. 스크랜턴은 편지에 예배당 평면도를 그렸는데, 예배실 중앙에 남녀 좌석을 분리하는 병풍을 쳤다고 밝혔다. 그것은 나무로 문처럼 틀을 짜고 창호지를 발라 이은 것이었다. 설교단에서 보면 왼쪽이 여성석, 오른쪽이 남성석이었다. 스크랜턴은 예배를 마치고 (설교단에서 보았을 때) 남녀 출입구 양쪽으로 나가는 회중을 보면서 이를 세상을 향한 쌍발총(double-barrel)에 비유했다.[7] 그 교회는 세상에 나가서 세속의 악과 전투하는 신자들을 파송하는 교회였다.

1892년에는 진료소 옆에 볼드윈 매일여학교(동대문여자보통학교 전신)를 설립하고 동대문 지역의 소녀들을 교육했다. 진료소의 전도부인

---

7 W. B. Scranton to A. B. Leonard, May 6, 1893.

은 여학교의 기도회를 인도했다. 1897년 12월 26일에는 예배당을 마련하여 헌당했고, 1909년에는 사진에서 보는 새 예배당을 언덕 위에 건립하고 동대문감리교회라 불렀다. 진료소도 1912년 동대문부인병원으로 발전하여 서울 최대의 산부인과 병원이 되었다.

동대문감리교회(1909).

4) 애오개 예배 처소: 스크랜턴 의사는 1888년 가을 서대문 밖 애오개에 집 한 채를 마련하고 12월부터 시약소 형태로 의료 사업을 시작했다. 애오개 시약소가 설립된 곳은 조선시대 전염병 환자들을 격리 수용하던 서활인서(西活人署)가 있던 곳이었고 그곳에서 가까운 언덕에 공동묘지가 있어 주로 가난하고 소외된 이들이 살던 곳이었다. 이곳에 진료소가 세워지자마자 환자들이 몰려들어 불과 7개월 사이에 721명을 진료하는 업적을 남겼다. 스크랜턴은 정동의 시병원과 서대문 밖 애오개 진료소를 맡았을 뿐만 아니라 틈틈이 여성병원인 보구여관 일도 거들어 주어야 했다. 1889년에 두 번째 의사 맥길(W. B. McGill)이 내한하자 애오개 시약소 일은 그가 책임지게 되었다. 동시에 그곳에 노병일 전도사를 보내 전도를 병행했다. 그러나 애오개 시약소는 곧 폐쇄되었다.

1890년 가을 맥길 박사에 의해 남대문 상동 진료소가 개설되었기 때문이다. 스크랜턴은 이 진료소를 병원으로 발전시킬 계획이었다. 이 구상은 3년이 지난 후 이루어져 상동병원이 설립되었다. 맥길은 원산으로 파송되었다. 대신 애오개에는 전도와 예배 기능이 강화되었다. 애오개교회 담당 선교사는 1889년 내한한 올링거(F. Ohlinger) 목사와 스크랜턴 여사였고, 1대 전도사는 노병일이었다. 애오개교회(현 아현감리교회)는 소외되고 가난한 민중을 치유하고 복음을 전파하는 교회로 시작되었다.

남감리교회

미국 남감리회에서는 1895년 10월 헨드릭스 감독(Bishop E. R. Hendrix)과 리드 박사(Dr. C. F. Reid)가 내한하여 전도를 시작했다. 북감리회는 미이미교회, 남감리회는 감리회라고 불렸는데, 1930년 합동하면서 감리회로 통일했다. 남감리회는 1900년에 자골교회를, 1908년에 종교교회를 설립했다.

자골교회는 1900년 4월 15일 부활주일에 배화학당 기도실, 곧 교장인 캠벨 여사(Mrs. Josephine P. Campbell)의 사택에서 첫 예배를 드렸다. 캠벨 부인은 1898년 5월 세 명의 소녀를 데리고 서울 북서부 고가나무골(자골)에서 매일여학교인 배화학당을 시작했다. 그의 조력자이자 첫 교사는 상하이에서 의학교를 졸업하고 함께 내한한 유영지(Dora Yu)였다. 기도실에서 모여 기도하던 학생들과 주변 여성들은 1900년 부활주일을 맞아 자골교회 창립예배를 드렸다. 이 교회의 회중은 대부분 여성이었으므로 '여자교회'로 불렸다.

교인이 늘어나자 1901년 9월 14일 서울 종로구 내자동 75번지에 위치한 배화학당 구내에 2층으로 된 예배당을 신축 봉헌했으며, 1904년에는 하디 선교사를 초청해 10일간 부흥 집회를 개최하기도 했다. 자골교회는 이후 두 개의 교회로 분립 발전했다. 1908년 도렴동으로 종교교회가 분리되어 나가고, 1912년에는 종로구 창성동 156번지에 자교교회가 분립 및 창립되었다.

종교교회는 배화학당 안에 자리한 자골교회의 교인이 늘어나자 1908년 내자동과 적선동 사이를 흐르는 하천의 종교(宗橋) 주변 도렴동에 예배당을 분립하여 세운 교회다. 종교는 원래 종침교(琮琛橋)로서 조선 청백리 허종(許琮)·허침(許琛) 형제 이야기를 담고 있는 다리인데, 점차 줄여서 종교로 부르고 한자도 종(琮)이 아닌 종(宗)으로 바뀌었다.

서울의 장로교회들(1898-1901)

1898년 서울에서 장로교회의 경우 주일 11시 예배는 새문안, 홍문수골, 연못골, 곤당골 네 곳에서 드렸고, 성경공부는 오후 2시에 새문안, 홍문수골에서 모였고, 오전 10시에는 곤당골과 연못골에서 강론회로 모였으며, 저녁 예배는 7시 반에 새문안, 홍문수골, 인성부재, 모화관에서 모였다. 곧 4개의 교회(새문안, 홍문수, 연동, 승동)와 2개의 예배 처소(인성부재, 모화관)가 있었다.[8]

---

8 「그리스도신문」 2권 14호(1898. 4. 7), 120.

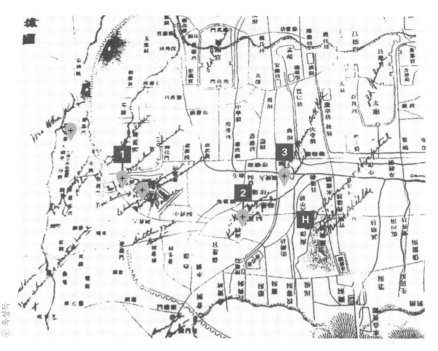

흔히 알려진 곤당골교회 위치가 아니라, 달성궁과 가까이에 있었다.[9]

**밀러가 그린 서울 장로회
교회와 기관들(1901).**
1. 새문안교회(밀러)
2. 곤당골교회(무어)
3. 홍문수골교회
H. 제중원(에비슨)

위의 그림은 밀러(F. S. Miller)가 1901년 4월 3
일 자에 보낸 편지에 동봉한 서울 교회와 기관들
의 지도다. 교회는 +로 표시했다. 이 지도에서 장로교회와 예배 처소만
보면 왼쪽부터 모화관 예배 처소, 정동 새문안교회(언더우드 목사, 1), 곤
당골교회(무어 목사, 2), 홍문수골교회(3) 등이다. 이 지도에 표시되어 있
지는 않으나 첫 지도를 참고하면 동쪽으로 인성부재 예배 처소(웰번 목
사)와 연못골교회(게일 목사)가 더 있었다. 1901년의 지도에는 1898년에

---

9   1901년 4월 3일 밀러가 엘린우드에게 보낸 편지.

없던 곤당골교회가 표시되어 있는데, 이는 곤당골교회와 홍문수골교회가 백정 문제로 분리되었기 때문이다.

이때는 아직 세브란스병원이 세워지기 전으로 남대문교회는 존재하지 않았다. 대신 구리개 제중원(H)에 예배실이 마련되어 그곳에서 기도회와 전도가 이루어졌다. 1901년 당시 남대문로를 따라 종로로 연결되는 지역인 서울 중앙은 삼각형을 형성한 곤당골교회, 제중원 채플, 홍문수골교회가 담당했다. 곤당골교회와 홍문수골교회의 연합을 위해 제중원 채플에서 연합예배로 모이기도 했다. 그리고 얼마 후 곤당골교회에 화재가 발생하여 홍문수골교회로 통합되었다. 1904년에 세브란스병원이 남대문 밖에 세워지자, 1905년에 환자들 및 홍문수골 일부 교인들이 남대문 안에 별도의 예배 처소를 마련했다. 이것이 남대문교회의 시작이었다.

장로교회(1905)

소책자 「부활쥬일례배」에 의하면 1905년에는 서울에 7개의 장로교회혹은 미조직 예배 처소가 있었다.[10] 모화관, 남문안, 새문안, 곤당골, 인성부재, 연못골, 피마병문이 그것이다. 그 위치와 교회 내력을 차례대로 간단히 살펴보자. 모화관, 인성부재, 피마병문은 잘 알려져 있지 않은 지명이라 자세히 설명했다.

---

10 언더우드, 「부활쥬일례배」(미상, 1905), 9.

서울의 장로교회와 예배 처소(1905).

1. 새문안교회
2. 곤당골교회(승동교회)
3. 연못골교회(연동교회)
4. 모화관 예배 처소(독립문교회)
5. 인성부재 예배 처소
6. 세브란스병원 예배 처소(남대문밖교회)
7. 피마병문 예배 처소(묘동교회)

1) 모화관: 1897년 5월 모화관 자리에 독립관이 들어섰다. 그 이전부터 언더우드 부인(Mrs. Underwood)은 모화관 근처에서 여자 성경공부반을 인도했다. 이것이 발전하여 모화관 예배 처소가 되었다. 지도에서 4번으로 독립문 근처다. 참고로 영은문은 독립협회의 요구로 허문 것이 아니라, 청일전쟁에서 승리한 일본이 시모노세키 조약을 맺은 후 철거를 요구하여 1895년에 허물었다. 1896년에 조직된 독립협회는 그 자리

에 독립문을 세우고 이어서 모화관을 허물고 독립관을 지었다. 그 당시의 '독립'은 청에 대한 독립의 성격이 강했다. 일본은 홀로 서기 어려운 조선을 홀로 세워 놓고 식민지로 만들 야욕을 숨기고 있었다.

2) 남문안: 남대문 밖에 세브란스병원이 세워지면서 남문 안에 예배처소를 마련하고 에비슨(Dr. O. R. Avison) 의사를 중심으로 모였다. '남문안'이라고 분명하게 표시했으므로, 앞으로 남대문 교회사를 쓸 때 반드시 참고해야 할 문서이다. 남대문 안에서 먼저 모이다가 1907년 병원 구내에 별도의 예배당을 마련하여 예배를 드리기 시작했으며, 1909년 11월 21일 남대문외교회 당회를 구성하고 세례식을 베풀며 교인 명부를 작성하여 공식적으로 교회를 조직했다. 1905년 시점에는 남문 안에 미조직 교회인 예배 처소로 있었다. 이는 홍문동교회의 일부 교인과 구리개 제중원 예배 처소에 출석하던 일부 교인이 합해서 만든 미조직 교회였다.

3) 새문안: 새문안교회로 언더우드가 담당 목사였다. 지도에서 1번이다.

4) 곤당골: 무어(S. F. Moore) 목사는 에비슨 장로(의사)와 함께 1894년 12월에 곤당골교회를 시작했다. 이곳은 제중원과 연계된 교회로 주로 환자들이 출석했다.[11] 당시 서울의 당회는 언더우드, 레널즈, 에비슨, 무어 등 4명의 선교사로 구성되어 있었다. 12월 마지막 주부터 1895년 1월 둘째 주일까지 서울 장로교회에서는 12명이 세례를 받았는데, 대부분이 곤당골 교인이었다. 무어의 조사는 전직 관리인 한 씨였다. 곤당골

---

11 S. F. Moore to F. F. Ellinwood, Dec. 7, 1894.

교회는 승동교회로 발전하여 무어(S. F. Moore) 목사에 이어 클라크(C. A. Clark) 목사가 목회했다. 지도에서 2번으로 홍문동교회와 연합했다.

5) 인성부재: 인성부재 예배 처소는 웰번(Welbon) 목사가 담당했다. 옛 중구의 인현동 2가와 예관동 사이에 있던 고개를 인현(仁峴)이라 했는데 원래는 인성부재(仁城부재)라 부르던 것을 줄인 말이다. 이 고개 밑에 조선 선조의 7남인 인성군(仁城君) 공(珙)이 살았기 때문에 인성부재, 한자로는 인성현(仁城峴)이라 하고 이를 줄여서 인현으로 불렀으며, 그 때문에 인현동이란 이름이 생겼다. 지금은 인현동이 사라져 인성부재를 기억하는 자가 적다. 이곳은 크게 보면 현재 충무로역과 을지로4가역 중간 지대로 중구청 옆의 인현어린이공원 근처였다. 1905년 지도에서 5번이다. 여기서 남산과 진고개가 가까웠다. 이 인성부재 예배 처소는 웰번 목사가 안동으로 파송되면서 더는 유지되지 못했다.

승동교회(1905).

6) 연못골: 연동교회는 2014년에 설립 120주년을 기념했으나, 『조선예수교장로회 사기』에는 1896년에 설립된 것으로 나온다. 따라서 2016년 12월이 120주년이다. "1896년 병신년에 공의회 의장은 리(Graham Lee, 이길함) 선교사였다. 서울서 연동교회가 성립하다. 그보다 앞서 선교사 밀러(F. S. Miller, 민로아)와 조사 김홍경이 협력 전도하여 신자가 점차 일어

나므로 교회가 설립되니라"[12]라는
사기의 증언처럼, 설립자는 밀러
선교사와 김홍경이다. 1894년 12
월 무어 목사가 연동교회를 설립
했다고 주장하는 글들이 있지만,
이는 곤당골교회를 가리키는 것
으로써 서상륜도 곤당골교회에서
사역했다.

연동교회(1907).

　연동교회가 위치한 곳은 주변에 갖바치 등 천민과 가난한 이들이 많
았다. 그러나 게일(J. S. Gale) 선교사가 1900년에 제1대 담임목사로 부임
하면서 1904년부터 양반들이 몰려들어, 1907년에는 수백 명의 양반들이
출석하는 교회가 되었다.

　7) 피마병문: 지도에서 7번으로 묘동 예배 처소이다. 피마병문(避馬屛
門)이란 종로의 종묘에서 말을 피하는 골목인 피맛골로 들어가는 입구를
말한다. 1907년에는 그 자리에 단성사가 들어섰다. 피마병문 예배 처소
가 발전해 묘동교회가 되었다. 묘동교회는 1909년에 정식으로 설립되었
으나 이미 1905년부터 예배 처소로 사용되고 있었음을 알 수 있다.

　1900-09년 어간에 장로회와 감리회는 서울의 전략적 요충지에 10
여 개의 교회와 예배 처소를 설립했다. 인성부재 예배 처소가 장로교회
로 성장하지 못한 것은 더 조사가 필요하다. 아마도 일본인들이 명동

12　차재명 편, 『朝鮮예수敎長老會 史記』(조선예수교장로회총회, 1928), 33.

주변에 몰려들면서 일본인 교회들과 조합교회가 들어섰기 때문일 것으로 보인다. 동시에 목회사역을 담당했던 웰번 목사가 안동으로 가면서 후임 사역자가 없었기 때문이기도 했다. 장감 두 선교회는 서울 지역에서 관할 지역을 적절히 분배함으로써 교회 연합의 정신을 유지했다. 선교지 분할(comity)이 서울과 평양과 원산과 같은 공동 점유지에서는 도시 안에서 서로 일정한 거리를 유지하며 교회를 세우는 구역 분할 형태로 이루어졌다.

17

평양 장대현교회 건축 과정

평양 장대현교회는 마페트 목사와 한석진 조사에게 전도를 받아 1894
년 1월에 마페트로부터 세례를 받은 8인의 교인으로 출발한 널다리교회
가 발전한 것이다. 널다리교회는 마페트 선교사에 의해 1894년 설립된 평
안도 최초의 교회로서 선교사들은 평양 중앙교회(the Central Church in
Pyongyang)라고 불렀다. 첫 예배 처소는 동문의 여관집에서 그리 멀지 않
은 판동(板洞)에 위치한 홍종대 소유의 초가집을 객주 최치량이 소개하고,
마페트의 조사 한석진이 매입하여 마련했다.[1] 1901년 장대현 언덕에 새
예배당을 완공했을 당시의 교인은 1,200명에 달했다. 러일전쟁 전후 교
인이 급증하자 장대현교회는 교회를 분립하여 남문밖교회(1903), 창동교
회(1905), 산정현교회(1906), 서문밖교회(1909) 등을 차례로 세웠다. 이후
장대현교회는 평안도와 황해도 서북 지역에 위치한 장로교회들의 모교
회로서 지도력을 발휘했다. 첫 대형 교회라고 할 수 있는 장대현교회의
발전과 1901년에 준공한 유명한 ㄱ자 예배당의 건립 과정을 살펴보자.

---

1 최치량은 평양 장대현장로교회의 첫 신자 가운데 한 명으로 나중에 오촌리로 이주
하여 오촌리교회를 설립했다. 1910년 장로로 장립되었고, 사재를 들여서 경신학교,
괴음리교회도 설립했다. 그는 1866년 토마스(Robert Thomas) 목사가 대동강 강변
에서 전도할 때 성경책들을 받았는데, 그때 그의 나이 11세였다. 최치량은 이 한문 성
경을 보관하고 있다가 겁에 질려 영문주사(營門主事) 박영식(朴永植)에게 주었고, 박
영식은 이것을 뜯어서 자기 집 벽지로 발랐다고 한다. 그리고 후에 최치량이 박영식
의 집에 갔다가 벽에 붙어 있는 성경을 읽고 기독교에 관심을 가지게 되었으며, 나중
에는 그 집을 매입하여 여관으로 운영했다. 성경 벽지가 있던 그 집에 한석진이 숙박
하게 되었고, 나중에는 평양 최초의 교회인 널다리골(板洞) 예배당이 되었다고 한다.

평양을 개척한 마페트 목사

마페트 목사는 평양 개척에 목숨을 걸다시피 했다. 서울에 도착한 이래
로 그의 시선은 줄곧 평양과 북한 지역에 고정되었다. 그는 당시 정치와
문명의 중심지인 서울을 떠나 기독교 복음을 전하는 새로운 선교지부를
개척하고 싶었다. 마침 만주에서 북경로를 따라 의주를 거쳐 평양까지의
길을 따라 복음이 전파되면서 자생적 교인이 등장하고 있었다. 의주나
평양이 후보지로 떠오르자, 마페트는 현지를 탐사한 끝에 북한의 중심지
인 평양을 거점으로 삼게 된다. 당시만 해도 평양이 아직 개항장이 아니
었기 때문에 그는 8차 방문 중인 1894년 1월 7일에 7명의 신자에게 세례
를 주고 평양의 첫 교회인 널다리교회를 설립했다. 세례자는 최치량(崔致
良), 전재숙(田載俶), 문홍준(文興俊), 이동승(李東昇), 조상정(趙相鼎), 한태
교(韓台教), 박정국(朴鼎國) 7인과 이름이 알려지지 않은 한 명이었다.[2] 마

---

2   차재명 편, 『朝鮮예수教長老會 史記』(조선예수교장로회총회, 1928), 27. 이 기록에는

페트는 1890년부터 1894년 초까지 4년간 평양을 8번 방문했다. 그 4년의 행적을 연표로 살펴보자.

1890년 8월 29일	• 제1차 전도 여행 출발, 아펜젤러와 헐버트 동행
	• 평양 2주 체류, 500마일 여행
1891년 2월 25일	• 제2차 전도 여행, 게일과 서상륜 동행
	• 3개월간 평양, 의주, 만주의 심양, 통화, 함흥, 원산 방문
	• 의주에서 백홍준 동행, 심양에서 로스 목사로부터 선교 방법을 배움
1891년 5월 18일	• 3개월의 도보 전도 여행 마치고 서울로 돌아옴
1891년 9월	• 제3차 전도 여행. 평양 방문, 의주에서 집 구입, 의주에서 남자 3명과 여자 2명에게 세례를 줌
1892년 5월 6일	• 제4차 전도 여행 출발, 휴 브라운 의사 동행
	• 평양 거쳐 의주에서 4개월간 지내면서 12명의 신자와 더불어 여름 사경회를 가짐, 15일 운영
	• 백홍준 조사 협조. 마지막 2주 빈턴 의사가 와서 도움을 줌
1892년 8-9월	• 2주 동안 중국 우장, 지푸, 등주를 방문하고 서울로 돌아옴
1892년 12월 27일	• 제5차 전도 여행, 레널즈와 함께 공주 방문

7명으로 나오지만, 마페트의 1894년 편지와 보고서에는 8명으로 나온다.

1893년 3월 6일	• 제6차 전도 여행, 스왈른, 리, 서상륜, 한석진과 함께 평양 방문
	• 서상륜과 한석진의 이름으로 주택을 구입했으나 문제가 발생하여 반환
	• 리와 마페트는 3주 만에 돌아옴
1893년 4월	• 서울 남학교에 대한 책임 계속 수행
1893년 5월 15일	• 제7차 전도 여행(6차 북한 여행), 혼자 평양에서 주일예배 인도
	• 한석진이 집 매입, 마페트는 여관에서 지냄. 6월 10일 귀경
1893년 7월 중순	• 제8차 전도 여행, 부산 베어드의 집에서 여름을 보내며 공부, 소책자 준비, 베어드의 전도사업 조력
1893년 9월	• 제9차 전도 여행(7차 북한 여행), 평양 학습반 조직, 주일예배 참석, 교인 수 증가
1893년 10월	• 한국 선교회 연례회의에서 회장으로 재선됨, 남학교는 밀러 목사가 맡고 마페트는 평양만 맡게 됨
1893년 11월 11일	• 제10차 전도 여행(8차 북한 여행), 평양으로 감, 홀 의사 만남
	• 한석진과 함께 처음으로 평양에서 성탄절 보냄
1894년 1월 7일	• 평양 최초의 세례식(8명)과 성찬식 거행, 2명은 학습교인
	• 대동문 널다리교회 설립(1907년까지 담임)

1894년 2월 24일	• 의주에서 세례 신청자 지도, 기독교식 결혼식 (김관근과 백홍준의 딸)
1894년 5월	• 평양 기독교인박해사건
1894년 7-8월	• 제11차 전도 여행(9차 북한 여행), 평양 선교지부 개설

이렇듯 마페트가 4년간 10만km 이상을 여행하면서 개척한 도시가 평양이었다. 이는 사도 바울의 1-3차 전도 여행을 능가하는, 마페트가 남긴 평양 선교지부 개척사의 족적이다. 거듭 말하지만 마페트는 평양 선교지부 개척에 목숨을 걸었다. 그는 9년간 결혼도 미루며 풍찬노숙을 마다하지 않았다. 평양은 그렇게 개척되었다.

ㄱ자 널다리교회와 지도자들

평양 기독교인박해 사건과 청일전쟁이 지나간 1895년부터 교인들이 급증하기 시작했다. 따라서 교회당 개축이 불가피했다.

현재 교회 예배에 사용하는 방들은 집회를 하기에는 너무 비좁다. 그래서 [연례회의를 마치고] 돌아가면 마루를 방으로 만들고 부엌에는 마루를 깔아서 건물의 양쪽 날개 부분에 있는 부속건물을 연결한 후, 그 교차점에 설교단을 두어서 설교자가 한편에 모인 남자와 다른 편에 모인 여자를 마주볼 수 있게 하려고 한다. 이렇게 확장하면 이 장소에

십중팔구 250명은 수용할 수 있을 것이다.[3]

널다리교회는 1895년 말부터 'ㄱ'자로 변경되었다. 그래서 1900년 장대현교회를 건축할 때도 기역자로 지은 것이다. 한국에서 ㄱ자 형태 교회는 1889년 6월에 정동장로교회(새문안교회)에서 처음 시작되었다.[4] 이어 평양 널다리교회(1895)와 장연 소래교회(1896)에서 채택했는데, 모두 일자형에서 ㄱ자형으로 확장 증축했다. 1898년 평양에는 장로교 예배당 2개와 감리교 예배당 1개가 있었는데 "세 회당을 다 흔모양으로 뎡쓰굿치"[5] ㄱ자 형으로 지었다. ㄴ자나 ㄱ자 형 교회는 남녀석 분리를 위해 중국과 만주에서도 채택한 것으로 꼭 한국 고유의 형태만은 아니었다.

널다리교회의 첫 지도자는 이동승(李東昇)이었다. 그는 1895년 5월에 널다리교회(장대현교회의 전신)의 초대 영수에 선임되었다가 후에 장로로 피택을 받았다. 그러나 안수받기 전인 1900년 5월에 병사했다. 이어서 1895년에 김종섭이 세례를 받고 1896년에 두 번째 영수 겸 조사로 임명되었다. 이때 그의 전도를 받아 길선주가 개종했다. 1900년에 김종섭과 이영은이 피택되었으나, 이영은은 안수받기 전에 사망했고, 김종섭이 1900년에 첫 번째 장로로 안수를 받았다. 그 후 길선주와 방기창이 1901년 5월 15일에 평양을 방문한 선교부 총무 브라운 목사에게 안수를 받았다. 또한 주공삼, 정익로, 한석진이 1903년에, 김찬성, 김은주, 강유훈이 1904년에 장로로 안수를 받았다.

---

3 S. A. Moffett, "Evangelistic Work in Pyeng Yang and Its Vicinities," Oct. 1895.

4 Lillias S. Horton to F. F. Ellinwood, Jul. 3, 1888.

5 노병선, "교우 노병선 씨 열람흔일", 「대한크리스도인회보」 2-38호(1898. 9. 21), 225.

작정 헌금(1898-1900)

교인이 계속 급증하자 남녀석 양쪽으로 분리된 두 개의 예배실이 차고 넘쳤다. 수요기도회에도 300명 이상이 출석하여 건물 수용 능력을 초과 했다. 1899년 초에는 "올해 새 교회를 위한 부지 둘레에 돌담을 쌓았으며, 오는 봄에 교회 건축 공사를 시작할 계획"이라고 말했다.[6] 그리고 교회 건축을 위해서 몇 차례 작정 헌금을 시행했다. 예배당 건축은 네비어스 정책에 따라 자급하는 것이 원칙이었으나, 실제 건축은 대부분 마을 유지와 부자 교인 몇 사람이 땅이나 집을 기부해서 이루어졌고, 병원을 지을 때는 미국 교인의 기부금으로, 그리고 큰 교회 건물을 지을 때는 2/3 이상은 자급하고 1/3 이하는 외부 지원금으로 해결하도록 했다. 장대현교회도 최대한 자급하려고 노력하면서 외부 지원금을 함께 받았다.

1차 약정 헌금은 1898년 4월에, 2차 약정 헌금은 1899년 4월에, 3차는 1900년 2월에 시행했다. 1년 동안 얼마를 드리겠다는 작정을 하고 약속하는 헌금 방식이었다. 첫 약정 헌금을 할 때, 외부 지원 없이 한국인들의 힘으로만 짓자는 제안이 나왔고 이에 교인들이 동의하여 정성을 다해 아낌없이 드렸다. 첫날 헌금에 600엔(300달러)의 약정이 이루어졌다.[7]

1899년 4월 가장 유능한 여자 신도 두 명이 국내 전도회를 조직했다.[8] 이신행 여사가 그 지도자였다. 이때 네 명의 집사(執事)를 선출하고 안수했다(당시 집사는 안수 집사를 지칭했다). 교인들은 두 번째 연례 헌금

---

6   Moffett, "Report of Evangelistic Work," Oct. 1899.

7   S. A. Moffett to F. F. Ellinwood, Apr. 6, 1898.

8   M. Alice Fish to Ellinwood, Apr. 29, 1899.

약정에서 절실히 필요한 새 교회 건물 마련을 위해 금화로 거의 200달러(400엔)를 드렸다.[9] 1900년 2월 초에는 3차 약정 헌금을 드렸다.[10] 그 결과에 대한 마페트의 편지를 보자.

6개월간 우리는 대단히 필요한 새 대형 교회 건물을 착공할 수 있는 충분한 기금 모금을 위한 대대적인 노력을 하기 위해서 준비해왔습니다. 교회 제직들과 건축기금위원회는 계속 만났고, 교인들에게 조용하지만 아주 많은 일을 한 후에 우리는 지난 주일에 작정 헌금을 했습니다.

우리는 지난 두 해 동안 한국인들로부터 600엔을 모금했습니다. 그러나 선교지부와 선교회가 채택한 계획에 따르면, 우리는 4,000엔의 건물을 건축하기 위해 2,000엔을 모금해야 했는데, 이는 건축비의 1/3 이상을 외국 자금으로 지원할 수 없기 때문입니다. 만일 우리가 한국인에게 교회 건축에 필요한 금액을 모금할 수 있는 가능성이 그들의 능력 범위 안에 있다는 것을 느끼도록 충분히 이야기하면, 그래서 그들이 전력을 다할 경우 확실히 건축할 수 있다는 믿음을 가지게 되면, 그들은 모든 노력을 다 쏟아부을 것이고, 아마도 1/3의 도움을 주지 않아도 건축할 수 있을 것이라고 생각했습니다.

발전된 계획은 3년 안에 최소한 2,000엔에 해당하는 금액을 선의로 작정 헌금하도록 부탁해서, 그 금액을 받을 수 있다는 확실한 믿음 위에서 긴급하게 필요한 건물을 즉시 착공할 수 있도록 하는 것이었습니다.

---

9 Ibid.

10 S. A. Moffett to Ellinwood, Jan. 25, 1900.

박사님께서 주일예배에 참석할 수 있었더라면 유익했을 것입니다. 남자들 예배에서는 리 목사와 저와 한국교회 제직 세 명이 설명했고, 여자 예배에서는 스왈른 목사와 두 명의 제직이 설명한 후 작정 헌금을 기록했습니다. 은혜의 기적이라고 할 수 있는 한 교인, 곧 1894년 청일전쟁이 일어나기 직전에 제가 세례를 주었던 일곱 세례교인 중 한 명인 남자가 200엔을 작정 헌금했습니다.[11] 이어서 최근에 개종한 남자가 240엔의 헌금을 작정했는데, 이는 개인이 작정한 헌금 중에서 가장 많은 액수였습니다. 그 나머지 작정액은 80엔에서 40엔(20센트)까지 다양했으며, 400여 명이 헌금하여 총액이 거의 3,000엔에 달했습니다. 그 청중들 앞에 서서 많은 남자들이 작정 헌금을 얼마나 많이 할 수 있을지 숙고하는 모습을 바라보는 것은 대단히 흥미로운 일이었습니다. 회중이 너무 많아서 앉을 자리를 찾을 수 없었던 일부 교인들은 우리가 서 있는 곳 바로 뒤에 있는 문으로 돌아와서 그 문을 통해 자신들의 작정 헌금 액수를 큰 소리로 외쳤습니다. 그들의 열정이 그들 모두를 따뜻하게 해주었을 것입니다. 왜냐하면 그날 기온이 화씨 0도(섭씨 영하 17.8도) 가까이 떨어져 혹독하리만큼 추웠기 때문입니다. 일부 여자들은 은반지를 연보함으로써 올해에도 그들의 관심과 열심을 보여주었습니다. 한국인들은 물론 우리도 깜짝 놀랐고 한량없이 기뻤습니다. 그들의 작정 헌금은 대부분에게 앞으로 3년 동안 커다란 희생과 근검절약을 실천할 것을 의미하지만, 또한 풍성한 영적 축복을 의미합니다. 주께서 이들에게 지속적

---

11 아마 최치량이 200엔(100달러)을 작정 헌금한 듯하다. 이때 한국인 조사의 월급이 5엔 수준이었으므로 이는 3년치 연봉에 해당하는 큰 돈이었다. 참고로 길선주가 1902년 조사로 임명되었을 때 월급 6엔을 받았다.

장대현 언덕에 공사 중인
교회(1900).

으로 복을 주시고, 이들이 기독교의 모든 은혜 가운데 발전하기를 빌며,
우리에게는 이들을 인도하는 지혜를 주시기를 기도합니다.[12]

4,000엔이 필요한 공사에 3년간 교인들은 3,300엔 이상을 엄숙히 작
정하고 근검절약하여 드렸다. 여인들의 은반지 연보도 등장했다. 교회
는 평양 교인들의 것이지, 선교사의 것이 아니었기 때문이다.

건축 공사(1900-01)

교회 건축 공사는 리(G. Lee) 목사가 감독하고 샤록스 의사가 목수로서
부감독을 했다. "샤록스 의사는 실무 경험이 있는 목수인데, 마침 필요

---

12 S. A. Moffett to Ellinwood, Feb. 6, 1900.

한 때에 평양에 도착해서 그렇게 큰 교회 건물을 짓는 정말 대단한 공사를 하는 리 목사에게 아주 귀중한 도움을" 주었다.[13]

올해의 가장 명백한 발전은 교회 건축이었습니다. 지난 가을, 첫 번째 예배실 공사가 충분히 진행되어 지난 연례회의 때 드린 예배에는 거의 1,000명의 회중이 모일 수 있었습니다. 비록 많은 안식일에 다수의 사람들을 돌려보내야 했지만 그 예배실은 겨울이 되기 전에 완공되어 차고 넘치는 회중을 수용했습니다.[14]

완공 직전의 장대현교회(1900). '章臺峴會堂' 현판을 달기 전 오른쪽 예배실 앞에 세워두었다. 입구 문 위의 현판 글자는 확인할 수 없다.

---

13 S. A. Moffett to Ellinwood, Oct. 22, 1900. 목재는 마페트 목사와 리 목사가 백두산 인근 압록강 유역에서 벌목권을 얻어, 소나무 2,800그루를 베어서 사용했다. 이로 인해 이 지역 개발권을 가진 러시아의 항의를 받았다. 참고로 강화도 성공회 성당의 목재도 백두산 유역에서 가져왔다.

14 S. A. Moffett, "Annual Report for 1900."

장대현교회 예배당은 1901년 봄에 거의 완공되어 6월에 지붕을 올렸고 벽을 세우고 마루를 깔았다. 6월 2일에 첫 예배를 드렸는데, 그때 1,200명이 참석했고 6월 9일 예배에도 동일한 수가 참석했다. 리 목사는 예배당을 완공한 후 6월에 안식년 휴가를 떠날 수 있었다. 그를 대신해 길선주 장로가 일주일 중 사흘은 마페트 목사를 도와 전도하고, 사흘은 믿는 사람들을 가르치는 조사로 섬겼다.[15]

급성장하고 엄격한 치리가 시행되는 교회(1902)

1901년 9월 마페트가 올린 보고서에 나타난 장대현교회 상황을 보자.

입교인 510명, 학습교인 391명, 금년도 세례자 117명, 금년에 허용한 학습교인 188명입니다. 리 목사와 저는 공동 목사로서 선교지부의 모든 회원들로부터 설교와 목회 사역에 대해 지속적으로 도움을 받으면서 이곳 사역을 분담했는데, 우리가 목회 책임을 맡고 있지만 협력체로서 선교지부 전체의 사역이 교회를 세우는 데 큰 기여를 합니다. 올해는 모든 분야에서, 즉 신자 수, 모든 예배 참석자 수, 헌금, 조직의 힘, 그리고 무엇보다도 영적 능력에서 열정적인 성장을 보인 한 해였습니다. 우리는 올해 세 번의 세례식을 집례했습니다. 먼저 23명이 유아세례를 받고 언약의 명부에 올라간 성탄절 전 주일, 성인 42명이 세례를 받았던 4

---

15 "교회 통신", 「그리스도신문」(1901. 6. 27).

월, 그리고 성인 22명과 유아 18명이 세례를 받은 6월에 각각 세례식을 거행했습니다. 집에서 세례를 받은 여러 명을 포함해서 지난해 세례자는 성인 117명과 유아 41명에 달하며, 공식적으로 188명의 학습교인을 받았습니다. 교회의 현재 등록자 수는 세례교인 510명, 학습교인 391명, 언약의 명부에 올라간 유아 세례자 53명이 있습니다. 우리는 유아 세례를 주제로 특별 교육을 실시하여 아이들과 교회의 관계, 그리고 부모가 하는 서약의 성격에 대해 주의 깊게 설명했습니다. 이 특권을 부모에게 강권하지는 않았고, 부모가 모두 교회의 성실한 세례교인인 경우를 제외하고는 어떤 아이에게도 세례를 주지 않았습니다.

또한 교적을 다시 주의 깊게 정리했고, 치리(治理)를 실시했습니다. 이로 인해 1명이 출교되었고 10명이 자격 정지되었으며 6명은 사면되었습니다. 올해 교인 사망자 수는 9명이었습니다. 현재 교적(教籍)에 기록된 수많은 사람들을 더 잘 관리하기 위해서, 우리는 [필라델피아] 워너메이커 성경학교의 계획을 채택했습니다. 곧 10명을 담당하는 권찰(勸察)[16]과 100명을 담당하는 영수를 임명했는데,[17] 그들의 임무는

---

16 1901년 다섯 가정을 담당하는 권찰 제도가 도입되었는데 오늘날의 구역장과 같은 직책으로 조선시대 '오가작통법'(五家作統法)과 연관되는 관리체계였다. 오가작통법은 1485년 한명회에 의해 채택되어 『경국대전』에 등재되었는데, 수도 한성에서는 5개의 호(戶)를 1개의 통(統)으로 구성하고, 리(里)는 5개의 통(統)으로 구성하며, 면(面)은 3-4개의 리(里)로 구성하여, 통에는 통주(統主) 또는 통수(統首)를 두고 면에는 면장을 두어 조직을 강화했다. 여기서 통주에 해당하는 것이 권찰이고, 면장에 해당하는 것이 영수였다. 권찰과 영수 제도는 성경이나 서양에는 없는 제도이지만, 교회가 새로운 시민 공동체로서 자체의 법을 가진 새 지역 조직이라는 성격을 잘 보여주는 예였다.

17 1901년 현재 장대현교회에는 목사-장로-영수-집사-교사-권찰이라는 6개 교직

담당하는 자들을 감독하고 모든 종류의 질병, 재난, 예배 소홀, 모든 범죄, 이사 등을 교회 직원에게 보고해서, 직원들이 교회 전체의 필요에 훨씬 더 효과적으로 대처할 수 있도록 했습니다.

교회 직원은 한 달에 두 번 정기 회의를 열었습니다. 우리는 현재 장로 3명,[18] 영수 2명,[19] 그리고 집사 5명으로 이루어진 제직회가 있는데, 일련의 위원회를 통해서 교회의 필요를 공급하고, 가난한 자를 돌보며, 아픈 자를 심방하고, 별세한 자들의 장례(葬禮) 등을 아주 능숙하게 처리했습니다. 또한 위원회는 노상 전도, 병원 환자 예배, 두 개의 사랑방에서 매일 밤 열리는 성경공부반, 그리고 주일학교 공과의 판매와 반포를 담당하고 있습니다. 올해 근처에 있는 대략 18개의 마을에서 한 달에 한두 번 열리는 안식일 예배를 준비하기 위한 위원회가 구성되었는데, 이 마을들에는 시내 교회 교적에 등록된 자들이 있습니다. 약 20명의 교인들이 이 예배를 인도합니다. 올해 이들 가운데 세 곳에서 예배당을 건축했는데 외성, 칠곡, 조왕리로서 아직 개교회로 분리되지는 않았습니다. (중략)

올해의 가장 명백한 발전은 교회 건축이었습니다. 지난 가을, 첫 번째 예배실 공사가 충분히 진행되어 지난 연례회의 때 드린 예배에는 거의 1,000명의 회중이 모일 수 있었습니다. 비록 많은 안식일에 다수의 사람들을 돌려보내야 했지만 그 예배실은 겨울이 되기 전에 완공되어 차고 넘치는 회중을 수용했습니다. 2월에는 또 다른 작정 헌금을 했고 추

(church office)이 있었다.

18 장로 3명은 김종섭, 길선주, 방기창이다.

19 영수 2명은 전군보와 박자중이다.

가로 300엔의 연보를 받았는데, 다른 예배실을 리 목사가 휴가를 떠나는 6월 이전에 완성할 수 있도록 모든 사람이 2년차 작정헌금을 한 번에 내도록 권고받았습니다. 교인들의 반응은 매우 만족스러웠고 날씨가 좋아지자마자 새 예배실 공사를 시작했습니다. 6월에 지붕을 올렸고 벽을 세우고 마루를 깐 후에 대략 1,400명을 수용하여 예배를 드렸습니다. 건물은 이제 매 주일 가득 찹니다. 3년차 작정헌금이 들어오는 내년에는 최종 마무리를 하고 대략 300명 이상을 수용하게 될 두 개의 2층 공간을 추가할 수 있기를 희망합니다. 올해 들어온 헌금은 거의 10,000냥 또는 1,500엔에 이르며 건축 기금이 시작된 이후 작정헌금 총액은 3,263.60엔이 됩니다. 전 회중은 지난 가을과 새로운 예배실이 완성된 올해 여름, 많은 사람들이 모인 모습에 감동을 받았습니다. 매 주일 경건하게 예배를 드리는 거대한 군중은 우리 모두에게 새로운 영감을 줍니다.[20]

북장로회 한국선교회 평양지부 선교사들(1901). 중앙에 있는 사람이 리 목사(가장 왼쪽에 서 있다)의 장모인 웹 할머니(Mrs. Webb)다.

---

20 S. A. Moffett, "Annual Report for 1901"(Sept. 1901).

캘리포니아에 있는 아내에게 1902년 1월 6일에 보낸 마페트의 편지를 보자.

어제는 큰 교회 안에 강단까지 가득 차는 대단한 날이었소. 사경회 참석자로 인해 회중이 크게 늘어났기 때문이오. 소년들로 하여금 여자석에 앉게끔 했지만 그래도 남자석이 모자라 몇 명의 남자는 여자석에 앉았소. 번하이젤 목사와 블레어 목사는 문 밖으로 나가서 남자 숫자를 세었는데 참석자를 처음으로 제대로 계수한 경우였소. 남자가 863명이었소. 여자석에 간 소년들은 분명 100명이 넘었으므로, 합하면 약 1,000명의 남자와 대략 500명의 여자가 참석했소. 따라서 교회 건물에 사람이 가득 차면 1,500명까지 들어간다고 해도 과언이 아니며 이번 주일에 그렇게 많은 사람들이 참석했소.[21]

다음은 1902년 9월에 올린 마페트 목사의 장대현교회 관련 보고 내용이다. 교회 건물이 완성되자 사상 최대의 양적 성장은 물론 영적 성장도 뒤따라왔다.

평양 장대현교회(1901).

평양 시내 교회: 입교인 670명, 학습교인 447명, 금년도 세례교인 137명, 금년도 학습교인 등록 172명, 조목사, 김종섭 장로와 길선주 장로. (중략)

---

21 S. A. Moffett to Alice Moffett, Jan. 6, 1902.

한 해 동안 성장은 변함없이 꾸준하여 때때로 예배당은 최대 수용 인원까지 찼고, 건물을 가득 채우기에 충분하지 않을 만큼 출석자가 적었던 안식일은 거의 없었습니다. 출석자 수는 1,000명에서 1,600명 사이이며, 기도회 출석자는 겨울 사경회 기간에는 1,000명 이상까지 달했습니다. 수요기도회의 가장 적은 출석자 수는 매섭고 차가운 눈보라가 치던 겨울밤에 온 400명이었습니다.[22]

건물의 토착화, 교회의 토착화

한국적 건축 양식으로 교회 건물을 지은 것은 네비어스와 로스의 방법에서 온 것이지만, 특히 평양에서는 병원과 학교[23]를 비롯해 선교사 주택까지도 한옥(기와집) 양식으로 지었는데, 이것은 이를 한 단계 진전시킨 것이다. 다음은 평양에서 사역한 폴웰 의사가 1902년에 쓴 글이다.

이곳의 큰 교회당은─한국식으로서 매 주일 1,500명 이상이 앉는다─한국 건축 양식으로 지어져 있다. 우리의 거주지도 동일한 양식인데, 브라운(A. J. Brown) 총무는 다음과 같이 말했다. "평양 선교 거점은 내가 이때까지 본 가장 지혜로운 선교 건축물의 훌륭한 실례다. 이것은 내가 미국과 영국의 여러 선교회의 많은 선교 거점들과 우리의 9개 선교회를 방

---

22 S. A. Moffett, "From Annual Report of Dr. S. A. Moffett: The Pyengyang City Church," *Korea Field* (Feb. 1903), 74-75.

23 1903년에 신축된 평양 숭실학교는 2층 기와집이었다.

문한 뒤에 쓰는 것이다.…건물의 외부선이 토착건물과 조화를 이루고 있
어서 1/4마일쯤 떨어진 언덕에서 보면 차이를 전혀 식별할 수 없다."[24]

　네비어스와 로스의 방법에 따라 1900년에 설립된 평양 장대현교회
는 대부분 교인들의 헌금으로 지었고, 개량 한옥 예배당은 심양교회와
정동장로교회를 따라 ㄱ자로 건축되었다. 그밖에 숭실학당이나 선교사
의 사택 등도 모두 실용성을 더한 개량 한식으로 건축함으로써, 멀리서
보면 주변 환경에 어울리는 모습을 갖추어 세계에서 가장 토착적인 선
교지부로 평가받았다.[25] 브라운의 평가처럼, 이는 기독교가 "한국에서 집
처럼 아주 편안하게 되었으며, 본토 토양에 뿌리를 내려 그 나라의 일
부분이 된"[26] 증거였다. 그것은 단순히 건축 양식의 문제가 아니라, 기독
교가 전 영역에서 한국(인)의 옷을 입고 김치를 먹으며 한국인의 살과
피가 되는 성육신의 선교 원리를 구현하는 문제였다.

　1903년 장대현교회는 2,600평의 대지에 건평 120평(72간) 기와집으
로 헌당되었다. 총 공사비 7,000엔 가운데 선교부와 선교회와 마르퀴스
(William S. Marquis) 목사를 비롯한 미국 교인들이 지원한 2,000엔(1,000
달러)을 제외한 5,000엔을 한국 교인들이 작정하고 모두 연보하여 빚 없
는 상태가 되었으므로 헌당했다.

　헌당 때 장대현교회 여자주일학교 교장이었던 이정광 여사는 다음

---

24 J. Hunter Wells, "Northern Korea," *Assembly Herald* (Nov. 1902), 442-43.

25 A. J. Brown, "Northern Korea," *Assembly Herald* (Nov. 1902), 243.

26 A. J. Brown, *Report of A Visitation of the Korea Mission of the Presbyterian Board of Foreign Missions* (New York: Board of Foreign Missions, PCUSA, 1902), 28.

과 같이 미국에 있는 마르퀴스 목사에게 감사 편지를 보냈다. 짧지만 당시 한국 여자 교인의 신학과 신앙과 지성을 응축하여 보여주는 명문이다(현대어로 옮겼다).

> 전능하신 하나님께서 천지의 주인이신 줄 알지 못하고
> 우상 사신에게 절하고 빌어 복을 구하며
> 하나님께는 생각하면 감히 높이 계신 아버지라 찾을 수가 없으나
> 하나님 아버지 은혜로 독생자 외아들을 아끼시지 않고
> 만유 모든 죄를 담당하시어
> 이 죄인을 사하시고 살리셨도다.
> 죄 덩어리를 위하여
> 십자가에 흐르는 피로 내 죄 눈같이 씻고
> 좁은 방에 하나님 성신 계셔서
> 간절히 회개하기를 바랐더니
> 또 서국에 사랑하는 동생 있어서
> 예배당 크게 지어 넓게 앉았으니
> 하나님께 감사 감사합니다.
> 서국 동생 목사 크게 영접하기를 바랍니다.   _ 이정광[27]

삼위일체 하나님을 고백하고, 미국에 있는 남자 목사를 동생으로 부른 이정광과 같은 초기 교회 여성들이 한국교회를 든든히 세워나갔다.

---

[27] William S. Marquis, "I Was Wearing Her Letter and She Mine," *New Era Magazine* (Jan. 1928), 15.

18

라틴어 전보 한 장,
한국교회를 살리다

언더우드의 전보와 '한국판 부림절'

1900년 말 이용익과 김영준 등 친러 보수파는 친미 개화파를 제거하기 위해 '기독교인 말살 음모'를 꾸몄다. 이들은 황실 재정을 주도하던 자들로서, 친미 정동파 독립협회의 비판에 깊은 반감을 가지고 있었고, 미국회사의 서울 시내 전차 운영에도 반대했다. 또한 1900년 중국에서 반외세 반기독교 성격의 의화단사건(the Boxer Movement)이 일어나고, 국내에서도 반외국인 감정이 고조되자, 9월에 발생한 서울 시내 전차 반대 폭동을 배후에서 지원했다. 그러나 미국 공사 알렌과 다른 외국 공사들의 노력으로 전차 운행이 정상화되자, 고종 황제의 칙령을 날조하여 기독교인과 선교사들을 음력 10월 10일(양력 12월 1일)에 모두 살육하라는 통문을 지방 관청에 보냈다. 이는 1888년에 일어났던 영아소동에 이어, 한국에서 이루어진 조직적인 반개신교 운동이었다. 한국 내 모든 기독교인을 죽이려던 이 음모는 다행히 사전에 발각되었고, 이때 한국판 의화단사건을 막은 것은 한 문장의 라틴어 전보문이었다. 그 전보는 기독교인들의 생명을 구한 반면, 음모를 꾸민 이용익과 김영준의 몰락을 가져왔다. 가히 한국판 부림절이라고 할 수 있는 사건이었다.

서울 시내 전차를 둘러싼 갈등

1899년에 개통된 서울 시내 전차를 놓고 그 이권 때문에 친미파와 친러파가 서로 갈등을 일으켰다. 박정양, 이상재, 윤치호 등 친미파를 제거하기 위해 당시 내각의 실권을 잡고 있던 보수 친러파인 이근택, 이용익, 김영준이 공모했다. 이를 『조선예수교장로회 사기』(1928)는 다음과 같이 정리했다.

是年 冬에 美國人이 京城 市內에 電車를 敷設하니 乘客이 多數한지라. 軍部大臣 李根澤과 內藏院卿 李容翊이 建議호대 電車 仍存이면 財源 必竭이라 하야, 市民으로 하여금 乘車치 못하게 하니, 美國人이 探知하고 皇上게 奏達하야 嚴飭이 下하얏더니, 兩 大臣은 此를 深恨하야 西洋人과 基督敎를 竝殺할 計劃으로 斯敎 弊害를 歷擧하야 天階에 誣奏하고 勅敎를 降하야 同年 十一月 初一日에 國內에 居住하난 宣敎師와 예수敎徒를 一時 殺戮할 秘旨를 各道에 密布하얏스니 當時 敎會의 運命이 正히 危急에 存하얏나니라.[1]

이 기록에 따르면 이근택과 이용익이 미국인이 운영하는 전차에 승객이 몰리자 재정 파탄을 이유로 선교사와 예수교인을 살육하라는 밀지를 각도에 몰래 보냈다고 했으나, 전차 사건 외에도 여러 요소가 함께 작용하고 있었으며, 배후에 김영준이 깊이 관여하고 있었다.

---

1   차재명 편, 『朝鮮예수敎長老會 史記』(조선예수교장로회총회, 1928), 79-80.

1900년 가을 기독교인 박해 위협이 고조되다

1900년 9월 14일 미국 공사 알렌은 대한제국 외부에 조회하여, 믿을 만한 미국 선교사의 보고에 의하면 의주 등 북변(北邊)의 정황이 점차 긴급하게 되어 추수를 마치는 대로 기우(起擾)하여 내외 기독교인들을 축출하고자 한다는 설이 있으므로 이를 예방하여줄 것을 요청했다. 알렌에게 이런 정보를 보고한 선교사는 평양에 거주하는 미국 선교사 마페트(S. A. Moffett)였다. 그가 보낸 보고서의 내용은 다음과 같았다. 알렌은 이를 외부에 전달했다.

1. 운산광산에 이웃하고 있는 구성 천마면 집강(執綱: 동학 조직에서 각 고을마다 설치한 접[接]의 수령[守令]인 접주[接主]로 집강소에서 일을 처리) 등이 기독교인 2명을 심하게 구타한 뒤 추수를 기다려 외국 선교사와 본토 교민을 모두 살해하거나 축출한다고 하였다.
1. 의주·구성·용천 등지에서는 10월에 보부상과 동학교도들이 일어나 외국인과 기독교도들을 모두 도륙한다는 말이 떠돌고 있다.
1. 동학은 북변에서 더욱 강하게 성장하고 있으며 기독교인들의 재산을 탈취하고, 기독교인들처럼 함께 모여 동학 교리를 열심히 공부하고 있다.
1. 청국 변계의 의화단원들이 천주교도와 신교도를 잡아오는 한인들에게 지급한다며 상금 15량(10원)을 걸고 있다.
1. 의주는 매우 안정되어 있으나 지방관이 기독교인들을 억압할 뿐 아니라, 교인을 보호하라는 외부 대신의 훈령을 준수하지 않고 있다.

1. 많은 상민(商民)들이 소요를 두려워하여 의주를 떠났다.

1. 용천에서는 '비도'(匪徒)들이 교회당을 파괴하였으며 10명의 교인들을 잡아다 심히 매질하고 지방관에게 송첩(送牒)하여 기독교인들을 모조리 죽일 수 없겠는지를 질문하였으며 그곳 지방관은 그것이 불가능하다고 대답했다.[2]

미국 공사관을 비롯해 각국 공사관들은 외국인과 기독교인의 생명이 위태로워지자 정부에 보호 조치를 요구하고 나섰다. 그러나 당시는 중국과 한국에서 반외국인·반기독교 감정이 고조되는 상황이라, 정부는 특별한 대책을 마련하지 못하고 있었다.

한편 서자로 성품이 음험하고 일자무식에 애꾸였으나 고종의 총애로 경무사(경찰청장)가 된 김영준(金永準, -1901)은,[3] 금의환향한 윤치호(尹致昊)가 중국인 마애방(馬愛芳, 1871-1905)을 아내로 맞이한 것을 보고 깊은 인상을 받았다. 마애방은 남감리회의 맥티여학교를 졸업한 신여성이었다. 윤치호는 미국에서는 인종차별로 연애 기회가 없었고, 한국에는 중등교육을 받은 여성이 없을 때라, 중국 여성과의 혼인이 최선이었다. 미국 에모리 대학과 밴더빌트 대학에서 유학을 한 그는 귀국전 청일전쟁으로 상하이에 1년 이상 머물 때 마 양과 연애 결혼했다. 첫 부인 강 씨가 이미 병사했기 때문이었다. 김영준은 서자였으나 고종의

---

2 "미국 공사가 평북 지역 동학교인들로부터 미국인 선교사와 교인들의 보호 요청", 『구한국외교문서』(舊韓國外交文書) 第12卷, 美案 2209號, 光武 4年 9月 14日.

3 정교, 『대한계년사』(大韓季年史), 1898년 3월. 김영준은 고종의 환심을 사기 위해 독립협회 회원 정교를 잡아 처치할 음모도 꾸미고, 3개월간 미행을 시키기도 했다.

총애로 승승장구한 인물이었다. 하지만 양반가에서 서얼(庶孽)이라 혼사를 꺼리자 그는 마침 중국 남감리회 여학교에서 의대 교육을 받은 후 여선교사 캠벨(Josephine E. P. Campbell, 1853-1920) 여사를 따라 1897년에 전도사로 내한한 배화학당(培花學堂) 교사 유영지(兪靈芝, Dora Yu)에게 접근했다. 선교사로 헌신한 유영지는 그를 거부했다.

이에 김영준은 앙심을 품고 친러보수파 이용익과 짜고서 1900년 12월 1일을 기해 모든 기독교인을 몰살할 음모를 세우고 고종 황제의 칙서를 날조하여 지방관청에 밀지를 내렸다. 다음 항에서 보겠지만, 다행히 언더우드가 이를 발견하고 에비슨 의사와 알렌 공사에게 알려 사전에 대살육을 막았다. 이 사건은 이루어지지 않은 한중 커플로 인해 시작된 비극이었다. 유영지는 이때 마음고생을 많이 했으나 감리교회의 하디 부흥운동을 통해 깊은 신앙 체험을 하고 1905년 중국으로 돌아가 중국교회 대부흥을 일으키는 영적 지도자가 되었다.

언더우드의 전보로 살해 음모를 저지하다

중국의 상황은 더 악화되었다. 1900년 여름에 이어 10월이 되자 청국에서 의화단사건을 피해 제물포로 오는 선교사와 그 가족들이 늘어났다. 그중에는 YMCA 총무 라이언(W. Lyon), 루스(Henry Luce), 로벤스타인 목사도 있었다. 그들의 핍박 이야기는 한국에 있는 선교사들에게 한국에서도 그런 무시무시한 일이 일어날 수 있다는 경각심을 주었다.

10월 초 북장로회 연례회의는 처음으로 서울이 아닌 평양에서 열렸다. 평양 지부에는 벌써 약 2,000여 명의 한국인 세례교인과 학습교인이 있었다. 부산이나 서울에서 활동하던 선교사들은 제물포에서 배를 타고 진남포를 거쳐 평양으로 갔다. 루스와 로벤스타인 등도 연례회의에 참관했다. 1주일간의 연례회의를 마친 언더우드는 부인과 아들 홀리, 화이팅 의사, 체이스 양, 눌스 양(Sadie H. Nourse, 곧 웰번과 결혼)과 함께 2개월간의 황해도 지역 순회 전도에 나섰다. 그는 진남포에서 은율로 가서 3주일간 사경회 등을 했다. 이때 환등기(幻燈機)로 보여준 샌프란시스코 항에서의 기선의 출발 장면, 서울의 궁궐, 그리고 "그리스도의 생애" 슬라이드는 인기 만점이었다. 언더우드 일행은 이어서 곡산과 소래와 백령도를 방문하고 제물포행 기선이 있는 해주로 갔다.

1900년 11월 19일 해주에 도착하자마자 언더우드는 은율읍교회 영수 홍성서가 몰래 보낸 전갈을 통해 서울에서 황해도 각 현에 보낸 '기독교인 살해 칙령'을 받았다. 거기에는 다음 달 1일에 모든 유학도들은 가까운 서원에 모여서 모든 서양인과 예수교인들을 죽이고 교회와 학교와 병원을 불태우라는 내용이 담겨 있었다. 언더우드는 이 두려운 소식을 서울의 알렌 공사에게 전달해줄 방법을 궁리했다. 그러나 직접 공사관으로 전보를 보내면 의심을 살 것이므로, 언더우드는 에비슨 의사에게 전보를 보내기로 했다. 그리고 영어로 전보를 보내면 중간에 친러파 관리가 없앨 수 있기 때문에, 한국인이 이해할 수 없는 라틴어로 전보문을 급히 썼다. 언더우드는 파발(擺撥)을 통해 전보문을 에비슨에게 보냈다.

에비슨은 전보문을 영어로 번역하여 알렌 공사에게 알렸다. 알렌은 처음에는 믿지 않았으나, 신중하기 그지없는 언더우드가 보낸 것이라면 신빙성이 있다고 보고, 사건의 비상성과 중대성 때문에 즉각 외부에 알리고 난 다음 곧이어 고종을 알현하고 음모 사실을 보고했다. 정부는 강화도와 평안도에 있는 다른 선교사들도 동일한 칙령 소식을 교인들로부터 전해 들었음을 확인했다. 고종은 즉각 살해 칙령은 조작된 것이며, 기독교인을 보호하라는 새로운 명령을 내렸다.

언더우드는 에비슨에게 전보를 보낼 때, 빨리 달리는 사람을 고용하여 평양과 황해도에 거주하는 천주교 신부들에게도 알렸다. 그들에게도 위급한 상황을 알리고 공조할 필요가 있었기 때문이었다. 서울의 외국 공사관들도 곧바로 사태를 파악한 뒤 기존 칙령을 무시하라는 회람을 돌렸다.

이로써 기독교인 살해 음모는 사전에 저지되었다. 언더우드 일행은 며칠 뒤 해주에 온 기선을 타고 제물포로 왔다. 언더우드는 목사로서 한국인 교인들의 안전을 확보하고 그들을 위로하기 위해 해주에 남기로 작정했으나, 서울에서 모든 일이 해결되었다는 연락을 받고 함께 해주를 떠났다.

전보 내용

언더우드 부인이 쓴 『상투잡이와 보낸 15년』(1904)을 보면 이 사건의 전모가 앞에서 언급한 것과 같이 자세히 나온다. 필자는 그 전보의 원문이 무엇일까 궁금했는데, 선교사 웰번(Arthur Welbon) 목사의 손녀 이위(Priscilla Welbon Ewy) 부인이 할아버지(웰본)와 할머니(눌스)의 자료를 정리하면서 이 전보 원문(언더우드의 친필)을 공개했다. 다음은 그 책 *Arthur Goes to Korea*(2008)에 있는 사진이다.

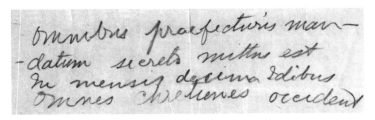

언더우드의 친필 전보문(1900. 11. 19).[4]

라틴어 원문은 "*Omnibus praefecturis mandatum secreto mittus est In mensis decima Idibus omnes Christianes occident*" 이다. 이를 번역하면 다음과 같다. "모든 현감에게 보낸 비밀 지령, 10월 10일 모든 기독교도를 죽여라."

여기서 날짜는 음력으로, 음력 10월 10일은 양력으로 따지면 12월 1일이 된다. 김영준이 고종의 옥쇄를 훔쳐서 문서를 위조하고 모든 지방 관청에 기독교인을 살육하라는 비밀 칙령을 보낸 것이었다.

보름 후에 김영준은 이 일과 더불어 이어서 발각된 인천 월미도 매각 사건과 외국 공관 협박 사건에 연루되어 1901년 처형되었다.[5] 운명

---

4 Priscilla Welbon Ewy, *Arthur Goes to Korea* (Tucson, Ariz: privately printed, 2008).

5 "민영주(閔泳柱)가 러시아인에게 월미도(月尾島)를 팔아 넘겨 중벌을 받게 되자 그의 아들 민경식(閔景植)이 김영준에게 도움을 청하였다. 이때 김영준은 민경식에게 러시아 공관으로 가서 병력을 빌린 후 고종을 위협하여 엄비(嚴妃)와 여러 권귀(權貴)들을 살해하도록 하고 그 여세로 정부를 전복시키라고 하므로" 민경식은 얼마 후 이

이 뒤바뀐 김영준은 구약성서 에스더서에 나오는 하만과 같은 인물이 되었다. 그래서 김승태 교수는 이를 '한국의 부림절 사건'으로 불렀다. 페르시아 제국의 대세력가 하만은 오직 야웨만을 경배하는 배타적인 유대인들을 말살할 계책을 세우고, 왕에게 유대인을 말살하는 칙령을 내리면 은 일만 달란트를 왕의 보물창고에 바치겠다고 제안한다. 탐욕스럽고 계략에 능한 그는 유대인을 죽인 후에 그들의 재물을 몰수하여 은 일만 달란트를 보충할 계획까지 세우고 있었다. 그러나 결국 왕후 에스더의 기지와 용기로 음모가 발각되어 오히려 하만이 효수되고, 대신 모르드개가 그의 영광을 누리게 되었다. 한국에서도 기독교인을 죽이려던 김영준은 처형되고, 지혜롭게 라틴어 전보를 보내 기독교인들을 구한 언더우드는 교인들의 참 목자로서 존경을 받았다.

라틴어 공부가 생명을 구하다

언더우드는 전보를 보낼 때 이를 한글, 한문, 영어로 쓰면 중간에 이용익-김영준과 같은 러시아파 관리가 없앨 것이므로 라틴어로 보낼 궁리를 하고, 평소 라틴어 성경을 번역하던 실력에, 함께 간 아들(원한경)이 가지고 있던 작은 라틴어 문법서를 참고하여 서툰 라틴어로 전보를 작성해 에비슨 의사에게 보냈다. 에비슨은 라틴어를 잘했으므로 이를 영어로 번역하여 알렌 공사에게 전달했다. 참고로 당시 내한 선교사 가정에서 2

를 밀고했다("김영준의 처형", 『매천야록』[梅泉野錄] 제3권, 光武 5年 辛丑[1901년]).

세들에게 그리스어나 라틴어를 가르치는 경우가 많았다. 여의사나 교사 출신인 어머니는 가정교사를 자임하여 자녀들에게 직접 고전어를 가르쳤다. 언더우드 부인은 의사 출신이었으므로 원한경에게 라틴어를 가르칠 수 있었다. 평양에서 사역한 마페트의 자녀들은 의사인 첫 번째 어머니나, 그녀가 죽은 후 새로 맞이한—버클리 캘리포니아 대학에서 고전문학을 전공한—두 번째 어머니로부터 그리스어를 배웠다. 아무튼 언더우드가 평소에 공부한 성경 라틴어는 뭇 생명을 살리는 도구가 되었다.

기도 달력의 힘

한국판 의화단사건을 막은 두 번째 숨은 요인은 한국선교회를 위한 기도 콘서트(monthly prayer concert)였다. 1900년 11월은—북장로회 해외선교회가 발행한 선교사 기도 달력(Yearbook of Prayer for Foreign Missions)에 의하면—한국에 있는 선교사들을 위해 매일 한 명씩 기도하도록 정한 달이었다. 당시 북장로회에서 11월은 한국 선교를 위한 달이었다. 11월이 되면 선교 잡지는 한국을 특집 기사로 다루고, 각 교회의 해외선교부마다 한국을 주제로 하여 책이나 논문을 읽고 토론하며 기도했다.

사진에서 보듯이 선교부의 기도 달력을 보면, 11월 1일 언더우드 부부, 2일 기퍼드 부부, 3일 무어 부부, 4일 밀러 부부, 5일 빈턴 의사 부부, 6일 에비슨 의사 부부 등의 순서로 30일 동안 매일 이들을 위해 기도했다. 이렇듯 1900년 11월에 한국선교회를 위해서 전 미국 북장로교

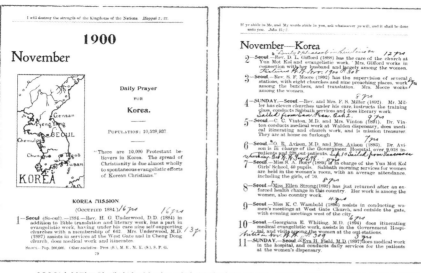

1900년 북장로회 해외선교부 기도 달력 11월 첫 두 페이지. 1일은 서울의 언더우드 부부를 위해서 기도하는 날이었다.

회가 기도할 때, 조작된 칙령이 발각되었고, 학살 음모를 미연에 방지할 수 있었다.

사건의 영향

1888년 영아소동, 1894년 평양 기독교인 박해 사건, 1900년 친러파의 기독교인 살해 칙령 조작 사건 등은 개신교가 한국에 들어와서 기존의 구(舊)질서와 충돌하고 박해를 받은 대표적인 사건들이다. 영아소동에서는 서울의 친중(親中) 보수파 양반 세력이 민중을 선동하여 미국 선교사와 친미 개화파를 몰아내려다가 선교사들과 각국 공사관의 항의로 실패했다. 평양에서는 마을 제사에 돈을 내지 않는 것을 빌미 삼아, 비 개항장에 부동산을 구입하여 그곳에 진출하려는 선교사와 그들을 돕는 한국 기독교인들을 몰아내기 위해서 관리들이 한국인 교인들을 투옥하고 배교를 강요했으나 영미 공사관의 개입으로 곧 석방되었다. 청일전쟁과 이후 평양에 진출한 일본 상인들로 인해 영미 선교사들도 평양에 진출할 수 있었다. 청나라와 일본 군인들이 흘린 피에 편승하여 기독교가 평양에 무혈 입성할 수 있었던 것이다. 아관파천 이후 힘을 얻은 서울의 친러파 세력이 꾸민 기독교인 살해 사건은 홍성서의 발 빠른 전달, 라틴어 전보를 보낸 언더우드의 기지, 알렌 공사의 신속한 조치로 미연에 방지할 수 있었다.

　이 세 사건은 모두 19세기 말 한반도에서의 개신교 선교가 선교사와 외교관과 본국 정부 관리 사이에 얽힌 복잡한 관계 속에 놓여 있었음과 제국의 힘의 논리 안에 있었음을 보여준다. 동시에 적대적 세력들에 둘러싸인 소수의 기독교인들과 선교사들이 신앙을 지키고 생존하기 위해 맞서야 했던 위협적인 상황도 보여준다. 한편 1895년에 일어난 을미사변 후 신변의 위협을 느낀 고종을 언더우드와 에비슨 등 선교사들이 야간 보초를 서면서까지 도와준 일이 이 사건들에 긍정적으로 작용했을 것이다. 허약한 군주인 자신의 생명을 보호해준 선교사들을 기억한 고종은, 마치 자신에 대한 암살 음모를 알려준 모르드개의 충성스러운 행적을 기억하고 상을 준 아하수에로 왕처럼 5년 후 선교사들의 생명을 보호하는 칙령을 내렸다.

　그러나 얽히고설킨 정치 세력들 간의 대결과 거대 담론 이면에서는, 개인의 지혜와 교회의 영적인 힘이 작용하고 있었다. 흔히 역사에서는 사소한 일로 보이는 것으로 인해 반전이 일어난다. 이것이야말로 교회사를 읽고 해석할 때 빼놓을 수 없는 부분이다. 고전어 공부와 같은 지루하고 딱딱한 일이 하나님 나라에 무슨 소용이 있을까? 해외에 있는 선교사를 위한 중보기도가 과연 어떤 힘이 될 수 있을까? 역사의 드라마를 움직이는 주인공은 누구인가? 악이 창궐하는 것을 보면서 과연 하나님은 어디 계신가라는 회의가 생겨 잠 못 이루는 밤에는, 역사서를 펼치고 1900년 11월에 일어난 기독교인 살해 칙령 조작 사건을 다시 읽어보길 권한다. 페르시아의 왕 아하수에로(크세르크세스 1세)가 이상하게 밤에 잠이 오지 않자, 무심코 왕실의 역사 기록을 넘기다가 과거에 암살 음모를 알렸던 모르드개의 충성에도 불구하고 그에게 상을 내리지 않았던 것을 기억했듯이, 역사는 어느 날 되살아나 반전을 이룬다.

1900년 12월 1일을 기해 이 땅의 모든 기독교인과 선교사들을 살해하려고 했던 사탄의 계획이 폭로되고 그 싹이 잘린 것을, 직전인 11월 한 달간 미국 교회가 한국과 한국에 있는 선교사들을 위해 기도한 결과가 아니라고 말할 수 있을까?

민족의 대위기 앞에서 베옷을 입고 대성통곡하며, 에스더에게 왕의 유대인 진멸 조서 초본을 전달하면서 "이때에 네가 만일 잠잠하여 말이 없으면 유다인은 다른 데로 말미암아 놓임과 구원을 얻으려니와 너와 네 아버지 집은 멸망하리라. 네가 왕후의 자리를 얻은 것이 이때를 위함이 아닌지 누가 알겠느냐"(에 4:14)라고 강권한 모르드개의 역사관과, 3일간 금식하고 난 후 "죽으면 죽으리라"는 일사각오의 정신으로 왕에게 나아간 에스더의 용기와 잔치를 배설한 지혜가 필요한 때다.

첫 성탄 때에도 아기 예수를 죽이려는 세력은 서로 공모했다. 헤롯의 유아 살해령으로 작은 동네 베들레헴에 있던 두 살 아래 유아들 십 여 명이 살해되었다. 이로 인해 거의 모든 가정이 큰 비통에 빠졌다. 그리고 아기 예수는 이집트로 피난을 떠나야 했다. 그러나 그 와중에도 목자들이 와서 경배했고 동방박사들은 예물을 바쳤다. 이렇듯 악의 세력과 선의 세력은 교차한다. 문제는 평소에 착실히 준비한 지성과 영성을 꼭 필요한 시점에 용기와 지혜로 전환하여 역사의 제단에 바치는가이다.

19

장로교회의 회중정치와
대의정치의 조화

이번 장에서는 한국 장로교회의 정치 문제를 살펴보자. 한국 장로교회는 지역 교회의 제직회와 당회의 자치 전통, 노회와 총회의 대의정치가 상호 보완 견제하면서 성장해왔다. 그 중추 조직은 노회(presbytery)이며, 노회가 제대로 작동하지 않을 때 장로교회는 파행을 겪을 수밖에 없다. 이 점에서 한국 장로교회의 위기는 곧 노회의 위기다. 당회와 총회 중간 지점에서 양자를 돕고, 지회의 질서를 유지하고 총회의 발전을 도모해야 할 노회가 치리권을 남용하여 자체 교권 기구로 변질된 것이 오늘 한국 장로교회 위기의 한 본질이다. 지회의 자치, 노회의 치리, 총회의 질서가 유지될 때 교회의 위기를 돌파할 가능성이 있으므로, 현 장로교회의 자치와 대의정치 문제를 100여 년 전 초기 한국교회 시절과 비교해서 상고해보자.

한국 장로교회 지회의 자치 전통이 1970년대까지 꾸준히 유지되면서 교권으로 대변되는 대의정치의 단점을 보충해주었다. 1980년대 이후 교권이 강화되자 자치 전통은 잠시 억눌렸으나, 1990년대에 교권정치가 전횡을 일삼고 파행을 거듭하면서 다음과 같은 세 가지 현상이 발생했다. 첫째, 지교회의 자치권 강화 현상이다. 독립교회나 초교파교회나 가정교회로 이탈해나가는 교회가 증가했으며, 이들은 대형 교회처럼 노회 소속은 유지하고 많은 재정 지원(상회비 부담)을 통해 노회의 정치적 간섭으로부터 거리를 유지하면서 지교회의 자율권을 확보하는 타협점을 찾았다. 대신 이 사람들은 주변 도시에 소위 캠퍼스 교회들을 세워 세력을 확장하고 모교회 담임목사가 캠퍼스 교회들을 다스리는 일종의 변형된 감독제를 도입하여 독립 자치권을 행사했다. 둘째, 오순절교회와 보수 교단들은 교인 수가 증가하자 KNCC나 기타 교회연합회 안에서 그에 상응하는 지분을 요구했다. 이들은 금력을 바탕으로 연합회 등에서 교권을 늘려갔다. 그로 인한 한 가지 결과는 한국교회의 오순절화였다.

1990년대에 나타난 세 번째 변화는 노회와 총회의 비민주적 교권 강화(장로회는 노회교?), 지역 교회의 실세인 장로들의 권한 강화(장로회는 장로교?), 그리고 일부 교회 담임목사의 회사 경영자(CEO)와 회장을 겸한 것과 같은 식의 권한 강화(장로회는 목사교?)였다(이 목사들의 대외활동비와 비자금이 문제가 되고 있다). 이에 따라 총회와 노회가 행사하는 비상식적인 교권에 대한 비판과 무소불위의 장로권과 목사권에 대한 비판 담론이 유행하였는데, 이는 지난 20년간 한국 장로교회에서 대의정치와 회중자치 양자가 좀비 상태에 들어갔음을 반증한다. 현금의 한국 장로교회의 정치적 현실은 시쳇말로 누이 좋고 매부 좋은 관계에 있는 장로와 목사가 당회와 노회와 총회에서 서로 권한과 이익을 나누어 먹는 형편이다.

흔히 유럽 교회 전통에서는 국가 교회의 대의정치와 공동체성이 강하고, 미국에서는 자율적인 정치와 개인의 자유가 강조되는 개교회주의가 발전하면서 다양한 교파가 형성되었다고 말한다. 그래서 스코틀랜드에서는 장로교회가 강하지만, 미국에서는 동일한 칼뱅주의 신학을 가지면서도 교회 정치에서는 자치적인 침례교회가 가장 큰 교단이 되었다. 이와 달리 한국에서 장로교회가 가장 큰 개신교 교단이 된 데에는 초기의 선교 역사적인 요인도 있지만, 지역의 공동체성과 자치성을 조화하려는 전통을 가진 한국사회의 문화적인 요인도 작용했다. 조선 시대 지방 수령은 중앙에서 파견되었으나 실제 행정은 중인인 아전이 담당했는데 아전의 배후에는 지역 유지인 양반 세력이 있었다. 이런 중앙 관료 대 지방 양반/중인 간의 긴장 구조는 한국 장로교회의 목사-장로 간의 긴장 구조와 유사한 면이 많다. 현재 한국 장로교회의 대다수 지교회의 실세는 장로들이라고 하겠다.

최근 인천의 한 통합측 교회의 자체 목사 안수

2015년 여름, 인천에 위치한 예장 통합 교단에 속한 한 작은 교회가 교인 가운데 한 성도를 선정해 목사로 (자체) 안수하는 사건이 발생했다. 이 일로 과연 교단 소속의 지교회가 자체적으로 목사를 세울 수 있는지 논쟁이 일어났다. 찬성 측은 회중교회 전통에 서서 한 회중이 목사를 세울 수 있다고 주장하는 반면, 반대 측은 장로교단에 소속되어 있는 이상 노회에서만 목사를 안수해야 하므로 묵과할 수 없는 불법이라고 주장했다. 전자는 현재 장로회 헌법이 두 세대 전의 것으로 낡아 현실에 맞지 않고 노회나 총회가 정치 목사들에 좌우되어 제대로 작동하지 않는 상황이므로 지교회 상황에 맞는 훈련된 성도를 목회자로 세울 수 있다고 주장한다. 반대하는 측은 개교회가 그런 목사 안수까지 하면 가뜩이나 목사가 많은 데다 법을 지키지 않는 한국 장로교회가 더욱 무질서해질뿐더러 일탈을 일삼는 목사가 생겨도 통제할 수 없을 것이라고 주장한다.

이런 사태를 바라볼 때 먼저 전제할 사실은, 교회 정치 제도란 것은 역사적 산물로 상황에 따라 변한다는 점이다. 미국과 우리의 상황이 다르며, 도시와 농촌, 대형 교회와 중소 교회, 1970년대의 교회 급성장기와 2010년대 쇠퇴기의 상황이 다르다. 이는 18세기에 만들어진 웨스트민스터 장로교회 신경과 헌법이 1930년대 한국교회에 맞지 않고, 반면 1970년대 교회가 급성장할 때의 헌법은 지금처럼 100개 이상의 군소 장로 교단이 존재하고 노회와 총회가 제대로 작동하지 않는 상황에서는 수정하지 않을 수 없다. 사실 한국에서는 회중정치를 채택한 침례교회나 감독정치를 따르는 감리교회도 연합회(대의정치)의 활동 편의 등을 고려하여 장로 직분을 채택하고 있다. 이는 역으로 장로교회가 필요하면 회중교회의 전통을 따라 개교회 차원에서 제한적 의미의 목사를 안수할 수 있음을 보여준다. 일부 대형 교회의 캠퍼스 교회는 모교회 담임목사가 인사권과 재정권을 행사하는 감독 역할을 하고 있다. 소형 교회가 목사 한 명을 안수하면 헌법적 잣대를 내밀지만, 대형 교회가 변형된 형태의 장로교회식 감독정치를 시행하는 것에 대해서는 침묵하는 것이 현재 한국 장로교회의 정치적 실상이자 수준이다.

초기 한국 장로교회의 자치 전통

1884년에 장로회 선교가 시작되고 1887년에 정동장로교회(새문안교회)가 1명의 목사와 14명의 한국인 세례교인(장로 2인이 피택되었으나 곧 치리

받음)으로 조직된 이후 20년간 한국 장로교회에는 한국인 목사가 없었다. 곧 1907년 첫 한국인 목사 7명을 안수하고 독노회를 조직할 때까지 폭발적으로 성장하는 한국 장로교회 안에 목사는 오직 선교사들뿐이었다.

따라서 이를 두고 한국인 목사가 없는 한국교회를 선교사들이 지배했으며, 한 세대 동안 자치는 없었다고 오해할 수 있다. 목사 안수 이후에도 한국인 목사와 장로들의 복종을 요구한 선교사들로 인해 자치는 요원했다고 보는 교회사학자들이 많다. 물론 굳이 푸코의 담론 권력과 통제 이론을 빌리지 않더라도, 신학교 교수이자 개교회 담임목사요, 노회 임원인 선교사들이 한국인 조사나 동사목사(부목사)나 장로에 대해 영적 부모로서 가졌던 온정주의적 권위와 치리권을 생각하면 충분히 그렇게 볼 수 있다.

그러나 위로부터의 관점이 아닌, 바닥에 있는 시골의 개교회적인 차원에서 보면 신앙 공동체의 자율권과 개교회 지도자의 자치권이 보장되어 있었다. 모든 선교사들은 도시의 선교지부에 거주하면서 도시 교회에 출석하고 있었다. 목회 선교사들은 매주 설교하고 성경공부를 지도했다. 그러나 자신이 담당하는 시찰 안에 있는 약 40-50개의 시골 교회나 예배 처소에는 봄이나 가을에 한두 차례만 방문할 수 있었고 그것도 문답 후 세례를 주고 성찬을 시행하는 수준에서 목회 사역을 감당하는 실정이었다. 따라서 장로가 있는 읍이나 소도시의 조직교회에서는 장로가 매주 설교하고 목회했으며, 장로가 없는 미조직교회나 예배 처소 형태의 교회들에서는 영수가 목회자로 봉사했다. 영수나 장로는 누가 학습을 받고 세례를 받을지를 결정했으며 치리 대상자 역시 결정했다. 시골 교회는 모두 안수받지 않은 평신도 목회자들이 자치하는 교회들이었다. 이런 회중교회 현상은 네비어스 정책의 산물이었다.

네비어스 정책과 회중교회 자치 전통

초기 한국 장로교회 안에 회중의 자치(自治)가 강했던 이유는 네비어스 방법 때문이었다. 네비어스 정책의 3자 중 마지막이 자치다. 재정적 자급의 바탕 위에서 스스로 전도하여 회중이 형성되면, 그들 가운데서 성장한 영적 지도자들이 세워지고 또 그들이 교회를 다스림으로써 토착적인 지역 교회를 형성하는 것이 네비어스 방법이었다. 이는 선교 초기의 교회 설립 정책으로서, 최우선의 목적인 '신속한 복음화'를 위한 최선의 방법이며, 선교사가 중심이 된 외국 교회를 이식하는 것이 아니라 토착인 지도자가 중심이 되는 토착 교회를 형성하는 방법이었다.

다른 어느 선교지보다 한국에서 이 방법이 4개 장로회 선교회가 있는 전국—북장로회의 평안도, 황해도, 경기도와 충청도 일부, 경상북도, 캐나다 장로회의 함경도, 남장로회의 전라도, 호주 장로회의 경상남도—에 걸쳐 통일적으로 시행되었고 또 성공을 거두었다고 평가된다.

그런데 중앙에서 보면 이 4개 선교회들의 연합체인 장로회 선교회 공의회가 1888년부터 1907년까지 노회를 대신하여 교회의 정치와 치리를 담당했다. 교회가 성장하면서는 지역별 위원회가 한국인 조사와 영수를 임명했고 이어서 장로와 목사를 안수했다. 이 점에서 선교사들이 종교적 '통제' 기제를 장악하고 있었다고 볼 수 있다.

그러나 선교사들이 거주하는 도시의 시내 교회들을 제외하면, 1906

년까지 존재했던 500개 이상의 시골 교회, 1910년 당시 1,000개 이상의 시골 교회와 미조직 예배 처소들, 곧 90% 이상의 교회는 목사 없이 한국인 평신도 지도자들이 자치하는 상태였다. 한국교회가 폭발적으로 급성장해 선교사들만으로는 이 교회들을 일일이 다스리고 목회할 수 없었고, 한국인 목회자도 수요에 맞춰 공급할 수 없었기 때문이었다.

시골의 작은 교회는 영수(안수받지 않은 집사나 장로)가 매주 설교했으며, 조사(안수받지 않은 목사)가 한 달에 한 번 정도 방문해서 목회적인 도움을 주었다. 목사인 선교사는 1년에 한 차례 방문해서 학습자를 등록하고, 학습자반에서 6개월에서 1년간 영수로부터 요리문답과 성경 교육을 받고 영수의 추천을 받은 세례 지원자들을 조사와 함께 문답하여 세례를 주고 성찬을 베풀었다. 여성 사역은 안수받지 않은 여자 목회자인 전도부인이 담당했다.

장로회 공의회 조직

따라서 1901년 한국을 방문한 뉴욕 선교부의 브라운 총무는 한국 장로교회는 장로교회 정치면에서 비정상상태(anomaly, 회중교회 상태)이므로 최대한 빨리 장로와 목사를 안수하고 치리기구인 노회와 총회를 설립하여 정규적인 장로교회를 만들어갈 것을 주문했다. 다른 선교지(중국이나 인도나 일본 등)의 장로교회들은 서서히 발전했기 때문에, 곧 선교 시작 후 10년이 지나야 첫 세례교인이 나오고 이후에도 세례교인이 서서히 늘어났기에 조직이 먼저 이루어졌다. 그러나 한국은 성장이 먼저 오고 이어서 조직이 이루어지면서, 초기 급성장기에 회중(교회)의 자치 전통이 강하게 작동할 수밖에 없었다.

제1회 장로회 공의회
(1901년 9월, 서울 제중원).

4열: 테이트, 애덤스, 해리슨, 휘트모어, 웰본, 스왈른, 엥겔
3열: 마페트, 맥래, 빈튼, 불, 브루엔, 헌트, 베어드
2열: 로스, 사이드보텀, 롭, 번하이즐, 밀러, 블레어
1열: 전킨, 푸트, 애덤슨, 밀러, 게일, 샤프, 바레트

1901년 9월 서울 새문안교회에서 미국 북장로회와 남장로회, 호주 장로회, 캐나다 장로회 등 4개 장로회 선교회의 선교사 25명이 주축이 되어 첫 치리기구인 조선예수교장로회공의회를 조직했다. 이는 1893년 조직된 장로회선교사공의회가 발전한 것이다. 선교사공의회 조직 때와 달리 1901년에는 한국인 총대들도 참석했는데 장로 서경조, 방기창, 김종섭 3명과 조사 양전백, 송인서, 최명오, 고찬익, 유○○, 천광실 6명 등 총 9명이었다. 이 사람들은 '조선어를 쓰는 회'를 구성하고 영어를 쓰는 선교사회와 더불어 합동 공의회를 조직했다. 그러나 당시는 노회를 위

한 준비기였으므로 한국인 대표에게는 아직 치리권(투표권)이 없었다.

1903년에 열린 선교사공의회에는 23명, 그리고 사진에서 보듯이 한국인 공의회는 전국 총대 23명(장로 6명, 조사 8명, 집사 9명 등)이 참석하여 노회를 구성하기 위한 준비를 이루었다. 지역별 총대들이 공의회 회의를 통해 장로회 헌법과 회의법을 익히고, 절차적 민주주의를 배워나갔다. 이 선교사와 한국인의 합동 공의회가 한국 장로교회 대의정치의 출발이었고, 현재의 장로교회 총회의 모체였다.

제3회 장로회 공의회에서 한국어를 쓰는 공의회 대표들(1903, 평양) 평양: 1. 방기창, 2. 길선주, 3. 한석진, 4. 이기풍, 5. 송인서; 선천: 6. 양전백; 장연: 7. 서경조

한편으로 각 지교회에서도 당회 전 단계인 제직회가 조직되어나갔다. 1903년 평양 장대현장로교회의 제직회 사진에서 보듯이, 도시의 큰 교회들은 선교사(목사) 1인과 한국인 장로와 집사로 구성된 제직회에 의해 자치적으로 운영되기 시작했다. 한국인들의 자율 정치와 자원 봉사가 한국 장로교회 성장의 원동력이었다.

평양 장대현장로교회 제직회(1903). 뒷줄에 마페트 목사가 서 있고 그 앞에 길선주 장로와 상투를 자른 김종섭 장로가 앉아 있다.

평양신학교 제1회 졸업생 (1907. 6. 20).

뒷줄: 방기창, 서경조, 양전백
앞줄: 한석진, 이기풍, 길선주, 송인서
이들은 9월 1일 노회 조직 때 안수를 받고 첫 목사가 되었다.

1907년 독노회와 1912년 총회 조직

1907년에 첫 한국인 목사 7명이 안수를 받고 독립된 한국 노회인 독노회가 조직되었다. 1900년 소래교회 서경조(1852-1938)에 이어 1901년에 평양 장대현교회 김종섭이 장로로 안수받은 후 1907년 독노회가 조직되기 직전 한국인 장로는 47명, 조사는 160명이 있었다. 1906년 장로교회는 조직교회 123개, 세례교인 12,161명, 전체 교인 56,943명이 있었으나 한국인 목사는 없었고 선교사 목사만 45명이 있을 뿐이었다. 그러나 1907년 독노회 총대 구성은 선교사 38명과 한국인 40명으로 거의 동수를 이루었다.

반면 1912년에 총회가 조직될 때 전국 장로교회 소속 목사는 128명(한국인 73명), 장로 225명, 교인 12만 7,228명, 예배 처소는 2,054곳이었다. 이 가운데 초대 총회에 참석한 총대는 7개 노회에서 목사 96명(선교사 44명과 한국인 52명)과 장로 127명(선교사 2명, 한국인 125명) 등 총 223명이었다. 초대 총회장에는 언더우드 목사, 부총회장 길선주 목사, 서기 한석진 목사, 부서기 김필수 목사, 회계 블레어 목사, 부회계 김석창 목사가 선출되었다.

독노회 조직(평양 장대현교회, 1907. 9. 17). 중앙에 노회장인 마페트, 그 양쪽으로 이날 안수받은 첫 한국인 목사 일곱이 있다.

러일전쟁 후 1905년에 통감부에 의한 보호정치가 시작되면서부터 1911-13년에 걸쳐 정치참여적인 개신교인을 탄압한 105인 사건까지 한국 장로교회에는 부흥 운동, 교육 운동, 항일독립 운동이라는 세 가지 다른 운동이 공존했다. 항일 운동은 이후 국외 디아스포라 교회가 감당 했으며, 국내 교회는 부흥과 교육계몽 운동을 전개했다.

조선예수교장로회 창립 총회(1912, 평양신학교).

1907년 독노회 조직과 1912년 총회 조직을 통해 마침내 정식으로 조직화된 교회는 한편으로 식민지라는 특수 상황을 구실 삼아 선교사 가 통제권을 유지하는 방향으로 나아갔지만, 다른 한편으로는 한국인 목사와 장로가 노회와 총회에서 다수를 차지하면서 대의정치면에서도 한국인이 자치하는 한국의 교회로 발전해나갔다.

노회와 총회에서도 한국인의 자치 역량이 증가한 점은 위의 두 사 진을 통해서도 확인된다. 1907년에 열린 독노회 사진을 보면 검은 옷은

(두세 명을 제외하고는) 모두 외국인 목사들이 입고 있고, 흰옷은 한국인 목사와 장로들이 입고 있다. 이때 선교사 38명과 한국인 40명으로 비율이 거의 비슷했다. 그러나 1912년의 창립 총회에는 대부분 흰옷을 입고 있다. 이때는 한국인이 전체 233명 중 177명으로 76%를 차지해 독노회 때와 비교할 때 그 비중이 급증했다.

한편 1908년 강계에 선교지부가 설치되고 뒤이어 만주까지 선교 개척지가 확대되면서 한국 장로교회의 자치와 영성의 무게 중심지는 서울(1884) → 평양(1893) → 선천(1901) → 강계(1908) → 만주 방향으로 북상(北上)해나갔다. 이런 지리적이고 영적인 변경(frontier)이 있었기 때문에 장로교회는 생명력을 유지했으며, 또한 그것을 유지한 힘은 바로 자치 역량이었다.

일제 병탄기의 회중 자치 전통

비록 한국인 목사들이 꾸준히 배출되어나왔지만 1930년대 초반까지, 곧 선교 초기 50년 역사에서 장로교회 안에는 회중 자치주의가 대의 민주주의 원칙과 공존했다. 일제강점기 반선교사운동과 조합교회(회중교회)의 급성장으로 1910년대 초에 선교사의 교권 지배 구조에 불만을 품은 일부 한국 목사들과 교인들이 독립 교회 운동을 전개했다. 이 운동은 묘하게도 일본 총독부의 후원을 받는 일본 조합교회의 한국 진출과 맞물리면서 전자가 후자에 흡수되었다. 선교회로부터 독립된 아시아적(일본적) 교회와, 미국 장감 선교사들의 19세기 보수 신학을 배격하고 독일 성서비평학과 역사적 예수 연구 등 20세기 신신학을 수용한 진보 신학을 기치로 내세운 조합교회는 한국의 지성인 그리스도인들에게 매력적으로 느껴졌으며, 반서구적 민족주의자나 친일적 문명주의자 등을 포섭할 수 있었다. 교회론적으로 보면 이 교회들은 선교사나 노회장이나 교권으로부터 자유롭고 개교회의 독립이 보장된 회중교회를 선택했다(교회의 비정치성과 친일성을 따지자면 1910년대의 회중교회가 더 친일적이지만, 정교분리 입장에서 보면 장로회나 감리회 교회와 크게 구분되지 않았다). 1920년대 들어 청년들이 사회주의로 경도되고, 그 후 1930년대에 이르러 무교회 운동, 반선교사 자치교회 운동, 토착교회 운동, 신신학(바르트의 신정통주의, 성서비평) 수용 운동, 이용도의 부흥 운동과 교권 비판 등이 터져 나온 것은 교회가 제도로 굳어지는 상황에서 전개된 개혁과 이탈 운동이었다.

해방 이후 순회 목회자와 신학생 평신도 목회자

해방 이후 교회 재건 과정에서 신사참배 문제 등으로 교단들이 분열되고, 또한 한국전쟁으로 많은 목회자들이 사망, 납치, 실종되고 북한에서 북한교회 지도자들이 대거 남하하면서 교권 재편이 이루어졌다. 그러나 1960년대까지 시골의 작은 교회에서는 전도사조차 구할 수 없는 곳이 많았다. 순회 전도사나 순회 목사가 평균 4개 정도의 교회를 맡아 일주일에 한 교회를 방문하고 설교하는 경우가 많았다. 이 순회 목회자들은 파송 전도사, 파송 전도 목사였다. 그 순회 목회자가 오지 않는 한 달

중 나머지 세 주일에는 집사나 장로가 설교하고 교인들을 목회했다. 그들이 평신도 목회자였다. 또한 신학생이 전도사 자격으로 단독 목회하는 경우도 다반사였다. 이들은 아직 안수받지 않은 평신도로서 안수집사나 안수장로도 아니었지만 반(半)목사 노릇을 했고 또 목회자로 대접을 받았다. 이런 전통은 지금도 남아 있다. 훗날 도시 교회가 성장하면서 중대형 교회에서는 파트타임 전도사들이 유초중고등부에서 매주 설교를 하는데, 이것도 일종의 회중교회 전통을 수용한 것이다.

1912년 총회가 조직될 때부터 웨스트민스터 장로교회 헌법을 사용했는데(1917년 한글로 출판) 1934년에 1차 개정을 했지만 내용은 대동소이했다. 1950년대의 분열 이후 현재 약 100여 개 이상의 교단이 대략 1961년에 개정된 장로교회 정치를 사용한다. 이상의 헌법은 모두 한국 교회가 급성장할 때 만들어졌거나 개정된 것으로서 팽창·분열하는 교회 상황에 맞게 제도화한 것이다.

그런데 1970-80년대에 보수 교단들이 급성장하면서 교권이 강화되자 한국 교계에서, 특히 교회 연합 기관이나 조직에서 각 교단의 실제 세력에 어울리는 지분을 요구했다. 그런 교단들은 한기총을 만들거나 반WCC 운동 등을 통해 목소리를 높였고, 최근에는 반동성애 운동을 전개하면서 교권을 강화하고 있다. 이에 맞서, 1930년대 반교권 운동이 일어났듯이 1995-2015년의 반교권 운동은 (1) 앞에서도 언급한 대형 교회의 자치 노선, (2) 중형 교회들이 노회나 총회의 비상식적인 결정에 반발하고 사회 법정에 직접 개교회의 문제를 호소하여 해결하거나, (3) 독립교회나 초교파교회 설립, (4) 가정교회 운동 등으로 발전하고 있다.

대안은 있는가?

자치제 강화를 위한 실천 가능한 대안은 첫째, 제직회의 권한 강화와 더불어 안수집사회, 권사회, 남녀전도회, 청년회 등의 권한을 강화하고 자치권을 부여하는 것이다. 둘째, 이러한 여러 조직의 대표와 당회가 함께 운영위원회를 구성하고 그 운영위원회가 최종 결정권을 갖도록 하는 것이다. 솔직히 현 한국 장로교회의 대의제 개혁을 위한 대안은, 절망적이지만 당장은 없는 듯하다. 물론 하나님의 특별한 은혜와 일하심으로 어떤 대안이 나올 수도 있다.

교회의 위기와 전환기에는 기존 제도나 헌법이 수정되거나 해체되며, 이에 저항하는 세력은 교권을 강화하려고 한다. 한국교회의 위기를 교권으로 해결할 시점은 이미 오래전에 지났다. 무능하고 시대착오적인 교권이 해체되고 새로운 영적 운동이 일어날 때 비로소 부흥과 개혁이 가능할 것이다. 현재 수준과 상태의 교권 대의정치와 지교회 자치권이 해체되어야만 한국 장로교회가 살 수 있다. 부패된 교회를 개혁하고 세속 정치의 불의와 불평등에 맞서 항거하는 장로교회 본연의 정신으로 돌아갈 때, 또 목회자를 돕는 장로, 지교회를 돕고 돌보는 노회라는 장로교회 본래의 직분과 정체가 회복될 때에만 위기를 극복할 수 있을 것이다.

장로교회들은 총회적 차원에서 100개 가까운 교단의 분열 문제와 기성교회가 급속히 쇠퇴하는 상황을 타개하기 위해 헌법의 대대적 수정이나 새로운 총회와 노회 정치를 구상해야 한다. 그런 근본적인 수술 없이 화장만 고치는 것으로는 교회를 살릴 수 없다. 교회 쇠퇴의 주된 이유가 목사와 장로로 구성된 당회와 노회와 총회의 권력 독점, 비민주적 절차, 불투명한 재정 사용이라면 그들이 독점하는 교회 정치(핵심이 목사 안수권, 목사 치리권, 재정권)를 개혁하려는 움직임은 여러 곳에서 다양한 모습으로 나타날 수밖에 없다. 장로교회 헌법을 벗어나려는 독립교회의 출현이나 개교회의 독자 노선 채택은 초기 한국교회 시절부터 지금까지 실제로 강하게 존재해온 회중교회 전통 때문에 앞으로도 계속 힘을 얻게 될 것이다. 동시에 그것은 증폭되는 갈등과 함께 장로교회의 해체나 쇠퇴를 앞당길 것이다.

다른 각도에서 보면 현 위기 상황을 타개할 목적으로 장로교회는 초기 한국교회의 회중교회 전통으로 돌아가기 위해 다양한 시도를 하고 있는 것으로 볼 수 있다. 처음부터 한국에서는 목사 없는 수많은 시골 교회들이 성령 충만, 말씀 충만한 자급·자전·자치의 교회로 존재했다. 사실 장로교회는 지금까지 이 두 날개—장로교회의 대의 민주주의와 회중교회의 직접 민주주의—로 날면서 성장했다. 이 두 날개 중 한쪽이 비대해지고 성인병에 걸리면 교회는 방향을 상실하고 엉뚱한 곳으로 간다. 한국교회가 건강해지기 위해서는 회중교회 쪽은 독립성을 강화하고, 비대해진 당회와 노회는 체중을 줄이는 작업이 필요하다. 둘 다 체력 단련 캠프에서 한쪽(회중)은 목사 없이 살 수 있는 근력을 단련하고, 다른 한쪽(노회)은 목사나 장로도 날씬하고 건강하다는 것을 보여주기 위해 뱃살을 제거할 때이다.

향후 한국 장로교회의 과제인, 민주와 자유를 지향하는 회중 정치와 연합과 질서를 추구하는 노회 정치의 두 흐름을 조화시키기 위해서는, 그동안 약화된 중소 교회의 자치권의 범위를 확대하고 대형 교회 당회에서 담임목사의 권한을 제한하는 조치가 선행되어야 할 것이다. 이와 더불어 한국교회 위기의 핵심에 직분의 위기가 있으므로 목사, 장로, 집사 등 교회 직분이 섬기는 종으로서의 정체성을 확립하고 그 선발-훈련-안수 과정과 사후 교육 과정을 시대 상황에 맞게 재조정해야 할 것이다.

20

하나의 '대한예수교회'

그 설립을 위한 장로회와 감리회의 교파 연합 운동

원컨대 우리 교회에서 감리교 장로교라는 이름이 어서 바삐 없어지고
둘이 합하여 하나만 되기를 원하고 원합시다.[1]

20세기에 접어들면서 전 세계 교회에 교파 연합 운동이 강하게 불
었다. 그 바람의 진원지는 아시아, 아프리카, 남미의 선교지였다. 타 종
교와 타 문화권에 속한 사람들을 상대로 선교해야 했던 선교사들은 비
록 자신들이 본국의 여러 교파나 선교회로부터 파송을 받았지만 선교
현장에서만큼은 한 하나님, 한 그리스도, 한 성령을 믿는 기독교 선교사
로서 한목소리를 내어야만 했다. 그들은 전도, 의료, 교육, 문서 사업 분
야에서 연합 운동을 전개하며 교파 연합의 필요성을 절감했다.

한국에서도 장로회의 경우 일찍부터 미국 북장로회, 미국 남장로
회, 호주 장로회, 캐나다 장로회 등 4개 선교회가 공의회 형태로 연합해
서 하나의 대한예수교장로회를 만들어나갔고, 감리회의 경우도 미국 북
감리회(미이미회)와 미국 남감리회(감리회)가 연합하여 하나의 감리회를
형성해나갔다. 이 글은 1905년 절정에 달했던 장로회와 감리회 간의 연
합 운동을 살펴보려고 한다. 이 연합 정신을 바탕으로 하여 1907년 전
후의 대부흥운동이 가능했다면, 연합은 한국교회 부흥의 한 필요조건이
자 교회 정체성을 드러내는 핵심적인 특성이라고 할 수 있다.

---

1   S. F. Moore, "평양래신", 「그리스도신문」(1906. 6. 14).

한국에 온 복음주의 선교사들

한국에서 다양한 선교회들 간에 존재하는 연합과 일치의 정신은 선교 개시 초기부터 뚜렷했다. 선교사들은 분쟁은 물론 돈, 시간, 힘을 낭비하는 주요 원인인 중복을 최대한 피하기 위해서 항상 노력했다. 이러한 협력의 배후에는 먼저 19세기 말 북미 복음주의 선교사들의 초교파적 성향이 있었다. 언더우드는 네덜란드 개혁교회 소속이었으나 뉴브런즈윅 신학교 재학 시절 '고함치는 감리교인'이란 별명을 얻을 정도로 열성 전도파 내지 부흥파였고, 개혁교회가 무시하던 구세군과 함께 가두 전도에 참가했었다. 아펜젤러는 원래 개혁파 장로교인이었으나 할렐루야를 외치는 감리회의 부흥회를 체험하고 감리교인이 되었다. 에비슨 의사는 캐나다 감리교인이었으나 미국 북장로교 선교부 파송을 받고 1893년 내한한 이후 매년 연례회의에서 장감 협력을 강조했다. 그 결과 1904년 세브란스병원이 설립되자 곧 장감 연합 기관으로 운영했다. 한국 개신교 선교가 비록 미국 교파의 교회들에 의해 주도되었지만, 선교의 동력은 자기 교파를 확장하려는 교파주의가 아니라 신속한 세계 복음화라는 공동의 목표였다. 따라서 이 공동의 대의를 위한 협력은 자연스러웠고, 선교 역사가 짧은 한국에서 하나의 교회를 설립하려는 교회 일치 운동으로까지 구체화되었다.

선교지 분할 협정

선교사들의 에큐메니칼 신학은 먼저 선교지역 분할 협정(comity, 교계예양)에서 드러났다. 교계 예양(comity)이란 광의로 다양한 사역에서의 협력을 의미했지만, 기본적으로 선교회별 영토의 분할과 경계, 점령 지역의 할당, 타 선교회 지역에 대한 불간섭을 의미했다. 1880년대부터 개신교 선교권에서 널리 채용된 영토 분할 방법은 각 선교회 간의 불필요한 갈등을 피하고 돈과 시간과 힘의 낭비를 줄이며 효율적으로 미전도 지역을 신속히 복음화하기 위해 채택된 협력의 산물이었다.

한국에서 선교지 분할 협정은 1888년 3월 아펜젤러와 언더우드가 북한 지역을 답사하면서 논의되기 시작했다. 1892년 1월에 열린 북장로교 선교회 회의에 초대된 북감리회 선교지 분할 위원회 위원장 올링거는 멕시코 방식을 제안했다. 이듬해 두 선교회는 인구 5천 명 이상의 도시는 공동 점유, 그 이하는 정기 모임이 열리고 매년 4회 이상 정기 방문하는 선점 선교회의 기득권 인정, 미 진출 지역 우선 전도 원칙, 타 교회 교인의 경우 이적증서를 통한 등록, 타 교회 치리의 존중 등에 합의했다. 비록 이 안은 미국 감리교회 포스터 감독의 반대로 거부되었지만, 1904-9년에 걸쳐 계속 수정된 협정들이 맺어질 때까지 비공식적으로 시행되었다.

장로회는 공의회에서 선교지를 분할했다. 1893년에 남장로회는 충청도 일부와 전라도를 맡았다. 1898년에 캐나다 장로회는 원산을 기점으로 함경도를 맡았다. 1909년에 미국 북장로회가 호주 장로회에 부산 지역을 양도함으로써 호주 장로회는 이후 부산과 경남 지역을 전적으로 맡게 되었다. 감리회의 경우 나중에 진출한 미국 남감리회가 서울, 송도, 원산을 중심으로 사역하다가 미국 북감리회와 1901년 협정을 통해 원산 지역을 넘겨받고 강원도 지역과 경기도 일부 지역을 맡았다. 장로회와 감리회 간의 분할 협정은 1905년부터 본격화되었다. 1905년에는 북장로회와 북감리회 간에 평안도와 황해도 지역을 분할했는데, 감리회는 영변, 진남포, 해주 일대를 담당하게 되었다. 1907년에는 북감리회와 남장로회 간에 충남과 전라도 지역에 대한 협정을 이루어, 공주 이북이 감리회 지역이 되었다. 1909년에는 충북과 강원도 지역에 대해 북감리회와 북장로회 간에 협정이 이루어졌는데, 청주 지역은 장로회, 원주와 충주 지역은 감리회 지역이 되었다.

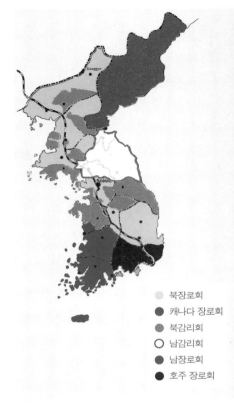

○ 북장로회
● 캐나다 장로회
● 북감리회
○ 남감리회
● 남장로회
● 호주 장로회

선교지 분할 협정에 따른 각 선교회의 영토(1909).

한국 개신교복음주의선교회연합공의회 조직

1905년 9월 11일에 이화학당 예배실에서 감리회와 장로회 선교사들이 모여 하나의 대한예수교회를 조직하기 위해서 복음주의선교회연합공의회를 창설했다. 이때 '복음주의'란 '개신교'의 의미였는데, 이를 분명하게 하기 위해 이듬해 2차 공의회에서는 '개신교'를 앞에 붙여 '개신교복음주의선교회연합공의회'로 명칭을 고쳤다.

이보다 앞서 장로회에서는 1889년에 미국 북장로회 선교회와 호주 빅토리아장로교회 선교회 간에 연합장로회선교회공의회를 결성했다. 임원진은 회장에 헤론 의사, 서기에 데이비스, 창립 위원에 알렌 의사, 기퍼드, 언더우드 등이었다. 그러나 호주의 데이비스 목사가 서울에서 부산까지 도보로 이동하며 전도하다가 천연두에 걸려 내한 6개월 만에 사망하면서 공의회는 사실상 해체되었다가, 미국 남장로회 선교사들이 도착하면서 1893년 1월에 재조직되었다. 이 장로회연합공의회는 "조선 땅에 개신교 신경과 장로회 정치를 사용하는 하나의 연합 교회를 설립"하는 것을 목적으로 삼았다. 이후 진출한 캐나다 장로회와 호주 장로회도 이 공의회에 가입했다. 이 공의회는 정치적 권한은 없었고 선교에 관한 사항을 논의하는 협의체였다. 그러나 1901년부터 한국인 조사들이 동참하면서 한국 전체 장로교회의 임명과 치리를 담당하기 시작하여 1907년에 독노회가 설립될 때까지 한국 장로교회를 실질적으로 통치하는 정치 기구 역할을 했다. 노회 조직 이후로는 4개 선교회가 단지 자문 기구로만 존재했다. 남자 선교사만 공의회 회원이 될 수 있었다.

이와 달리 감리회는 협의체를 구성하지 않았다. 1885년 내한한 미국 북감리회와 1896년에 들어온 미국 남감리회는 각자 독립적으로 활동하면서 교육, 문서 사업 등에서만 서로 협력했다.

러일전쟁 후 북한 지역 도처에 교회가 개척되고 급성장하면서 장로회와 감리회 간에 활동이 중복될 위험이 높아졌다. 동시에 많은 선교사들이 전도, 교육, 의료 사업에서 연합의 필요성을 제기했다. 이때 한국 미감리회를 책임지게 된 일본 주재 해리스 감독이 한국으로 몰려가는 일본 신도(神道)와 불교에 맞서 기독교 복음화를 앞당기기 위해서 한국에는 '연합'을 주문하고 미국 본부에는 새 선교사 29명 충원을 건의했다.

부흥운동의 불길이 번져가던 1905년 6월 서울에서 열린 북감리회 연회 교육사업 회의에 다른 교단들이 초대되었고, 이어 26일에 장감 연합사업 위원회가 벙커 목사의 집에서 열렸다. 결론은 장감이 연합하여 하나의 기독교회를 설립하자는 것이었다. 스크랜턴 여사는 "하나가 되게 하소서"라고 기도하신 구세주의 기도에 응답할 때가 되었다고 선언했다. 샤프는 다만 선교사들과 본국 선교부가 충분한 이타심, 넓은 마음, 성령이 주신 지혜를 가지고 있는지가 문제라고 말했다. 무어는 연합을 위한 오순절 성령의 역사를 강조했다. 헐버트는 단순한 기구 통합 대신 진정한 마음과 사랑의 연합을 강조했고, 스크랜턴 의사는 일치의 목적은 효율과 신속한 복음화임을 재확인했다.

1905년 9월 11일에 대부분의 주한 장감 선교사들이 서울에서 함께 모였다. 그 자리에서 6월 회의의 결정 사항이 낭독된 후 공개 토론에 들어갔다. 이때 무어가 다음과 같은 요지로 발언했다.

이전에는 연합 가능한 방도가 두 가지 길밖에 없다고 생각했다. 장로교인들이 감독제를 수용할 만큼 연합에 열성적이거나, 감리교인들이 연합을 위해서 장로회 정치를 수용하는 것이었다. 그러나 일본에서 사역하는 7개 감리회 선교회를 보면 일부는 감독제를 시행하고 나머지는 교구제를 신임하고 있다. 그들은 8년 임기의 교회 회장을 제외한 모든 목사들이 동등한 권리를 가지는 안으로 연합했다. 한국 장로회와 감리회도 유사한 방식으로 통합할 수 있다.[2]

선교회들은 별도의 회의를 거친 후 9월 15일 125명의 선교사가 참가한 가운데 한국개신교복음주의공의회를 조직했다. 그 주된 목적은 여러 연합 사업을 거쳐 한국에 단 하나의 개신교 기독교회를 세우는 것이었다. 전국적이고 복음적인 교회의 명칭은 '대한예수교회'(大韓耶穌教會)로 채택했다. 임원진으로 회장에 언더우드, 부회장에 스크랜턴, 서기 겸 회계에 벙커, 통계 담당에 밀러가 임명되었다. 공의회는 단일 교회 설립으로 가는 중간 단계였고 그 모델은 일본 기독교회였다.

MINUTES OF THE FIRST ANNUAL MEETING OF THE GENERAL COUNCIL OF EVANGELICAL MISSIONS IN KOREA.

A meeting of the Missionaries assembled in Seoul was held in Ewa Chapel, September 11th 1905, at 7.30 p. m., the object of the meeting being to discuss the feasibility of union along the various lines of evangelical work. Dr. H. G. Underwood was chosen chairman and D. A. Bunker secretary. After singing and prayer the minutes of the meeting of the committees appointed by the Presbyterian Mission, North, the Presbyterian Mission, South, Australian Presbyterian Mission, Canadian Presbyterian Mission, M. E. Mission, South, and the M. E. Mission, were read.

It was moved by Mr. Hulbert that the recommendations set forth in the minutes be considered as a whole. The motion was carried and a general discussion followed in which a goodly number took part.

Dr. Scranton moved that steps be taken looking toward the immediate formation of an evangelical council, to be composed of representatives of the various Protestant bodies in Korea. Carried.

Mr. Moore moved that those in session now organize themselves into an Evangelical Council. Carried.

Mr. Swallen moved that Friday the 15th inst. be set apart for the meeting of the members of all evangelical Missions in Korea in the capacity of a Council of Evangelical Missions; and that the chairmen of the committees already appointed by the different Missions act as a committee to arrange a program for the meeting and to draft an outline of a constitution for the Council. Carried.

대한복음주의개신교선교회공의회 제1회 회의록(1905).

2　S. F. Moore, "Steps toward Missionary Union in Korea," *Missionary Review of the World* (Dec. 1905), 904.

연합 논의와 연합 사업

복음주의공의회의 교리적 입장은 아르미니우스주의나 칼뱅주의와 같은 서구 기독교 역사에서 한시적으로 필요했던 신학들의 차이점보다는 시대 변화에 부합하면서 성경에 근거한 기독교 진리의 공통점을 강조하는 것이었다. 또한 "한국적 사고방식은 서구의 사고방식과 다소 다르고, 시간이 지나면 성경 진리의 해석과 적용에서 예상 밖의 새로운 어려운 점들이 발견될 수 있다. 그러나 그 자체로 아무런 열매도 없고 한국적 사고방식으로는 자연스럽게 발전되지 않을 신학적 논쟁들을 우리가 한국인들에게 부과하는 것은 너무나 터무니없는 짓이다"라고 이해했다.[3]

예컨대 "인간의 의지와 하나님의 주권 가운데 어느 것이 우선하는가와 같은 순수 철학적이고 학문적인 논쟁"을 핵심 교리에서 삭제하기로 한 것이다. 곧 아르미니우스주의와 칼뱅주의는 상호 보완적이므로 하나의 한국교회를 설립하기 위해 함께 손을 잡을 수 있다고 볼 정도로 그들의 신학 범주는 유연했다. 동시에 한국인의 사고방식에 토착화하는 한국적 교회를 만들려고 했기에 가급적 신조는 단순하게 만들려고 했다(이 입장은 1907년 장로회 독노회가 12신조를 채택할 때에 반영되었다. 12신조는 번잡한 웨스트민스터 신조의 엄격한 칼뱅주의를 지양하고 아시아 교회가 수용할 수 있는 단순한 형태로 했다. 예컨대 1조 성경관에서 축자영감설은 언급하지 않았다).

공의회는 만장일치로 연합 찬송가, 연합 교회 신문, 연합 선교사 잡

---

3 "Missionary Union in Korea," *Korea Review 5* (Sept. 1905), 342-43.

지를 발간하기로 결정했고, 교육·의료·전도 사업 분야에서 신속한 연합을 이루기 위한 위원회를 임명했다. 다만 단일 교회를 설립할 때까지 장감 두 교회는 자체 조직을 정비하기로 했다. 이후 1년간 전도·교육·의료·문서 사업에서 다양한 협력 사업이 진행되었다. 각자 발간하던 영문 월간지를 통합하여 1905년 11월 *The Korean Mission Field*를 창간했고 연합 출판사도 설립했다. 서울에서는 1906년 1월 말 구정 연휴 기간을 이용해 2주일간 연합 부흥회가 열렸다. 장감 연합 한글 주간지인 「그리스도신문」은 편집장에 장로교의 게일, 부편집장에 무어와 감리회의 케이블, 무스가 공동으로 봉사했다. 연합 찬송가가 출판되었으며, 평양의 숭실대학과 서울의 경신학교, 서울의 세브란스병원과 평양 제중원 역시 장감 연합 사업으로 운영되었다.

1906년 1월에 열린 1차 실행위원회는 연합을 위해 우선 교리적인 문제부터 검토하기 시작했다. 여기에 당시 캐나다에서 진행되던 장로회와 감리회의 연합이 참고가 되었다.

연합의 걸림돌과 실패

거의 모든 한국 교인들과 대다수 선교사들이 장로회, 미북감리회, 미남감리회 세 개 교회가 연합해서 하나의 대한예수교회를 설립하는 데 동의했지만, 통합 운동이 순조롭게 진행된 것만은 아니다. 선교사들 중에는 현실적인 이유를 들어 부정적인 견해를 비친 자들도 있었다. 1906년 8월 16일 자 「그리스도신문」을 보자.

그러나 이 각각 되는 병이 아직도 합창이 된 것같이 온전히 되지 못하였으니 우리들의 마음을 놓지 말고 힘써 기도할 것이로다. 우리나라 가운데 앞으로 교회 세울 것을 생각하면 감리[남감리]와 미이미와 장로 세 교회 각각 세울 길이 있고, 미이미교와 감리교가 합하여 하나만 세울 수도 있으며, 또 장로·미이미·감리 세 교회가 합하여 하나만 세울 수도 있는데, 어느 길로 가면 좋을지에 대해 형제자매들에게 말하라 하면 삼 교회가 합하여 우리 대한 가운데 예수교회 하나만 세우는 것이 좋다고 아니하실 이가 없을 듯하옵니다. 그러나 외국 형제 중에 합하기 어렵다고 생각하시는 이가 혹 있으니 장차 어떻게 될는지 아직 알 수 없도다.[4]

1906년 9월 제2차 공의회 연례회의에서 노블은 "교리의 조화"라는 논문을 발표했고 이를 위한 6인의 교리통합위원회가 구성되어 1년간 연구하기로 했다. 블레어는 "교회 정치의 조화"에 대한 논문을 발표했는데 이를 위한 6인 위원회도 구성되었다. 교리통합위원회는 "한국에서 감리회와 장로회의 교리 조화 작업에 어려움이 발견되지 않고 있으며 [캐나다 교회가 마련한] 교리를 이 나라 그리스도 교회의 교리로 삼는 것이 합당하다고 만장일치로 결의"했다.[5]

연합 신문인 「그리스도신문」은 9월 20일 사설에서 교직주의와 교파

---

4   "성경론: 하나히 될 것", 「그리스도신문」(1906. 8. 16), 772.
5   *The Second Annual Meeting of the General Council of Protestant Evangelical Missions in Korea* (Seoul: 1906); W. B. Harrison, "The Union Movement in Korea," *Korea Mission Field* (Sept. 1906), 201.

주의를 비판하고 교회보다는 하나님 나라 설립을 우선해야 하며, 나아가 천주교에도 하나님 나라의 백성이 있다고 주장했다.

> 또 한 가지 잘못 생각하는 것은 우리 마음이 좁으므로 흔히 생각하기를 내가 다니는 장로, 미이미, 감리회는 예수교회라, 하나님의 나라라 하되, 도무지 그렇지 아니한 것이오. 비유컨대 우리 각각이 다니는 교회는 하늘에 떠다니는 조그마한 구름 한 덩어리와 같은데, 예수교회는 온 세상을 덮은 하늘과 같으니라. 로마교[천주교] 가운데도 주를 믿고 의를 사모하는 자는 하나님 나라 사람이 되었으며 또한 후패한 희랍교 가운데라도 참된 교인도 있을지라.[6]

그러나 본국 교회들의 반대로 하나의 '대한예수교회' 설립은 연기되었다. 예를 들면 미국 남장로회의 체스터(Samuel H. Chester) 총무는 교파 간 연합은 다소 놀라운 일로 충격적이라고 반응하면서, 오순절과 같은 부흥을 겪고 있는 한국교회가 이상적인 연합을 추진하는 것은 자연스럽고 또 그런 열기에 찬물을 끼얹을 뜻은 없지만, 하나의 장로회와 감리교가 서로 다른 정치 형태나 신조에서 어떤 것을 취할지 물었다. 그는 중국과 일본처럼 하나의 장로교회 설립은 찬성했지만, 신조가 다른 감리교와의 연합의 경우 성경의 권위나 그리스도의 대속적 죽음에 대한 교리를 약화시킬 수 있다고 조심스러운 태도를 보였다.[7]

---

6 "성경론: 하느님이 쟉뎡ᄒ신 것", 「그리스도신문」(1906. 9. 20), 892-93.

7 S. H. Chester, "Church Union in Korea," *Missionary* (May 1906), 208.

또한 일제의 한국 보호국화로 인해 한국교회가 불안정한 상태에 처하게 되자 유아기의 교회를 보호하는 것이 우선이라고 판단한 각 선교회는 자파 교회 설립에 우선권을 두었다. 1906년 9월 북장로회 선교회는 연합 교회 설립을 1907년 독립 장로교회 설립 이후로 연기하기로 결정했다. 연합 교회를 설립하기 전에 장로회 노회를 설립한다는 방침이었다. 그러나 노회 조직은 연합을 가로막는 허수아비 역할을 했다. 선교사들은 연합 교회가 설립될 경우 한국인 2세대는 자신들이 전해준 신앙을 유지하지 않을 것으로 예상하고 교파 교회를 유지하는 쪽으로 기울었다.

그러나 1905년 복음주의선교회공의회 조직과 연합 사업은 한국교회사의 새 장을 여는 획기적인 운동이었다. 사실 1910년 이전에 내한한 미국 선교사들은 교파주의자가 아니었고 정통 교리에 얽매인 근본주의자들도 아니었다. 그들은 감리교와 장로회라는 교파와 교리 차이까지 쉽게 극복하고 한국에서 하나의 교회를 만들려고 했다. 이처럼 한국에 온 대부분의 선교사들은 교회관이나 교리적 입장에서 분리적 교파주의자나 전투적 근본주의자가 아니라 교회연합 정신의 소유자들이었다. 그들이 연합 운동을 전개한 배후에는 한국 교인의 강력한 일치 정신이 작용했음이 물론이다. 하나님께서는 선교지에서 새로운 일을 행하신다. 1905-6년 연합 성경, 연합 찬송가, 연합 잡지, 연합 대학, 연합 병원을 운영한 한국교회에 하나님께서는 1907년 성령 대부흥의 역사를 허락하셨다.

21

선천 기독교의 성장과 부흥

토착적·민족적·중산층적인 교회

20세기에 접어들면서 한국교회가 폭발적으로 성장하자 중국에서 활동하던 일부 선교사들은 그것이 거품이라고 일축했다. 평안북도 선천 (宣川) 선교지부의 경우 1901년에 75명이던 세례교인이 5년 만에 1,435명으로 늘어나 해마다 배가한 것으로 보고되었으므로 거품으로 간주될 수 있었다. 사실 1903년에 선천읍 주민 5,000명 가운데 10%인 500명이 벌써 교회에 나오고 있었고, 3년 후에는 교인 수가 주민의 20%에 가까운 1,400명을 넘었다. 이 무렵 주일과 장날이 겹치면 장날이 서지 못했던 곳이 바로 선천이었다. 1905-10년 기간의 1차 대부흥에 이어 1920년대 초에 제2차 대부흥을 이루면서 선천읍 주민 절반이 기독교인이 되었고, 선천은 '한국의 에딘버러'나 '한국의 시온' 혹은 '기독교의 왕국'으로 불렸다.[1]

초기 한국교회 성장을 대변한 선천 지역을 통해 부흥의 엔진이 무엇이었으며, 성장한 교회의 특징은 무엇이었는지 살펴보자. 과연 초기 한국교회의 성장은 거품이었고 감정적인 집단 개종에 불과했는가? 대부흥은 만들어진 신화였는가? 당시의 대부흥이 장마 후의 버섯과 같이 일시적으로 불어난 수적 성장이 아니라면 과연 어떤 질적 성숙이 동반

---

1 Hugh H. Cynn, "The Korean Young Men's Christian Association," *Christian Movement in Japan, Korea and Formosa* (Tokyo: Japan Times, 1925), 601; "巡廻探訪 13, 宣川地方 大觀 3", 「동아일보」(東亞日報), 1926년 7월 14일; "宣川 紹介: 市內人口의 五割이 敎人", 「동아일보」(東亞日報), 1928년 6월 13일.

되었는가? 과연 '문화 제국주의자'인 미국 선교사들이 뿌린 복음의 결과가 미국 교회의 이식이요, 비정치적이며, 한국 종교문화를 무시한 매우 보수적인 교회였는가? 이런 질문을 가지고 선천 지역 교회의 성장과 부흥을 살펴보고, 오늘 우리에게 필요한 부흥의 모습을 성찰해보자.

선천 기독교의 시작과 급성장

1905년 4월 경의선 철도가 개통되고 근대 문명의 상징인 기차가 선천역을 통과하면서 선천의 이름이 널리 알려지게 되었다. 그 전까지 선천은 압록강 국경 도시 의주에서 90리 남쪽에, 평양에서 북쪽으로 약 350리 지점에 있는 인구 3,000명의 성벽이 없는 작은 읍에 불과했다. 그러나 일제가 1904년 2월 러일전쟁을 시작하면서 전쟁수행을 위해 3월부터 서울-의주 간 철도를 부설하기 시작하여 1905년 4월에 경의선을 개통하면서, 선천역을 통과하는 기차의 기적 소리와 함께 선천은 세속사적 측면에서 중요해졌고 인구도 배로 증가했다. 러일전쟁 때 선천에서는 큰 전투가 없었으나, 러시아 군대와 일본 군대가 이곳을 차례로 지나갔고, 북쪽으로 50리가량 떨어진 용천 전투에서 들리는 대포 소리는 선천 주민의 간담을 서늘하게 했다. "왜귀는 철마를 타고" 왔다는 말이 있듯이, 일본 대포와 기차 소리에 중국 귀신과 조선 귀신은 혼비백산 도망갔고, 1905년 11월 18일 을사늑약으로 한국은 일본의 보호국으로, 이어서 식민지로 전락했다. 정치사회적으로 보면 전쟁과 전염병의 창궐과 더불어 나라가 망하는 총체적 위기와 고난 속에서 의지할 곳이 없는 일반 백성들이 선교사의 정치적 힘에 의지하여 생명과 재산을 보호하기 위해서 교회에 왔지만, 상당수는 신앙을 바탕으로 애국계몽 운동을 하면서 독립된 근대 국가를 만들기 위해 기독교에 입교했다고 할 수 있다.

한편 철도가 들어가기 전부터 이미 선천의 지리적 중요성을 간파한 장로회 선교사들이 1901년 의주 대신 선천에 이주하고 선교지부를 개설하면서 선천은 한국교회사적으로도 중요해졌다. 선천 땅을 제일 먼저 밟은 선교사는 언더우드 부부였다. 그들은 1887년에 신혼여행을 구실로 서울에서 의주까지 북한 전도여행을 하면서, 선천을 거쳐 의주를 방문하고 의주의 남자 신자 33명을 이끌고 압록강을 건너가 세례를 주었다. 이때 백홍준의 사위였던 김관근(金灌根, 1864-1913)이 세례를 받고 장인의 전도 사업을 도왔다. 이후 아펜젤러, 게일과 마페트, 스크랜턴 등이 차례로 선천을 거쳐 의주를 방문했다.

선천 지역 전도를 시작한 이는 선천의 첫 교인인 양전백(梁甸伯, 1870-1933)과 조규찬(趙奎燦)이었다. 의주 출신의 한학자인 양전백은 선천에서 가까운 구성(龜城)읍으로 이사하여 서당 훈장을 하던 자였다. 그는 한때 의주 유학자 이정로의 문하에서 경서 연구에 몰두하기도 했으나, 1892년 김관근의 전도와 권유로 서울에서 열린 조사 사경회에 참석하고 개종했다. 양전백은 1894년 마페트 선교사로부터 세례를 받았고, 1896년 위트모어(Norman C. Whittmore, 魏大模, 1870-1952)의 조사가 되었으며, 1902년 2월 남자 사경회 때 장로로 장립되었다. 후에는 평양신학교에 입학하여 1907년 장로교 첫 목사 7인의 한 명으로 장립을 받고, 1908년 여름 선천읍교회 동사목사로 임명되었다가, 1909년 3월 담임목사가 되었다. 이때 선천교회의 오전 주일학교에 등록한 교인 수는

2,000명이었다. 그는 이후 평북 지역의 교회와 민족 지도자로 헌신했는데, 선천교회와 신성학교의 터를 닦고 집을 세운 기둥과 같은 인물이었다. 조규찬도 "선비로 공맹의 유전을 공부하여 지명하던 문사로 발전하더니 예수를 믿은 후로 상주의 은혜를 많이 받아" 주변에 전도한 결과 믿는 사람이 늘어 선천에 회당을 정하고 주일예배를 시작했던 자였다. 이처럼 선천의 두 지도자는 양반 가문의 선비 출신이었다. 의주와 선천 지역에서 초기에 입교한 자들 가운데 양반층 관리나 부유한 상인들이 많았던 것도 이들의 지도력과 무관하지 않았다.

선천에서 교회가 시작된 해는 1897년이었다. 이 해에 평안북도 지역의 첫 선교사로 임명받은 위트모어 목사가 가을에 조규찬과 양전백의 도움을 받아 집 한 채를 매입하고 선교를 시작했다.[2] 위트모어 목사는 뉴욕 파크 대학과 그리니치 대학을 거쳐 예일 대학(1892)과 뉴욕 유니언 신학교를 졸업(1895)한 후 예일 대학에서 박사과정을 공부하다가 선교사로 헌신하여 1896년 10월에 미혼으로 한국에 왔다. 그의 헌신과 지도력을 인정한 한국 선교회는 그를 평안북도의 개척 선교사로 임명했다. 위트모어는 1899년 읍의 남쪽에 집 한 채를 매입하여 예배 처소로 사용했다.

1901년 9월 한국 장로회 선교회는 교인이 많은 의주 대신 선천에 선교지부를 개설하기로 결정했다. 그것은 의주가 국경에서 가까운 반면 선천은 많은 지역을 쉽게 관리할 수 있다는 전략적 판단 때문이었다. 10월에 위트모어 목사와 샤록스 의사 부부가 선천으로 이주하면서

---

2   Alice Fish Moffett to F. F. Ellinwood, Apr. 29, 1899.

선교지부가 정식 개설되었다. 샤록스(Alfred M. Sharrocks, 謝樂秀, 1872-1919) 의사는 샌프란시스코 출신으로 미주리의 파크 대학을 졸업했으며, 1899년 내한하여 세브란스병원에서 의학교수로 잠시 일하다가 평양으로 전임했고 곧 선천에 파송되었다. 선천 선교지부는 박천에서 정주, 선천, 용천, 의주를 거쳐 압록강 변의 삭주, 구성, 강계 지역을 관할했다.

1901년 10월에 레크(George Leck, 1870-1901) 목사 부부가 파송되었고, 12월에는 체이스(Marie L. Chase) 양이 도착했다. 그러나 노바스코샤 출신으로 오번 신학교를 졸업한 경건한 레크는 압록강을 따라 눈보라를 헤쳐가며 걸어서 강계까지 전도하고 돌아오는 길에 천연두에 걸려 1901년 성탄절에 운산광산병원에서 사망했다. 그는 사역 시작 1년 만에 평북 선교를 위한 첫 산제물이 되었다.[3] 그가 벽동에서 전도할 때 65세 된 풍수 지관이 자신의 책을 다 불사르고 40리를 걸어와서 학습을 받기도 했다. 한편 이 무렵 미국 공사관 서기로 근무하다가 대한제국의 내부 고문이 된 샌즈(W. F. Sands)가 의주까지 여행하다가 장티푸스에 걸렸는데 이를 샤록스 의사가 치료하자, 그때까지 기독교에 대해 반감을 품고 있던 선천 현감은 샌즈가 "고종 앞에 서 있던" 자라는 사실 때문에 태도를 바꾸어 친기독교적인 태도를 취했다.

1902년 여름에는 콜레라가 창궐했는데 선천에는 사망자가 전혀 없었다. 의사의 지시대로 집 안팎의 위생과 청결을 철저히 실시한 덕분이었다. 1902년 10월에는 컨즈(Karl E. Kearns) 목사 부부와 간호사 쉴즈(Esther L. Shields) 양이, 11월에는 맥코믹 신학교 출신의 로스(Cyril

---

3 Mrs. Leck, *In Memory of George Leck* (New York: 1902).

Ross) 목사 부부가, 1903년 10월에는 새뮤얼(Jane Samuel) 양이 파송되었다.

1902년 7개의 순회 구역이 정해졌는데, 선천·구성 중앙 구역은 양전백 조사, 선천 동부는 강재근 조사, 용천·철산은 정기정 조사, 의주 서부는 김창근 조사, 의주 동부는 김관근 조사, 삭주·창성·벽동은 한덕룡 조사 등이 맡았고, 강계 구역이 있었다. 전도부인 김기반(金基盤)은 주로 불신자 전도를 담당했으며 주일학교 여자반 건물을 헌납한 선천 교회의 어머니였다. 전도부인 감신삼은 체이스 양과, 전도부인 박미도는 새뮤얼 양과 동역했다. 1903년에는 기독교 서점이 설립되어 성경과 전도책자를 공급했는데, 성서공회와 선교회가 절반씩 부담하여 김덕선에게 책임을 맡겼다.

보고 시점	미조직 교회(곳)	입교인 (명)	1년간 수세자(명)	학습교인 (명)	1년간 학습자(명)	총 교인 (명)
1902년 7월	44	677	267	1,340	696	3,429
1903년 7월	61	1,027	367	1,646	740	4,537
1904년 7월	57	1,265	310	1,792	536	5,119
1905년 7월	60	1,958	711	1,952	948	6,507
1906년 7월	78	3,121	1,164	3,020	2,297	11,943

[표1] 선천 선교지부의 성장(1902-06)[4]

위의 표에서 보듯이 러일전쟁 직후 1905년 한 해 동안 선천 지부의

---

4 *The Report of the Board of the Foreign Missions of the Presbyterian Church in the USA* (New York: Board of Foreign Missions of PCUSA, 1906), 280.

교인이 폭발적으로 성장하자, 집단 개종의 거품 성장이라는 비판이 비등했다. 그러나 1906년 선천교회 건축 현장에 있던 샤록스 의사는 1년간의 성장을 다음과 같이 분석하면서 '거품론'을 반박했다.

작년에 선천 선교지부의 교인은 6,507명이었다. 올해는 11,943명이다. 매달 453명씩 12개월 동안 어디서 5,436명이 왔는가? 이것이 소수 선교사의 결과일 수 있겠는가? 혹은 지역 전도인들에게 지급한 72달러에서 나온 결과라고 할 수 있겠는가? 한국교회가 자급하는 15명의 전임 전도사가 있다. 일반 신자들은 자원 전도나 특별전도 활동을 하기 위해 총 8,200일을 서원했다. 지난 1년간 1,164명이 세례를 받아 매 주일 평균 22명, 매달 100명의 세례교인이 생겼다.…따라서 한국교회는 자전한다고 볼 수 있다.…그 비밀은 무엇인가? 이 결과를 산출한 중요한 한 요인이 있다. 처음부터 한국인들은 복음 전파와 교회 성장이 우리 선교사의 일이 아니라 자신들의 일이라고 믿도록 배웠다.…어느 누구도 돈을 동기로 교회에 온다고 생각하지 않는다. 1,200석의 새 교회당도 이런 노선에서 건축하고 있다.…한국 '양반'이 옛 의복을 벗고 일하는 것은 새 시대의 분명한 상징이다. 위엄 있는 교회 직원에서부터 아래로 초신자까지 빈부상하를 막론하고 함께 먼지와 열기 속에서 웃으면서 이 힘든 일을 가볍게 해나가고 있다.…이런 정신이 배후에 있는데 어찌 성장하지 않겠는가?[5]

---

5   Alfred M. Sharrocks, "The 'Bubble' at Syen Chun," *Assembly Herald* 12 (Nov. 1906): 547.

초신자는 학습반에 들어가 1년 이상 성경, 기독교 기본 교리, 세례 신청자를 위한 요리문답인 「위원입교인 규도」를 배웠다. 세례를 받기 위해서는 기독교인으로서 살고 있다는 다음과 같은 증거가 있어야 했다. ① 한글 해독: 성경을 읽기 위해서, ② 주일 성수: 추수기에도 주일예배에 참석해야 함, ③ 금지 사항: 제사, 굿, 축첩, 술 취함, 담배 피우기, 노름, ④ 매일 가정 기도, ⑤ 청년의 경우 자립을 위한 노동, ⑥ 전도: 최소한 한두 명을 전도해서 교회에 인도해야 함. 동시에 입교인이 된 경우에도 2항과 3항을 어길 경우 책벌을 내렸는데, 약 3%의 입교인이 치리를 받았다. 예를 들면 1902년에 "5명의 입교인이 수찬 정지(修餐停止), 5명이 출교(黜敎), 6명의 학습교인이 등록 자격이 박탈되었다."[6] 따라서 샤록스는 선천 지부의 성장은 거품이 아니라 확실한 성장이라고 확신했다. 술과 담배를 끊고 성실히 노동하고 안식을 지키면서, 더 나은 추수나 수입으로 복을 주실 하나님을 믿는 농민들과 상인들이 형성되기 시작했다.

1906년에 완공된 선천읍교회.
1911년 노회 모습(이때는 선천
북교회로 양전백 목사 담임).

---

6 *General Report Syen Chun Station, 1901-1902*, 24.

급성장의 엔진
자발적 희생인 날연보와 성미

선교사나 조사의 지도력도 중요했지만 교회 성장의 핵심 동력은 일반 교인들의 자원과 헌신 및 희생 정신이었다. 신자가 되고 전도하고 교회를 짓는 모든 일을 한국 교인 스스로 이루어냈다. 1904년 11월 철산과 선천 사경회에서 처음으로 한국교회의 날연보(day offering) 전통이 시작되었다. 선천읍교회는 1904년 봄부터 15개월간 일본군 사령부로 사용되었다. 그럼에도 불구하고 전쟁이 끝난 1905년 8월 선천 지부에는 60개의 교회(미조직교회 포함)에 6,507명의 교인이 존재했다. 1년 전과 비교하여 1,388명이 증가했는데 711명이 새로 세례교인이 되었고 938명이 학습교인으로 새로 등록했다. 58명이 사역자로 고용되어 있었는데 46명의 전액 봉급과 7명의 반액 봉급을 자급으로 해결했다. 전쟁의 공포가 지나간 1904년 후반부터 전도 열기가 타올라 1904년 사경회에서는 350일을 날연보로 드렸다. 곧 가난한 형편으로 전도인을 위한 연보를 할 수 없는 자들이 농한기를 이용해 집을 떠나 기독교인이 없는 마을에 가서 5-10일간 전도하겠다고 서약했다. 자비량 전도의 서약은 6개월 안에 시행하는 조건이었다.[7] 선천의 모범은 곧 주변 지역으로 퍼졌다. "여기에는 남자뿐만 아니라 여자도 참석했다. 그 결과 [1905년] 3개월간 이 [평안북]도의 전 지역에서 약 3,000일의 자원 전도가 이루어

---

7 C. E. Kearns, "One Year in Syen Chun Station," *Assembly Herald* (Nov. 1905), 602.

졌다. 그 결과는 이루 헤아릴 수 없다."[8]

위의 [표1]에서 보듯이 1년 후인 1905년 7월 선천 지부에는 11,943명의 교인이 존재하게 되었다. 1년 만에 5,436명의 교인이 증가했다. 그것은 8,000일 날연보의 결과였다.[9] 1905년 봄에는 선천에서 625일, 의주에서 524일, 초산과 강계에서 720일을 교인들이 날연보로 헌신했다. 전도인을 고용하는 대신 교인들이 서로 날을 품앗이하여 전도하는 한국식 자전(自傳) 방법인 날연보는 이후 평안도는 물론 한국 전역으로 확대되었다.

1906년 1월에 서울, 평양, 선천 세 곳에서 사경회가 열렸을 때 "참석한 형제가 서울은 400명이요, 평양은 800명이요, 선천은 1,050명인데 선천에서는 십 일 동안 유하는 비용을 각각 자비로 하였다."[10] 이제 선천은 한국 최고의 기독교 지역으로 자리매김하고 있었다. 선천읍 예배당은 1906년 10월에 장대현교회와 동일한 크기인 76간 'ㄱ'자로 완성되었는데, 총공사비 44,100냥(2,000달러)은 한국인이 부담했다. 1906년 8월에 쓴 집사 안준의 글을 보자.

선천읍에 교회 선 지가 십 년이요, 서양 목사도 여러 분 있어서 인도하니 각처에서 큰 교회인 줄로 생각하나, 실상은 그렇지 못한 것이 교인의 총수를 근일에 상고하니 세례인이 364인이요 원입교인이 320여 명이요 함께 예배하는 형제자매를 통계하면 7세 이상이 1,100여 명뿐이오며, 예배당을 특별히 짓지 못하고 여러 해 동안 평상한 집을 사서 중

---

8 Ibid.

9 A. M. Sharrocks, "The 'Bubble' at Syen Chun," 547.

10 「그리스도신문」(1906. 4. 19).

수하고 모였는데, 심히 좁아 남녀노소가 함께 모이지 못하고 주일 아침 공부는 남녀가 체번하고 오후 예배는 두 곳에 나누어 보았으나 오히려 문밖에 서는 자가 수백 명인지라. 수년 전부터 새 예배당을 지어볼 생각으로 개미가 쌀알 모으듯 한 돈이 겨우 삼만여 량이라. 집 지을 예산은 부족하되 이미 터를 닦고 윤사월 25일에 어간 주춧돌 놓는 예식을 행할 때에 남녀교우와 구경꾼까지 수천 명이 모이고 서울 계신 빈턴 의사와 장로 양전백 씨가 연설한 후 각 위원들이 주춧돌을 들고 표적될 물건을 넣으니 곧 집 짓는 사기(史記)와 천여 명 신도의 성명록과 신구약과 찬성시와 대한국 여러 가지 돈과 태극기와 선교회 사기와 연전에 전도하시다가 운산군에서 세상을 떠난 미국 목사 레크 씨의 사진이라. 이날에 형제자매의 안색을 보니 기쁨을 이기지 못하며 환난 중에 은근한 위로를 받고 압제 아래 특별한 자유를 얻었다. 집 지을 재정의 부족함을 듣고 다시 연보하기를 일시에 원하는 고로 그 이튿날 주일 오후에 소원대로 연보할 새, 일장 광경을 비유컨대 해 나고 비 오는 것 같이 구석구석 우는 눈물 감격함을 못 이기고 아이 어른 기쁜 소리 자연이 요란하며, 처녀 각시 돌아보니 아끼고 사랑하던 각색 패물 은지환을 다투어 팔아내며, 여러 형제 시계들도 시세 좇아 떨어지오. 은전 백전 모든 재물 모아놓고 통계하니 은지환은 21쌍, 각색 패물 12가지, 시계 합수 11개요, 이날 연보한 수효는 5,300여 량이올시다. 타처 형제들의 열심 하시는 데 비하면 매우 부끄럽지만 쇠잔한 산곡에 가난한 형제자매의 형편을 생각하면 또한 감사함을 마지못하나이다.[11]

---

11 「그리스도신문」(1906. 8. 16).

1900-01년에 20% 이상의 건축비를 미국 교회로부터 원조받아 건축한 평양의 장대현교회와 달리 동일한 크기의 선천읍교회는 분에 넘치는 자발적이고 희생적인 연보를 통해 자체 재정으로 건축했다.

예배당 건축을 위해 한두 해 재정적 희생을 감수했다면, 성미(誠米)는 장기간 매일 실천한 작은 희생이었다. 성미는 농민이 주 교도였던 천도교에서 5관(五款)의 하나로 시행했는데, 비슷한 시기에 교회도 성미를 모아 고용한 전도인의 생활비로 사용했다. 당시는 쌀이 귀한 때였고, 평안북도에서는 더더욱 쌀이 귀했다. 일반 교인들이 방문할 수 없는 산간 오지나 멀리 떨어진 지방으로 파송할 전도인을 위해서, 여자 교인들은 아침이나 저녁에 밥을 할 때마다 적은 쌀에서나마 한 숟가락씩 떠서 작은 '예수 자루'에 모았고, 그 봉지가 차면 교회로 가져가서 헌물했다.

따라서 샤록스는 한국교회 성장은 거품이 아니라 향후에도 지속될 확고한 성장이라고 증언했다. 그러나 1907년 부흥 운동의 물결이 평안도 지역을 휩쓸고 교회 성장에 가속도가 붙자 외국에서는 한국교회의 성장은 거품이다, 버섯이다, 무식하고 가난하고 감정적인 농민들의 집단 개종이라고 비판했다.

자치 공동체

한국교회의 급성장과 대부흥에 대한 다른 비판은 선교사가 교회를 지배하고 한국인의 자치가 연기되었다는 것이다. 장로교회의 경우 신학

교가 1901년에 가서야 설립되고 교과과정도 성경공부 위주여서 목회
자는 사회 지도자로서 교양이 부족하고 교육 수준이 낮다는 비판이 제
기되었다. 한국교회 성장에 자치가 없었다면 자급과 자전은 선무당에
불과하므로 이 비판을 재검토해볼 필요가 있다. 다만 신학 교육 문제는
별도의 토론이 필요하므로 생략한다.

1906년에 쓴 샤록스 의사의 글을 계속 살펴보자.

> 앞에서 말한 대로 선천 지부에는 78개 교회에 11,943명의 교인이 있
> 다. 이 교회들은 넓은 지역에 흩어져 있고, 무급 영수들이 담당한다.
> 이 교회들은 13개 시찰로 조직되어 13명의 조사가 돌본다. 그들은 4
> 명의 목회 선교사가 감독하는데, 2명은 올해 안식년 휴가로 없고 다른
> 한 명은 현재 한국어를 배우는 중이다. 이 선교사들이 78개 교회의 약
> 12,000명을 적절히 목회할 수 있겠는가? 한국교회는 실제로 거의 자치
> 한다고 할 수 있다.[12]

그의 말은 한국 교인의 자전과 자치로 인한 급성장이 실제적인 자
치를 이끌어냈다는 것이다. 느리게 성장한 다른 나라의 선교지에서는
소수의 교인으로도 장로와 목사를 세우고 노회를 조직하는 것이 장로
교 선교의 관행이었다. 그러나 한국 장로교회는 1907년 노회가 조직되
고 7명의 목사가 장립되기 전까지는 오직 선교사만 목사였고 그들만

---

12 Alfred M. Sharrocks, "The 'Bubble' at Syen Chun," *Assembly Herald* 12 (Nov.
1906): 547.

이 치리를 담당했다. 전통적인 장로교 정치 조직에서 보면 이는 '비정상'이었다. 한국에서는 처음부터 조직은 최하위 순위였고 외형적 기구보다 내적인 생명을 중시했다. 초기 한국 장로교회 현장의 교회론은 회중교회와 자발적인 선교단체 조직에 장로교 정치제도가 혼합된 형태였다. 그 결과 장로가 있는 조직교회(church), 영수와 집사만 있는 반조직교회(chapel), 일반 교인들만 있는 미조직교회(group)의 세 가지 교회 형태가 공존하게 되었는데, 도시와 읍 단위에서는 조직교회로, 시골 교회는 영수가 설교하는 반조직교회 형태로 존재했다. 영수는 학습자와 수세자를 일차로 심사했고, 선교사는 1년에 한두 차례 방문하여 한나절 동안 수십 명을 간단히 문답한 후 의식을 베풀었을 뿐이었다. 치리 역시 교회 사정을 잘 아는 영수나 조사의 의견에 따라 선교사가 결정하는 형식을 밟았다. 이처럼 초기 장로교회의 특징은 서리 제도에 있었다. 성례를 제외한 목사직을 담당한 서리 남자 목사인 조사(助事, helper), 서리 여자 목사인 전도부인(Bible woman), 서리 남자 장로인 영수(領袖, leader—뒷날 서리 여자 장로인 권사가 추가됨), 그리고 서리 남녀 집사(steward)가 있어서, 장로교 3대 교직인 목사, 장로, 집사 모두 안수받지 않은 자들이 교회를 이끌어나갔다. 그래서 빈턴은 1900년에 한국교회는 "거의 자발적이고 비조직적으로 목사 없이 성장했으나, 세계 역사상 가장 사도 시대의 모델에 가깝고 활기차게 자립하며 자전한다"고 지적하면서, 문제는 넘치는 교인을 어떻게 지도하고 훈련할 것인가라고 질문했다.[13]

---

13 C. C. Vinton, "The Latest Advance in Korea," *Missionary Review of the World* (May 1900), 368.

사경회 공동체

자치를 위한 전 교인 훈련은 사경회를 통해 이루어졌다. 유교 정부의 통치 하에서 개인의 목소리를 낼 수 있는 기회가 적었던 한국인들이 교회를 조직하고 자치하게 되었을 때 문제가 발생하지 않을 수 없었다. 민주주의 훈련이 안 된 상태에서의 자치는 혼란과 개인주의를 야기할 수 있었다. 그래서 1-2주일간의 사경회 기간 동안 오후에 토론회를 마련해서 교회 정치와 조직, 교회 부동산 관리, 재정 모금과 관리, 학교 운영, 행정, 영수의 의무 등을 익히도록 했다. 또한 토론회에서는 교회와 정부의 관계, 학교와 여자 교육, 혼인과 조혼, 제사, 가정 경제, 묏자리와 풍수 등 다양한 문제들을 토론함으로써 많은 곤란한 현안들을 스스로 해결하는 힘을 기르도록 했다. 이렇듯 전 교인의 전도인화와 전 교인의 교회 참여를 위한 방법이 사경회 훈련이었다.

선천에서 첫 남자 사경회는 1898년 12월에 75명이 참석한 가운데 위트모어와 마페트의 지도로 열렸다. 1903년 2주일간의 구정 사경회에는 500명이 참석했는데, 그중 300명이 240마일(800리) 떨어진 강계에서 걸어서 왔다. 그것은 그때까지 한국에서 열린 사경회 중 제일 큰 모임이었다. 선천의 첫 여성 사경회는 1901년 5월 말에 열흘간 베스트 양, 샤록스 부인, 양전백 조사의 지도로 123명이 참석한 가운데 열렸다. 이 첫 부인 사경회에는 의주에서 16명이 왔고, 멀리 수백 리 떨어진 삭주와 창성 지방에서도 걸어서 왔다. "혹 쌀을 머리에 이고 온 이도 있고 혹 돈을 가져다가 밥을 사 먹는 이도 있으니, 그 동네 사람이 보고 이상이 여겨 와서 묻되 우리가 보니 명절도 아닌데 먼 데 사람과 가까운 데 사람이 날마다 모이니 이것이 무슨 뜻인가 하거늘, 여러 자매들이 예수의 도를 전하였다 하오. 이 자매 중에 60여 명은 도를 믿은 후에 국문을 배워 책 볼 줄을 아는 자라 하니, 이처럼 열심을 먹고 하나님의 뜻을 알고자 하는 것을 보는 우리는 주 앞에 감사한 마음이 없을 수 없소."[14] 1902년 4월의 사경회에는 181명이 참석했다.

쌀자루와 이부자리를 이고 지고 수백 리 길을 걸어와서 한글을 배우고 성경을 배운 사경회는 완전한 자급의 공간이었고, 여러 지방에서 모인 교인끼리 함께 숙식을 나누고 교제함으로써 공동체 의식이 자라는 공간이었다. 옛날 유대인들이 예루살렘 절기 축제 때 거룩한 도성으로 순례를 갔던 것처럼 1년에 한두 번씩 도시 교회로 가는 사경회는 신령한 축제, 거룩한 경험을 위한 순례였다. 특히 여자들은 가부장제의 집안일에서 벗어나 일주일간 자유로운 공간에서 말씀의 잔치, 배움의 잔치, 기도와 찬양의 잔치, 교제와 전도 훈련의 잔치를 맛봄으로써 한 개인, 한 인간으로서의 자아 정체성을 확인하는 환희의 시간을 가졌다. 사경회에 참석한 의주의 한 부인은 "한국에서 여자란 무엇인가? 개와 돼지를 만든 후 할 일이 없어서 만든 게 여자다"라고 자신들의 처지를 말했다. 그만큼 복음에 대한 여자들의 반응은 놀라왔다.

선천 선교지부의 자급 교회들(1911). *Korea Mission Field* 9월호 표지.

---

14 「그리스도신문」(1901. 8. 1).

개종의 경제적·정치적 동기
서북 상인층과 자본주의와 항일 민족주의

평안북도 선천 지역 교회가 급성장한 또 다른 이유는 '신흥 중산층'인 상인들의 합류였다. 20세기 초에 북한 지역에서는 국경 무역상인과 소매상, 무반(武班), 광산업자, 기독교인들이 신분 상승을 이루었는데, 이 네 계층으로 구성된 교회가 의주와 선천 지역에서 급성장했다.[15] 개신교는 그들의 부 축적을 노동의 존엄성, 세속적 직업 소명 의식, 근검절약의 윤리, 합리적 금욕주의 사상으로 축복했다. 선천역이 개통된 이후 읍에는 소매상점을 가진 자영업자, 공장을 운영하는 제조업자, 금광 사업가들이 점차 증가했다.

1894년 비숍 여사가 언급했고, 1901년 브라운 총무가 한국 방문 후에 동의했듯이, "좋은 정부가 있고, 공정한 기회가 주어지고, 기독교적 도덕을 기초로 한다면" 한국인은 훌륭한 민족이 될 수 있었다.[16] 첫 조건과 관련하여 1890년대 후반 서북 지방에서는 매관매직으로 부임하는 군수를 거부하는 운동이 강하게 일어났다.

이번에 새로 난 북도 군수 중에 어떤 유세력한 양반 한 분이 말하되 예

---

15 좀 더 자세한 논의는 다음 두 책을 보라. Kyong Moon Hwang, *Beyond Birth: Social Status in the Emergence of Modern Korea* (Cambridge, MA: Harvard University Press, 2004), 248-89; Sung-Deuk Oak, *The Making of Korean Christianity* (Waco, TX: Baylor University press, 2013), 225-35.

16 A. J. Brown, "Politics and Missions in Korea," *Missionary Review of the World* (Mar. 1902), 188.

수교 있는 고을에 갈 수 없으니 영남 고을로 옮겨 달란다니, 어찌하여 예수교 있는 고을에 갈 수 없나뇨. 우리 교는 하나님을 공경하고 사람을 사랑하는 도라, 교를 참 믿는 사람은 어찌 추호나 그른 일을 행하며 관장의 영을 거역하리요. 그러나 관장이 만약 무단히 백성의 재물을 뺏을 지경이면 그것은 용이히 빼앗기지 아닐 터이니 그 양반의 갈 수 없다는 말이 이 까닭인 듯[17]

동학운동 실패 후에 반봉건 의제는 개신교가 담당했다. 비록 서북 지역에서 동학도와 개신교도 간, 천주교인과 개신교인 간에 갈등이 있었으나, '좋은 정부'를 위한 노력은 경향 간에 독립협회 운동과 함께 특히 서북 지방에서 강하게 일어났다. 이는 선교사의 치외법권에 의지한 측면도 있지만, 경기 북부와 황해도 남부 지역과 달리 평안북도에서는 상인을 중심으로 한 신흥 중산층의 반부정부패·반봉건의식의 발로였다. 이 의식은 침투해 들어오는 일본 상인 세력에 대한 저항과 항일의식으로 자연스럽게 발전했다. 따라서 1905년부터 1910년까지 위의 세 가지 조건이 상대적으로 강했던 선천-의주 지역에서 중산층 상인층과 상류층 자본가들이 성장했다. 그들의 자녀는 신성중학교와 보성여학교에서 교육을 받고 1910년대에 개혁적인 청년 민족주의자로 성장했으며, 1920년대에는 일본이나 미국에서 대학 교육을 받고 귀국하여 엘리트 중산층으로 자리를 잡았다.

러일전쟁 후 애국계몽운동 기간 동안 근대 독립 국가를 지향한 기독교 민족주의는 한국 개신교 성장의 결정적 요인의 하나였다. 선천

---

17 「대한크리스도인회보」 3-9호(1899. 3. 1).

에서 양전백과 한국 교인들은 1906년 2월에 남자 초등학교를 설립했
으며, 1909년에는 새 건물 증축과 함께 신성중학교(信聖中學校, Hugh
O'Neil School)를 설립했다. 교장인 맥큔(George S. McCune, 尹山溫)은
미주리의 파크 대학 출신으로 3-H(Head, Heart, Hand) 교육, 곧 지성과
도덕과 산업 교육의 삼자 통합을 강조했다. 그러나 신성의 한국인 교사
들은 1907년에 비밀리에 구성된 결사조직인 신민회 회원들로서 학생들
에게 기독교 민족주의 정신을 고취했다.[18]

따라서 총독부는 신성을 중심으로 한 기독교 민족주의자들을 탄압
하기 위해 105인 사건을 조작했다. 곧 1911년 압록강 철교 개통식 때 선
천역을 방문한 데라우치 마사다케 총독을 신성중학교 학생들과 교사들
이 암살하려고 모의했다며 700명을 검거했을 때, 가장 먼저 체포·구금
된 자들이 신성중학교 학생들이었다. 지금까지 주로 신민회 지도자들을
중심으로 105인 사건을 바라보았으나, 학생 운동으로서의 105인 사건을
재평가할 필요가 있다.

신성중학교(1910).

---

18 백낙준, 이대위, 계병호, 박형룡, 김양선, 장준하, 계훈제 등이 신성중학교 출신이다.

ⓒ누성북

105인 사건으로 1년간 감옥생활 후 석방된 신성중학교 학생들(1912년 9월).

　　평안북도의 작은 마을 선천이 기독교를 받아들이면서 수백 만 평안
북도 주민과 만주 거주 한인들의 구원을 책임지는 마을로 변했다. 베들
레헴 작은 고을이 구세주를 낳았듯이, 500년간 조선 정부에서 천대받던
평안도 선천에 복음의 밀알이 떨어지자 수백 수천 배 결실이 맺혔다.
선천처럼 초기 한국교회는 다른 사람을 위한 헌신과 희생, 자급·자전·
자치의 토착화, 그리고 교회 일치와 반봉건 항일 운동까지 충만한 생명
력을 이룩하면서 급성장하는 역사를 이루었다. 그것은 거품 성장, 서구
모방, 경쟁과 분열, 사회문제 외면 속에 생기를 잃고 쇠퇴하는 현재의
한국교회가 새롭게 되살려야 할 귀중한 유산이다.

22

초기 한국교회가 급성장한
이유

이번 장에서는 초기 한국교회의 정체성과 교회론과 민족주의의 문제를 살펴보자. 이 주제는 초기 한국 개신교가 왜 급성장했는가 하는 문제와 맞물려 있다. 즉 초기 한국교회가 교회론이 약하고 현실도피적인 신앙으로 서구화된 교회였다면 대한제국이 근대 민족국가 수립을 위해 몸부림쳤던 개항기에 성장할 수 없었기 때문이다. 사회학이나 거대 담론 입장에서는 1910년 이전 초기 한국 개신교 성장의 2대 요인으로 기독교 민족주의(Christian nationalism) 형성과 기독교 문명(Christian civilization) 보급을 든다. 곧 정치적 요인과 문화적 요인이다. 필자는 여기에 기독교 토착화(Christian indigenization)를 더하고자 한다. 필자는 기독교 토착화를 한국 개신교 성장의 3번째 요인으로 본다. 곧 초기 한국 개신교가 민족적·근대적·토착적인 종교로 발전해 급성장했다는 것이다. 개신교는 민족의 문제에 참여적이었고, 봉건적 가치를 부정했으며 근대적 가치인 자유와 평등(자본주의·과학기술·민주주의)을 추구하는 새로운 문명을 소개했다. 동시에 전통 종교들에서 접촉점을 찾아 기독교화하는 현지화를 이루었다. 그리하여 개신교는 한국의 근대 신흥종교로 자리 잡았다.

기독교 민족주의 지도자들(1896-1910).

서재필   윤치호   이승만   유길준

안창호   길선주   장인환   우덕순

한국 초기 개신교 민족주의 지형도

서구 기독교 국가들은 근대 선교의 과정에서 아프리카나 아시아 나라들을 식민지로 만들었다. 그러나 한국은 선교국(서양 국가들)과 식민국(일본)이 달라 기독교인으로서 민족주의자가 될 수 있는 공간이 생겼다. 물론 전 세계 기독교 선교에 존재하고 있는 식민성과 문화 제국주의와 오리엔탈리즘 요소가 있었지만, 한국은 상대적으로 민족성을 담아낼 수 있었다. 을미사변 이후 허약해진 고종이 대한제국을 수립하자 민족주의자들은 충군애국 운동(황제 탄신일 기념식, 조선 건국일 기념식, 애국가 작사 운동, 태극기 게양 운동 등)을 전개해 고종 황제의 권위를 높였고, 새

롭게 '만들어가는' 근대 민족국가 형성에 기여했다. 1897-98년 독립협
회와 만민공동회에는 개신교 선교사(아펜젤러, 언더우드 등), 한국인 개신
교 지도자(서재필, 윤치호 등), 청년들(배재학당의 이승만 등), 지방 유지들
(평양의 길선주, 안창호 등)이 참여해 국권과 민권을 고양하였다.

　　1905년에 체결된 을사조약 이후에는 기독교 항일 운동을 전개했다.
1905년 반일 시위를 주도한 평양의 교인들이나 상동청년회(전덕기, 김
구 등)의 활동, 1907년 일부 개신교인의 의병 전쟁 참가(구연영 등), 의병
운동의 일부로서 친일파 척결 암살 활동(1908년 전명운과 장인환의 스티븐
스 저격, 1909년 우연준의 이토 히로부미 통감 처단 참가) 등의 과격한 기독교
민족운동이 있었다. 그와 함께 온건한 교육 애국계몽 운동(YMCA와 여
러 학교들), 그리고 기독교인이 중심이 된 비밀결사체인 신민회(新民會)
운동도 진행됐다. 초기 한국 기독교는 내연(內燃)의 긴 과정을 거친 후
외연(外延)하지 않았다. 그 대신 기독교 정신과 성경의 가르침이 심겨진
사람들이 곧바로 현실에 참여하는 활동가나 운동가가 되었다.

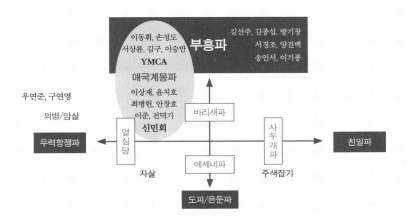

초기 개신교 정치 지형도(1905-08년경).

이를 도표로 표시하면 위와 같은 기독교 민족주의 지형도를 그릴 수 있다. 기원후 1세기에 팔레스타인에서 4개의 종파가 민족문제를 놓고 각각 다른 해법을 내놓았다면, 1905-07년 어간에 한국 개신교는 초월적인 부흥파와 교육을 내세운 애국계몽파가 서로 겹치면서 주류를 형성했다. 나아가 의병 투쟁이나 암살 운동에 가담한 소수의 무력항쟁파도 존재했다. 그러나 아직 친일파나 세상을 등지는 은둔파는 없었다. 전체적으로 도표에서 좌상(左上)에 무게중심이 있었다(1910년대에는 애국계몽파가 해외로 이주하면서 약화되고, 1920년대 이후 문명론의 교육 운동은 오른쪽으로 옮겨간다).

총독부는 이러한 기독교 민족주의를 탄압하기 위해 1910년의 안명근 사건을 계기로, 1911년에는 총독 암살 음모 사건을 날조하여 600여 명을 체포하고 105인에게 유죄를 선고했다. 당시 체포되어 유죄 선고를 받은 대부분의 사람이 개신교인이었다. 105인 사건 이후 개신교는 상당 기간 성장세가 멈추었다. 외부적으로 총독부의 탄압과 교육령과 같은 규제가 작동하면서 기독교 민족주의가 약화됐기 때문이었다. 하지만 역으로 그 운동을 가져간 만주나 해외에서의 개신교는 성장하였다. 또한 내부적으로는 연희전문학교 설립 문제를 놓고 논쟁이 지속되면서 에너지를 소비했기 때문에 교회 성장이 멈추고 쇠퇴했다.

기독교 문명 보급이 낳은 사회 변혁

1910년 이전 초기 한국교회의 두 번째 성장 요인은 기독교 문명 보급에 있었다. 이는 근대화를 통해 근대국가를 건설하려던 조선-대한제국의 의제와 맞닿아 고종과 정부의 지지를 받았다. 특히 1894년 갑오개혁 이후 개신교에 대해 우호적인 태도가 증가했다. 근대 문명에서는 인권과 여권 신장이 중요했다. 백정 박성춘은 시의인 에비슨의 치료를 받고 개신교인이 된 후 백정 해방운동의 지도자가 되고 만민공동회의 연사로 활동하였다. 그 아들 박서양은 세브란스병원 의학교 첫 졸업생으로서 첫 의사 면허를 얻어 신분 상승을 이루었다.

양반인 남편이 첩을 얻은 후 외로이 지내던 전삼덕은 1900년 전도부인이 되어 북한 지방 전도에 헌신했다. 김점동(박에스더)은 이화학당을 졸업하고 보구여관에서 미국인 여의사 홀의 조수로 일했다. 후일 그녀는 미국 볼티모어 여자의대를 졸업하고 1900년부터 한국의 첫 (여)의사로 일하면서 여성 전문 직업인 시대의 문을 열었다. 부자의 후처로 들어간 하란사는 미국 웨슬리언 대학에서 공부하여 한국인 여성으로서는 최초로 문학사 자격을 취득하고 1906년 이화학당 교사가 되었다. 고아 겸 불구로서 여종이었던 이은혜(이그레이스)는 보구여관에서 하녀로 일하다가 수술 후 바로 걷게 되었으며, 이화학당에서 공부하고 간호원양성학교를 졸업했다. 그녀는 1908년에 1회로 졸업한 후 간호원이 되어 독립 전문인의 길을 걸었다. 남편에게 버림받은 김마르다 역시 1908년 졸업한 후 간호원이 되어 간호원양성학교에서 사람들을 가르쳤다. 이 간호원들은 1920년대에 등장한 '신여성'을 예고하는 1900년대 판 기독교 신여성들이었다. 이 신여성들은 내연-외연의 이분법적 과정을 거치지 않고 곧바로 사회 변혁의 동력이 되었다.

중국과 일본에서는 서구의 과학과 기술을 도입하고 근대 신지식을

전삼덕	박에스더	하란사	이은혜	김마르다
전도부인, 1900	의사, 1900	이화교사, 1906	졸업간호사, 1908	졸업간호원, 1908

1900년대 기독교 신여성들.

교육하는 학교나 이를 대중화하는 인쇄소, 서양의학 병원 등을 세속 정부나 단체들이 설립했다. 반면 한국에서는 그 일의 상당 부분을 선교 학교, 선교 출판소, 선교 병원이 담당했다. 첫 근대 정부 병원인 제중원 원장도 선교사 겸 의사인 알렌, 헤론, 빈턴, 에비슨을 임명했다. 1904년 남대문 밖에 세워진 세브란스병원은 당시 동아시아에서는 최신 시설을 자랑하는 제일급의 근대 병원이었다. 한국의 첫 대학도 개신교가 세운 평양 숭실기독교연합대학(1905)과 서울의 조선기독교대학 곧 연희전문학교(1915)였다. 당시 기독교는 절대 현실도피적이지 않았다.

초기 한국 개신교의 토착화는 어떻게 진행되었나?

1965년에 민경배는 초기 한국교회가 선교사들이 이식한 문화 제국주의적인 서구 신학으로 인해 서구화됐다고 주장한 이후, 40년 넘게 그 주장을 수정하지 않았다. 1990년대 말부터 탈식민주의 이론에 따라 등장한 소장 종교사학자들도 의식의 식민지화, 통제, 담론, 모방 등의 이론을 이용해 내한 선교사들의 식민성과 서구화를 비판했다. 물론 초기 선교사들의 선교 활동을 미화하거나 그들의 영웅전을 쓸 필요는 없다. 동시에 그들을 정당하게 평가하지 않고 일방적으로 매도하는 것 역시 조심해야 할 일이다. 나아가 선교사가 아닌 한국인 신자들의 주체적 수용과 그들 스스로 한국 개신교를 만들어나간 주체적 전통을 연구하고 재평가하는 작업이 중요하다.

흔히 토착화에서 다루는 첫 주제가 '네비어스' 정책이다. 네비어스 정책은 신속한 복음화를 위해 자급(지원받는 교회가 아닌 독립하는 교회: 선교사의 돈이 아닌 본토인의 돈으로), 자전(고용된 전문 전도사가 아닌 자원봉사를 하는 평신도 전도인에 의해), 자치(멀리 있는 선교사가 지시·통제하는 것이 아닌 훈련된 현지 본토인 지도자들이 직접민주주의 원칙으로 다스리는)를 통해 본토인이 주인이 되는 토착적인 교회를 설립해 확장하는 모델로서 선교 초기에 적합한 방식이었다. 초기 한국교회는 대체로 이 3가지 점에서 성공하여 1907-10년에 세계에서 가장 역동적으로 성장하는 교회가 되었다. 문제는 시간이 흘러 상황이 변한 도시에서 여전히 전도와 교회 개척 위주의 정책을 지속한 것이다. 1910년대 들어 상황 변화에 따른 선교 정책의 변화가 불가피했으나, 네비어스 정책이 크게 성공했던 차였기에 버리기 어려웠다. 하지만 한 가지 정책만을 고수할 경우 교회는 고인 물이 되어 시대에 뒤지게 된다.

1910년 이전 한국교회는 네비어스 정책을 비롯해 한문으로 된 성경, 소책자, 주석서, 찬송가, 신학서를 그대로 사용하거나 번역해 사용하는 등 같은 한문 문화권에 있는 중국 개신교회가 두 세대에 걸쳐 만든 여러 좋은 문서·정책·신학을 수용해서 이용했다. 중국 기독교는 서구 기독교가 한국 기독교로 넘어가는 가교 역할을 했으며, 유불선 전통 종교에 대한 그들의 종교 신학은 한국에서 기독교를 유교·무교·불교·동학 등과 유기적으로 접목할 수 있도록 싸매는 새끼줄 역할을 했다.

토착화의 좋은 예들은 한글 성경에서 새 용어인 '하나님' 만들기, 『정감록』에 나와 있는 구원의 방도인 '궁궁을을'(弓弓乙乙)을 십(十)자가로 해석한 것, 무교·불교·도교의 귀신(잡귀·객귀·병귀 등) 쫓기 의식을 기독교 축귀 의식으로 바꾼 것, 새벽기도회 만들기, 추도회 만들기 등이었다. 1960년대 이후 3자 원칙에, 제4자인 자기 신학(self-theology)이 추가되었다. 자기 신학 입장에서 볼 때도 1900년대에 등장한 최병헌, 길선주 등의 자기 신학화 작업은 기독교 토착화의 좋은 출발이 되었다. 다만 두 사람에 대한 논의는 지면 관계상 생략한다.[1]

1909년 출판된 최병헌의 『성산명경』 표지. 신소설 형태의 첫 근대 비교종교론 서적이다.

---

1   참고. 옥성득, "한일 합방 전후 최병헌 목사의 시대 인식", 「한국 기독교와 역사」 13(2000년 9월): 43-72; 옥성득, "평양 대부흥과 길선주 영성의 도교적 영향", 「한국 기독교와 역사」 25(2006년 9월): 7-35.

위의 3가지 요인을 일본 개신교와 한국 개신교를 비교하는 방식으로 살펴보자. 일본에서는 기독교 민족주의가 허약했다. 대신 신도(神道) 민족주의로 무장한 천황주의가 국체 이념이 되어 한국을 침략했다. 기독교는 제국 신학으로 변질해 러일전쟁을 거룩한 의전(義戰)으로, 한국의 식민지화를 하나님 나라인 신국(神國)의 확산으로 보았다. 그리고 기독교가 근대 문명의 상징이기도 했으나 곧바로 진화론·사회학·인류학 등 세속 학문과 사상이 들어와 기독교 문명보다는 세속 서구 문명을 수용했다. 또한 기독교는 서구의 종교로 인식되었다. 따라서 러일전쟁 이후 일본 개신교의 성장은 둔화되었다. 반면 기독교 민족주의, 기독교 문명, 기독교 토착화가 진행된 한국 개신교회의 규모는 1909년이 되면서, 역사가 길고 수많은 선교회들이 엄청난 돈과 인력을 투자한 일본 교회보다 더 커지게 된다.

논쟁적인 1907년 대부흥 운동의 성격도 이런 큰 틀에서 보아야 한다. 한국 장로회의 정체성도 아래의 도표처럼 105인 사건 이후 크게 세 부류로 분기되었다. 교회 부흥과 성장에 치중하는 부흥파, 애국계몽 운동의 흐름을 이은 온건한 교육파, 그리고 점차 그 입지가 좁아지면서 해외로 이주한 정치 참여파. 이 세 집단은 1907년 당시에는 완전히 분기되지 않고 공존했다고 보는 것이 타당하다. 즉 부흥을 경험한 다수의 민족주의자가 있었으며, 항일 운동에 참여한 다수 인물도 부흥 운동의 영적인 기초 위에서 활동했다. 선교사들이 교회를 비정치화할 목적에서 부흥 운동을 추진했음에도, 한국인 신자들이 실제 역사에서 부흥 운동을 이끌며 애국 계몽, 항일 민족운동에 참여한 것은 엄연히 다른 이야기이다.

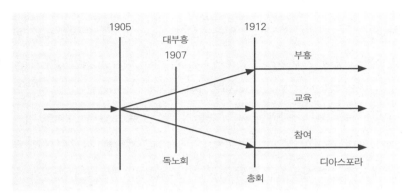

한국 장로교회의 정체성(1900-15).

결론적으로 1910년 이전 한국 개신교는 건전한 교회론을 바탕으로 교회 성장과 부흥을 위한 운동을 추구하면서 동시에 식민지로 전락해 가는 대한제국의 운명을 외면하지 않았다. 한국 개신교는 반봉건 근대화 운동과 항일·민족 운동에 투신했으며, 이런 정치·사회적인 토착화뿐만 아니라 교회 자체의 신학·의례·건물 등에서도 한국적인 기독교를 만들어가는 토착화를 이루었다.

23

백만명구령운동

전도에 이용한 다양한 방법

백만명구령운동은 1909년 개성에서 일어난 남감리회 선교사들의 '20만 명 전도운동'이 한국에서 활동하던 모든 선교회의 연합 운동으로 확산되면서 1909년 말부터 1년간 전개되었다. "100만 명의 영혼을 그리스도께로!" 이는 1907-08년 대부흥 운동의 불길을 이어간 첫 전국 전도 운동, 첫 민족 복음화 운동, 고난의 일제강점기를 대비해 영적 능력을 준비한 성령 운동이었다. 당시 한국 인구 약 1,300만, 개신교 선교사 300명, 한국 교인 20만 명일 때 전개한 전국 복음화 운동이었다.

백만명구령운동과 마가복음 반포

1909년 10월 8-9일 서울에서 복음주의선교회공의회가 열렸다. '한국에서 사역하고 있는 장감 연합 공의회는 기도하고 심사숙고한 후에' 남감리교 선교회의 제의를 받아들여 백만인구령운동을 1910년 공의회의 전도 운동으로 채택했다. 이때 한국에는 약 20만 명의 출석교인이 있었으므로, 한 사람이 네 명에게 전도하면 백만 명 신자 목표를 달성할 수 있다는 계산이었다. 그러나 등록교인은 8-9만 명 정도였으므로, 실제로 한 사람이 매달 한 명을 개종시켜야 하는 쉽지 않은 목표였다. 그 결정이 있은 다음날 채프만-알렉산더 부흥사 팀이 서울에 도착했고, 언더우드는 이 두 사람을 남대문 밖 사택에서 대접하고 황성기독교회관에서 선교사 대회와 한국인 집회를 열었다.

구령 운동의 수단은 기도와 성경과 날연보를 통한 개인 전도였다. 특히 영국성서공회는 마가복음 특별판 70만 부를 출판해서 전도용으로 제공했다. 교인들은 남녀노소가 7일, 10일, 20일, 30일, 심지어 60일을 전도하는 날로 바치고 자원해서 전도했다. 날연보 총계는 100,000일을 넘었다. 서울에서는 한일합방 직후인 1910년 10월에 대규모 전도 대회가 진행되었다. 구체적으로 서울 시내 모든 집을 세 차례 이상 방문하고 전도지와 마가복음을 나눠주고, 모든 극장과 오락장을 한 달간 전세 내어 전도처로 사용하며 대형 천막 집회를 열고, 6개 일간 신문에 매일 칼럼을 싣고 복음을 전했다. 서울의 방법은 다른 도시에서도 11월 한 달간 동일한 방법으로 전개되었다. 대구에서는 길선주 목사를 초청해서 부흥회를 열었다.

마가복음 특별판(1909).

포스터

"백만 명 구원가"와 달리 포스터는 약 B1 크기(420×594mm)의 종이에 요한복음 3:16, 마태복음 16:26, 로마서 10:13을 붉은 글씨로 크게 인쇄한 후 아랫부분에 "이 길을 더 밝히 알고자 하면 마가복음을 보시오"라고 하

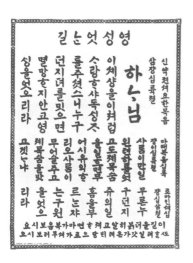

여 당시의 마가복음 특별판을 구해볼 것을 권했고, 이어 "또한 제일 가까운 예배당으로 가서 물어보시오"라고 하여 교회 출석을 권했다. 이는 영생 얻는 길이 하나님께 있다는 강력한 메시지를 성경 구절만으로 표시한 한국 개신교 최초의 포스터(방)이자, 한국 개신교 전도지의 전형이 된 포스터요 전도지였다. 이때 인용된 성경구절은 이후 수없이 많은 전도지에서 사용되었다. 한국교회는 가히 이 세 성경 구절로 살아왔다고 해도 과언이 아니다.

백만명구령운동 포스터.

한편 한국 근현대사는 포스터의 변천사였다. 포스터 문화는 방과 벽서(괘서) → 포고문 → 포스터 → 공고문과 대자보로 이어진다. 이 백만명구령 포스터는 1910년 이전 대한제국의 마지막 방(榜)의 하나로 적방(赤榜) 형식을 취함으로써 시대의 대위기를 반영하면서 그리스도의 붉은 피, 성경의 붉은 등둘레 종이 색과 연결된다.

백만명구령운동 주제 찬송 1

하크니스(Robert Harkness)가 1909년 영어로 작사하고 작곡한 "A Million Souls for Jesus!"가 먼저 만들어졌다. 이 주제곡은 필자가 발굴하여 『한반도 대부흥』(홍성사), 372쪽에 소개했다.

'A Million Souls for Jesus!'

Jesus saith unto him: If thou canst believe, all things are possible to him that believeth. MARK ix. 23.

R. H. ROBERT HARKNESS.

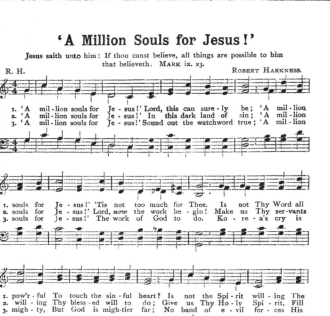

1. 'A mil-lion souls for Je-sus!' Lord, this can sure-ly be; 'A mil-lion
2. 'A mil-lion souls for Je-sus!' In this dark land of sin; 'A mil-lion
3. 'A mil-lion souls for Je-sus!' Sound out the watchword true; 'A mil-lion

1. souls for Je-sus!' 'Tis not too much for Thee. Is not Thy Word all
2. souls for Je-sus!' Lord, *now* the work be-gin! Make us Thy ser-vants
3. souls for Je-sus!' The work of God to do. Ko-re-a's cry is

1. pow'r-ful To touch the sin-ful heart? Is not the Spi-rit will-ing The
2. will-ing Thy bless-ed will to do; Give us Thy Ho-ly Spi-rit, Fill
3. migh-ty, But God is migh-tier far; No band of e-vil for-ces His

CHORUS.

1. Word of Life t'im-part?
2. us with power a-new. } 'A mil-lion souls for Je-sus!' Lord, grant our
3. pur-po-ses can mar.

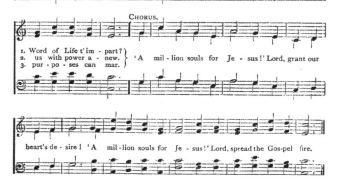

heart's de-sire! 'A mil-lion souls for Je-sus!' Lord, spread the Gos-pel fire.

백만명구령운동 주제 찬송 2

1910년 백만명구령운동을 할 때 한국교회가 불렀던 공식적인 "백만 명 구원가"는 장감 연합 찬송가인 『찬양가』(1909)에 실렸다. 이 찬송은 하크니스가 작사 작곡한 영어 가사를 번역한 것으로서 전국 교회와 가정과 학교에서 불렸고, 전도운동에 능력을 더했다. 주제가를 넣은 집회용 찬양집 팸플릿도 보급되었다. 그러나 너무 급하게 번역한 결과 곡과 음절이 잘 맞지 않아 부르기가 쉽지 않았다.

1909년 평양 방문 때 찬양 집회를 인도하는 알렉산더 성가사.

손승용의 "백만 명 구원가"

손승용(孫承鏞, 1855-1928) 목사가 직접 작사하여 강화도와 인천에서 가르치고 수첩에 붓글씨로 쓴 창가집 안에 "백만 명 구원가"가 있다. 이 노래는 부르기 쉬운 데다 힘차고 가사와 곡이 잘 어울린다. 손 목사에 관한 자료는 6.25전쟁 때 모두 소실되어 그의 생애는 별로 알려지지 않았다. 인천시가 2006년에 인천의 인물 100인을 선정할 때 그를 포함시키면서, 또 이성진 선생의 연구로 비로소 어느 정도 생애의 윤곽이 드러났다. 손승용은 1899년 「독립신문」 기자 겸 부주필로 활동했다. 곧 그는 한국 최초의 민간인 기자였다. 그는 존스의 초빙으로 1900-03년 인천 영화학교 교사로 봉직했으며, 정동제일교회에서 제물포감리교회로 교적을 옮기고 권사로도 봉사했다.

손승용은 1903년 11월에 황해도 연안 본처전도사로 임명되었고 또 신학반에서 공부했다. 1905년에는 제물포교회 본처전도사로 파송을 받았고, 영화학교를 다시 책임지게 되었다. 1905년 5월에는 영화학교의 제1회 졸업식을 거행했다. 집사목사 안수 후 1907년 7월에는 강화읍 잠두교회를 맡았고, 1908년에는 존스 목사 등과 함께 잠두의숙을 교회 부설 제일합일남학교로 다시 세웠다. 이어 제일합일여학교를 설립하고 두 학교의 교장을 맡았다. 손 목사는 남녀 합일 학교 외에도 5년간 교회 부설 매일 학교를 확장해가며 적극적인 교육 애국 계몽 운동에 전력했다. 그가 강화도에 처음 왔을 때 5개였던 매일 학교는 3년 만에 17개로 늘어났다. 교동에서도 2개에서 13개로 늘었다.

따라서 「손승용 창가집」은 그가 영화학교와 잠두교회와 합일학교에 재직할 때인 1900-13년 어간에 학생들과 교인들에게 가르친 창가와 특별 찬송들이었다. 창가집은 표지와 첫 몇 페이지가 소실되고 없어서 정확한 제목은 알 수 없다. 손동옥 씨가 창가집이라고 알고 있으므로 여기서는 그냥 「손승용 창가집」이라 부르겠다. 현존하는 첫 페이지는 낱장으로 떨어져 있고 전체는 20여 페이지다. 창가 제3장 3절부터 뒷부분이 모두 남아 있다. 제4장은 정신가(精神歌)이며, 이후 붓글씨로 제49장 거향가(居鄕歌)까지 한 글씨로 정리되어 있다. 이어서 펜글씨로 8곡이 추가로 기록되어 있다. 「손승용 창가집」에는 전체 57곡의 친필 가사가 수록되어 있다. 현재 애국가로 알려진 "애국가" 가사가 윤치호의 「찬미가」에는 '아래아'가 없는 단순 철자법으로 되어 있지만, 「손승용 창가집」에는 옛 맞춤법으로 적혀 있다. 또한 다른 노래들도 모두 옛 맞춤법으로 기록되어 있다. 첫 30여 장은 1905-10년 어간에 영화학교 남학생들이 불렀을 애국가, 무궁화가, 소년 모험 맹진가, 대한혼가, 국기가, 병식 행보가, 부모 사덕가, 수절가, 면학가, 전진가, 용진가, 행보가, 학진가, 학도가, 결의가, 독립가, 학생가, 희망가, 세계 지리가, 망향가, 자유가, 학교가, 대한군가, 구세군가 등이다. 이어 성탄절 노래 가사 4곡이 수록되어 있는데 이는 크리스마스 캐롤 대신 학생들이 불렀던 성탄절 노래였다. 펜글씨로 추가한 노래들은 1910년대에 보충한 것으로 보인다. 여기에는 성탄절 노래들과 성경 각 권의 제목을 딴 "성경 기억가"와 성경 내용을 요약한 "성경가"가 수록되어 있다.

「손승용 창가집」 제48장 "백만 명 구원가"

「손승용 창가집」에 대한 종합적인 분석은 다음 기회로 미루고, 일단 제48장인 "백만 명 구원가"만 보자. 1909년 말에 전국적인 전도 운동인 백만명구령운동이 시작되었다. 이 운동을 위해 주제곡, 포스터, 「마가복음」특별판 70만 부가 제작되었다. 이 창가집은 1910년이나 1911년에 발행된 감리회의 「찬미가」에는 수록되지 않았지만 그때까지 학교나 교회에서 널리 불렀던 창가와 특별 찬송들을 모아 기록한 것으로 추측된다. 손승용 목사가 친필로 쓴 "백만 명 구원가"를 현대어로 옮기면 다음과 같다.

1절   삼천여 리 강산 우리 대한국에 / 죄에 빠진 동포 가련하구나
         그리스도 왕의 봉명(奉命) 사신된 자 / 백만 명 구하려 나아갑시다
2절   사면진(四面陣)을 벌인 원수 마귀 손에 / 사로잡힌 동포 구원해보세
         우리 대장 예수 선봉되었으니 / 백만 명 구하려 나아갑시다
3절   우리 형제자매 일심 단체하여 / 성신 보검 들고 힘써 싸우세
         퇴보하지 말고 용맹 전진하며 / 백만 명 구하려 나아갑시다
4절   열심으로 나가 전도하는 이들 / 천당 영광 중에 면류관 쓰고
         할렐루야 찬송 기뻐할 것이니 / 백만 명 구하려 나아갑시다
(후렴)   나아갑시다 나아갑시다 / 백만 명 구하려 나아갑시다

이 가사는 하크니스가 만든 원곡 가사와 전혀 다르다. 하크니스의 원곡 가사를 한국어로 번역하여 부르기가 적당하지 않았기 때문일 수 있다. 특히 원곡의 후렴과 창가집의 후렴은 전혀 다르다. 하크니스의 악보에 필자가 나름대로 한글 가사를 붙이면 다음과 같이 된다(곡의 반주는 홍성사가 만든 VOD에 있다).

1909년 하크니스 작곡 악보에 필자가 손승용의 필사본 가사를 넣었다. 후렴 마지막 소절에서 악보에 맞게 '백만 명'을 한 번 더 넣었다.

마지막 애국계몽 운동인 백만명구령운동은 단순한 전도 운동이 아니라 교회 설립 운동, 교육 운동, 계몽 운동이 결합된 구국 운동이었다. 비록 의병 전쟁처럼 물리적으로 일제에 저항하지는 않았지만, 신앙과 교육을 통해 미래를 책임질 '십자가 군병'을 모집하는 운동이었다. 1910년 당시 "사면진을 벌인 원수 마귀 손에 사로잡힌 동포를 구원하자"고 했을 때 그 의미는 무엇이었을까? "우리 형제자매 일심 단체하여 성신 보검 들고 힘써 싸우세"라고 했을 때 그것에 단순히 영적인 의미만 있었을까? 선교 학교에서 목총을 메고 군가처럼 이 "백만 명 구원가"를 부르며 용맹 전진한 학생들을 볼 때 사람들은 무엇을 느꼈을까?

그러나 총동원 전도의 결과는 목표치에 미치지 못했다. 대구의 경우 10일간의 사경회 동안 500명이 결신했으나, 집회 후에 50명 정도만 접촉이 가능했고 그중 10명 정도만 교회에 나왔다. 북장로회 선교회의 경우 1909년 9월부터 이듬해 8월까지 1년간 세례교인은 25,053명에서 32,509명으로 약 30% 증가했으나, 1911년 8월에는 36,074명을 기록하여 전년에 비해 11% 성장했다. 물론 교회 성장은 계속되었으나 한일합방으로 급성장 추세는 꺾였으며, 이후 일제의 기독교 박해 정책으로 인해 저성장 시대에 접어들었다. 이처럼 나라가 망하면 교회라는 배가 뜰 물이 줄어든다. 사회가 흔들리면 그 파도로 인해 교회 역시 심하게 요동한다.

백만명구령운동은 전 교회 차원의 노력도 실패할 수 있다는 교훈을 남겼다. 2007년 평양 대부흥 백주년을 기념하며 계속해서 부흥을 추진하는 한국교회는 기도와 철저한 준비와 헌신을 하면서도, 백만명구령운동의 교훈을 냉철하게 성찰해야 할 것이다. 우리는 무익한 종이요, 마땅히 해야 할 일을 할 뿐 결과는 주께 맡기는 자세가 필요하다. 올바른 부흥 운동은 현실과 이성을 초월하는 메시지를 선포하는 동시에 시대정신을 이끌 비전을 제시하는 운동이어야 한다.

개신교는 백만명구령운동 이후 한국사회에서 천도교와 더불어 거의 유일한 항일 종교 조직체로 자리 잡고 한국 민족의 독립과 근대화를 책임지는 단체가 되었다. 따라서 일제는 무단통치를 시행하면서 교회와 항일 독립운동 간의 연결 고리를 끊기 위해 1911년에 105인 사건을 날조하고 교회 통제에 나서게 된다.

오늘날이야말로 미래 한국을 책임질 교인 100만 명이 필요한 시점이다. 100만 명 민주일꾼, 100만 명 통일일꾼, 100만 명 선교일꾼을 위해 오늘 다시금 이 노래의 후렴구를 힘차게 불러본다. "나아갑시다. 나아갑시다. 백만 명 구하려 나아갑시다."

4부

예배

24

한국의 송구영신예배,
첫 시작은?

제야 예배의 시작(1885. 12)

송구영신예배와 기도회는 초기 교회부터 지켜온 교회력에 있는 전통적인 절기는 아니다. 그러나 모라비아파 교회가 드리던 12월 31일 밤 철야기도예배(all night prayer service)가 18세기 중엽 존 웨슬리에 의해 영국 감리교회의 제야 예배(watch night service) 예전으로 정착되었다가, 미국 감리교회를 거쳐 1880년대에 한국 선교회 교회 시작과 더불어 소개된 것으로 보인다. 그러나 아직 증거가 부족하여 추가 조사가 더 필요하다. 이 장에서는 기초적인 자료에 근거하여 한국교회 제야 예배가 어떻게 시작되었는지 살펴보자.

웨슬리의 "언약 기도"

제야 예배는 지나간 한 해의 허물과 죄를 회개하고 새로운 한 해를 맞이하여 신앙의 결단을 새롭게 하면서 하나님의 복과 은총을 비는 거룩한 시간이다. 웨슬리는 계약 신학을 기반으로 언약 갱신 예배(Covenant Renewal Service)를 만들었는데, 이것이 점차 감리교회의 제야 예배로 정착하게 되었다. 당시 예배 때 사용한 웨슬리의 "언약 기도"를 보자(필자의 번역).

저는 더 이상 제 것이 아니라 주님의 것입니다.

주님 뜻대로 저를 배치하시고, 원하시는 이들과 함께 동역하게 하소서.

저를 행동하게 하시고, 고난받게 하소서.

주께서 저를 고용하시거나, 주를 위해 실직시켜주소서.

주님을 위하여 저를 상석에 올리거나, 비천한 자리에 내려가게 하소서.

저를 가득 채워주시거나, 텅 비게 하소서.

저에게 모든 것을 주시거나, 아무것도 가지지 않게 하소서.

제가 가진 모든 것을 기꺼이 단 마음으로 바치오니

주께서 원하시는 대로 사용하여주소서.

하오니, 영광스럽고 복되신 하나님!

성부, 성자, 성령이시여!

주님은 저의 것이며, 저는 당신의 것입니다.

그렇게 되게 하옵소서.

땅에서 맺은 이 언약을

하늘에서 인준하여 주소서.

아멘

이 기도를 현대 예전으로 바꾸어 사용하는 교회들이 많다. 한국교회도 이를 우리 상황에 맞게 현대화하여, 교독문 형식으로 사용하면 좋을 것이다.

첫 제야 예배는 1887년 12월 31일에 드리지 않았다

김경진 교수는 1887년 12월 말에 열린 벧엘감리교회(아펜젤러 담임)와 정동장로교회(언더우드 담임)의 한국인 '연합 기도 주간'의 마지막 날인 12월 31일에 첫 송구영신예배가 드려졌다고 보았다. 그는 당시 아펜젤러가 이 제야기도회를 제안했고, 기도회 마지막 날 웨슬리의 언약 갱신 예배를 소개했다고 주장한다. 그리고 감리교회의 전통적인 제야 예배를 이후 한국 감리교회와 장로교회가 연합으로 시행했다고 보았다.[1]

위 사실이 여러 온라인 사이트에 인용되어 있으므로, 먼저 한두 가지를 바로잡는 게 필요하다. 첫째, 1888년 설날의 장감 연합 기도회는 신정이 아니라 구정 설날부터 1주일간 드렸기 때문에, 1887년 12월 말이 아닌 1888년 2월 12일(주일)에 기도회가 시작되어 1주일간 두 교회가 매일 저녁 연합으로 모여서 기도했다. 따라서 기도회의 마지막 날은 1887년 12월 31일이 아니라 1888년 2월 20일 월요일 저녁이었다. 둘째, 이 연합 기도회는 아펜젤러가 제안한 것이 아니라 정동장로교회의 한국인들이 제안했다. 셋째, 구정 첫날부터 일주일간 기도회를 가진 후 마지막 날에 웨슬리의 언약 갱신 예배를 드린 것이 아니라 성찬식으로 마무리를 했다. 자료 어디에도 웨슬리의 그 기도문이 사용되었다는 말은 없으며, 마지막 날은 설날 전날인 제야의 밤도 아니었다.

---

1 김경진, "The Context, Contour and Contents of Worship of the Korean Church: Focused on the Presbyterian Church," 「장신논단」(2012년 10월), 72; 참고. http://cafe.daum.net/_c21_/bbs_search_read?grpid=1G0RU&fldid=QdGY&datanum=4

김 교수가 주장하는 근거 자료인 1888년도 미국 북장로회 해외선
교부 연례보고서(*Annual Report of the Board of Foreign Missions of the
Presbyterian Church in the USA* [New York: Mission House, 1888], 170)를
보자.

At the opening of the Korea New Year we are to have a week
of prayer, and the Presbyterian church has asked the Methodist
church (native) to unite. This they have consented to do, and we
are looking forward to a glorious season.

구정 때 소수의 한국인 교인들이 일주일간 연합 기도회를 열고 서
로 격려하며 힘을 얻었다. 정동장로교회가 먼저 제안한 것을 벧엘감리
교회가 수용하여 함께 모였다. 이는 구정 직전인 1888년 2월 6일에 언
더우드가 엘린우드 총무에게 보낸 편지에서 재확인할 수 있다.

1주일간의 기도 주간을 꼭 말씀드리고 싶습니다. 한국의 설날 혹은 중
국의 신년이 시작될 때 본토인들끼리 연합 기도 주간을 가질 계획입니
다. 우리는 감리교회에 연합을 제안했고, 마지막 날 성찬식을 베풀 것
입니다. 우리는 이때를 고대하며 큰 복을 기대합니다.[2]

위의 두 자료는 기도회 전에 쓴 글이다. 다음에 소개하는 글은 언더

---

2   옥성득 편역, 『언더우드 자료집 제1권』(연세대출판부, 2005), 91.

우드가 연합 기도회 후에 쓴 것으로 1888년 3월 말이나 4월 초에 썼다.

> 한국은 외국인에게 개방된 지 5년이 되었다. 선교사들이 온 지는 만 3
> 년밖에 되지 않았지만, 이 도시에 50명에 가까운 세례교인을 가진 두
> 개의 토착인 교회가 있다. 선교사들의 기도 주간 때 한국인 교인들은
> 외국인들이 일주일 동안 매일 저녁에 모이는 이유를 물었다. 이유를
> 말해주자 그들은 이를 좋게 여기고, 한국 설날 때 본토인 기독교인들
> 도 함께 기도 주간을 갖자고 제안했다. 모두 이 제안을 기쁘게 환영하
> 며 계획하고 준비했다. 한국 설날은 2월 12일에 시작되었고, 2월 20일
> 까지 매일 밤 모임을 가졌다. 모임의 절반은 한국인 지도자들이 인도
> 하고, 나머지 절반은 선교사들이 맡았다.… 우리는 기도 주간을 성찬식
> 으로 마무리했는데, 모두 복된 시간이었다고 느꼈다.[3]

이 기사는 한국인들이 선교사들의 제야-신년 기도회를 보고 자신
들도 신년 기도회를 가질 것을 계획했으며, 구정 첫날 저녁인 1888년 2
월 12일부터 20일 월요일 저녁까지 연합 기도회를 했다고 알려준다. 특
히 8일간의 기도회에서 4일은 한국인들이 인도하고, 나머지 4일은 아
펜젤러나 언더우드 등이 인도했다. 기도회에 참석한 자들은 모두 자신
의 신앙을 간증했다. 그들은 나라와 고종을 위해, 다른 나라의 선교 사
역을 위해, 그리고 한국에 온 선교사들을 위해서 합심으로 기도했다.
집회 마지막 날인 20일 저녁에는 아펜젤러와 언더우드가 참석해 성찬

---

3   Underwood, "Prayer Week in Korea," *Gospel in All Lands* (Aug. 1888), 361.

식으로 마무리하여 한국인 초신자들의 신앙을 강하게 하고 격려했다. 참석자들은 기도회 후 담대히 전도했으며 다른 사람들을 교회에 데리고 와서 교인들이 급증하기 시작했다. 또한 세례 신청자들이 몰려오기 시작했다.

첫 철야 제야기도회(1885. 12. 31)

첫 제야기도회는 언제 어디서 드렸을까? 한국에 온 첫 목회 선교사들(언더우드와 아펜젤러)은 1885년과 1886년 12월 31일에 제야기도회를 가졌다. 언더우드가 1891년 첫 안식년 휴가를 얻어 미국으로 돌아갔을 당시 10월 23일 내슈빌에서 열린 미국신학교선교연맹에서 한국 선교를 호소하는 연설을 할 때 다음과 같이 첫 선교사들이 1885년 12월에 드린 제야기도회를 소개했다.

우리는 그곳 한국에 1884년과 1885년에 도착했다. 우리는 제야 철야 기도회로 모였는데, 우리 아내들을 포함하여 10명, 두 명의 하인까지 합해서 총 12명이 모였다. 그곳에는 우리뿐이었다. 짐을 감당하기에는 너무 벅찼다. 그러나 하나님께서 말씀하셨다. "보라! 내가 세상 끝 날까지 너희와 함께 있으리라." 우리는 하나님께서 우리 편에 서 계신다는 것을 알았다. 기도 제목에 대해서는 미리 이야기하지 않았다. 그러나 우리 마음에 있는 한 가지 짐, 곧 다음 해에는 구원받은 한 영혼을 보게 해달라고 기도했다. (한국에) 온 지 1년도 채 되지 않았는데 가능할까? 하나님은 놀랍게 축복해주셨다. 1886년 7월 11일[18일] 우리는 첫 개종자에게 세례를 베풀었다. (중략)

1886년 연말에 우리 선교사들은 다시 만났다. 우리의 기도 제목은 내년에 더 많은 영혼을 그리스도께로 인도할 수 있도록 해달라는 것이었다. 2년 만에 더 많은 일을 할 수 있으리라고 기대할 수는 없었다. 그러나 하나님께서는 우리의 기도를 들으시고 1887년 9월에 23명의 교인으로 첫 교회를 조직하도록 허락하셨다. 1888년 말 선교사와 교사를 포함해서 우리 교인은 100명을 넘어섰다. 이상이 하나님께서 우리를 사용하신 방법이다.[4]

1885년과 1886년의 12월 31일 제야기도회는 장로회와 감리회 선교사들이 연합으로 모였다(장소는 누구의 집이었는지 확실하지 않다). 1885년 말에는 알렌 부부, 언더우드, 아펜젤러 부부, 헤론 부부, 스크랜턴 부부와 모친 등 10명이 참석했다. 1886년 말에도 동일한 다섯 가정에 엘러즈가 추가되었고, 다음 사진에서 보듯이 스크랜턴의 딸 어거스타와 서울에서 태어난 첫 외국인 아이인 아펜젤러의 딸 엘리스도 함께 있었다.

---

4   Underwood, "Address," *Report of the Twelfth Annual Convention of the American Inter-Seminary Missionary Alliance* (Pittsburgh: Mirdock, Kerr & Co., 1892), 54.

**1886년 12월 31일 제야기도회
(알렌 촬영).**

뒷줄: 헤론 부부, 아펜젤러 부부, 스크랜턴 부부와 모친
앞줄: 엘러즈, 언더우드, 엘리스 아펜젤러, 알렌 부인
벌써 문에 유리를 넣어 개량 한옥을 만들고 있었음을 알 수 있다.

**1886년 12월 31일 제야기도회
(스크랜턴 촬영).**

뒷줄: 아펜젤러 부부, 스크랜턴 부인, 언더우드, 헤론 부부,
　　　스크랜턴 모친
앞줄: 엘러즈 양, 어거스타 스크랜턴, 알렌, 엘리스 아펜젤러,
　　　알렌 부인

이 선교사들은 1885년 12월 31일 밤에 함께 철야기도회로 모여, 마태복음 28장에 나오는 선교 명령과 임마누엘의 약속을 기억하며, 내년에는 한 명의 개종자를 허락해달라는 담대하고 야심찬 기도를 드렸다. 선교지 도착 1년 만에 개종자라니! 이는 다른 지역에서는 일어난 적이 없는 일이었다. 그러나 1886년 7월 18일에 노춘경이 세례를 받음으로써 그 기도가 응답되었다.

1886년 12월 31일에 열린 철야 연합 기도회에서도 더 많은 영혼을 얻게 해달라고 기도했다. 그 기도에 대한 응답으로 1887년 9월에 23명의 교인(14명의 세례교인)들로 이루어진 정동장로교회가, 10월에는 4명의 세례교인(박중상, 한용경, 최성균, 장 씨)으로 이루어진 벧엘감리교회가 설립되었고 최 씨의 아내는 첫 여성 수세인이 되었다.

이 두 교회 교인들은 선교사들이 1887년 12월 31일부터 1888년 1월 초까지 1주일간 연합 기도회로 모이는 것을 보고, 위에서 본 대로 구정 때 한국인 연합 기도회를 가졌다.

1885-88년 기간의 제야기도회 때 아펜젤러가 웨슬리의 언약 갱신 기도문을 사용했을 가능성은 높다. 그러나 이를 분명하게 보여주는 자료는 아직 발견되지 않았다. 또한 1889년이나 그 이후에 제야기도회를 드렸는지는 확실하지 않다. 1890년 1월 서울에 도착한 마페트의 기록에도 그해 구정 설날 전후에 기도회로 모인 일을 보고하지 않는다.

구정 설은 사경회 기간으로 발전

초기 한국교회의 제야는 구정 전날이었으며, 설날 무렵은 농한기라 정월대보름까지 쉬었기에 교회에서는 1주일에서 2주일 동안 사경회를 열었다. '설'의 어원은 '설다'와 '사린다'이다. 곧 이때는 낯선 시간이 다가오므로 몸을 사리고 근신하며 또한 경거망동하지 않고 삼가야 했다. 그래서 설날을 신일(愼日)로 불렀다. 교회는 설날 보름 기간을 성경 말씀에 개인과 공동체를 비추어보고 근신하며 기도하는 구별된 거룩한 시간을 가졌다.

정월대보름 전날인 14일 밤에는 액운과 돈을 담은 제웅(짚으로 만든 허수아비 처용)을 집 밖에 버렸다. 재앙을 짊어지고 버려진 제웅은 구약 시대에 매년 속죄일 대보름날 대제사장에게 안수받은 뒤 이스라엘의 모든 죄를 지고 광야에 버려진 희생양(레 16:21)과 비슷했다. 또한 정월대보름날에는 액운을 날려 보내기 위해 연날리기를 했다. 곧 제야부터 정월대보름까지는 송구영신하며 재약영복하는 기간이었다.

한국교회는 제웅을 버리는 풍속을 기독교적으로 바꾸어 죄를 회개하는 사경회로 만들었다. 남을 희생양으로 만들었던 악순환의 고리를 끊는 반전(反轉)의 역사는 그리스도의 십자가 희생에서 시작되었다. 복음서는 희생자와 피해자가 쓴 첫 책인 동시에, 그들의 대변자인 무죄하신 예수께서 죄와 악을 이기고 승리했음을 선언한 첫 책이었다. 사경회는 그 복음서를 공부하고 자신의 내면에 숨겨진 욕심과 폭력성을 회개하는 기간이었다. 나아가 망해가는 나라의 자주독립을 위해서, 그리고 일제의 희생 제물로 식민지가 된 민족의 해방과 부활을 믿고 기도하는 기간이었다.

제야기도회 때 조심할 일

1) 한 해 동안 지은 죄를 쓴 종이를 태우는 소지(燒紙): 기본적으로 무당의 소지는 부정(不淨)적인 것을 불(火氣)로 태워 없애는 부정풀이 방법의 하나다. 기도할 때 소지하는 것은 무교의 굿에서 사용하는 방법으로서 화려한 종이꽃과 같이 종이로 만든 무구(巫具)를 무당이 굿을 한 후 태워서 하늘로 올린다. 이때 가벼운 종이불이 잘 올라가면 신이 감응하여 부정이 없어진 것으로 여기고, 소지 종이가 잘 타지 않고 잘 올라가지 않으면 부정이 제거되지 않았다고 보고 다시 굿을 한 후 소지한다. 점쟁이도 소지의 방법으로 길흉을 점친다. 그래서 1890년대 초기 개신교 소책자를 보면, 기도할 때 향촉을 쓰거나 소지하지 말 것을 강조했다.

2) 성경말씀 뽑기: 이 또한 무당이나 점쟁이가 사용하는 한 해의 신수 (身數)를 보여주는 점괘를 뽑는 방법을 차용한 것이다. 헌금(복채)을 바치고 성경 말씀을 복권 뽑듯이 골라 1년 신수와 운세를 점치는 것은 비성경적이다. 그것은 올해 내게 주시는 하나님의 말씀이 아니다. 성경에 보면 가룟 유다의 이탈로 공석이 된 12번째 예수님의 제자를 제비로 뽑았다. 그것은 예수의 죽음과 부활을 증언하는 증인(순교자)이 될 수 있는 자격의 두 사람 중 한 명을 선정하는 확증의 방법이었다. 알 수 없는 1년 운수를 점괘 고르듯이 뽑는 것이 아니었다.

미래는 하나님의 손에 정해져 있다. 인간이 바꿀 수 있는 것, 바꿔야 하는 것은 과거다. 과거를 청산하는 회개의 작업, 옛것을 바로 보내는 송구(送舊)의 역사 청산 작업이 있을 때, 우리는 하나님이 마련해놓으신 새해를 영신(迎新)할 수 있다.

25

토착화된 새벽기도회의
유래와 본질

성속을 연결하는 영혼의 새벽 종소리

새벽기도회는 한국개신교를 대표하는 의례다. 지금 50대 중반을 넘은 분들은 젊었을 때 새벽을 깨우는 종소리를 듣고 일어나 교회에 가서 엎드려 기도한 아름다운 추억들이 있을 것이다. 이 글은 새벽기도회가 무교(여성의 새벽 치성)나 불교(남녀 승려들의 새벽 예불)에서 유래되었다는 통설을 비판하고, 그 대신 남자들의 선도(仙道) 수련에서 유래했다고 주장하며, 그 기독교화 과정을 서술하려 한다. 새벽기도회의 유래도 중요하지만 더 중요한 것은 기독교화된 초기 새벽기도회가 하나님과의 깊은 영적 교제를 나누는 초월성과, 나라와 민족을 위해 눈물로 기도한 역사성이 결합되어 있었다는 점이다.

새벽기도회는 불교나 무교에서 온 것이 아니다

여러 글이나 책을 보면 초기 한국교회의 새벽기도회가 불교 사찰 승려들의 새벽 예불에서 유래했다고 되어 있다. 혹은 민간 무속 신앙에서 여성들이 새벽에 정화수를 떠놓고 샛별(계명성)이나 칠성신에게 빌던 성수(星宿) 신앙이나 고목 앞에서 빌던 신목(神木) 신앙, 혹은 조왕신(부엌 음식신)에게 빌던 데서 왔다고 서술한다. 새벽 미명의 시간은 신령한 존재와 영적 교류를 할 수 있는 가장 좋은 때였으므로 여인들은 남편과 자식을 위해 새벽마다 정화수를 떠놓고 간절하게 빌고 치성을 드렸다.

가족을 위한 그 기복적인 기도가
고스란히 기독교로 넘어와서 새벽
마다 교회에서 가족의 건강과 사
업 번창을 위해 기도하는 '무교적
기독교인'이 많다고 비판되었다.

그러나 필자는 초기 한국교회
의 기록에서 새벽기도회가 그런
연관성을 가졌다고 언급한 자료

동대문(1894). 당시에는 성 밖 주민이 성 안 주민보다
더 많았다.

를 아직 본 적이 없다. 1970년대 이후에 급성장한 한국교회의 기복신앙
을 비판하는 글들이 피상적으로 양자의 연결성을 유추하고 짐작한 것
뿐이지, 구체적인 역사적 증거나 1차 사료를 가지고 쓴 것은 아니다.

도시의 파루와 사찰의 새벽종

대체로 초기 한국교회의 새벽기도회는 4시 반이나 5시에 드려졌다. 그
이유는 무엇일까? 새벽 4시 반이라는 시간은 도성의 새벽 파루와 관련
되어 있었다.

조선시대 큰 도시는 4대문과 성벽으로 둘러싸여 있었고, 세종 때
만든 자격루와 물시계로 정확한 시간을 알아 같은 시각에 종을 쳐서
하루를 시작하고 마감했다. 새벽 4시에는 파루(罷漏)로 33번 종을 쳐서
성문을 열고 통행을 시작했다. 밤 10시에는 인정(人定, 인경)으로 28번
타종하여 우주의 일월성신 28개 별자리를 쉬게 하고 성문을 닫고 통행

금지를 실시했다. 파루 때 치는 33번의 타종은 불교의 세계관을 반영한 것으로서 수미산(須彌山) 정상에 있는 33개의 하늘을 깨우치는 뜻이었다.

그러나 사찰처럼 새벽 3시나 5시가 아니라, 도성에서 4시에 파루를 친 것은 해가 뜨기 전에 일어나 노동을 해야 했던 농경 시대의 산물로서 수천 년 동안 그때 일어나 일하던 인간의 생체 리듬에 맞춘 것이었다. 따라서 새벽기도회를 4시 반이나 5시에 시작한 것은 4시에 통행이 시작되던 습관을 따라 한 것이다. 도성의 종각에서 타종을 하지 않아도 4시에 일어나 예배당에 오면 4시 반이 되었고, 먼 곳에서 오는 자들이 많으면 5시에 모여 기도할 수도 있었다. 즉 초기 한국교회는 파루와 연관된 하루의 시작 시간에 일어나 교회로 와서 새벽기도회로 모였다.

절에서는 하루에 다섯 번 범종을 울리고 예불을 드렸다. 이는 초경(저녁 8시), 2경(10시), 3경(자정, 108번), 4경(새벽 3시, 5번), 5경(새벽 5시, 28번 타종으로 28세계가 깨달음을 얻기를 기원함) 등이었다. 사찰의 승가 공동체는 성 안에 있지 않고 산속에 떨어져 있었기 때문에 새벽 3시에 예불, 그리고 다시 새벽 5시에 운판(나무판)을 치고 목어(목탁)를 울리고 법고(북)를 울린 다음에 범종(梵鍾)을 28번 친 뒤 승려들이 함께 모여 부처님께 예를 올리고 중생들이 깨달음을 얻어 해탈하기를 구했다.

이는 성무 일과에 따라 기도했던 중세 유럽의 수도원들처럼, 수도 승려끼리 생체 리듬에 반하는 시간에 일어나 묵상하고 잠과 욕망을 끊는 행위로 드린 염불이었다. 즉 사찰의 새벽종은 세속 도시의 하루를 시작하는 파루 종소리와는 전혀 다른 성격의 종으로, 속세를 떠난 수도 승의 정좌와 묵상과 예불을 위한 시공간을 만들었다. 그 피안의 공간에서 매일 자정과 새벽 3시에도 일어나 육체성을 거부하고 전문 종교인 집단의 집회를 만든 점에서 새벽기도회와 달랐고, 따라서 둘 사이의 연관성은 적었다.

정리하자면 새벽기도회는 불교 사찰의 범종이나 전문 종교인들의 피안적 예불과는 상관이 없고, 세속 도성의 새벽 파루와 함께 시작된 하루 일상의 시작과 연관되며, 그 세속성 안에서 거룩성을 회복하고 경건하게 살려고 했던 신자들이 하루하루 하나님의 은혜를 구하던 시공간에서 창출되었다. 새벽기도회는 성속의 긴장감이 있는 경계에서 밤에서 아침으로 넘어가는 문지방과 같은 틈새 시간에 새로이 끼워 넣은 기도의 시간이었다.

새벽기도회가 여성들의 무교적 민속신앙에서 유래했을까?

1905년 초 송도(개성)에서 열린 남감리회 부인사경회 때 캐롤(A. Carroll) 양이 경험한 내용을 보자. "아침 여섯시가 되자 마치 아침을 알리는 시계처럼 건너에 있던 [여자]교인들이 일어나 찬송을 부르며 기도를 하는 바람에 나도 일어나야 했다. 그런데 다음날에는 새로 몇 사람이 오더니 새벽 4시에 사람들을 깨워 무려 한 시간 반 동안이나 그런 식으로 대화를 나누는 것이었다."[1]

이덕주 교수는 이 글을 해석하면서, 과거 새벽에 정화수를 떠놓고

---

1   A. Carroll, "Songdo Woman's Class," *Korea Methodist* (Jun. 1905), 103.

남편과 자녀들을 위해 조왕신에게 빌던 여자들의 습관이 사경회 기간 중에 새벽기도회로 모습을 바꾸었다고 보았다.[2] 그런데 이 자료를 가지고 과연 그런 주장을 할 수 있는지 의문이다. 새벽 6시에 일어나 부엌에서 조왕신에게 노래로 찬양을 드렸던가? 아니다. 새벽 4시에 일어나 치성을 드릴 때 옆 사람들과 한 시간 반 동안 대화를 나누었던가? 아니다. 자료에 나오는 일시적인 새벽기도회와 무속의 조왕신 치성 사이에는 시공간, 성격, 의례 모든 면에서 연속성을 찾기 어렵다.

새벽기도회는 선도에서 개종한 길선주와 평양 교인들이 시작했다

새벽기도회의 유래에 대해서는 이전에 필자가 발표한 논문에서 자세히 고찰했다.[3] 그 글에서 선도(민간도교) 수행자였던 평양의 길선주와 그의 동료들이 청일전쟁 후에 개종한 후, 평소 수행하던 새벽기도, 통성기도, 철야기도 등을 1900-05년 전후에 사경회에 도입하고, 대부흥의 열기가 식었던 1909년에 교회 프로그램으로서 만들기 시작했다고 주장했다. 새벽기도회가 길선주와 그의 친구들의 도교 수행에서 유래했다는 주장에 대해 아직 학계의 반론이 나오지 않았다. 그 논문에서 나는 다음과 같이 주장했다. "길선주가 중심이 되어 선도에서 기독교로 토착화한 새

---

2   이덕주, 『한국 토착교회 형성사 연구』(한국기독교역사연구소, 2000), 348-50.
3   옥성득, "평양대부흥과 길선주 영성의 도교적 영향", 「한국기독교와 역사」 25(2006년 9월): 7-35.

벽기도와 통성기도는 1910년 전후부터 한국교회에 정착하기 시작했는데, 사적인 소원을 빌었던 도교의 기도와 비교하면, 개신교의 기도는 민족적 위기에 교회와 민족 공동체를 위한 공공성을 지니고 있었다."

또한 나는 그 논문을 통해 집단적인 '새벽기도회'는 장로교회의 사경회에서 시작되었다고 주장했다. 그와 함께 1898년 2월에 열린 황해도 강진교회 사경회에서 일반 교인들이 자발적으로 새벽기도회를 시작했으며, 황해도의 다른 사경회(1901년 2월)에서도 교인들이 새벽기도회를 시작한 것을 처음 소개했다. 그런 사경회 때 소규모로 일시적으로 모이던 새벽기도회가 1905년 평양 도사경회 때 정식 프로그램으로 채택되었고, 1909년에 개교회의 프로그램으로 전환되었다.

사경회에서 시작된 새벽기도(1890-1905)

선교사들은 1891년 채택한 네비어스 방법을 따라 본토인 목회자와 지도자를 양성하기 위해 1892년 10명 정도의 한국인 남자 지도자들과 조사를 모아 한 달가량 집중적으로 성경과 교리와 전도법, 설교법, 교회를 다스리는 법 등을 가르치는 사경회를 조직했다. 1892년 11월 28일부터 12월 24일까지 서울에서 열린 첫 신학반에 참석한 백홍준, 한석진 등 참석자들이 새벽에 일어나 자발적인 기도회로 모였다. 이후 이 조사 사경회에서 새벽에 일어나 찬송하고 기도하는 모임은 계속되었다. 이를 통해 조사 사경회의 새벽기도회가 황해도에서 일반 사경회의 새벽기도회로 발전했음을 알 수 있다.

독일 루터교회 소속의 이말테 박사의 논문인 "한국개신교회의 새벽기도의 초기에 대한 연구"는 1892년 조사 사경회 전 백홍준, 마페트, 한석진 등의 새벽 기도 사례를 소개한 후, 여러 사경회에서 행해진 새벽기도(회) 사례를 잘 정리해놓았다.[4] 후자는 필자가 소개한 황해도 강진교회 사경회 새벽기도(1898년 2월)와 다른 황해도 사경회 새벽기도(1901년 2월)에 이어, 평북 초산(1901), 원산(1903), 평양(1904), 서울 이화학당(1904), 송도(1905) 등의 사경회에서 이루어진 새벽기도 사례들을 소개했다. 이어 필자가 정리한 1909년 길선주 목사와 박치록 장로가 주도한 평양 장대현교회의 새벽기도회를 마지막으로 언급했다. 이 가운데 1909년 새벽기도회만 교회에서 광고하여 일반 신도들이 모인 기도회였고, 나머지는 사경회 때 이루어진 일주일 정도의 한시적인 기도회였다.

이말테는 새벽기도를 대부분 남성들이 시작한 것에 주목하고, 여성들의 무속적 새벽 치성에서 새벽기도가 유래했다는 통설을 비판했다. 또한 1893년 평양지부를 개척하던 마페트(S. A. Moffett) 목사와 조사 한석진의 가정 새벽기도를 근거로, 마페트가 새벽기도 창시에 큰 역할을 했다고 주장했다.

그러나 마페트가 새벽기도를 시작하는 데 일정한 역할을 했다고 주장하려면 더 많은 연구가 필요하다. 만일 그가 새벽기도에 관심이 많았다면, 1895년 이후 가정에서 새벽기도회를 드리거나, 평양 널다리교회

---

4   이말테, "한국개신교회의 새벽기도의 초기에 대한 연구", 「신학과 실천」 31(2012년 5월): 183-225.

혹은 장대현교회가 준공된 1900년에 새벽기도회를 창시했을 것이다. 그러나 마페트가 남긴 글에는 그런 기록이 없다. 또한 그가 개인적인 차원에서 간헐적으로 드린 새벽기도를 평양 장로교회의 '새벽기도회'의 유래로 보기는 어렵다.

길선주의 장대현교회 첫 새벽기도회 모임은 1906년이 아닌 1909년

많은 책이나 온라인 블로그에 보면 다음과 같은 잘못된 글이 나온다. "우리나라의 새벽기도는 1906년 가을, '길선주' 장로의 주도로 평양 '장대현교회'에서 시작하였다. 이 새벽기도회는 1907년 평양에서 촉발된 한국기독교 부흥의 시발점이 되기도 했다. 길선주 장로는 국가가 어려운 상황(당시 일제강점기)에 놓여 있는 것을 걱정하여 새벽에 교회에 나가 기도하였고, 많은 교인들이 같이 기도하기 시작하여, 얼마 지나지 않아 300-500명에 이르는 교인들이 모이기 시작했다."

여기에는 다음 세 가지 오류가 있다. (1) 길선주의 새벽기도회가 1906년 가을에 시작했다. (2) 그것이 1907년 부흥의 시발점이 되었다. (3) 당시는 일제강점기였다. 새벽기도회의 시작이 1906년으로 알려진 것은 김인서가 1930년대 「신앙생활」에 길선주 소전(小傳)을 쓰면서 그렇게 잘못 기록했기 때문이다. 길선주가 시작한 새벽기도회는 부흥 운동이 끝난 후 열기가 사라지고 사람들이 냉랭해졌을 때, 다시 부흥의 불을 지피기 위해 1909년에 시작한 새로운 부흥회 방법이었으며, 아직 한국이 완전히 일제의 식민지가 되기 전이었다.

새벽기도회가 교회의 매일 기도회로 정착한 것은
1920년대 후반부터 1930년대 초반이다

1907년 대부흥 이후 1910년대에 새벽기도회가 한국교회에 널리 시행되고 매일 새벽에 모인 것처럼 말하는 자들도 있지만 이 또한 사실이아니다. 그런 기록은 없다. 이덕주 교수가 일찍 지적한 대로, 1914년에 시작된 강화도 마리산(마니산) 부흥회 때의 새벽기도회나 여러 사경회 때의 새벽기도회는 모두 사경회와 부흥회 때 일주일 정도 한시적으로 드린 것이지, 개별 지역교회 차원에서 정착된 것은 아니었다. 또 새벽에 홀로 교회에 나가 30일이나 100일 개인 기도를 드린 예들이나, 3.1운동 전 신석구 목사의 개인 새벽기도 등에서 보듯이 1919년 이전에는 매일 새벽기도회로 모이는 교회가 없었다.

1920년대 후반에 정착되는 새벽기도회 자료는 더 수집해서 정리해야 할 주제다. 이때 새벽기도회가 매일 드리는 일상의 기도로 거의 모든 교회에서 자리 잡은 것은 식민지 치하에서 기도가 더욱 간절했기 때문이었을 것이다. 곧 기도하지 않고는 살 수 없는, 하루하루가 종말인 가난한 교인들이 많았기 때문이었다.

새벽 시간의 기독교화
파루를 대신한 교회의 새벽 종소리

1910년대 사경회 때의 새벽기도회는 도시의 새벽 시간을 기독교화하기 시작했다. 1910년 전후 일제 총독부는 '문명' 발전이란 이름으로, 또 도로 확장과 '신작로' 개설이란 이름으로 서울과 다른 도시들의 성벽을 허물었다. 4대문을 지키는 일본 순경의 호각소리와 칼 소리가 곧 새벽의 소리가 되었다. 성벽이 없는 경성에서 보신각은 무용지물이라 폐쇄되었다. 서울은 영혼의 종소리를 잃어버렸다. 성(城)이 없는 경성(京城)은 보신각 종의 성(聲)이 사라진 경성이었고, 종소리 없는 도시는 성(聖)스러움이 사라진 식민지의 경성이었다.

1909년 전주교회에서 종을 설치하기 위해 소달구지로 나르고 있다. 수직성을 확보한 종탑에서 나오는 종소리로 전주시의 시간이 성화하기 시작했다.

이때 도시와 시민들에게 다시 종소리를 준 것이 교회와 성당이었다 (명동성당에서는 아침 6시, 정오 12시, 저녁 6시에 삼종을 쳤다). 주일마다 각 도시의 교회에서, 그리고 점차 교회마다 사경회를 다른 기간에 하고 새벽에 타종하면서 여러 교회에서 퍼져 나간 교회 종소리는 다시 새벽 시간을 구별하고, 도시의 새벽을 살리는 영성(靈聲)이 되었다. 새벽기도회를 알리는 타종 소리는 도시의 혼이 살아나는 소리였다. 주일성수가 일주일을 시작하는 안식일의 성화였다면, 새벽기도회는 하루 첫 시간의 성화였다.

새벽기도회는 세속 성자들이 확보한 경계적 시공간

성안에 사는 시민들은 새벽 4시에 성문이 열리면 일어나던 습관을 따라 성의 종소리가 사라진 후에도 대개 4시에 거동을 시작했다. 그래서 교회에 도착하는 4시 반이나 5시에 모여 새벽기도회를 가진 뒤 곧이어 일하러 가면 시간 운용이 적절했다. 따라서 4시 반이나 5시에 시작한 교회의 새벽기도회는, 격리된 산속에 있는 사찰에서 새벽 3시나 5시에 승려들끼리 모여 조용하고 엄숙하게 예불을 드리는 것과 달리, 세속 도시 속에서 거룩성을 느끼고 영성을 유지하려는 노동자와 주부들의 기도회였다. 그 예배는 곧 다가올 일상의 무거움 앞에서 하늘의 도움을 구하는 시간이었다. 어둠에서 빛으로 넘어가는 하루의 문지방과 같은 시간의 경계선 사이(時間), 그래서 긴장이 팽팽한 틈새 시간, 변혁을 품고 있는 전이의 시공간에 새벽을 깨우는 자들이 모여 하나님을 구했다.

새벽기도회는 새벽에 일어나야 생존할 수 있는, 곧 하루 벌어 하루 사는 노동자들과, 밤낮 쉼 없이 일하시는 하나님이 함께하는 공간이었다.

따라서 초기 한국교회의 새벽기도회는 잠자는 하늘을 깨우거나 중생을 계몽하려는 사찰의 예불과 달랐으며, 여성들이 홀로 칠성신에게 비는 민간 신앙의 치성과도 달랐다. 전자에는 치열한 삶의 현장이 없었고, 후자에는 남녀가 함께하는 공동체성이 없었다. 또한 양자 모두에 공적 기도가 없었다. 새벽기도회가 한국 개신교를 상징하는 의례가 된 것은 피안의 기도나 사적이고 기복적인 기도와 달리, 세속 안에서 일반 교인들이 함께 모여 드리는 공적인 기도회로 기독교화했기 때문이다.

소리가 세상을 구한다. 오늘날 거룩한 영혼의 종소리가 사라진 한국교회에 다시 종을 치는 종지기들이 필요하다. 남보다 조금 더 일찍 일어나 새벽마다 종을 치던 사찰 집사님의 매일의 헌신이 있던 교회, 우리 어릴 때의 그 교회 종소리가 더욱 그리운 시절이다.

기도가 세상을 구한다. 새벽 미명에 무릎 꿇고 자녀를 위해 간절히 기도했던 어머니들의 눈물로 지금 청년과 장년들이 그나마 살고 또 교회가 살아 있다.

진정한 새벽기도회가 세상을 구한다. 한 손에는 하나님과 영교하는 수직성을 담고, 다른 한 손에는 세속 성자로서 민족을 위해 도고하는 수평성을 담아 두 손을 모아 함께 드리는 새벽기도가 회복될 때 오늘과 내일의 한국교회가 살 것이다.

26

수요예배와 금요기도회

미국에서 수입

2016년 2월 19일 자 「조선일보」에 수요기도회에 대해 다음과 같은 내용의 기사가 실렸다. "수요예배는 새벽기도회, 금요철야기도회와 함께 한국 개신교만의 특색을 보여주는 예배다. 1907년 평양 대부흥에서 유래되었을 것이다. 삼일 예배라고 부른 것은 불교나 도교의 영향이었을지도 모른다. 수요기도회는 개신교 본고장인 유럽이나 미국에 없는 전통으로 한국 개신교가 발명한 '개신교 한류'의 하나이며, 최근 미국 등 외국 한인교회로 확산되고 있다."[1] 이처럼 많은 신자와 목회자들이 수요기도회나 금요기도회를 한국 개신교의 토착적인 의례로 오해하고 있다. 그러나 이는 사실이 아니다.

결론부터 미리 말하자면, 수요기도회나 금요기도회는 한국교회의 발명품이 아니며, 한국 전통 종교와도 상관이 없고, 18세기 이후 영국과 미국과 여러 나라에서 이미 시행하던 공적인 모임을 따라 우리 형편에 맞게 시행한 것이다. 필리핀이나 아시아의 다른 선교지에 가면 아직도 그 유산이 남아 있다. 현재 한국교회가 그것을 종교 한류(韓流)의 하나로 수출하고 있는 추세가 아니다.

그러면 한국에서는 언제부터 수요기도회로 모이기 시작했을까? 평양에서는 언제 어떻게 수요기도회가 시작되었을까? 그리고 다른 지역에서는 언제 시작되어 확산되었을까? 과연 그것은 한국교회의 발명품

---

1   http://news.chosun.com/site/data/html_dir/2016/02/19/2016021900006.html

이었을까? 이런 질문에 답하기 위해서 몇 가지 사료들을 찾아보자.

한국에서 수요기도회의 시작(1888년 서울)

주일예배 외에 공적 모임의 하나인 주중 기도회로 처음 모인 것은 1885년 12월 말 아펜젤러 목사의 사택에서 장로회와 감리회 선교사들이 연합으로 모인 제야 송구영신 기도회였다. 그때 드린 기도는 한국인 첫 개종자를 달라는 것이었다. 선교사들은 이듬해에도 이 문제를 놓고 함께 간구했다. 이를 본딴 한국인들의 설날 기도회는 1887년에 시작되었다. 1888년 6월에는 영아소동으로 위험에 처한 교인들이 서울에서 주중에도 기도회로 모였다. 위기를 겪은 교회는 기도를 통해 성령을 체험하게 되었다. 다음은 1889년 1월 2일에 쓴 언더우드의 글이다.

> 1888년 12월 성령의 능력이 한국에 쏟아 부어졌고, 한 달 만에 20명이 추가로 입교했다. 1889년 1월 장로회와 감리교를 합해 세례교인이 100명을 넘었다. 현재 한국에는 두 개의 잘 조직된 교회가 있다. 매 주일 공개적인 예배가 이 도시의 두 곳에서 열린다. 주중 기도회도 계속 열리고 있다. 소년들은 주님을 위해서 일하고 자체적으로 기도회로 모이고 있다.[2]

---

2   H. G. Underwood, "Korea," *Missionary Review of the World* (Jun. 1889), 457.

1888년 11월에 서울 언더우드 고아원의 소년 네 명이 정동교회에 모여 토요 기도회를 시작하였고 이것이 정기 기도회로 발전했다(참고로 1890년에 고아들은 매일 아침 5시 30분에 일어나 세면과 방 정리 정돈을 하고, 8시까지 한문 공부를 한 뒤, 외국인 교사와 함께 아침 기도회를 가지고 이어서 아침 식사를 했다).

1888년 가을부터 서울 정동(새문안)장로교회 교인들도 수요기도회로 모이기 시작했다. "주일예배는 매주 앉을 자리가 모자랄 정도로 넘치고, 본토인의 주중 기도회는 정기적으로 약 30명이 모입니다. 다음 주에 한두 명에게 추가로 세례를 주려고 합니다."[3] 1889년 1월에는 30명이 수요기도회에 정기적으로 참석하고 있었다. 이는 한국 개신교 첫 수요기도회에 대한 기록이다.

6년 후인 1894년 당시 서울 소재 몇몇 장로교회와 예배 처소의 모임을 보자. 곤당골교회(승동교회)에서는 무어 목사의 인도 하에 매일 아침 기도회가 열렸다. 남대문 전도 처소에서는 레널즈 목사가 매일 전도 집회를 열어 인도했다. 곧 서울에서는 매일 전도 집회(남대문), 매일 기도회(곤당골), 주중 성경공부(정동), 주일 아침과 저녁 예배(남대문, 곤당골, 모화관), 주일 4부 예배(정동), 수요기도회(정동, 모화관) 등이 시행되고 있었다.

---

3   Underwood to Ellinwood, Jan. 7, 1889.

1888년 말 첫 수요기도회가 열린 정동장로교회 첫 예배실인 언더우드의 사랑채(오른쪽).

평양 널다리교회(1893년부터)

평양에서는 1893년 말부터 마페트 목사의 지도 아래 널다리교회가 설립되기 전 첫 예배 처소에서 정기 수요기도회가 열렸고 10여 명이 참석했다. 1894년 1월 첫 주에 이들 중 8명이 세례를 받고 2명이 학습교인으로 등록하면서 널다리교회가 시작되었다.

여러 달 동안 10여 명이 주일예배와 수요일 저녁 기도회에 정기적으로 참석했습니다. 지난주에는 학습자 반을 문답했고 1월 7일 주일에는 8명이 공개적으로 세례를 받고 성찬에 참여했습니다. 그날은 한 씨와 저에게 즐거운 날이었습니다. 왜냐하면 우리의 합심 기도와 간절한 소망을 통해 영혼들이 그리스도의 교회에 모인 것을 목도했기 때문입니다. 그들의 믿음은 성령의 나타나심과 능력 안에 서게 될 것입니다. 다른 두 사람은 공개적으로 학습자 반에 받았습니다.[4]

---

4   Moffett to Ellinwood, Jan. 12, 1894.

이곳 우리 사역에 관한 한 지난 한 달은 아주 좋은 달이어서 크게 고무되었습니다. 10명을 신중하게 문답한 후 그 가운데 8명에게 세례를 주었고, 나머지 2명은 공개적으로 학습교인으로 받았습니다. 따라서 이곳에 사람들이 많이 참석하는 주일 낮 예배와 밤 예배, 수요일 밤 성경공부와 기도를 위한 기도회가 있는 교회가 시작되었습니다.[5]

평양의 마페트는 교회 설립 이전부터 주일 낮과 저녁 예배, 수요일 밤 성경공부와 기도회 등 매주 세 번씩 정기적으로 모였다. 이는 초신자들의 신앙을 성장시키기 위함이었다.

마페트의 집이자 널다리교회의 첫 예배 처소 앞에 선 홍종대와 한석진(1893).

---

5   Moffett to Gifford, Feb. 1, 1894.

1894년 5월 10일에 장로교인과 감리교인들이 체포되고 고문을 당한 '평양 기독교인 박해사건'이 발생했다. 이때 장로교인인 객주(客主) 최치량도 체포되어 감사 앞으로 끌려가서 왜 조상의 종교인 유교를 버리고 사악한 예수교를 믿어 제사도 드리지 않는 짐승 같은 자가 되었는지 심문을 당했다. 그는 그리스도를 만난 후에 달라진 자신의 삶은 모든 사람들이 잘 알고 있으며, 새 삶의 원동력은 바로 예수교의 힘이라고 대답했다. 그는 몇 번 위협을 받은 뒤 서양인과 그들의 종교와 더 이상 상관하지 말라는 경고를 받고 방면되었다. 석방된 때가 수요일 저녁이라 그는 바로 교회로 가서 수요기도회에 참석했다.

그날 밤 정규 기도회가 열렸다. 최 씨는 감영을 떠나 곧바로 기도회로 가서 일어난 일의 자초지종을 말했다. 그들은 "몸은 죽여도 영혼은 능히 죽이지 못하는 자들을 두려워하지 말라"(마 10:28)고 하신 우리 주님의 말씀을 읽고 서로 이야기했고 이 말로 서로 강하게 하고 위로했으며 하나님께 도움을 청하는 기도를 한 후 헤어졌다. 해가 돋기 전에 사령들이 몰려와서 보는 자마다 욕설과 매질을 하면서 많은 돈을 요구했다. 그들은 중형을 상징하는 붉은 오랏줄에 이들을 묶은 뒤 길을 따라 끌고 가서 감옥에 넣은 뒤 곧 차꼬로 채웠다.[6]

이런 수난을 겪은 후 부흥한 널다리(板洞)교회는 1896년 1월의 경우

---

6 Underwood, "Korea of Today," *Missionary Review of the World* (Sept. 1894), 662.

100명 이상이 수요기도회에 모이고 있음을 보고했다.[7]

이상의 자료에서 보듯이 평양 장로교회는 1893년 말부터 수요기도회를 정규 교회 의례로 시행하였다. 1894년 박해 후에는 수요기도회에 참석하는 자가 꾸준히 늘어 1896년에는 100명 이상이 참석할 정도로 정착되었다.

소래교회와 맥켄지(1895)

소래교회는 캐나다에서 맥켄지(J. W. McKenzie)가 온 이후 주일 오전 예배와 수요일 밤 기도회로 모였다. 다음은 그가 1895년 3월 1일에 친구 마페트 목사에게 쓴 편지다.

동학의 접주 3명이 자신들의 집에서 예수교를 공부하면서 교회에 기부를 했습니다. 저는 이 지방에 새로 온 군수와 황해도 동학 수령들 간의 회견을 주선했는데, 후자로부터는 편지를, 전자로부터는 명함을 받았습니다.… 작년에 열 가구에서 집에 있는 위패를 없앴고 더 이상 위패에 절하거나 제사를 드리지 않습니다. 60-70명이 두 차례, 곧 주일과 수요일 밤 기도회에 모입니다.[8]

---

7 Moffett to Ellinwood, Jan. 21, 1896.
8 S. A. Moffett, "Earlier Days," *Korea Mission Field* (Feb. 1936), 33.

모화관 예배 처소와 행주장로교회

1895년 서울에서 모화관 지역 부인들을 위한 수요 저녁 기도회가 언더
우드 부인의 지도로 모화관 예배 처소에서 열렸다. 언더우드 부인이 주
일은 새문안교회 사역에 집중하고, 수요일에 모화관 지역 여성들을 위
해 기도회 겸 성경공부를 인도한 것이다. 언더우드가 목회하던 행주장
로교회는 1900년에 수요기도회로 정기적으로 모였다. 이로써 언더우드
가 순회하며 담당했던 지역인 정동-모화관-행주에서는 1900년경에 수
요기도회가 정착되었다. 서울과 평양 등 도시 밖의 시골에서도 교인이
늘어나자 수요예배가 시작되었다.

19세기 세계교회의 수요기도회

사실 주중 기도회 혹은 수요기도회는 18세기 후반부터 세계 여러 곳에서,
부흥회나 선교회 모임을 통해 시행되었다.[9] 미국 개신교 해외선교가 탄생
하고 미국 공리회 해외선교회 조직을 가능케 한 1806년 8월 윌리엄스 대
학 건초더미 기도회도 바로 수요기도회와 토요기도회의 산물이었다.

　　19세기에 와서 미국 장로교회, 감리교회, 침례교회들은 수요기도회
를 공적 예배의 하나로 널리 시행했다. 1860년대에는 도시의 거의 모든

9　참고. J. B. Johnston, *The Prayer Meeting and Its History*, Pittsburgh: United
　　Presbyterian Board of Publication, 1870.

교회에서 주일 오전과 저녁 예배 외에 수요기도회나 수요특강회, 혹은 금요기도회를 실시했다.

다음 자료는 테네시 멤피스 지역 교회의 광고다. 제일침례교회에서는 주일 오전 11시와 저녁 7시에 예배가 있고 수요일 저녁 기도회와 금요일 밤 청년회(YMCA) 기도회가 있다. 반면 제1장로교회는 주일 오전과 저녁 예배, 수요일 저녁에 특강 모임, 금요일 밤에 기도회를 가졌다. 제2장로교회는 주일 오전과 저녁 예배, 수요 특강 모임이 있었다. 이처럼 19세기 중후반 미국 교회들은 주일 오전과 저녁에 예배로 모였고, 수요일과 금요일 저녁에는 기도회로 모이거나 특강 기간을 갖고 함께 기도했다.

MEMPHIS, TENNESSEE.

St. Mary's Church.
Corner of Poplar and Orleans.
Rector, Rev. Richard Hines.
First Baptist Church.
Second, between Adams and Wilmington.
Pastor, Elder T. J. Drane.
Services every Sunday, at 11 a. m. and 7 1-2 p. m.
Prayer Meeting Wednesday night, and Young Mens' Prayer meeting Monday night.
Sabbath School at 9 a. m. Mission church and Sunday School in South Memphis, C. R. Hendrickson, pastor.
Second Baptist Church.

Trustees, John Trigg, Cyrus Johnson, A. Beatty, J. T. Swayne.
Services, 10 1-2 a. m. and 7 to 7 1-2 p. m.
Sunday School, 9 a. m.
Lecture, Wednesday night.
Prayer Meeting, Friday night.
Second Presbyterian Church.
Main and Beale.
Pastor, Rev. R. C. Grundy, D. D.
Services, 11 a. m. and 7 to 7 1-2 p. m.
Lecture, Wednesday evening.
Sunday School, 9 a. m.
Residence, Adams, east of Bayou.
Third Presbyterian Church.

Tennessee State Gazetteer and Business Directory for 1860-61(1861), 135.

1870년대에는 수요기도회가 거의 정착되었다. 당시 미국의 각 도시에서 발간된 신문의 종교란을 보면 여러 지역 교회의 예배를 안내하면서 주일예배와 수요기도회 시간을 소개했다. 특이하게도 1892년에 볼

티모어 그레이스 감리교회는 수요기도회를 위해 80쪽의 안내서를 발행하기도 했다.[10] 그만큼 수요기도회가 점점 더 중요해졌음을 알 수 있다. 결국 수요기도회나 금요기도회는 한국교회가 만든 발명품이 아니라 미국에서 수입된 예배였다.

예배 형식은 변한다

최근 수요 저녁 예배나 주일 저녁 예배가 사라지거나 줄고 있다. 앞에서 살펴본 것처럼 그것은 한국교회의 고유한 발명품도 아니고 종교적 한류의 일부도 아니다. 따라서 예배로 모이기를 힘써야 하겠지만, 그렇다고 무리를 하면서까지 반드시 지켜야 할 전통은 아니다. 주일예배를 통해 하나님을 신앙하는 것은 매우 중요하다. 더불어 토요일 저녁 예배, 주중 정오 기도회 등 그 밖의 예배와 기도회와 성경공부는 모이는 이들의 상황에 맞게 조정할 수 있다.

해외 한인교회들도 점차 수요기도회를 없애거나 다른 형태로 모이는 실정이다. 곧 도시인들이 참석하기 힘든 수요기도회나 금요기도회가 없는 교회가 더 많다. 예배나 의식은 문화와 만나는 성격을 띠고 있으므로 모이는 시간이나 장소와 같은 외적인 요소는 각 교회의 사정에 맞게 탄력적으로 조정할 수 있다. 현 대한감리교회 『교리와 장정』 22조

---

10 Karen Tucker, *American Methodist Worship* (Oxford University Press, 2011), 232.

는 "예법과 의식을 각 곳에서 꼭 동일하게 할 필요는 없다. 대개 예법과 의식은 예로부터 같지 아니하였고 또 나라와 각 시대와 각 민족의 풍속을 따라 변할 수 있으나 다만 하나님의 말씀과 틀리게 하지 못할 것이다"라고 하였다. 예배에서는 시간과 장소보다 성령과 진리로 드리느냐가 더욱 중요하다.

27

초기 한국교회 부활주일
풍경

이 장에서는 초기 한국교회가 드린 부활주일의 여러 모습을 살펴보고 예배 순서를 담은 소책자 전문을 소개하려고 한다. 1896년부터 예배 순서를 담아 팸플릿으로 출판하여 서울의 여러 장로교회들이 함께 사용했으나, 현재 전하는 것은 1905년판이다.

1885년 4월 5일 오후 3시에 아펜젤러 부부와 언더우드 선교사가 제물포항에 도착했다. 그들이 작은 제물포항에 발을 디딘 날이 부활주일이었기 때문에, 한국 개신교는 부활절을 맞을 때마다 감회가 새롭다. 두 선교사는 상륙하기 전에 배에서 간단히 부활절 예배를 드렸을 것이다. 언더우드는 바로 제물포를 떠나 밤늦게 서울에 도착했으므로 선상 예배를 제외하면 주일 내내 여행을 한 셈이었다. 아펜젤러는 임신한 아내 때문에 항구에 남아 대불 호텔에서 정세를 살피면서, 4월 9일에 한국 도착 보고서를 올렸다. 그는 시편 107:14 ─ "흑암과 사망의 그늘에서 인도하여내시고 그들의 얽어맨 줄을 끊으셨도다" ─ 을 이용하여 보고서 말미에 기도를 덧붙였다.

우리는 부활절에 이곳에 도착했습니다. 오늘 사망의 빗장을 산산이 깨뜨리시고 부활하신 주님께서 이 나라 백성들을 옭아매고 있는 굴레를 끊으시고 그들에게 하나님의 자녀가 누리는 빛과 자유를 허락해주옵소서![1]

---

1 H. G. Appenzeller, "Our Mission in Korea," *Gospel in All Lands* (Jul. 1885), 328.

하지만 두 사람이 드린 첫 부활주일예배에 대한 자료가 없듯이, 초기 한국교회가 드렸던 부활주일예배가 어떠했는지를 보여주는 자료는 많이 남아 있지 않다. 이 글은 가장 많이 인용되는 1896년 부활주일예배 순서를 담은 소책자가 사실은 1905년 자료임을 밝히고, 그 순서 전문을 소개하려고 한다. 그 자료를 통해 부활의 참 의미를 깨닫고, 당시 서울에 있던 7개 장로교회(예배 처소 포함)의 이름과 위치를 확인하는 부스러기도 맛볼 수 있을 것이다.

유니언교회의 첫 부활주일예배(1886-87)

1886년 부활절부터 한국에서 부활주일예배가 드려졌다. 1886년 4월 25일 언더우드 사택에서 모인 유니언교회 부활주일예배에서 스크랜턴의 딸 마리온과 아펜젤러의 딸 엘리스가 유아세례를 받았고 성인 중에는 일본인 하야카와가 세례를 받았다. 당시 아직 한국인은 참석하지 않았다.

1887년 4월 10일 부활주일에도 아직 한국교회 공중예배가 없어 유니언교회에서만 오후 3시에 부활절 예배를 드렸다. 언더우드와 엘라가 데니 판사 부부가 직접 키운 꽃으로 교회 설교단 앞에 가득 꽃꽂이를 하고 설교단에는 꽃으로 'I. H. S' 글자를 장식했다. 스크랜턴 부인은 진달래와 개나리를 담은 두 개의 큰 꽃병을 좌우에 놓았다. 담임목사인 아펜젤러가 통역을 통해 일본 영사관의 순경인 수기바시 고이치로에게 세례를 주었다. 성가대가 "주는 나의 목자" 찬송을 불렀다. 아펜젤러는 고린도전서 15:35을 본문으로 죽은 육체가 어떻게 부활할 것인지를 논증적으로 설교했다. 이날은 과거 몇 번 참석한 딘스모어 공사는 물론 데니 판사가 처음으로 유니언교회에 출석한 날이었다. 꽃으로 설교단을 장식한 부활주일의 가장 큰 행사는 세례식이었다.

한국교회의 첫 부활절(1888-93)

1888년 4월 1일 한국교회의 첫 부활절 예배는 정동장로교회(새문안교회)와 벧엘감리교회(정동제일교회)에서 드렸다. 아마 유니언교회와 비슷한 형식으로 드렸을 것이다. 그러나 1894년 이전에 부활주일을 어떻게 보냈는지를 보여주는 자료는 별로 없다. 그때까지 아펜젤러와 언더우드는 봄만 되면 소래, 평양, 의주 등지를 방문 전도하면서 미래의 선교지부를 개설할 장소를 모색하거나 일본에 가서 사전 등을 인쇄해야 했기 때문에, 부활주일을 전후해서 서울에 있는 해가 드물었다. 그들의 부활절 예배는 소래나 평양이나 의주나 혹은 여행하는 마을에서 소수의 신자들과 함께 모여 세례를 주고 성찬을 하는 감격적인 모임이었다.

마페트와 게일의 경우가 그러했다. 그들은 1891년 3월에 서울-평양-의주-심양으로 전도여행을 갔는데 의주에서 부활절을 보내게 되었다. 당시 30명의 한국인 신자가 부활절 주일예배에 참석했다. 3월 29일 부활주일에 마페트와 게일은 10명의 한국인 세례교인들에게 성찬을 베풀었다. 이때 마페트는 의주에서 미래의 조사 한석진을 만난다. 부활하신 주께서 엠마오로 가는 두 제자에게 나타나 동행하시며 성경을 가르치시고 메시아의 증인으로 삼으셨듯이, 기근과 역병과 전쟁의 땅에서 그리스도의 제자들이 하나둘씩 동역자로 만나 부활의 증인이 되고 있었다.

감리회의 첫 부활절 연합예배(1894)

1894년 배재학당 채플에서 개최된 부활절 예배는 서울 감리교회들의 연합 집회로, 한국에서 열린 첫 부활주일 연합예배였다.

> 부활절에는 시온[정동]에서 애오개, 상동, 동대문이 우리와 함께 연합하여 위대한 날을 보냈습니다. 배재학당 채플에 사람이 가득 찼습니다. 한국에서 처음 경험한 놀라운 찬송이었습니다. 대개 교인들은 즐거운 찬송을 부르려고 했지만 실패했습니다. 이날은 그렇지 않았습니다. 헐버트 형제가 열정적으로 설교하여 큰 회중이 아주 잘 수용했습니다.[2]

서울에 있는 감리교회들이 개교회 차원에서 드리던 부활주일예배를 1894년부터 연합으로 드리기 시작했다. 이때의 부활절 예배는 주일 아침이나 낮에 드린 것으로서, 1920년대 중반까지 부활절 새벽 예배는 없었다.

---

2 Appenzeller to Scranton, Apr. 2, 1894.

상동감리교회 고난주간과 부활절(1898)

1898년에 상동감리교회는 고난주간을 지켰다. 매일 저녁 특별기도회로 모이고 성금요일 10시에는 일제히 모여 비장한 마음으로 성만찬을 받았다. 이어 남녀 예배실을 새로 도배하고, 강단 주변 벽과 기둥을 홍포장으로 꾸몄으며, 강단 밑에는 각색 화초로 층층이 쌓고 옆에는 과실나무도 놓았다. 남자 회당 맞은편에는 "예수 부활하셨네"란 일곱 글자를 금색으로 붙였고, 여자 회당 맞은편에는 "할렐루야 주 찬송"이란 일곱 글자를 금색으로 붙였다. 부활주일에는 남녀노소 도합 400명이 모여 예배했다. 로스와일러 양이 풍금을 치고, 셔먼 의사가 트럼펫을 불고, 교우들은 큰 소리로 찬미가를 불렀다. 20인이 새로 세례를 받았으며, 9명이 입교했다. 그중에 열여섯 살의 처녀는 40일을 금식한 후에 세례를 받았다.[3]

인쇄한 부활주일 예배 순서지

청일전쟁 후 교회가 급성장하고 정식으로 조직되기 시작하자 언더우드는 서울에서 특별 예배 행사를 위한 소책자를 출판하여 의례를 중시하는 한국인들의 요구를 만족시켰다. 1896년 개인 연례 보고서에서 언더우드는 부활절, 성탄절, 성금요일, 왕의 탄신일에 특별 예배를 드린다고 보고했다. 특별 예배 때에는 예배 순서가 기록된 소책자를 출판해서 많

---

3 "부활경축", 「대한크리스도인회보」 2권 15호(1898. 4. 13), 299.

은 사람이 소책자를 보면서 예배를 드리도록 했다. "성탄절, 부활절, 성령강림절, 국왕탄신일 예배용 특별 소책자를 준비해서 출판했는데 반응이 좋았습니다"(언더우드, "1896년 전도 보고서").

> 부활쥬일례비
>
> 一 찬양
> 우리쥬를찬양홈이
> 만복죵에근원일세
> 텬디만물찬양ᄒᆞ세
> 찬양셩부셩ᄌᆞ셩령
>
> 二 긔도
>
> 三 찬양
> 깃버ᄒᆞ게ᄒᆞ라구쥬호이가왓ᄂᆡ
>
> 四 셩경
> 루가복음二十四쟝一—十一
> 요한복음二十쟝一—十
>
> 五 문답
>
> 부활찬양경
>
> 문 오날은무슨날이뇨
> 답 예수그리스도부활ᄒᆞ신날이니라
>
> 문 예수그리스도는뉘시뇨
> 답 대쥬지의외아ᄃᆞᆯ이시니라
>
> 문 엇지ᄒᆞ야대쥬지의외아ᄃᆞᆯ이죽으셧ᄂᆞ뇨
> 답 우리죄
>
> 문 어디다쟝ᄉᆞ홋엿ᄂᆞ뇨
> 답 유대국법을ᄯᅡ라바회로파인
>
> 문 넨굴에쟝ᄉᆞ홋고크고무거온돌노문을굿이닷아나라헤인
>
> 문 메삼일에무슴일이잇섯ᄂᆞ뇨
> 답 예수ᄭᅵ셔죽음을이긔시고무덤에셔나오셧ᄂᆞ니라

부활주일 예배 순서를 인쇄한 소책자 첫 두 페이지(1905).

다음은 1896년 부활절에 서울 지역 장로교회들이 연합하여 드린 것으로 알려진 부활주일 예배 순서 전문이다. 책표지가 소실되어, 사진에서 보듯이 본문 첫 페이지에 있는 제목으로 책 제목을 삼고 있다. 그러나 책을 펴면 왼쪽 페이지 어깨 부분에 표시되어 있는 제목은 "부활찬양경"이다. 종종 표지 제목과 내지 제목이 다를 수 있기 때문에 이 소책자의 제목을 확정하기는 어렵다. 9쪽 분량의 전문을 현대어로 옮기면 다음과 같다. 특이한 점은 5번 문답이다. 아직 부활의 뜻을 잘 모르는 초신자들이 많았기 때문에 이런 문답형 교독이 효과적이었을 것이다.

부활주일예배

1. 찬양

    우리 주를 찬양함이 만복 중에 근원일세

    천지만물 찬양하세 찬양 성부 성자 성령

2. 기도

3. 찬양

    기뻐하게 하라 구할 이가 왔네

4. 성경

    누가복음 24:1-11

    요한복음 20:1-10

5. 문답

    문 오늘은 무슨 날인가?

    답 예수 그리스도 부활하신 날이니라.

    문 예수 그리스도는 누구신가?

    답 대주재의 외아들이니라.

    문 어찌하여 대주재의 외아들이 죽으셨느뇨?

    답 우리 죄를 대신하여 죽으셨으니 죽으신 후에 장사하니라.

    문 어디다 장사하였느뇨?

    답 유대국 법을 따라 바위를 파낸 굴에 장사하고 크고 무거운 돌로 문을 굳게 닫아 나라에서 인을 쳤느니라.

문 제삼일에 무슨 일이 있었는가?

답 예수께서 죽음을 이기시고 나오셨느니라.

문 그날에 누가 일찍 무덤에 갔는가?

답 막달라 마리아와 예수를 사랑한다는 여인들이 갖가지 향을 가지고 예수의 거룩하신 시체에 바르려고 밝기 전에 무덤으로 가면서 누가 문에 막은 돌을 옮길까 생각하니라.

문 그곳에 이르러 무엇을 보았느뇨?

답 나라에서 인친 것이 깨어진 것과 돌이 옮겨 놓인 것을 보았느니라.

문 누가 그 돌을 옮겼느뇨?

답 주의 사자가 내려와서 돌을 옮겼느니라.

문 막달라 마리아가 이러함을 보고 곧 한 일이 무엇이뇨?

답 즉시 떠나 급히 가서 베드로와 요한에게 누가 주의 거룩하신 시체를 가져갔다 하였느니라.

문 다른 여인들은 무엇을 하였느뇨?

답 무덤에 들어가서 시체 없는 것을 보고 화려한 옷 입은 천사를 만나며 크게 놀랜지라.

문 천사가 무슨 말을 하였느뇨?

답 "무서워 말라. 십자가에 죽으신 나사렛 예수를 찾는 것을 아느니라. 어찌하여 산 자를 죽은 자 가운데 찾느뇨? 여기 계시지 아니하시고 다시 사셨으니, 주가 누웠던 자리를 보라" 하였느니라.

문 베드로와 요한이 마리아의 말을 듣고 무엇을 하였느뇨?

답 마리아와 한 가지로 빨리 돌아가서 둘이 다 무덤에 들어가 시체 없는 것을 보고 어떤 일인 줄을 모르고 떠나는지라.

문 막달라 마리아는 무엇을 하였느뇨?

답 무덤 밖에 서서 크게 울며 무덤을 들여다볼 때에 천사 둘을 보았느니라.

문 천사가 어떻게 말을 하였느뇨?

답 "여인아, 어찌 우느뇨?" 하니 마리아가 대답하되 "내 주의 시체를 가져가고 어디 누인 줄을 모르기로 우노라."

문 마리아가 이에 무엇을 하였느뇨?

답 돌아보매 예수가 서신 것을 보았느니라.

문 보고 예수인 줄을 알았느뇨?

답 아니라. 눈물이 앞을 가려 동산지기로 알고 어디다 누인 것을 가르치라 하였느니라.

문 예수가 무슨 말씀을 하셨느뇨?

답 이름 마리아로만 부르시니 곧 주이신 줄을 알았느니라.

문 이것을 알고 마리아가 즉시 무엇을 하였느뇨?

답 곧 떠나 제자에게 가 주를 보았고 주가 이 말씀하신 것을 이르나니라.

문 우리들이 부활하신 것에서 배울 것이 무엇인가?

답 (1) 예수가 대주재의 아들 그리스도이신 것과 죽음을 이긴 것을 아느니라. (2) 이로써 우리 구속함이 온전한 것을 아느니라. (3) 그리스도 다시 사셨으니 우리들도 죽은 후에 몸이 다시 삶을 아느니라. (4) 예수가 죽음을 한 번 이기셨으니 우리들도 예수를 믿고 의지하면 죽기를 무서워할 것이 없느니라. (5) 우리에게 산 구주가 있어 항상 대주재 앞에 우리를 위하여 기도한 것을 아느니라.

문 이날이 어찌하여 그리스도인에게 기쁜 날인가?

답 우리 구주가 이날에 죽음을 이기시고 마귀의 권병을 깨뜨리시고 우리 속죄함을 온전케 하시고 오늘부터 우리 형이 천하만국 왕으로 앉으셨으니 어찌하여 기뻐하지 아니하리오.

6. 찬양

1절   오늘 주 부활함을 만민 천사 고하세
       지극히 기뻐하세 하늘 노래 땅 화답

2절   구세한 공 이루니 주 원수를 이겼소
       한 번 속죄하시니 두 번 피를 안 흘려

3절   지킨 군사 봉한 돌 어찌 주를 막으랴
       지옥 문을 부수고 하늘 문을 열었소

4절   영화론 왕 또 사니 죽음 권세 멸하라
       주 만민 죄 속하여 무덤 권세 이겼소

5절   교회 머리 가는 길 우리도 좇아가자
       생전 괴롬 주같이 사후 또 함께 승천

6절   천주의 큰 왕 지하 만물이 찬송하세
       우리도 이기는 주 부활한 예수 찬송

7. 목사 강론

8. 기도

9. 감사한 마음으로 연보

10. 찬양

        예수 이름 권세 치하

11. 사복 기도

        모화관

        남문안

        새문안

        곤당골

        인성부재

        연못골

        피마병문

오는 주일은 금월 이십삼 일이요 예수 부활주일이니, 이 도리를 알려 하는 벗님네는 이 여러 곳 중에 마음대로 와서 참예하고 밝히기를 바라노라.

이것이 1896년에 출판된 소책자일까?

이 소책자의 표지가 상실되었기 때문에 출판연도를 쉽게 알 수는 없다. 그러나 그 연도를 알 수 있는 힌트가 바로 마지막 페이지 마지막 줄에

숨어 있다. 곧 "오는 주일은 금월 이십삼 일이요"에서 부활주일이 23일
인 해를 찾으면 된다. 부활절은 니케아공의회(323년) 이후에는 춘분(3
월 21일, 윤년은 3월 20일) 다음 첫 보름달 이후 주일날이기 때문에 매년
날짜가 바뀐다. 빠르면 3월 말, 늦으면 4월 말이 부활절이 된다. 따라서
1890-1900년대 부활주일이 23일인 해는 단 한 해밖에 없었다. 부활절
날짜 표를 보자.

연도	1885	1886	1887	1888	1889	1890	1891	1892	1893	1894	1895
날짜	4. 5	4. 25	4. 10	4. 1	4. 21	4. 6	3. 29	4. 17	4. 2	3. 25	4. 14
연도	1896	1897	1898	1899	1900	1901	1902	1903	1904	1905	1906
날짜	4. 5	4. 18	4. 10	4. 2	4. 15	4. 7	3. 30	4. 12	4. 3	4. 23	4. 15

부활절 날짜(1885-1906).

곧 위에 소개한 전문은 1905년 4월 23일 부활주일을 위해 준비한
예배순서였음을 알 수 있다. 그럼에도 지금까지 이 소책자가 1896년에
발행된 것으로 오해된 이유는 바로 언더우드가 1896년부터 부활주일예
배순서인 「부활찬양경」을 출판했기 때문이다.

이 팸플릿은 비록 1905년에 출판된 소책자이지만, 1896년부터 출판
한 부활주일예배용 소책자와 크게 다르지 않았을 것이다. 마지막 페이
지만 매년 날짜를 다르게 바꾸고, 늘어난 교회가 추가되었을 것으로 짐
작된다.

연합예배 아닌 각 교회에서 드린 예배

한편 이 예배순서를 가지고 서울 시내 소재 장로교회가 함께 모여 연합예배를 드렸다는 서술이 여러 책과 온라인에 올라와 있는데 이 또한 사실이 아니다. 장로교회의 경우 연합으로 모일 만한 넓은 예배당이 없었으며, 아직 야외에서 다 함께 모여 예배를 드리는 단계는 아니었다. 소책자 마지막 페이지를 보면 서울에 7개의 장로교회 예배 처소가 있었는데 "이 여러 곳 중에 마음대로 와서 참예"하기를 권하고 있다. 소책자의 그 어디에도 연합예배를 드렸다는 말은 없다.

1897-1906년 부활주일 논설

1897년 창간된 「죠션크리스도인회보」(곧 「대한크리스도인회보」로 개칭) 와 「그리스도신문」은 부활절 직전에 부활절에 대한 논설이나 성경공부를 싣고 부활절을 의미 있게 보내도록 도왔다. 그런데 1905년까지 한국 개신교의 부활절 예배, 설교, 신문 논설을 보면 부활 교리가 일반인에게 이해되기 어려웠기에 복음서 내용을 그대로 알리고, 신자의 부활과 사후 영생을 강조하는 변증론이 주를 이루었다. 당시는 전쟁과 역병과 기근이 몰려오는 묵시론적 상황 속에서 양반들은 기회주의에 편승하여 친일파가 되고 민중들은 정감록 예언을 믿고 심산유곡의 십승지지를 찾던 시절이었기 때문에, 복음서의 내용을 중심으로 예수 그리스도의 부활을 제시하고, 그와 동일하게 신자도 부활 영생할 것을 제시하는 것

자체가 반문화적인 측면이 강했다.[4]

다른 한편 1905년 이후 논설은 비정치적 측면이 강화된 것을 부정하기 어렵다. 1906년 1월부터 「그리스도신문」은 장로회와 감리회가 연합으로 발행했다. 그 첫 부활절 논설을 현대어로 옮기면 다음과 같다.

> 부활주일이 가까우니 우리 믿는 사람은 더욱 감사할 것이라. 교인이 되어 주일을 지키는 데 어느 주일이든지 다 거룩한 날인즉 일체로 거룩하게 지킬 것이나, 그러나 주일 중에 제일 귀한 것은 우리 구주 예수 그리스도께서 부활하신 주일이니, 이는 예수께서 죽은 자 가운데서 다시 일어나시어 우리 믿는 자의 다시 사는 본이 되었으니 우리가 이 주일을 더욱 감사하고 찬송할 것이라. 이 세상 사람의 생일도 기념하여 화락하게 지내거든 하물며 구주의 부활하신 날이야 얼마나 더 감사하리오. 구주께서 십자가에 돌아가시기는 우리로 하여금 곧 영생의 길을 얻게 하심이라. 그러면 우리가 이같이 큰 사랑과 큰 은혜를 받아 내세나 후세나 영원한 세상까지 무궁한 복락을 누리게 된 것은 구주께서 부활하신 공로인즉 우리는 이 부활주일을 더욱 감사하게 지킬 것이오.[5]

러일전쟁이 끝난 후 한국은 일본의 반식민지가 되었다. 나라를 위해 기도하던 한국 교인들은 넋이 나갔다. 일본에 속은 한국인들은 이를 갈았다. 얼마 후 의병이 일어나 3년간의 전쟁에 돌입했다. 곳곳에서 친일

---

4 참고, "예수 부생하심은 우리 부생할 일을 표하심이라", 「죠션크리스도인회보」 1권 10호(1897. 4. 7), 42.

5 "론셜: 부활쥬일", 「그리스도신문」 10권 14호(1906. 4. 5), 325.

파 처단 운동이 일어나고 있었다. 피해자인 한국은 어떻게 해야 할까? 한국교회는 어디로 가야 할까? 그 상황에서 부활절은 어떤 의미가 있을까? 편집진(편집장 언더우드, 부편집장 무스·케이블·무어)이 쓴 위 신문의 논설에 복음은 있었으나 상황이 소실되어 맥이 뛰지 않았다.

무고한 희생자이신 예수 그리스도께서 버림받고 처참하게 죽었다. 대한제국은 일본의 식민지로 전락했다. 그날 이후 지금까지 이 땅과 바다에서 억울하게 죽은 희생자, 낙오자, 피해자가 줄을 잇고 있다. 범죄자가 피해자가 되고 피해자가 범죄자가 되는 악순환이 되풀이되고 있다. 예수는 역사의 희생자들과 함께 골고다에서 아벨처럼 억울한 피를 흘렸으나, 그들과 함께 다시 사셔서 무덤 밖으로 걸어 나오신다. 함께 고통을 겪고 죽는 자만이 위로자와 대언자가 되어 역사의 희생자들을 위해 기도해줄 수 있다. 그리스도의 십자가 수난에 함께 참여한 성도는 그의 육체의 부활에도 동참하는 특권을 누린다.

부활주일 예배 문답을 다시 읽어본다. "우리가 주의 부활에서 배울 것이 무엇인가?" 이제 이 질문에 대한 답을 새로 작성할 때다. 부활이 없다면 교회도 없고, 선교와 신앙도 헛되고, 우리가 여전히 죄와 사망 아래 있을 것이기 때문이다. "예수 부활하셨네", "할렐루야, 주 찬양."

5부

논쟁

28

하나님인가, 하느님인가?

용어에는 역사가 있다

한국의 많은 복음주의 개신교인들이 '하나님'이라는 용어를 사용하면서도 "왜 하느님이 아닌 하나님인가"라고 질문하면, 그저 이 용어가 하나+님의 조합으로서 유일신 신앙을 잘 대변하기 때문이라고 답한다. 그럼다시 어떻게 숫자에 님이 붙으며, 표준어이자 고유어인 하느님을 사용하지 않느냐고 물으면 성경에 하나님으로 나오니 사용한다고 답한다. 나아가 주기도문에도 "하늘에 계신 우리 아버지"라고 했고, 가톨릭이나 성공회도 하느님을 사용하고, 신구교의 공동번역뿐 아니라 기독교장로회나 감리회에서도 하느님을 사용하는 자가 많고, 심지어 평양의 성경에도 하느님을 사용하는데 굳이 보수적인 개신교인만 배타적으로 하나님을 사용할 필요가 있느냐고 지적하면, 더 이상 반론을 제기하지 못한다. 그 용어의 역사적 유래나 다수 한국 개신교회가 왜 하나님을 사용하는지 그전통에 대해서 알고 바르게 대응하는 교인이 별로 없는 실정이다. 더욱이 대종교나 단군교와 같은 소위 민족종교에서 하느님은 한국 종교 고유의 신인데, 기독교(천주교와 개신교 모두)가 이를 표절(!)했으므로 사용할권리가 없다고 주장하면, 어떻게 대답해야 할지 궁색한 이들도 있다.

이름과 용어

히브리어 אֱלֹהִים, 그리스어 θεός, 라틴어 *Deus*, 영어 God 등은 고유

명사가 아닌 일반명사다. 하나님의 이름인 YHWH(야웨)는 음역하거나 히브리 종교 전통과 그리스어로 된 70인역의 번역 전통에 따라 '주'(Adonai → κύριος → Lord → 主)로 부르지만, 이와 달리 엘로힘/테오스는 최고 유일신에 해당하는 용어(term)이므로 번역한다. 이 다양한 번역가능성(translatability) 때문에 기독교는 특정한 언어 문화권에 토착할 수 있고 다른 문화권으로 이주하여 정착할 수 있다. 그래서 중국어에서는 上帝(상제)로, 일본어에서는 かみ(가미, 神)로, 한국어에서는 하나님/하느님으로 불리며, 그 번역에 만족하지 않는 이들은 다른 용어로 번역하기도 한다.

여러 이름과 용어를 놓고 가장 적합한 용어를 채택하기 위해 토론하는 과정에서 발생한 논쟁을 용어 문제(term question)라고 하는데, 이는 19-20세기에 여러 언어권에서 성경을 번역할 때 발생했다. 가장 유명한 것이 중국의 용어 논쟁으로, 가톨릭에서는 예수회의 마테오 리치가 유교에 적응하면서 보완한다는 보유론(補儒論) 입장에서 유교의 도덕을 수용하고 제사를 허용하면서 유교 고전에 나오는 上帝(상제)를 원시 유일신으로 보고 성경의 엘로힘과 동일시하여 天主(천주)와 함께 사용한 후, 수백 년간 전례 논쟁(Rites Controversy)을 하면서 용어 논쟁도 함께 진행되었다. 그 승자는 보수적인 프란치스코회와 도미니크회 승단이었고, 18세기 후반부터 전통 신명인 上帝 대신 그리스어 Deus의 음역에 가까운 조합어인 天主만 사용했다. 18세기 후반에 시작된 한국 가톨릭교회는 그 영향으로 천주(텬쥬)만 사용했다. 보수적인 프랑스 선교사들은 하느님(하늘님)의 용례를 알았으나, 우상 숭배와 연관된 다신론의 신으로 간주하고 배제했다. 그러다가 1960년대 제2차 바티칸 공의회 이후 토착화 정책에 따라 입장을 바꾸어 천주를 하느님으로 번역하여 사용하고 있으며, 성공회도 천주를 사용하다가 하느님을 수용했다. 개신교의 일부 자유주의 신학자나 교인들도 토착화 신학의 영향으로 하느님을 사용한다.

　여기서 먼저 결론을 말하면 현재 사용하는 하나님은 토착적인 이름('하늘'의 초월성을 지닌 하느님)이자 이를 변용한 새로운 용어('하나'의 유일성 + '한'의 위대성 + 단군 신화의 삼위일체적 원시 유일신성 + 단군 민족주의의 근대 역사성의 4중 요소를 지닌 하나님) 양자의 요소를 가지고 있다. 따라서 하나님은 중국의 상제(上帝)와 일본의 가미(かみ)나 한국 가톨릭의 하느님과 같은 '이름'들보다 더 나은 '이름 + 용어'이다.

두 가지 번역 방법

번역에서 기존의 신명(상제, 신, 가미, 하느님 등)을 사용하면 본토인들이 이해하기에는 쉬우나 종교 혼합주의(syncretism)의 위험이 있고, 새 용어(천주, 상주, 참 신, 하나님 등)를 만들어 쓰면 낯선 새로운 신이 되어 의사소통에 불리하지만 기독교의 정체성은 유지된다. 중국에서 가톨릭교회는 후자의 방법으로 天主를 채택한 데 반해, 오히려 개신교는 19세기에 전통 신명인 上帝나 神을 채택하는 토착화 방법을 선택했다. 다만 영국계 개신교 선교사들은 上帝를 선호하고, 미국계는 神을 채택하면서 논쟁이 재연되었다. 1880-90년대에 중국 개신교에서 대세는 상제로 기울었으나, 성공회는 천주교의 천주를 지지했고, 일부 중도파들 사이에서도 상제와 신 대신 교회 연합에 유리한 천주를 지지하는 선교사가 있었다. 일본에서는 미국 선교사들이 선교를 개척하면서 神(가미)이 채택되었으나, 일본의 '가미'는 중국의 신과 달리 더 다신론적인 개념이어서 선교에 실패하는 한 요인이 되었다. 한국에서도 이런 동아시아 개신교 선교사들의 토착 신명 채택 전통에 따라 하느님/하나님을 채택하는 것이 주류가 되었다.

로스의 하느님/하나님 채택(1882)

1870년대 후반 만주에서 한글 성경을 번역한 로스(John Ross)는 스코틀랜드장로회 소속이었으므로, 중국선교사 출신으로 옥스퍼드 대학교 종교학 교수가 된 제임스 레그(James Legge)와 같이, 불교에 의해 타락한 신유교 이전의 원시 유교의 '상제'를 성경의 '엘로힘'과 동일한 유일신으로 수용했다. 그가 상제를 수용한 종교학적 근거는 초기 유교에 유일신인 상제를 섬기는 전통이 경서에 남아 있다고 본 원시 유일신론(primitive monotheism)이었으며, 그 선교신학적 이론은 1910년 전후에 유행한 성취론(fulfillment theory)이었다. 그러나 현지의 종교와 역사 배경은 만주 도교로서, 도교의 상제(옥황상제)에 대한 관념과 믿음에 최고신 개념과 유일신 흔적이 있었기 때문이었다. 로스는 한 도교 사원의 주지와 요한복음 1장에 관해 대화하면서, 그가 요한복음의 상제와 도교의 조화옹인 상제를 동일한 창조주로 보고 있음을 알게 되었다.

로스는 1877년에 발간한 한국어 입문서인 *Corean Primer*에서는 하느님을 사용하지 않았으나, 1878년 재판에서 God의 상응어로 하느님을 채택했다. 그는 1882년에 발간한 첫 한글 복음서인 누가·요한 복음에서도 하느님을 사용했다. 그러나 1882년의 *The Korean Language and Grammar*에서 하나님을 채택한 후, 1883년부터는 성경 번역에서도 하나님으로 표기를 바꾸었는데, 그 의미는 여전히 하늘＋님이었다. 이는 아래아의 철자법만 ─에서 ㅏ로 바꾼 결과였다. 로스는 하나님이 상제와 동일한 유일신이지만, 당대 한국인들이 믿고 기도하는 대상인 점에서, 유교 경서 안에 문자로 죽어 있는 상제보다 더 낫다고 믿었다.

첫 한글 복음서인 로스의 누가복음(1882). 로스의 첫 용어는 하느님이었으나, 1882년 후반부터 하나님으로 바뀌었다. 그러나 두 용어의 의미는 동일한 '하늘의 주'였다.

서울 선교사들의 하느님 사용

서울에 온 북미 선교사들은 이수정이 일본에서 채택한 신(神)을 포기했다. 이 용어가 한국에서는 귀신으로 오해되었기 때문이다. 대신 로스의 하나님을 수용하되, 서울 표기인 하느님을 사용했다. 그 배후에는 선교사들에게 한국에 대한 교과서와 같았던 그리피스의 *Corea, the Hermit*

Nation(1882)이 레그(James Legge)의 상제설과 로스의 하느님설을 소개하고 하느님을 '하늘의 황제', 곧 상제와 동일시하는 유일신명으로 언급한 측면이 있었다.[1] 그러나 언더우드는 하느님이 다신교인 무교의 최고신이므로 배격하고 천주를 선호하면서 상주나 천부 등의 용어를 실험적으로 사용했다. 그는 가톨릭, 성공회, 개신교가 모두 함께 천주를 쓰면 교회 연합에 유리하다고 보았다.

반면 다른 선교사들은 점차 하느님으로 의견일치를 보았다. 1895년에서 1904년까지 10년간 벌어진 "텬쥬(천주)냐 하느님이냐"의 논쟁은 게일(J. S. Gale)이 하늘의 어원에서 하늘(天)과 한(大)과 한(一)을 찾아내고, 헐버트(H. B. Hulbert)가 단군 신화에서 환인은 성부, 성령 환웅과 웅녀 사이에 태어난 단군은 신인으로 성육신한 성자에 유비된다는 삼위일체론적 해석을 제시하면서 전환이 이루어졌다. 언더우드도 삼국 시대의 건국 신화들을 연구한 결과 고대 한국에 계시(啓示)로 주어진 하느님에 대한 원시 유일신 신앙이 있었고, 현재 그 흔적이 남아 실천되고 있다는 주장을 수용하게 되었다. 천주를 주장하던 유일한 선교사 언더우드가 1904년경 하느님을 수용하자, 한국 개신교 안에서는 더 이상 용어 문제가 일어나지 않았다.

---

1   William E. Griffis, *Corea, the Hermit Nation* (1882), 327-28.

결국 1905년 전후로 만들어진 용어 하ᄂᆞ님은 (1) 일제의 보호국으로 전락하던 국가 위기에 등장한 단군 민족주의를 촉매로 하여 (2) 단군신화에 녹아 있던 원시 유일신 신앙이라는 신화적 요소와 (3) '하늘'의 초월성 + '한'의 위대성 + '하나'의 유일성의 의미를 지닌 새로운 어원에 대한 해석학적 요소가 합금된 새 용어였다. 이 하ᄂᆞ님 신앙으로 다신론인 일본 국가 신도(國家神道)와 투쟁하면서 독립 국가를 수립하려던 노력이 일제하의 기독교 민족운동이었다.

해방 이후 '하ᄂᆞ님'은 철자법 개정으로 아래아를 없애면서 '하나님'으로 표기되었다. 그

첫 한글 구약전서(1911)의 첫 페이지. 1905년경에 확정된 이 하ᄂᆞ님은 5중 의미를 가진 새로운 개신교 용어였다.

러나 이 하나님은 단순히 하나 + 님이 아니라, 하늘의 초월성과 위대성이라는 토착성과, 유일성이라는 개신교의 정체성과, 민족운동이라는 역사성이 결합된 한국 기독교 특유의 용어였다. 이런 새 용어였기에 기독교가 급성장할 수 있었다.

개신교의 하느님을 대종교가 빌려 감

이와 관련하여 기독교가 대종교(大倧敎)의 하느님을 훔쳤다는 대종교 측의 주장은 어불성설이다. 1990년대에 대종교나 일부 민족종교 단체에서 하나님이나 하느님이 한국인과 자신들의 고유한 신 명칭인데 기독교가 이를 도용하고 표절했다는 주장을 제기했다. 그러나 오히려 1910년을 전후해서 민족종교들이 근대성을 확보하기 위해 유일신 표기인 하느님을 개신교로부터 빌려 갔다. 앞에서 살펴본 대로 개신교의 하느님은 한국 고유의 하느님과 차별성을 가지는 용어였다.

이것과 관련된 한 해프닝은 1994년에 세계인류성도종에서 제소한 "하느님의 명칭 도용 및 단군성조의 경칭 침해 배제 청구"건이었다. 재판은 개역한글성경 저작권을 가진 대한성서공회의 승소로 마무리되었다. 당시 성서공회는 위에 설명된 하나님의 5중 성격을 잘 밝히지 않았음에도 불구하고 승소했다. 그만큼 하나님은 이미 개신교의 하나님이 되어 있었고, 한글 성경의 하나님은 1880년대부터 저작권을 가진 성서공회의 출판물에서 채택된 용어였기 때문이었다.

재정리하면 현용 하나님은 고유명사(이름)가 아닌 일반명사(새 용어)이다. 고유명사인 하느님에 개신교가 세례를 주어 새로운 기독교 용어로 중생시켰다. 토착 신명인 '하느님'에게 준 세례의 물에는 한국 고대인의 원시 유일신론(로스, 그리피스, 언더우드 등), 단군 신화의 삼위일체론적 해석(헐버트), 유일신론적 어원 해석(게일), 단군 민족주의(주로 평양의 개신교인들)가 용해되어 있었다. 그 결과 하나님은 1905-10년 어간에 5중성을 가진 용어로 거듭 태어났다. 곧 (1) 토착성—하늘에 계시는 거룩하신 창조주요, 만인에게 해를 비추시고 비를 내리시는 자비의 하나님이시다. (2) 원시 유일성―한국인들이 태고 때부터 섬기고 기도해온 고유의 최고신이시다. (3) 삼위일체성―하나님과 그의 영과 한국인의 시조인 단군의 관계 속에 계신 하나님이시다. (4) 어원적 유일신―한 크신 하느님으로 天/大/一의 속성을 가지신 하나님이시다. (5) 역사성―위대하신 하나님은 1905년부터 일제 식민주의와 신도(神道)의 다신주의와 대항한 기독교 단군 민족주의의 하나님이시다.

29

귀신인가, 악마인가?

한글 성경의 귀신과 유교와 무교의 귀신론

이 장에서는 한국의 귀신과 성경의 귀신은 같지만 동시에 다르다는 점을 논하려고 한다. 용어의 역사를 논하는 글이라 조금 복잡하고 어려운 면도 있다. 신학은 본래 간단한 작업이 아닌데, 한국 종교 상황에서 신학을 한다는 것은 더더욱 얽히고설키는 면이 있다.

귀신－마귀－악령－악마－잡신

한글 성경의 귀신, 더러운 귀신, 사귀, 마귀, 악령, 악마, 잡귀 등과 신약 그리스어 다이모니온(demon), 프뉴마 아카타르톤(unclean spirit), 프뉴마 포네론(evil spirit), 디아볼로스(devil) 등은 의미가 서로 비슷하지만 다르다. 다음 표를 보면 어떤 용어를 번역할 때 그 원문 단어(그리스어)와 수용 단어(한국어)가 가지는 문화적·역사적·종교적인 의미와 관련한 다층 구조를 이해하고 논하면서 가장 적절한 단어를 선택할 수밖에 없으며, 그 경우에도 형식적으로 완전히 일치하기란 쉽지 않다는 것을 알 수 있다. 다음 표는 공동번역과 표준새번역을 번역한 이들의 고민을 보여준다.

	그리이스어 성경	개역 한글판	공동번역	표준 새번역	NRSV
마7 : 22	다이모니온	귀신	마귀	귀신	demon
마8 : 16,31,32	다이모니조마이	귀신	마귀	귀신	demon
마9 : 33,34	다이모니온	귀신	마귀	귀신	demon
마10 : 1	프뉴마 아카달톤	더러운 귀신	악령	악한 귀신	unclean spirit
마10 : 8	다이모니온	귀신	마귀	귀신	demon
마11 : 18	다이모니온	귀신이 들렸다	미쳤다	귀신이 들렸다	demon
마12 : 43	프뉴마 아카달톤	더러운 귀신	악령	악한 귀신	unclean spirit
마12 : 45	프뉴마타 포네톤	악한 귀신	악령	악한 귀신	spirits more evil
막1 : 23,26,27	프뉴마 아카달톤	귀신	악령	악한 귀신	unclean spirit
눅11 : 24	프뉴마 아카달톤	더러운 귀신	더러운 악령	악한 귀신	unclean spirit
눅11 : 26	프뉴마타 포네톤	악한 귀신	흉악한 악령	악한 귀신	spirits more evil
마4 : 1	디아볼로스	마귀	악마	악마	devil
마4 : 5,8,11	디아볼로스	마귀	악마	악마	devil
마13 : 39	디아볼로스	마귀	악마	악마	devil
마25 : 41	디아볼로스	마귀	악마	악마	devil

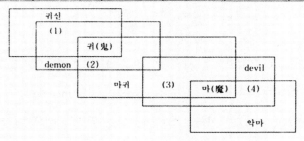

　　그러니까 '마귀'라는 낱말 속에 들어 있는 뜻이 부분적으로는 'demon'과 겹치는 부분도 있고, 또 부분적으로는 'devil'과 겹치는 부분도 있는 것입니다. 개역 번역자들은 위 표의 (1)과 (3)부분의 뜻을 취하여 번역을 한 것이고, 공동번역 번역자들은 (2)와 (4)부분의 뜻을 취하여 번역을 한 것입니다. 🌐

대한성서공회, 「성서한국」(1994년 3월호). 위의 마태복음 12:45과 누가복음 11:26의 그리스어 원문은 '프뉴마타 포네로테라'이다.

　　한글개역성경(1939, 1956, 1961)과 개정개역성경전서(1998)의 번역자들은 한국어에서 귀신, 악한 귀신, 더러운 귀신, 마귀를 사용했고, 공동번역성경(1977)의 번역위원들은 귀신을 사용하지 않고 주로 마귀와 악령을 사용하면서 악마와 더러운 악령을 함께 채택했다. 반면 표준새번역은 다이모니온을 귀신으로 번역하는 개역의 전통으로 다시 돌아갔으나, 디아볼로스는 개역의 마귀 대신 공동번역의 악마를 사용했다.

위의 두 번째 표에 의하면 귀신과 악마는 그 의미소에서 공통점이 없다. 공동번역이 더러운 귀'신' 대신 악'령'을 사용한 것은 spirit을 영으로 통일한 까닭인 듯하며, 악령과 악마를 사용했는데, 이는 오히려 한국적 토착어를 사용하여 의미의 동등성을 추구한 번역 원칙과는 어긋나는 번역용어 선택이었다. 그러나 개신교만의 표준새번역(2002)으로 와서 demon은 다시 귀신으로 살아났다. 하지만 더러운 귀신(unclean spirit) 대신 악한 귀신(evil spirit)과 악마를 많이 사용했는데, 이는 공동번역의 영향이기도 하지만 '더러운' 것을 '악한' 것으로 과잉 해석한 면도 있다.

한편 공동번역은 시편 97:7에서 '조각한 신상'을 "잡신"(雜神)이라는 한국 신명으로 해석적인 번역을 시도했다. 예레미야 19:13의 '다른 신들'을 "잡신"으로 번역한 것은 수용할 수 있는 번역이라고 하겠다. 그러나 다른 번역본에서는 무교의 무명잡신(無明雜神)을 줄인 말인 잡신을 사용한 적이 없다. 잡신은 주로 집 밖을 나섰을 때 당하는 횡액(橫厄)과 사고(事故)의 원인이므로 정초에 액막이 고사를 지냈는데, 간단한 떡과 명태를 차려서 잡신을 달랬다. 따라서 한글 성경 번역 전통에서 잡귀라는 용어를 쓰면 그런 무교의 귀신관을 인정하는 것이 되므로, 개신교 선교 초기부터 잡귀라는 용어를 사용하는 것을 삼갔다. 즉 귀신은 일반명사로 쓰고, 잡귀는 고유명사로 이해한 것으로 해석할 수 있다.

한글 번역어로서의 귀신

한국의 귀신과 한국 종교에 대한 선교사들의 이해도에 따라 이 용어의 번역도 성경 번역본마다 달랐고, 사전을 만들 때 그 관념도 변했다. 새로운 성서신학적 이해와 더불어 종교문화의 변화 및 발전하는 종교문화신학과 선교신학적 요소가 함께 작용했기 때문이다.

영어 성경에서도 1900년을 전후하여 세계 선교의 결과로 비교종교학이 발전하면서 세계 종교들에 대한 이해가 깊어지자 성경 번역이 달라졌다. 그 단적인 예가 사도행전 17:22이었다. 흠정역(KJV)은 "Then Paul stood in the midst of Mars' hill, and said, Ye men of Athens, I perceive that in all things ye are too superstitious"라고 하여 바울이 다신을 섬기는 아테네인들을 향해 너무 미신적(too superstitious)이라고 설교했다고 번역했다. 그러나 바울이 과연 그런 공격적인 말을 했는지가 의심스러우므로 Revised Version(1882) 번역자들은 이를 'somewhat superstitious'로 번역했다. 그러나 그리스어 'δεισιδαίμων'에는 종교라는 뜻이 있었기 때문에, American Revised Version(1900)에서는 'very religious'로 번역했다. 그 결과 한글 구역(1900)에서는 "귀신 공경하기를 심히 하는도다"로 번역했으나, 개역(1938)에서는 "종교성이 많도다"로 달리 번역했다.

한국 개신교에서 미신과 귀신 숭배와 무당질을 동일시하는 견해는 만주의 존 로스(John Ross)로부터 유래되었다. 그는 1887년 한글 첫 신약전서를 출판하면서 귀신, 더러운 귀신, 무당 등의 용어를 사용했다. 마가복음 5장에서는 "더러운 귀신 품은 자"를 사용했고, 요한계시록

21:8에서 최후 심판 때 영원한 둘째 사망에 들어갈 존재들 명단에 '무당질'한 자를 포함시켰다. 한국에서 무당을 했거나 무당을 데리고 굿을 한 자는 구원에 이르지 못한다고 못 박은 구절에서, 우리는 로스처럼 유교나 도교에 대해 열린 태도를 견지했던 선교사들도 만주나 북한의 무교에 대해서는 매우 부정적인 이해를 했음을 알 수 있다. 이 구절은 이후 "무당"(1900년 신약전서)으로 굳어졌다가 "술객"(1938년 개역성경)으로 수정되었다.

마가복음 5:1과 요한묵시록 21:8, 『예수성교전서』(1887).

이후 술객은 마술쟁이(새번역, 1966), 마술쟁이(공동번역, 1977), 마술가(현대인의 성경), 점술가(개역개정) 등으로 번역되었다. 영어에서는

"those who practice magic arts"(NIV)로 풀이한 곳도 있지만 대개는 sorcerer(KJV, NSRV)로 사용하는 단어다. 그것이 한국에 와서 무당이 되었다가 술객, 마술쟁이, 마술가, 점술가, 주술가 등으로 진화했다. 이처럼 한 단어의 번역에도 당대 번역자들의 한국 종교 이해가 반영되었음을 확인할 수 있다. 이를 조금 더 확인해보자.

언더우드(H. G. Underwood)는 1890년에 출판한 『영한사전』에서 'witch'를 "무당, 무녀, 마슐ᄒᆞᄂᆞᆫ녀편네, 요슐ᄒᆞᄂᆞᆫ녀편네"로 정의했다.[1] 이렇듯 그는 서양의 마녀술과 관련된 온갖 부정적인 낙인을 한국의 여자 무당이 행하는 의식에 대입하면서 여편네로 하대했다. 이는 그의 어학교사 겸 번역조사인 송순용(宋淳容)을 통해, 19세기 천주교의 마귀론 (demonology)에 입각해 정리한 한국 무교에 대한 부정적 이해를 수용했기 때문으로 볼 수 있다.

그러나 1897년에 출판된 게일(James Gale)의 『한영사전』은 '무당'을 "witch, sorcerer, female fortune-teller"로 정의했다.[2] 그리고 귀신은 주로 'spirits'라는 중립적인 학술 용어로 번역했다. 이는 선교사들의 한국 거주 기간이 늘어나면서 한국 무교에 대한 이해가 깊어지고, 애니미즘과 샤머니즘에 대한 세계 비교종교학의 연구가 늘어나기 시작했기 때문이었다.

---

1   H. G. Underwood, *A Concise Dictionary of the Korean Language in two arts: Korean-English* (Yokohama: Kelly & Walsh, 1890), 289.
2   J. S. Gale, *A Korean-English Dictionary* (Yokohama: Kelly & Walsh, 1897), 353.

유교의 조상신

한국 유교의 혼백론에서 혼(魂)은 사람이 죽을 때 허공에 남고, 백(魄)은 무덤 안에, 조상의 신(神)은 사당 안에 모신 신주(神主, 곧 신위[神位])에 존재한다. 그리고 4대가 지나면 고조할아버지를 기억하는 후손이 없듯이 혼도 허공에 흩어지고 백은 시체와 함께 썩어 없어지므로 사당에 있는 신주도 땅이나 무덤 옆에 묻고서 더 이상 제사를 드리지 않았다. 다만 왕족이나 가문을 세운 조상의 신(神)은 오래간다. 즉 조상신은 오래 기억되고 그 정신과 기(氣)가 강하게 살아 있다. 할아버지-아버지-나-아들-손자 사이에 내려오는 연속성을 가지는 물혼을 기(氣)라고 한다. 직계로 연결되는 경우는 기가 강하고, 형제(2촌), 삼촌, 사촌으로 퍼져나가면 기도 엷어진다. 그러니 제사는 반드시 기가 같은 동기(同氣)가 해야 기가 통하고 제사를 흠향할 수 있다. 1촌 간(부자), 2촌 간(조손), 3촌 간(증조-증손)에 기가 직통한다. 그러나 고조나 현조만 가도 기가 엷어져서 망각되고 제사를 지내지 않게 된다.

무교의 귀신

무교는 이와 다르다. 한국 샤머니즘의 귀신론에서 인귀(人鬼)로서의 조상신은 대개 불행하게 사고로 죽거나 처형된 자들이거나, 또는 한을 품고 죽은 여자 조상신이다. 유교에서는 집안에서 나이가 들어 선종(善終)하고 호상(好喪)을 치른 조상신들을 모시고, 무교는 유교에서 소외된 모계의 신이나 불행한 조상신들을 모신다. 한편 무당의 조상신인 바리공주와 같이 한과 죽음을 극복하고 죽은 이의 혼을 평안하게 저승으로 보내는 신도 있다.

음양론을 적용해서 인귀는 땅에 있는 음적인 존재, 천신은 하늘에 있는 양적인 존재로 보기도 한다. 그러나 붙여서 쓰는 귀신은 대개 허공에 떠도는 물질성을 일부 가진 혼(魂)에 가까운 음적인 신인 귀신(ghost, spirit)으로 중립적인 용어다. 중립성은 곧 좋은 귀신도 있고 나쁜 귀신도 있다는 뜻이다. 무교는 다신론으로 크게 자연신(천신, 지신)과 인귀와 질병의 신을 섬긴다.

좋은 귀신은 바리공주, 삼신할미, 산신, 칠성신을 비롯해 가신(家神)

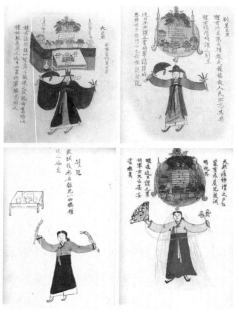

「무당내력」(1885, 서울대 규장각 소장). 왼쪽 위에서부터 대거리, 별성거리, 뒷전, 호구거리.

인 터주, 성주 등이다. 무당은 이 신들을 모시고 음식과 음악과 춤으로 대접하면서 한바탕 놀게 하여 즐겁게 한 후(뇌물을 바친 후) 그들에게 한 가정과 개인에게 복을 내려줄 것을 빈다. 굿은 기본적으로 신을 즐겁게 하는 예배와 오락이다.

그러나 무교가 상대하는 많은 인귀는 집 밖에서 죽어 한을 품고 죽어 떠도는 잡귀와 더러운 귀신들이다. 구체적으로 배고파 죽어 배고픈 귀신, 병들어 죽어 더러운 귀신, 결혼도 못하고 죽은 총각 귀신 및 처녀 귀신, 처형을 당했거나 살해를 당해 깊은 원한을 품은 원귀(寃鬼)들이 있다. 또한 깨어진 영혼들, 땅속에서 정의를 호소하는 혼백들이 있다. 한이 깊을수록 강한 귀신이 되어 최영 장군 귀신처럼 수백 년을 간다. 굿은 이렇게 한을 품고 떠도는 귀신을 달래고 위로하며 즐겁게 해주어 (때로는 장군 귀신의 이름으로 다른 작은 귀신들을 위협하여) 인간 세상과 먼 조용한 저승에서 편히 쉬도록 해주는 것이 목적이다.

무당은 굿을 시작하기 전에 굿할 장소를 청소하는데 이때 그곳에 떠도는 잡신이 있는지 확인하고 몰아낸다. 굿이 끝난 후에는 뒷전이라고 해서 그래도 혹 남아 있거나 떠돌다가 찾아온 무명잡신(無名雜神)이 있을 수 있으므로 명태를 던지며 "훠이, 이것이나 먹고 떨어져라. 물러가라"고 외쳤다. 한글 성경에서는 '잡신'을 거의 사용하지 않는다. 인간에게 해코지를 하므로 고사를 지내던 잡신에 대한 민간신앙을 미신으로 부정했기 때문이다.

과거 가장 무서운 귀신은 천연두 귀신이었다. 천연두 귀신을 가리켜 두려워서 '마마'(Your Highness) 귀신이라도 불렀다. 따라서 마마신을 위한 굿인 호구거리는 음식도 성대하고 굿마당도 화려했다. 19세기까지 동아시아에서 가장 많은 사람을 죽인 전염병이 천연두였고, 이어서 콜레라가 오면서 두 '손님'(guest)이 매년 수백만 명을 죽였다. 20세기 들어 다른 이방 손님인 공산주의 이데올로기와 기독교가 한반도에 오면서 수백만이 죽고 남북이 갈라져서 각자 손님을 환대하고 있다는 게 황석영의 소설 『손님』의 내용이다.

각설하고, 한국 귀신은 기독교의 귀신과 많은 차이가 있다. 신약의 해당 단어를 한국어 귀신, 마귀, 악령, 악마, 더러운 귀신, 잡귀 등으로 번역할 때 발생하는 어려움은 바로 이 개념 차이 때문이다.

기독교의 축귀 의식

네비어스 사후에 출판된 책 *Demon Possession*(1896)은 중국 산동 지역에서 활동하던 선교사들과 목회자들을 대상으로 12년간에 걸쳐 축귀 현상에 대해 조사한 내용이었다. 네비어스는 귀신 들림이 심리적·생물학적·생리학적 현상이 아니라 영적인 현상으로서 1세기 팔레스타인과 동일하게 19세기 중국에서 발생하는 현상이며, 성령의 능력과 교인들의 기도로 귀신을 쫓아낼 수 있다고 주장했다. 그는 물질적 과학주의와 신비적 영성주의 양자를 비판하고, 성경적 영성주의 방법으로 귀신 들린 자를 치료했다고 보고했다. 중국인들은 복음서를 읽을 때 귀신 들린 자의 축귀 기적을 이해하는 데 어려움이 없었다. 그들의 일상과 복음서 이야기가 서로 상응했기 때문이었다. 복음서의 예수가 귀신을 내어쫓고, 예수를 믿는 이들이 예수의 이름으로 귀신을 내어쫓을 수 있었기에 산동인들은 예수를 믿었다. 그리고 네비어스를 비롯한 여러 선교사들은 근대적인 심리학의 설명 대신에 성경적 영성주의를 믿게 되었다.[3] 네비어스의 이 책은 산동처럼 무교가 성한 서북 지방에서 사역하는 한

---

3   J. L. Nevius, *Demon Possession and Allied Themes* (New York: Revell, 1896).

국 선교사들에게도 큰 영향을 주어, 축귀 행사의 이론적 근거가 되었다.

1890년대 말부터 한국 개신교는 무교를 귀신 숭배로 규정하고 엄금하는 한편, 한 집안이 새로 예수를 믿으면 가신(家神)들을 모셨던 각종 신줏단지나 옷감이나 부적 등 주물(呪物, fetish)을 마당에 모아놓고 불사르는 축귀 의식을 거행했다. 이때 동네 사람들이 모여 구경하는 가운데, 교인과 선교사(혹은 한국인 전도부인)가 마귀와 싸우는 십자군의 찬송가를 함께 부르면서 복음서에 나오는 예수의 축귀 구절을 읽고 기도했다.

주물을 불사를 때 확실하게 귀신을 내쫓기 위해 불쏘시개로 기독교 전도문서나 복음서를 사용하기도 했다.[4] 그리고 귀신이 그 집에 발붙이지 못하도록 벽에 주기도문이나 십계명을 붙이거나 예수의 화상을 걸었다. 서울 기독교 인쇄소(주로 배재학당의 한미화활판소[韓美華活版所])에서 찍은 서양 잉크 냄새가 나는 근대적 출판문과 예수의 초상화라는 새로운 부적에 무교의 귀신이 겁이 나서 물러날 것으로 믿은 것이다.

한 마을 사람들이 거의 예수를 믿는 경우에는 동제(洞祭)를 드리던 당집을 헐거나 불살랐다. 황해도 장연군의 소래 마을의 경우에는 무당이 언덕에 당집을 소유하고 있었는데, 그녀가 개종하면서 그 당집을 교회에 기증하여 그곳을 허물고 1895년 기와집으로 된 소래교회를 세웠다. 그 자리는 서경조의 집에서 약 70미터 정도 떨어진 곳에 있었다.

귀신 들린 자로부터 직접 귀신을 쫓아내는 축귀 의식은 다른 방식으로 진행되었다. 평양 장대현교회의 첫 전도부인인 이신행 여사와 산

---

4   *Annual Report of the Missionary Society of the Methodist Episcopal Church for 1903* (New York: 1904), 363; *Annual Report of the Missionary Society of the Methodist Episcopal Church for 1906* (New York: 1907), 326-27.

이신행, 귀신 들렸던 여인, 전도부인, 산정현교회
교인들의 기도로 치유(1907).

전도부인 심 씨(1907).

정현교회의 전도부인은 서로 힘을 합해 귀신 들린 한 젊은 여성을 기도
로 치유했다. 남문외교회의 심 씨는 원래 무당이었다가 개종한 후 전도
부인이 되어 귀신 들린 자를 치유했다. 당시 전도부인들은 나이 든 과
부가 많았다. 여자도 어느 정도 나이가 있어야만 권위가 섰기 때문이었
다. 심 씨처럼 전직 무당이 전도부인이 된 경우도 적지 않았다. 이렇게
개종한 무당(cross-over mudang)의 경우, 그녀의 과거 (무교적인) 영적
권능이 새로운 기독교적 권능으로 대체되거나 혹은 새로운 권능이 추
가되었다. 축귀의 경우, 동일한 동네 사람들과 단골들이 보는 가운데 귀
신 들린 자를 치유하는 동일한 결과를, 복음서에 나오는 예수의 말씀과
성령의 능력이라는 다른 수단을 통해서 성취했다.

1906년에 전도부인 심 씨가 귀신 들린 한 젊은 여성을 만나는 장면을 보자. (1) 심 씨는 교인 몇 사람과 함께 저녁에 귀신 들린 여성의 집으로 심방을 가서 대화를 나눈다. "귀신이 들렸느냐?"라고 묻자, 두려워하는 귀신이 대답을 하지 않는다. 인정할 때까지 계속 추궁하면 마침내 귀신은 제발 (자기를) 내버려 두라고 애걸한다. (2) 이어서 반항하면서 침을 뱉고 때리는 그녀를 위해 함께 기도하기 시작한다. (3) 환자가 조용해지고 낮게 울 때까지 교인들이 계속 함께 찬송을 부른다. (4) 귀신더러 나오라고 명령한다. 하지만 (귀신이) 저항한다. (5) 기도하고 찬송한다. (6) 자정 무렵 다시 귀신에게 나가라고 명령한다. "너 더러운 귀신아! 나사렛 예수의 이름으로 명하노니, 이 여인에게서 떠날지어다!" (7) 마침내 귀신이 떠나고 여인은 맑은 정신으로 돌아와서 조용히 앉는다.[5]

함흥의 첫 전도부인들(1900년경).

귀신을 쫓는 기독교 무당인 전도부인의 출현은 초기 한국 개신교에 어떤 결과를 낳았을까? 첫째, 선교사들의 세계관과 성경관이 바뀌었다. 미국이나 캐나다에서 대학이나 신학교에 다닐 때까지, 그들은 복음서의 귀신 이야기를 1900년 전 유대인의 세계관이 반영된 것으로 이해하고 귀신 들림은 심리적인 병으로 인식했으나, 선교지에서의 경험은 한국인의 전근대적 귀신관을 수용하도록 만들었고 나아가 축귀를 실시하도록 만들었다. 이것은 한국에서

---

5   Annie L. A. Baird, *Daybreak in Korea* (New York: Revell, 1909), 95-106.

개신교가 성공하는 데 중요한 요인이었다.[6]

둘째, 무교의 최고신인 하ᄂ님을 수용하고, 한국인에게 원시 유일신 개념이 존재했음을 인정하게 되었다. 그들은 신령하신 하ᄂ님이 바로 성경의 하나님으로서 귀신보다 훨씬 더 강한 영이라고 전도했고, 그 실례가 축귀로 나타났다.

셋째, 전도부인이 1905-07년에 교회의 새로운 지도자로 부상했다. 당시 내외법에 따른 여성 목회자의 필요뿐만 아니라, 귀신을 쫓아내는 새로운 능력을 가진 전도인 겸 목회자 및 교사로서 전도부인이 여자 교인들을 지도하게 되었다. 그러나 1920년대 이후 안수받은 남자 목사들이 많이 배출되면서, 여자 전도부인들은 하위 보조자로 전락했고 박봉에 시달리게 되었다. 그때부터 여성 목회자의 고단한 삶이 시작되어 아직까지 교회가 해결해야 할 중요한 문제로 남아 있다. 이제 1910년 이전 초기 전도부인의 자리를 현시대에 맞게 재해석하여, 여성 목회자의 정체성과 영역을 마련해주어야 할 것이다.

넷째, 신약 시대 팔레스타인의 풍속과 종교 현상이 1900년이 지난 한국의 그것들과 유사하다는 선교사들의 오리엔탈리즘과 샤머니즘 연구는 한국이 정체 사회라는 일본의 식민사관과 만날 수 있는 여지를 남겼다. 일제 관학자(官學者)들은 1919년 3.1운동 이후, 한국의 민중 심리를 이해하기 위해서 민중의 종교인 무교를 집중 연구하고, 그것을 전근대적인 한국 농촌의 종교, 미신의 종교, 연약한 여성의 종교로 낙인찍고 무속(巫俗)

---

6   David K. Lambuth, "Korean Devils and Christian Missionaries," *Independent* (Aug. 1907), 287-88.

으로 격하시켰다. 초기 선교사들이 샤머니즘을 한국인의 기층 종교로 보고 깊이 연구했듯이, 이제 다시 한국교회는 이 분야의 전문 신학자와 종교학자들과 대화하여 식민사관적 무속 이해를 극복해야 할 것이다.

해방 이후 북한의 강신무(降神巫)가 남한으로 대거 이주한 이후, 남한에도 한강 이남의 세습무보다 이북의 강신무가 강한 전통을 형성하고 종교 시장을 지배했다. 이는 신종교나 기독교 이단이 한국전쟁 이후 피폐해진 한국인의 영혼을 파고들 때 북한의 무교적 요소를 수용함으로써 번성했다. 최근에는 경제 위기가 반복되면서 도시 소자본 사업가들 가운데 무교와 재수굿이 유행하고 있다. 과거에 불확실하고 해코지를 하던 귀신의 자리에 이제는 불확실한 신자유주의 경제와 다국적 기업이 자리 잡고 있다. 중소상인과 사업가들은 무당의 재수굿을 통해 자신의 작은 사업 영역에서나마 행운과 확실성을 확보하려고 특정 사업의 신들에게 뇌물을 바치고 있다. 근대 자본주의는 무교를 죽이지 못했고 오히려 물신주의를 양산했다. 여기에는 근대성(modernity)과 마술성(magicality)이 복잡하게 얽혀 있다. 초대 한국교회가 귀신들은 몰아냈으나, 어느덧 그 자리에 근대 자본주의의 일곱 물신(fetish)—물질적 기복 신앙, 마술적 투기주의, 대형 교회당 숭배주의, 자기 몸만 돌보는 성형과 웰빙 추구와 도취적 자기애, 은사 체험주의, 문자에 매이는 근본주의, 시끄럽고 단순 반복되는 음악으로 황홀경 예배드리기—이 똬리를 틀었다. 교회는 맘몬/물신과의 대국에서 밀리는 형국이다. 신의 한 수, 그것은 장고(長考)의 과정이 필요하더라도 과정과 절차를 중시하는 이성과 더불어, 정의와 평화의 하나님 나라를 추구하며 예수 그리스도의 이미지를 본받는 성화의 삶 외에는 다른 길이 없다.

30

한국인은 셈족인가?

Korea냐, Corea냐?

이 장에서는 19세기 말 서양인들이 만든 한국의 이미지 중 특히 '조용한 아침의 나라'라는 말에 어떤 문제가 있는지를 살펴보자. 이는 우리 안이나 밖에 있는 '타자'를 대할 때, 예컨대 조선족이나 동남아시아에서 온 노동자 등을 대할 때 무의식적으로 범할 수 있는 편견과 실수를 깨닫게 하는 반면교사가 될 것이다. 이와 연관된 주제가 한국인의 조상이 셈족(유대인의 후손)이라는 담론과 다인종 유래설이다. 한국인은 단일 인종의 백의민족이 아니라 북방계(유라시아 백인종과 몽고족과 만주족)와 남방계(인도계와 중국계)가 섞인 민족이라는 주장도 1880년대부터 외국인과 선교사들에 의해 주장되기 시작했다. 한편 외국인들의 자료에서 '한국'을 지칭한 대표적인 두 영어 단어인 Corea와 Korea의 표기가 어떻게 변화되었고 두 표기 가운데 어느 것이 미래 통일 한국의 영어 표기로 적절한지도 함께 생각해보자.

사라진 10지파 유대인의 일부인 한국인(1870년대)

개항 전 선교사들이 만들어낸 한국의 이미지 가운데 하나는 일본 주재 스코틀랜드 자유장로교회 선교사 니콜라스 맥레오드(Nicholas McLeod)가 출판한 *Epitome of the Ancient History of Japan, including A Guidebook*(표지 제목은 *Japan and the Lost Tribes of Israel*, 1875)에 있

었다. 그는 이 책에서 한국인을 사라진 유대인 10지파(Ten lost tribes)의 일부로 보았고, 그 일부가 일본에 와서 진무천황 이후의 천황 족이 되었으며 또한 신도(神道)를 만들었다고 주장했다.[1] 그리고 그 근거로 일본 신사(神社)의 구조가 유대인의 성막(聖幕)과 비슷한 이유나 우상을 모시지 않는 것을 내세웠다. 17세기부터 '사라진 10지파'를 찾아 그들을 기독교로 개종시키면 역사의 종말이 온다고 믿는 종말론적 선교 동기가 있었는데, 맥레오드는 일본과 한국에서 사라진 10지파의 흔적을 찾으려고 노력했다.

그는 일본 나가사키에서 10년 이상 선교 활동을 하면서 구마모토(熊本) 지역에서 말라이계나 일본인과 전혀 다르게 키가 큰 한국인들을 보고서 임진왜란 이후 포로로 잡혀온 한국인들과 그 후손의 무덤들을 조사하며 한국인의 조상에 관심을 가지게 되었다.[2] 그는 단군(檀君)과 그 무리가 한국의 조상이라고 하지만 그들이 어디에서 왔는지 알려진 바가 없다고 지적했다. 이후 그는 알렉산더 대제(기원전 356-323) 사후에 일부 장군과 군인들이 한국까지 온 것으로 추정했다. 맥레오드는 임진왜란 때 노획한 조선 장수의 갑옷 중에 그리스(Greece) 투구가 있고 5개의 발톱을 가진 한국 용(龍)이 새겨져 있는 것을 수집하여, 그것

---

1   N. McLeod, *Epitome of the Ancient History of Japan, including A Guidebook* (Nagasaki: The Rising Sun Office, 1875). 그 원조는 일본인이 사라진 10지파의 후손이라는 일유동조론(日猶同祖論)으로 17세기에 제기되었으며, 19세기에는 그들이 네스토리언 유대인의 후손이라는 설이 제기되었다. 이는 일본과 한국의 조상이 모두 유대인으로 동일하다는 일선동조론(日鮮同祖論)의 한 근거가 되었고, 이 변형이 일제 총독부 학자들의 일조동조론으로 발전했다.

2   Ibid., 13-4.

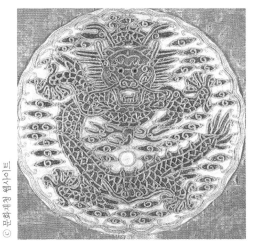
© 문화재청 웹사이트

대한제국 고종의 곤룡포에 있는 황금색 오조룡(五爪龍).

을 그리스인의 한반도 도래 중 거물로 제시했다. 한국사는 이어서 기자(箕子)의 동래를 말하는데, 맥레오드는 이들이 바로 유대인이었다고 주장했다. 기자는 한자를 소개했는데, 맥레오드는 기자 이후에 5개의 발톱을 가진 오조룡(五爪龍)이 한국 황실의 상징이 되었다고 보았다.[3]

맥레오드의 책에서 시작된 한국인을 유대인의 후손으로 보는 시각, 즉 한국인을 세계 3대 인종 중 하나인 셈족의 후손으로 보는 시각은, 이후 한국 기독교인의 의식 저류에 흐르다가 때때로 분출되었다. 1901년 4월에 중국 상하이 거주 북감리회 무어(Davis H. Moore) 감독이 평양을 방문하여, 한국인은 유대인과 공통점이 많으며, 역사서에 의하면 셈족으로서 예수님과 동일한 인종인데 이제 예수와 한몸이 되었으므로 하늘에 계신 하나님을 신실히 공경해야 한다고 설교했고, 평양 교인들은 한국인의 조상이 하나님을 섬긴 셈족이라는 말을 기쁘게 수용했다.[4] 초기 내한 선교사들은 한국인

---

3   Ibid., 22. 조선 시대에 오조룡은 황제만, 제후국인 조선은 사조룡을, 왕자와 공주는 삼조룡을 의복에 새기거나 사용했다. 참고로 경복궁 근정전에는 칠조룡 황룡 두 마리가 그려져 있는데, 이는 대한제국 설립 이후 고종이 황제 칭호를 사용했기 때문에 근정전을 신축할 때 새로 그린 것이다.

4   "문감독끠셔 평양교회에 오심", 「신학월보」(1901년 6월), 239-42.

30 | 한국인은 셈족인가?   479

의 풍습이 신약시대 유대인의 풍습과 유사한 점을 찾아 목록을 작성하고 이를 설교에 활용했다.

번하이젤은 다음 세 가지 유사성을 거론했다. ① 지리: 한국과 유대는 강대국에 둘러싸인 작은 완충국가(buffer state)로 전쟁과 고난의 역사를 가졌다. ② 지형: 대부분이 산악 지대다. ③ 종교: 유대교와 기독교로 하나님을 섬긴다.[5] 이어서 사도행전의 초기 교회와 한국교회의 유사성을 다방면으로 고찰했다. 특히 축귀와 치유의 기적이 일어나는 한국교회를 보고 그는 은사중지론(cessationism)에서 은사지속론(continuationism)으로 입장을 선회했다.[6]

선교사들에게서 시작된 유대인과 한국인의 유사한 풍습에 대한 긴 목록은 1922년경에 길선주 목사에 의해 완성되었는데 그는 복음서에 나오는 내용과 비교하여 109개의 동일한 일을 찾았다. 예를 들면 다음과 같다. ① 옷이나 장식에서 배낭을 착용하고 전대를 매고, 방울을 달고 반달 장식을 달고, 귀고리와 코 고리를 하고(사 3:21과 한국 속담 "귀에 걸면 귀에 고리, 코에 걸면 코에 고리), 화관을 하고 수건을 매고, 채색옷을 입고 백의를 입는다. ② 적석총 무덤, ③ 정월 14일 풍속과 관련 "정월

---

5 Charles F. Bernheisel, *The Apostolic Church as Reproduced in Korea* (New York: Board of Foreign Missions of the PCUSA, 1912), 1-2.

6 한국장로교회는 대부흥(1907)을 경험하고 김익두 부흥회 전후 기간에 여러 기적적 치유를 경험했으나, 총회의 공식적 입장은 은사중지론이었다. 이는 미국 장로교회의 입장으로 그 대표 저작은 워필드(B. B. Warfield)의 "Counterfeit Miracles"(1918)이었다. 박형룡은 은사중지론 입장이었다. 한편 워필드는 유신론적 진화론자로, 한국 장로교회는 1920년대에 점진적 진화론을 가르쳤다(참고, "과학상으로 본 믿음", 「기독신보」[1926. 1. 6], "과학과 종교", 「기독신보」[1926. 4. 21], "물질계로 본 신의 존재", 「기독신보」[1926. 4. 28]).

14일 제효절(十九 正月 十四日 除酵節), 조선의 누더름날(출 12:8)",[7] 이스라엘에서는 유월절에 양을 잡아먹고 그 피를 문지방에 바르는 풍속(정월 14일)이 있는데, 조선에서는 14일에 개를 삶아(烹狗하여) 먹고 그 피를 대문지방에 바른다. 유대인은 유월절에 쓴나물인 고채(苦菜)를 먹는데 조선에서는 흑채(黑菜)를 먹는다. ④ 장자 유산, ⑤ 장례와 관련하여 장사 후 3일에 묘지 찾기, 굴관제복(屈冠祭服), 부모상 때 산발(散髮), 방성대곡, 곡쟁이 고용, ⑥ 문안 인사 때 "안녕하십니까?" ⑦ 족보 기록, ⑧ 제사장 24반과 무녀 공수의 上班 12반, 下班 12반, ⑨ 신랑이 처가에 3일이나 7일간 유숙, ⑩ "십자가. 조선에서는 십자 길 위에서 제사", ⑪ 이삭줍기, 보리 이삭 따먹기, ⑫ 절구질, 맷돌질.[8]

소농 중심의 마을 공동체를 이루고 살았던 한국인들은 신약 복음서를 읽으면서 유대인의 풍습이나 예수님의 비유가 그대로 이해되었고, 레위기의 제사법에 특별한 흥미를 느꼈다.[9] 그러나 1900년 전 팔레스타

---

7 누더름날은 늦여름날의 평안도 사투리다. 작은 보름날을 4계절에 비유하여 그렇게 불렀다. 정월 14일에는 귀밝이술을 먹고 부럼을 깼다. 여러 금기를 지켰는데, 이웃과 음식을 나누어 먹었지만 자기 집 식수(食水)는 남에게 주지 않고, 여자는 바느질 기구를 보지 않았으며, 남자는 농기구를 만지지 않았다. 또한 쥐불놀이, 달맞이를 하여 풍년을 기약했다. 특히 이날은 김치를 먹지 않았는데, 동치미 국물도 마시지 않았다. 길선주는 유대인의 무교병(無酵餅) 풍속이 한국에서 발효 식품인 김치를 먹지 않는 것으로 변한 것으로 본 듯하다.

8 길선주, "猶大 風俗과 朝鮮 風俗이 同一흔 事", 「要集」(길선주 자료, 장로회신학대학교 도서관).

9 한국인이 셈족의 후손이라는 담론은 1950년대 문선명의 통일교나 나운몽의 용문산 기도원에서 한국 중심의 세계구원론으로 발전되었다. 1980년대에는 단군 족이 유대인 단의 후손이라는 말도 나왔으며, 1990년대 김성일의 소설들로 구체화되었고, 백투예루살렘 운동으로 연결되었다. 곧 사라진 10지파에 관련된 종말론적 선교 인종설이

인과 한국이 유사하다는 말은 한국이 전 근대 사회일 뿐만 아니라 미개한 원시사회 단계에 오랫동안 정체되어 있었다는 근대화론적 문명론의 시각이 반영된 면도 있었다.

한국의 이미지(1880-83)

1876년 조선이 개항된 후 1880년부터 영어로 된 한국 소개서와 여행기가 출판되면서 한국이 서구인들에게 본격적으로 알려지기 시작했다. 근대 서양인의 동양 여행기는 자료와 소문에 의존하거나 한두 번의 짧은 방문에서 느낀 첫 인상들을 담고 있으므로 피상적인 관찰기에 그치는 경우가 많다. 그러므로 필자 개인의 신분, 성, 직업, 종교 등에 따라 차이가 나지만, 크게 보면 문명화된 서구와 미개한 동양, 발전하는 서양과 정체된 동양이라는 이분법적 시각을 가진 오리엔탈리즘의 틀로 현지를 바라보고 있다. 다만 10년 이상 장기 거주한 선교사들의 글은 본토인과 본토 문화를 이해하면서 초기의 내용을 수정해나갔다. 따라서 한반도에 30년 거주한 선교사라면 10년 단위 정도로 그의 한국 이해의 변화를 추적하는 것도 좋은 방법이다.

외국인의 여행기는 대개 현지의 아름다운 자연과 풍부한 자원 대 나태하고 무지한 본토인을 대조적으로 묘사했다. 기독교인 여행가나

한반도를 출발하여 중국과 무슬림 지역을 거쳐 예루살렘까지 복음화하여 종말을 앞당기자는 종말론적 선교 지리설로 진화했다.

선교사는 하나님께서 주신 아름다운 자연과 자원을 제대로 관리하고 이용하지 못해 원시 상태에 정체(停滯)해 있는 원주민에게 복음을 전해 개종시키고 교육을 통해 문명화시켜야 한다는 '백인의 짐'과 '명백한 운명'을 강조했다. 일본은 이를 제2의 서양이 되려는 탈아적(脫亞的) 오리엔탈리즘인 동아주의(東亞主義, pan-Asianism)로 변형시켜 '불운한 필요'로서 대만과 한국의 식민지화를 정당화하고 제국주의로 나아갔다.

만주에서 바라본 한국사

19세기 말 이전 몇 권의 책이 한국을 소개했지만, 영어권에서 본격적인 소개는 만주에서 활동하던 스코틀랜드연합장로회 선교회의 로스(John Ross) 목사가 쓴 『한국사』(History of Corea, Ancient and Modern [Paisley, Scotland: J. and R. Parlane, 1879])로부터 시작되었다. 이 책은 영어로 된 최초의 한국사 통사였다. 그는 만주나 한국을 야만 지역으로 보는 중화사상에 반대하고, 오히려 만주나 한국을 그 자체의 고유문화를 지닌 인종이 거주하고 중국사에 큰 영향을 준 중요한 세력으로 보았다. 만주와 한반도를 중시하는 이런 사관은 이후 헐버트가 더욱 발전시켰다. 로스는 이 책을 쓰기 위해 수많은 한문 서적을 조사했으며, 사마광의 『자치통감』(資治通鑑, 1084) 등을 기초 자료로 활용했고, 조선 정부에서 발행한 서적들과 달레(C. Dallet)의 『한국 천주교회사』(Histoire de l'église de Corée, 1874) 등을 이용했다. 그는 역사를 다룬 9개장에서 고대사를 6개장에 걸쳐 서술하면서 만주족의 영향을 강조했다.

　10-14장은 한국의 풍습·종교·정부·언어·지리 등을 소개했는데 이

는 미래 선교사를 위한 정보 제공 차원이었다. 또한 로스는 한국인의 제사와 장례식을 상술했다. 영혼불멸에 대한 한국인의 믿음이 기독교를 수용하는 접촉점이 되었기 때문이다. 로스는 개신교와 한국 종교 간의 공통점을 유일신인 '하나님'의 존재와 영혼불멸설로 보았다.

로스의 『한국사』는 주로 중국 측 자료에 의존했기 때문에 만주에서 바라본 한국사라는 편견이 있다. 곧 만주의 영향력을 지나치게 강조했다는 약점이 있다. 그러나 만주 고토에 대한 관심과 만주족과의 상호관계는 새로운 관점을 제시했다. 한국과 만주의 관계는 19세기부터 현재까지 중요한 분야다. 특히 평안도-만주를 지나는 사행로(使行路, 북경로)를 통해 한국에 복음이 유입되었다. 1910년대부터 디아스포라 한인 기독교인들이 만주에서 남은 자로 보존되었다가 해방 이후 남한으로 이주한 것이다. 지난 20년간 압록강과 두만강을 건너서 만주로 탈북한 이주민들 가운데 현재 약 3만 명이 남한에 거주하면서 남북을 연결하고 있다. 만주에서 한국사를 바라보는 시각이 여전히 유효한 이유들이다.

'금단의 땅'

1880년에는 독일 상인 오페르트(Ernst J. Oppert)가 쓴 *Forbidden Land, Voyage to Corea*가 나왔다. 그는 조선과의 무역을 개설하기 위해 병인박해 직후인 1867년에 흥선대원군의 부친인 남연군의 분묘를 도굴하려 하다가 실패했다. 그 후 다시 인천 영종도에 와서 무역을 요청하다가 돌아갔다. 그는 한국인이 황인종(Mongolian race)과 백인종(Caucasian race)으로 구성되어 있다고 보았다. 그 책에는 두 종류의 한국인을 여러 명 스케치해서 소개했다.[10] 오페르트의 다인종설은 새비지 랜도어(Arnold H. Savage-Landor)가 계승했다. 그는 한국인의 주 인종은 북방의 몽골리안족으로서 여기에 중앙 아시아족이 혼혈되어 서로 다른 피부 색깔과 체형을 가지게 되었고, 왜소한 체형을 가진 남부 지방 사람은 남방계라고 지적했다.[11] 이후 여러 서양인들이, 한국인이 남방계와 북방계 혹은 여러 인종으로 구성되었다는 다인종설을 주장했다. 사실 한국인이 단일 민족이라는 담론은 1948년 이후 남한 정부가 국가 통합을 위한 기제로 만들어 이용한 이념이었다. 현재 이미 다문화 다인종 사회로 넘어간 한국 사회에서, 초기 내한한 서양인들의 다인종설은 다시 살펴볼 필요가 있다.

조선의 상인(商人)과 선주(船主), 코케시언(백인종), 몽골리안 하층민. 오페르트는 코가 높고 선명하고 개방적인 (서북) 상인을 북방계 백인종으로 보았다.

---

10 Ernst J. Oppert, *Forbidden Land, Voyage to Corea* (London: Sampson Low, Marston, Searle & Livingston; New York: G. P. Putnam's Sons, 1880), 4-19.

11 A. Henry Savage-Landor, *Korea: The Land of the Morning Calm* (London: William Heinemann Co., 1895), 45-48. 남방계는 눈 쌍꺼풀이 있고, 북방계는 혹한에 안구를 보호하기 위해 눈꺼풀이 두텁고 쌍꺼풀이 없다. 말총머리는 북방계이며 고수머리는 남방계이다. 얼굴이 희멀건 사람은 서방계이며, 검은 사람은 남방계이다. 높은 광대뼈는 북방계의 특징이다.

한편 오페르트는 순교를 불사하는 한국 천주교인들의 신앙을 높이 평가했다. 그 때문인지 그는 조선을 프랑스인들이 사용하던 'Corea'로 표기했다. 그러나 그에게 조선은 정복하려다 실패한, 문을 굳게 닫고 있는 '금단의 땅'인 처녀지였다. 문을 굳게 닫고 '불 칼'이 지키고 있는 에덴동산과 같은 은둔의 나라가 꼬레아였다.

'은둔국'

한국 소개서로서 가장 유명하고 큰 영향력을 발휘한 책이 1882년에 출간된 그리피스(William E. Griffis)의 *Corea, The Hermit Nation*이었다.[12] 이 책은 1911년에 제9판까지 수정 보완되면서 영어권 독자들과 한국에 오는 선교사들을 위한 한국 입문서로서 교과서와 같은 역할을 했다. 그리피스는 달레, 로스 등이 쓴 기존 한국 소개서를 잘 활용했다. 그러나 이 책은 일본 쪽에서 바라본 한국관이 반영된 것으로서 일본 식민사관의 영향 하에 쓴 글이었다. 그리피스는 뉴브런즈윅 네덜란드 개혁교회 신학교를 졸업한 후 일본에 초청을 받아 대학에서 화학과 물리 등을 4년간 가르친 후, 뉴욕 유니언 신학교를 졸업하고 1877부터 1886년까지 뉴욕 주 스케넥터디(Schenectady) 제1교회에서 목회했다. 그는 달레처럼 한국을 직접 방문하지 않고, 일본과 미국에서 수집한 자료로만 한국의 역사와 문화와 시사를 정리했다. 특히 여성과 결혼에 대한 장은 달레의 글을 그대

---

12 William E. Griffis, *Corea, The Hermit Nation* (New York: Scribner's Sons, 1882).

『은둔국 한국』(1882) 표지와 그리피스.

로 인용하여 사용했다. 그리피스의 한국관은 다음 서문에 잘 드러나 있다.

1871년 일본 에치젠국(越前國) 후쿠이(福井)에 있을 때 나는 일본과 한국 사이에 있는 바닷가의 쓰루가와 미구니에서 며칠을 보냈다. 옛날이야기 속에 나오는 이끼 덮인 봉건 영주의 성들은 최근에 서양 과학과 언어를 가르치는 학교에 굴복했는데, 나는 그 성벽을 거닐며 자주 다음과 같은 생각을 했다. 한때 은둔하던 일본은 문을 열고 나와서 세계 시장에 들어섰는데, 왜 조선은 쇄국을 하고 신비한 상태로 있어야 하는가? 조선은 언제쯤 개화할까? 한 다이아몬드가 다른 다이아몬드를 깎듯이, 왜 조카(일본)는 조선(한국)을 개국시키지 않는가?

그리피스는 기독교 문명과 사회진화론을 지지하고, 일본이 한국을 개항하는 것을 후원했다. 그는 한국이 미개화된 원시적 땅이며, 불안한 정치적 상황에다 부패한 정부가 있고, 더러운 거리와 불결한 주택에 무식하고 미신적이며 게으르고 부정직한 사람들이 산다고 보았다. 그는 1905년 제8판의 서문에서 다음과 같이 썼다.

일본이 반세기 동안 서양과 접촉한 결과 근대 국가의 위치에 올라갔고, 청일전쟁에서 중국을 먼저 굴복시키고 러시아의 남진을 저지한 후, 이어서 한국의 독립을 위해서 천연자원이 더 많은 열강 러시아를 상대로 두 번째 전쟁을 했다. 이 8판은 글과 지도를 통해 일본이 만주와 일본해에서 거둔 육해군의 성공, 그리고 포츠머스에서의 중요한 외교적 승리의 신속하고 논리적인 결과를 보여줄 뿐만 아니라 더 많은 것을 보여준다. 곧 왜 한국이 외교관계에서 그 주권을 상실했는지 그 이유를 명백히 보여준다.

그리피스는 2판 이후 일본이 한국을 보호국과 식민지로 만든 것은 역사적 사건들의 필연이었다고 담담히 그려 나갔다. 이는 당시 대다수 영국과 미국 사람들의 시각이었다. 한편 그는 1885년에는 *Corea, Without and Within*(Philadelphia: Presbyterian Board of Publication) 으로 한국을 간단히 소개하고 하멜의 표류기 전문에 주를 달아 영어로 소개했다.

'조용한 아침의 나라'

1883년 8월부터 10월까지 조선 대미사절단을 수행하여 워싱턴 D.C.까지 안내하고 한양으로 돌아온 퍼시빌 로웰(P. Lowell)은 두 달간 서울에 머물면서 한국에 대한 정보를 수집 정리한 후 *Chosön, The Land of Morning Calm: A Sketch of Korea*라는 방문기를 썼다.[13] 그는 과학자

---

13 Percival Lowell, *Chosön, The Land of Morning Calm: A Sketch of Korea*

(천문학자)답게 한국을 자세히 관찰하고 한국 문화와 사회의 다양한 면을 소개했다.

한편 이 책으로 인해 이후 한국은 'The Land of Morning Calm'(조용한 아침의 나라)으로 불리게 되었다. 그러나 그것은 일본을 'The Land of Sun Rising'(해가 솟는 나라)으로 부른 것과 대조되는 이미지를 형성했다. 아침이 되면 해가 솟고 성문이 열리고 사람들이 왕래하며 활력이 넘치는 것이 정상이지만, 도리어 이 책은 조선이 '조용한 아침'의 땅에서 바깥세상이 어떻게 돌아가는지와 상관없이 미몽 속에서 은둔자로 수백 년간 졸고 있고 그래서 정체(停滯)해 있다(7쪽)는 오리엔탈리즘적 한국관을 서양인과 심지어 한국인의 뇌 속에도 뿌리 깊이 자리 잡게 만들었다.

『조선: 조용한 아침의 나라』(1886) 겉표지와 로웰.

물론 로웰은 조선(朝鮮)이 '고은 아침'이라는 뜻임을 알았다(209쪽). 그런데도 그는 이를 "조용한 아침"으로 옮겼다. 의도적인 오역이었다. 헌데 그 오역을 한국을 대표하는 항공 회사가 아직도 사용하고 있는 것은 놀라울 뿐이다. 이는 하루빨리 버려야 할 말이다. 한편 영국교회(성공회) 한국선교회의

(Boston: Ticknor & Co., 1886).

코르프 주교는 한국선교 후원금을 모금하기 위해 1890년부터 매달 한국선교잡지를 발행했는데 그 이름을 *The Morning Calm*으로 했다. 이 장수한 잡지 역시 한국을 모닝캄으로 알리는 도구가 되었다.

지금까지 130년 이상, 정체된 '조용한 한국'의 이미지가 영미인의 머리에 깊이 박혀 있었다. 한 나라의 이미지는 중요하다. 그래서 여러 해 전 국가브랜드위원회는 'Dynamic Korea'(역동적인 한국)라는 말로 조용한 한국에 대한 이미지를 바꾸려고 했다. 최근에는 정부가 'Creative Korea'라는 구호를 표절해서 구설수에 오르기도 했는데, 그런 비창조적인 구호로 창조 경제나 창조 국가가 만들어지지 않는다. 화장만 바꾸는 이미지 메이킹으로 국가의 이미지를 바꾸는 것은 역부족이다.

Corea냐, Korea냐

한국의 영어 표기와 관련해 시중에 떠도는 설 가운데 아직도 왕왕 거론되는 것으로 영어 알파벳 순서로 하면 Corea가 Japan보다 앞서기 때문에 일본이 Korea로 바꾸었다는 말이 있다. 이는 전형적인 음모설(陰謀說)로 사실 무근이다. 1882년 이후 조선과 조약을 맺은 서구 각국은 조약문에서 조선(朝鮮)의 명칭을 미국과 영국은 Chosen으로, 독일은 Korea로, 그밖에 다른 나라는 Corea로 표기했다. 여기서 Corea/Korea는 모두 고려(高麗)에서 유래했는데, 고려를 영어로 표기할 경우 첫 글자 C는 China에서 보듯이 대개 'ㅈ'나 'ㅊ' 발음이 나므로 영국과 미국의 음성학자들은 모두 K를 사용해야 한다고 보았다. 따라서 1880

년대 영어 표기에서는 Korea가 더 많이 사용되었다. 예를 들어 로스는 1879년에는 'Corea'를 사용했으나, 1882년에 출판한 *Korean Speech with Grammar and Vocabulary*(Shanghai: Kelly & Walsh, 1882)에서는 'Korea'를 사용했다.

앞에서 본 로웰의 책 부제도 *A Sketch of Korea*(1886)였다. 그는 책 부록에서 조선을 통상적으로 영어에서는 Corea 대신 Korea로 표기한다고 설명까지 붙여놓았다. 한국에서 활동한 데니(Owen N, Denny) 판사는 *China and Korea*(Shanghai: Kelly and Walsh, 1888)를 출판했다. 알렌(Horace N. Allen)은 *Korean Tales: Being a Collection of Stories Translated from the Korean Folk Lore*(New York: G. P. Putnam's Sons, 1889)를, 언더우드(Horace G. Underwood)는 *An Introduction to the Korean Spoken Language*(Yokohama: Seishi Bunsha, 1890)를 출간했다. 1890년 전후로 미국 국무부와 영국 왕립지리학회는 Korea를 일관

EDITORIAL NOTES. 161

MR. GUERIN of the Commissariat de la Republique Française en Corée has been transferred to Tientsin. Mr. Lefevre, chancelier of the Tientsin consulate and now at home on leave of absence has been appointed to Seoul. Mr. Beauvais meanwhile takes Mr. Lefevre's place.

KOREA, OR COREA—WHICH?

THE name of the last kingdom opened to Western intercourse is written *Corea* in all the treaties except in the German text of the treaty with Germany in which it is always and quite naturally spelled with a K. (See Treaties, Regulations, etc. between Corea and other Powers, I. M Customs Shanghai, 1891.) In the American and English treaties of 1882 the correct name of the country,—the name by which alone it has been called by its own people these 500 years,— *Chosén*, is used in the text.

The characters 高麗 do not appear in the Chinese text. We believe it is a mistaken conservatism that insists on applying the name of a defunct dynasty to a living and "High Contracting Power." At the same time it is better to await the pleasure of the majority of treaty-makers in this respect and we therefore publish the *Korean*, not the *Chosen* Repository. However, if they will insist on using an ancient name let them give us the spelling used by the people.

We are sure of the first letter of the word Ko-rye as spelled by the natives and none of the several grammarians have hesitated to represent it by our English k. The only approach to c (and that the Italian c) is the consonant ㅈ, the equivalent of which is usually *ch* as in *church*. The U. S. State Department and the Royal Geographical Society have therefore very consistently begun to spell the name of our adopted land *Korea*.

U. S. State Department and the Royal Geographical Society

Korean Repository(May 1892), 161.

되게 사용하기 시작했다. 따라서 1892년 한국에서 처음으로 발간된 선교 영문 월간지 *Korean Repository*도 Corean이 아닌 Korean을 사용했다. 물론 프랑스어나 이탈리아어와 같은 라틴어 계열에서는 계속 Corea를 사용했다.

406   LIST OF GRAMMARS, ETC., OF THE LANGUAGES OF ASIA

Konkani, cont'd.
—— A Konkani grammar. *Mangalore: Basel Mission Book & Tract Depository*, 1882. xiv, 1 l. 439 p. 8°.

KOREAN.

Aston (William George). A comparative study of the Japanese and Korean languages. (Royal Asiatic Soc. Jour. n. s. v. 11, pp. 317–364. *London*, 1879.)
—— Writing, printing and the alphabet in Corea. (Royal Asiatic Soc. Jour. 1895. pp. 505–511. *London*, 1895.)

Gale (James S.) A Korean-English dictionary. *Yokohama: Kelly & Walsh*, 1897. 1 p.l., viii, 1096, 64 p. 4°.

Grammaire coréene précédée d'une introduction sur le caractère de la langue coréene, sa comparaison avec le chinois, etc. Suivie d'un appendice sur la division du temps, les poids et mesures, la boussole, la généalogie, avec un cours d'exercices gradués... Par les missionnaires de Corée de la Société des Missions Étrangères de Paris. *Yokohama: L. Lévy et S. Salabelle*, 1881. vii, xxii, 194, 60, 40, 4 p., 1 l., 2 tab. 4°.

Hulbert (Homer B.) A comparative grammar of the Korean language and the Dravidian languages of India. *Seoul [Korea: Methodist Pub. House]*, 1905. 2 p.l., 152 p. 8°.
—— The Korean language. (Smithsonian Inst. Annual rept. 1903, pp. 805–810. *Washington*, 1904.)
Reprinted from the Korea review, 1901, v. 1, pp. 433–440.

Imbault-Huart (Camille). Manuel de la langue coréenne parlée à l'usage des français... *Paris: Imprimerie Nationale*, 1889. 2 l., 108 p. 8°.

Korean and Efate. [Similarities between the Korean vocabulary and that of the Efate people.

—— Korean speech, with grammar and vocabulary. *Shanghai: Kelly & Walsh*, 1882. 2 p.l., 101 p. New ed. 8°.

Scott (James). A Corean manual or phrase book; with introductory grammar. *Shanghai: Statistical Dep't of the Inspectorate-General of Customs*, 1887. viii, 209 (1) p. 8°.
—— English-Corean dictionary: being a vocabulary of Corean colloquial words in common use. *Corea: Church of England Mission Press*, 1891. xxvi, 345 p., 1 l. 4°.

Société des missions étrangères de Paris. Dictionnaire coréen-français... par les missionnaires de Corée de la Société des missions étrangères de Paris. *Yokohama: C. Lévy*, 1880. 4°.

Terrien de Lacouperie (A. É. J. B.) On the Corean, Aïno and Fusang writings. (T'oung pao archives. *Leide*, 1892. 8°. v. 3, pp. 449–465.)

Underwood (H. G.) An introduction to the Korean spoken language... *Yokohama: Kelly & Walsh*, 1890. 1 p.l., x, 1 l., 425 p. 12°.

Underwood (H. G.), H. B. HULBERT, and J. S. GALE. A concise dictionary of the Korean language in two parts, Korean-English and English-Korean. *Yokohama: Kelly & Walsh*, 1890. 2 v. in 1. Student ed. 12°.

KOR-KU.

Cust (Robert Needham). Grammatical note and vocabulary of the language of the Kor-Ku, a Kolarian tribe in Central India. (Royal Asiatic Soc. Jour. n. s. v. 16, pp. 164–179. *London*, 1884.)

KUDAGU.

Cole (R. A.) An elementary grammar of the Coorg language. *Bangalore: Wesleyan Mission Press*, 1867. (4) xvi, 136 p. 8°.

K 1·1

Bulletin of the New York Public Library, Volume 13(1909), 406.

위의 자료를 보면 영국 공사 애스톤은 1879년에는 Korea를, 1895년 에는 Corea를 사용했다. 그러나 이러한 명백한 자료와 물증이 있는데 도 불구하고, 아직도 혹자는 일본의 음모설을 믿고, 고려(高麗)의 옛 표기이자 서양에 처음 알려질 때 사용된 유구한 이름인 Corea를 미래 통일 한국의 국호로 사용해야 한다고 주장한다.

나는 위의 역사적 사실과 함께 다음 두 가지 이유로 Korea를 지지한다. (1) 역사적인 이미지 면에서 1890년 이전 서양에 알려진 Corea는 긍정적인 면이 적다. 그에 비해 지난 70년간 한국인이 피땀 흘려 만든 Korea의 이미지가 더 좋다. (2) 덜 중요한 측면이지만 굳이 말하자면 음성학적으로도 된소리(강하고 단단함) 자음의 '꼬'(꼬깃꼬깃, 꼬장꼬장, 꼬부라지고, 꼬리, 꼬마에서 느끼듯이 오그라지는 느낌)보다 거센소리(거칠고 힘찬) '코'가 확장성이 있고 울림이 있다. 역사적 이미지, 현재적 이미지, 언어학적 이미지에서 Korea가 더 낫다. 그동안 북한을 지지하는 일부 인사나 북한에서 Korea 대신 Corea를 지지하는 책과 글이 나왔다. 이는 대한민국 Korea의 성과와 성공을 인정하고 싶지 않기 때문이었다.

헐버트의 코리아

맥레오드는 한국인과 유대인 공조론을 주장하면서 고대 한국인은 중국인, 유대인, 그리스인, 만주인 등 다인종이 혼합된 인종이라고 주장했다. 오페르트와 새비지 랜도어도 한국인이 북방계 백인종과 남방계 황인종으로 구성되어 있다고 논증했다. 알렌 의사는 한국인의 조상과 아메리카 인디언의 조상이 동일하다고 보았다. 그는 몽골리안들이 알류산 열도와 알래스카 해안을 따라 태평양을 횡단하여 미주 연안에 도착했다고 생각했다.[14] 헐버트도 한국인의 다인종론 기원을 지지했지만, 한국인과 중국인의 차별성에 더 주목했다.[15] 그래서 그는 인도 드라비다족의 언어와 한국어의 유사성을 연구하고,[16] 더불어 한국인의 무교, 민간신앙, 신화, 전설, 민담, 속담, 민요 등을 연구하면서 한국인의 문화적 독특성과 독창성을 찾으려고 노력했다.

1900년에 헐버트는 중국이 한국에 끼친 영향에 대해서 게일과 논쟁을 벌였다. 게일은 중국 문화가 고대로부터 한국을 지배해왔다고 주장하며 한국인의 풍습이나 제도 중 어느 것 하나 중국에서 유래하지 않은 것이 없다고 말했다.[17] 반면 헐버트는 중국 문화가 한국에 전래되기 전에 이미 한반도에서 형성된 고고학적 '잔존물'을 거론하면서 한국인의 유구한 역사성을 지적했다.[18] 이 고고학적 '잔존물'은 테일러(E. B. Taylor)의 개념으로, 헐버트는 이를 이용해 초기 한국 문화와 종교의 독특한 정체성을 드러내며 '샤면 숭배'는 중국에서 전래된 것이 아니라고 주장했다.

동시에 헐버트는 한국인의 다종교 상황을 강조했다. 그는 1906년에 출간된 *The Passing of Korea*에서 "일반적으로 말해, 모든 면에서 한

---

14 Horace N. Allen, *Things Korean* (New York: Fleming H. Revell, 1908), 73.

15 H. B. Hulbert, "The Origin of the Korean People," *Korean Repository* (Jun. 1895): 220; idem, *The Passing of Korea* (London: Heinemann, 1906), 297-98.

16 H. B. Hulbert, *A Comparative Grammar of the Korean Language and the Dravidian Languages of India* (Seoul: Methodist Publishing House, 1905).

17 J. S. Gale, "Korean Ideas of God," *Missionary Reivew of the World* (Sept. 1900), 697.

18 H. B. Hulbert, "Korean Survivals," *Transactions of the Korea Branch of the Royal Asiatic Society 1* (1900): 20-35, 48-49.

국인은 사회에서는 유교를 따르고, 사색할 때는 불교를 따르며, 곤경에 처하면 정령을 숭배할 것이다"라는 통찰력 있는 언급을 했다. 그는 한국인에게 나타나는 '종교성의 모자이크'는 서로 다른 사람들이 만들어낼 뿐 아니라 한 개인 안에서도 찾아볼 수 있는데, 이는 한국 문명의 유구한 역사를 말해준다고 보았다.

선교사들과 초기 외국인 여행자들의 한국관과 한국인상에는 오리엔탈리즘의 요소가 많이 있지만, 그럼에도 다소 소박한 형태의 인종주의와 피상적 관찰이 주를 이루었다. 배제와 포섭, 우등과 열등의 서열체계는 일제 식민지 학자들의 체질 인류학에서 보다 구체화되었다. 반면 헐버트처럼 15년 이상 한국에서 생활한 선교사들은 한국인의 내면세계까지 엿보면서 그들의 집단 정체성의 독특성을 규명하려고 노력했다. 그런 노력은 한국이 일제의 식민지가 되는 과정을 눈앞에서 목도하며 장차 상실하게 될 원래 한국인의 정체성, 문화, 언어, 역사에 대한 관심과 애정으로 발전했다. 내한 선교사들이 모두 문화 제국주의자들이었다는 딱지를 함부로 붙일 수 없는 한 가지 이유가 바로 그 점에 있었다.

길선주 목사가 언급한 유대인과 한국인의 풍속의 유사성 가운데, 유월절 풍속과 정월 14일 작은 보름날 풍속 간의 유사성은 한국교회가 다시 눈여겨볼 부분이다. 평양 지역에서는 그날 발효 음식인 김치나 동치미 국물을 먹지 않았고, 개고기를 삶아 먹기 전에 그 피를 대문지방에 발랐으며 쓴 나물인 흑채를 먹었다. 한국인이 셈족이라거나 사라진 유대인 10지파의 일부라는 주장은 비생산적이지만, 이런 절기 풍속 간의 유사성은 기독교적 의례로 연결시킬 수 있기 때문이다.

동시에 초기 선교사들과 외국인이 본 한국인의 조상과 문화의 다양성 담론은 다문화 다인종 시대에 접어든 한국사회가 다시 고려해볼 문제다. 한국전쟁 이후 이주한 수많은 북한인의 남한 거주는 남한인과 북한인을 섞어 새로운 혼혈종을 만들었다. 비록 분단 70년의 세월이 남북한의 문화나 언어뿐만 아니라 체격, 몸매, 얼굴도 바꾸어놓았지만, 이미 혼혈을 경험한 남한인은 통일 이후 북한인을 수용할 수 있는 준비가 되어 있다.

최근 국제무대에서 Korea의 이미지가 실추하고 있다. 한국의 브랜드 네임을 만들고 선전하는 일도 필요하지만, 그보다 먼저 정치·경제·사회 등의 전반적인 분야가 민주화되고 자유와 평등의 가치가 확대되어 행복한 나라를 만들면 자연히 국가 브랜드와 이미지는 좋아진다. 오래전 대한제국의 고종 황제가 오조룡(五爪龍)을 수놓은 황금색 곤룡포를 입고서 초상화를 그리고 외국인들을 알현했던 때가 있었지만, 패션의 변화만으로 국력이 강화되던 시절은 이미 지났다. 역동적이면서 영적 깊이가 있고, 밝고 신선하면서도 전통의 고은 맛이 우러나오는 이미지는 우리의 일상에서 만들어지는 것이다.

31

한국 초기 개신교와 유교의 공생

특정 종교가 한 사회 안에서 소수파일 때는 내적 확신을 위해 자기 종교의 우월성을 믿지만, 반대로 사회에서 공적 지위를 얻기 위해서는 주류 종교나 이데올로기와 공존할 수 있다는 변증론을 편다. 그러나 변방의 비주류에서 벗어나 어느덧 중심을 차지하고 힘을 가진 다수파가 되면 교만한 집단으로 변질되어 타 종교를 차별하거나, 아니면 다른 종교를 공격하는 근본주의 세력으로 전락한다.

"기독교인과 무슬림은 같은 하나님을 섬긴다" 혹은 "God과 Allah는 같은 하나님이다"라는 말은 그것이 어떤 상황에서 누구를 향해 사용되느냐에 따라 그 의미가 달라진다. 그것을 미국의 휘턴(Wheaton)에서 말하면 다수 기독교인의 비판을 받지만, 이슬람국가(IS)의 거점인 라카에서 하면 처형을 당할 것이다. 이는 그 말이 단순한 교리적 명제가 아니라 정치신학적 함의를 가진 말이 되었기 때문이다. 세계 정치와 문화의 유통시장에서 그 말의 액면가는 지역마다 널뛰는 환율차로 인해 실제 가치가 달라진다.

'정교분리'라는 말도 국경을 넘으면 시장 가치가 달라진다. 1900년 이전에는 서구의 정교분리에 대한 개념 자체가 아예 없었던 동아시아를 생각해보라. 정부가 종교를 통제하거나 국가(천명을 받은 천자인 황제)가 유사 종교의 위치를 차지해온 중국(과 동아시아)에 들어간 극소수파 기독교 선교사들은 당시 국가 종교인 유교와 공존할 수 있는 논리가 필요했다. 17세기 예수회는 원시 유교의 상제와 기독교의 천주가 동일하다는 적응주의를 채택하고, 서양의 과학을 수단으로 하여 청 황실에 봉사하는 협조자가 되었다.

1949년 이후 중국 기독교 지도자들은 공산당 정권(마오쩌둥)과 공존하는 논리를 앞세워 서구 선교사의 제국주의를 배격하는 삼자애국교회를 만들고, 국가와 인민을 살리는 동일한 목적을 가졌다는 면에서 기독교와 사회주의가 서로 같다고 주장했다. 우야오쭝(嗚耀宗) 목사는 공산주의와 기독교 중 하나를 택하라고 하면 전자를 택할 것이라고 서슴없이 말했다. 그래서 비록 문화혁명 시기(1966-76)에 중국에서 교회가 완전히 사라진 것처럼 보였으나, 딩광순(丁光訓, 1915-2012) 주교의 지도아래 중국기독교협회(CCC)와 삼자애국교회가 부활했고 매년 수백만 권의 성경을 출판·반포하며 성장하고 있다. 물론 절반 이상의 중국 기독교인은 가정교회 소속이다.

그렇다면 한국은 어떠했는가? 1870년대까지 한 세기 동안 자행된 천주교에 대한 박해의 경험 때문에, 이후 한 세기 동안 천주교와 개신교는 정부(대한제국-일제 총독부-미군정-이승만 정부-박정희 정부)와 정면으로 충돌하는 대신 종교의 영역에서 자유를 확보하고 교회를 확장하는 데 주력했다. 1965년 이후 기독교계 일각에서 반정부 민주화운동의 흐름이 시작되었으나 이들이 교회의 주류는 아니었다.

1880년대 개화기라는 전환기에 한국 개신교는, 당시의 주류 종교로서 기독교를 금지하거나 배척했던 유교에 대해서 어떤 태도를 취했던가? 그 역사에서 오늘 우리는 무엇을 배울 수 있을까? 당시 개종한 일부 유교 지식인들은 유교와 기독교의 관계를 어떻게 설정했을까? 여전히 위정척사파 유학자들은 서양의 종교를 무부무군(無父無君)의 짐승의 종교로 공격하고 있었고, 정부는 모든 외국과의 조약에서 기독교 문서의 유입을 금지했다. 따라서 선교사들의 입장에서는 지혜로운 정치신학 및 선교신학이 필요했다. 초기 개종자들이 접한 한문으로 된 개신교 문서가 제시한 유교와 기독교의 관계는, 크게 보아 다음 여섯 가지 이미지였다. 둘은 서로 비슷한 이미지였다.

마틴의 『천도소원』과 금목걸이

중국 선교사 윌리엄 마틴(W. A. P. Martin, 1827-1916)은 『천도소원』(天道溯原, Evidence of Christianity, 1854)에서 유교와 기독교의 관계를 정통과 이단(正邪)이 아닌 넓고 좁음(廣狹)의 관계로 규정하고, 흩어져 있는 유교의 보석들(예, 오류)을 예수교의 일이관지하는 황금줄로 엮어서 좋은 목걸이를 만들어 중국인에게 선물하는 모습으로 그렸다.

천주교에 마테오 리치의 『천주실의』(天主實義, 1603)가 있었다면 개신교에는 윌리엄 마틴의 『천도소원』이 있었다. 이 책은 출판 이후 1900년 전후까지

『天道溯原』 중권, 57쪽.

중국과 일본에서 기독교 서적 중 최고의 베스트셀러였다. 이 책을 읽고 이수정이 개종했고, 김옥균도 기독교에 관심을 가지게 되었으며, 최병헌은 이 책의 일부를 번역해서 「신학월보」에 실었고 또한 『성산명경』(聖山明鏡, 1909)에도 넣었다. 한마디로 유교와 기독교의 관계 설정에서 천주실의-천도소원의 보유론이 동아시아 지식인들의 정신세계에 지대한 영향을 주었다. 따라서 한국 기독교를 논할 때 이 두 책을 거론하지 않고서는 그 출발을 논할 수 없다.

마틴 선교사는 "예수교를 믿으면 유교를 버려야 하는가?"라고 질문하는 중국 지식인들에게 다음과 같이 답했다. "어떤 사람은 '만일 내가 이 도[예수교]를 따르면 유교에 대해서는 반드시 등을 돌려야 합니까?'라고 묻는다. 이는 다음 사실을 모르기 때문이다. 유교는 [인륜인] 오륜을 말하나 예수의 도는 오륜 위에 있는 신인(하나님과 인간) 관계를 더한다. 신인 관계가 조화롭게 되면 오륜의 인간관계도 각각 제자리를 잡게 된다.…유교와 예수교는 그 도의 광협(넓고 좁음)으로 차이가 나지, 정사(정통과 이단)로 구분되지 않는다. 그러므로 어찌 배교라 하겠는가?"

이 논리는 보유론(補儒論, accommodation theory)을 수용하되, 예수교 안에 유교가 들어 있으므로 참 예수교인이 되면 참 유교인이 된다는 초유론(超儒論)적 요소를 가진 성취론(成就論, fulfillment theory)이다. 유교 도덕의 기초인 인간관계에 대한 오륜을 버리지 않으면서 신륜(神倫)인 하나님 관계가 우선순위에 있는데, 원시 유교에 있던 상제 숭배를 주자의 신유학이 상실했으므로(마테오 리치의 주장), 예수교로 신인 관계를 회복하면 오륜도 제자리를 잡게 되고, 이것이 중국이 근대화되는 기초라고 제시했다.

이어서 마틴은 유교와 예수교의 관계를 흩어져 있는 보석(오륜)을 하나로 꿰는 황금 줄(예수교의 유일신 예배)로 엮어 좋은 목걸이를 만들어 중국인에게 선사하는 것으로 그렸다. 유교의 기본 윤리인 오륜은 좋은 것이나 인간관계만 규정함으로써 각각의 보석이 흩어져 결국 인륜이 무너지고 있으므로, 하나님을 예배하는 경천(敬天)의 줄로써 하나로 묶어야만 완성된 목걸이가 될 수 있다고 보았다. 논어에서 공자는 일이관지(一以貫之)를 충서(忠恕)로 말하였으나, 마틴은 충서, 곧 개인의 주체성 확립과 이웃 사랑(愛人)의 인륜(人倫)을 하나로 묶어주는 경천(神倫)이 일이관지의 길이라고 제시했다.

로스의 '한 겨리의 소'

마틴의 목걸이론과 유사한 것이 만주의 존 로스(John Ross, 1842-1915)에게서도 발견된다. 로스는 *Mission Method in Manchuria*(1900)에서 네비어스 방법을 만주에 적용하되, 네비어스보다 중국 유교와 도교의 가치를 높이 평가했다. 로스는 유교와 기독교의 관계를 함께 중국인의 영성의 밭(靈田)을 가는 한 겨리(두 마리)의 소에 비유했다. 곧 그는 예수교가 유교와 더불어 동아시아의 영성을 밭갈이하고 파종하는 동역자라는 이미지를 제시했다.

또한 로스는 도교의 세가 강한 만주에서 활동하면서 도교 사원의 주지들과 교유했다. 요한복음 1장을 놓고 로스와 나눈 서면 대화에서 한 도교승은 요한복음 1장의 도(道), 광(光), 흑암(黑暗), 은혜(恩惠), 진리

(眞理) 등의 개념이 도교와 흡사하다고 말했다. 이런 종교 간 대화의 한 가지 결과로서 1890년에 선양교회를 건축할 때 로스는, 건물 하반부는 서양 벽돌 양식으로 짓되, 탑처럼 올라가는 상단 부분은 도교 사원 양식을 차용함으로써 독특한 반양반중 양식의 예배당을 만들었다. 이는 만주에서 도교와 공존하는 동시에 도교를 성취하려고 했던 로스의 토착화 신학의 한 결실이었다.

쓰다센의 등불과 태양

1881년에 신사유람단의 일행으로 농학을 배우기 위해 일본 도쿄를 방문했던 안종수(安宗洙)는 근대 농학자로서 일본 기독교의 대표 지도자였던 쓰다센(津田仙) 박사를 만났다. 쓰다는 그에게 기독교를 소개하면서 자신의 집에 걸려 있던 산상수훈 족자를 주었다(조선정부의 기독교 금지령으로 가져갈 수 없어 받지는 않았다). 안종수는 그 내용에 깊은 인상을 받고 감개무량하여 다음과 같은 시를 썼다.

種德門中見吉光　선하고 덕이 많은 명문가에서 상서로운 빛을 보았다.
耕田自在福田長　백성의 생업은 뜻대로 되고 복을 거두는 밭은 길다.
欣欣虛己迎人處　흔쾌히 나를 비우고 사람들을 환영하는 자리이지만
更恨明朝各一方　섭섭하게도 내일 아침이면 서로 헤어져야 하도다.

教會新報

○三府近事
○東京

朝鮮人我外務省の案内にて、有名なる津田仙君宅に到り、農業の事を聞て悦びお地へ、帰るよると種物を出さんとせし處、仙郡人向ひ今日は農授せんと之を受て、朝報じたる所となり、今を去る千有餘年前、黄族の新く發動ふ悔鬼を起し堪せしと海上の風客を贈られ其の實を結したることを、與客之を聞て甚だよろこび、賓の大なる輪鬼を贈られ其の實を結したることを、津田氏又曰く、去ら乍ら孔子に先し知る者

○今月二日天溢革新教會に於て古木寅三郎氏の受洗入會あり
○又大阪教會にも同日男一子女二人の受洗入會あり
去る十三日浪花教會主人妻を去二人の受洗入會あり

種徳門中見吉光
欣々虚己錬人處
更張明朝各一方

大坂

쓰다센의 등불 태양론과 안정수의 시. "三府近事: 東京", 「칠일잡보」(七一雜報) 명치 14(1881)년 11월 25일.

이 시를 풀이하면 다음과 같다. 선을 쌓고 덕의 씨를 뿌린 적선종덕(積善種德)의 문중인 쓰다센의 집에 와서 빛나는 기독교 진리의 빛을 보았다. 기독교는 일본 근대화를 이루는 문명의 빛으로서 백성들의 산업을 발전시키고 가난한 자의 복지를 돕는다. 나는 아주 기쁘게 사심을 비우고 다른 여러 사람의 의견을 경청하는 자리를 가졌으나, 아쉽게도 내일이면 조선으로 떠나야 한다.

기독교 개종자와 세례자가 줄을 잇던 1880년대 초에 쓰다센을 비롯한 일본 기독교인들은, 위의 신문 기사에서 보듯이 공자의 빛은 등불과 같아서 유용하지만 한 나라의 암흑을 다 밝힐 수가 없다고 주장했다.

유교의 계몽의 빛은 과거의 몽학교사였다. 이제 개화의 새벽이 밝아 문명 종교인 예수교의 해가 솟았으니 더 이상 (유교라는) 등불이 필요하지 않다. 해처럼 밝은 마태복음의 산상수훈에는 유교의 윤리를 초월하는 8복의 가르침과 사랑의 윤리가 있다. 열심히 공부하여 경쟁에서 이겨 과거에 합격하고 관직에 올라 출세하고 입신양명하는 것이 효라고 알았던 유교의 양반들은 "가난하고 애통하고 온유하고 의에 굶주리고 긍휼을 베풀고 정결하고 화평케 하고 의를 위해 핍박을 받는 자가 복되다"는 가치 전복적인 윤리관에 도전을 받았다. 무엇보다 경천애인하되 원수까지 사랑하라는 가르침에 그들은 충격을 받았다. 당시는 가족주의와 파당주의에 갇혀 원수 갚는 것까지 효로 인식하던 때였기 때문이다. 즉 이는 유교와 기독교는 같지만 우열이 있다는 논리였다.

밤에는 촛불도 유용하고 또 밤길을 가자면 등불도 필요하므로, 그간 우리나라에서는 유교가 개인과 가족 윤리 안에 존속했다. 문제는 오늘날 교회가 그 유교란 등불의 가치관을 낮에도 들고 다닌다는 점이다. 그래서 교회 안에서조차 입신양명하기 위해 연고주의와 파당주의를 앞세워 불공정한 경쟁을 벌인다. 부패는 불신의 골을 깊게 하며 햇빛이 들지 못하는 사각지대를 다수 만들어낸다. 정치가나 교회의 지도자나 기업가를 불신하는 사회는 결국 악순환의 투쟁을 불러 고비용 사회를 만든다.

파베르의 접목론

독일 바젤 복음선교회의 에른스트 파베르(Ernst Faber, 花之安, 1839-99)

는 동서양의 문명을 비교한 『자서조동』(自西徂東, 1884)에서 유교와 기독교는 사회를 개혁하고 하나님 나라를 만드는 데 동맹해야 하며, 이를 위해 두 종교가 서로 접목(接木)해야 한다고 주장했다. 야생 대목이 어느 정도 자라면 줄기를 자르고 좋은 묘목의 순을 접목한다. 마찬가지로 그는 오래되어 썩거나 죽은 가지를 잘라낸 뒤 중국 종교 문화의 원형이라는 대목(臺木)에 새로운 기독교 문명을 붙이고자 했다.

파베르는 기본적으로 기독교는 모든 나라에서 통하고 유교는 중국에서만 통한다는 입장이었다. 삼강오륜에 대한 그의 비판이 이런 입장을 잘 보여준다. 그는 부부관계에서 요순시대에 시작된 처첩제로 인해 중국 부부의 윤리가 타락했다고 비판하고, 기독교의 일부일처제의 우위성을 주장했다. 부자관계에서는 기독교도 효를 강조하지만, 그에 반해 유교는 부모의 절대적 권위를 인정하고 자녀에게 교육보다 부를 물려주는 데 더 관심을 기울이며 허례허식으로 흐른 제사는 기독교의 부활의 진리에 비추어볼 때 낭비라고 비판했다. 또한 군신관계에서는 군주에게 절대 권력을 주는 데 반대하면서, 신하의 임무를 군주의 잘못을 바로잡는 것으로 본 『맹자』를 옹호했다. 그러면서 직언과 충언을 한 충신들이 부패한 황제와 간신들 때문에 처형된 역사나, 또는 신하의 군주 시해 사례들, 수많은 민란과 폭동의 발생은 군주와 관리들의 불의와 부정부패 때문이었다고 지적했다.[1]

파베르는 서구의 기술과 세속적 학문만을 중국 문명에 접붙이는 소

---

1 노재식, "19세기 말 독일 에른스트 파버의 중국 선관제도와 유교사상에 대한 인식─과거제도와 오륜에 대한 인식을 중심으로", 「사총」 79(2013년), 294-313.

위 중체서용(中體西用)적인 근대화의 시도는 새로운 줄기를 죽어가는 가지에 접붙이는 것처럼 일시적 방편일뿐더러 결국에는 헛된 수고이기 때문에, 기독교를 접붙임 해서 중국 문화의 뿌리와 이어지는 새 문명을 이루어야 한다고 주장했다. 기독교가 빠진 채로 서구의 기술만을 받아들이는 것은 중국의 전국(戰國)시대에 양주가 주장했던 이단적 물질주의와 쾌락주의적 이기주의, 또는 묵자가 주장했던 공리주의와 같다고 보았다. 유교의 천명(天命)의 실천과 기독교의 신의(神意)에 대한 순종이 크게 다르지 않듯이, 접목된 두 종교는 서로에 적응하는 노력이 필요하며, 뿌리에 있는 유일신 사상에서 올라오는 기운으로 유기적 합일을 이룰 수 있어서 많은 열매를 맺게 될 것이다.

이수정의 세례기념 사진(1883).

뒷줄: 녹스 박사, 이수정, 야스가와 목사
앞줄 중앙: 루미스 목사

이수정의 송백론

일본에서 개종한 이수정도 파베르와 비슷한 입장이었다. 안종수의 친구였던 이수정은 임오군란 때 왕비를 보호해준 공으로 일본에 유학을 간 뒤 안종수가 적극 추천했던 쓰다센을 만났고, 야스가와(安川亨) 목사의 문답을 거쳐 1883년 4월 29일 로게쓰초(露月町) 교회에서 미국 북장로회 선교사 녹스(George W. Knox) 목사로부터 세례를 받았다. 그리고 일본기독교인 친목회에서 신앙고백서를 발표했으며, 이어서 잘 알려진 다음과 같은 한시를 썼다.

人有信心 如木有根 不有仁愛 根枯木萎

愛之於心 如水潤根 秋冬葉落 其根不朽

當春發生 花榮葉茂 敬天信道 花爲成實

纍纍滿枝 孔甘且碩 幹如松栢 霜雪不凋

사람에게 믿음이 있음은 나무에 뿌리가 있음과 같으니

인애가 없으면 뿌리는 마르고 나무는 시든다.

마음에 있는 사랑은 물처럼 뿌리를 촉촉하게 하여

가을과 겨울에 잎은 떨어지나 뿌리는 마르지 않는다.

봄이 되면 생기가 올라와 꽃이 만발하고 잎이 무성하듯이

하늘을 섬기고 도를 믿으면 꽃은 열매가 된다.

가지마다 가득 달린 열매는 아주 달고도 우람하며

줄기는 송백과 같아 눈서리에도 쇠하지 않는다.

앞에서 인용한 안종수의 시는 짧지만 종교적 상징과 불교 용어가 가득하다. 이를 통해 당시 유학자들의 불교 지식이 상당했음을 알 수 있다. 한편 이수정의 시는 추사 김정희의 '세한도'에서 느낄 수 있는 유학자의 강기와 절개가 느껴진다. 그의 시는 믿음과 사랑을 강조하며, 뿌리가 깊고 사시사철 푸르른 소나무와 잣나무를 신앙인에 비유하고 있다. 동시에 봄이 되면 꽃이 만발하고 가을에 가지가 풍성한 모습에서 개화파 지식인의 근대화에 대한 열망과 소망이 보인다. 신망애(信望愛)가 어우러진 시라고 하겠다.

언더우드의 '양춘에 반짝이는 무성한 나무'

이런 나무 이미지는 1890년대에도 계속되었다. 유교와 기독교에 대한 또 다른 이미지와 이론은 1890년대에 제시된 표리론이었다. 즉 유교와 예수교는 서로 돕고 의지하는 관계라는 주장이다. 1897년 창간된 언더우드 편집의 「그리스도신문」의 사설은 1898년 말 유교와 기독교의 관계를 논하면서 유교를 다음과 같이 높이 평가했다. 비록 이 사설의 초고는 한국인들이 썼지만 당시 언더우드가 편집장이었으므로 이 글에서는 일단 그의 견해로 제시한다.

> 유교는 인륜의 지극한 법이라. 만세의 큰 강령이요, 선비를 가르치는
> 데 몸이니 참 지극한 보배요, 진실히 하늘을 공경하는 미쁜 덕이요, 격
> 물치지하며, 만물을 마루재는 큰 꾀가 다 갖추어 있다.[2]

비유하자면 유교는 아름다운 나무와 같고 예수교는 봄날의 태양과 같다. 태양은 나무의 뿌리를 깊게 하고 줄기에 생기를 주고 잎을 무성하게 하여 가지마다 열매를 맺게 한다. 나무가 태양이 아니면 무성할 수 없고 태양도 나무가 없으면 그 빛나는 것을 나타낼 수 없다.

예수께서는 유대교의 율법과 예언을 폐하러 온 것이 아니라 성취하고 완성하러 왔다고 선언했다(마 5:17). 선교사들도 이 성취론에 근거하여 예수교는 조선에 유교를 폐하러 온 것이 아니라 그것을 완성함으로써 '더 나은 유교'인 기독교로 나라를 부강하게 하고 백성의 삶을 윤택하게 하러 왔다고 전했다. 예수교는 서양의 종교가 아니라 본래 동양의 유대국에서 유래했다. 예수교는 조선 유교가 잃어버린 하나님을 섬기는 경천을 되살리고 애민의 뜻을 새롭게 한다.

뒤틀린 근본주의적 복음주의

이상의 여섯 가지 비유에 나타난 적응주의적인 태도나 성취론적인 타종교신학은 개신교가 한국사회에서 비주류로 머물렀던 해방 이전까지 계속되었으며, 이후 1960년대에 토착화신학으로 이어졌다. 그러나 1970년대부터 급성장한 개신교는 점차 사회의 주류로 자리를 잡으면서 1920년대 중반부터 '조선의 예루살렘'인 평양을 중심으로 강화되던 근본주의를 전면에 내세웠다. 그 결과 지난 30년 넘게 한국 개신교회는, 1920년 이전에 초기 한국교회가 가졌던 온건한 복음주의의 모습을 상

---

2   "양교가 표리가 되는 론", 「그리스도신문」(1898. 12. 15).

실하고, 근본주의가 마치 한국 개신교의 원류라고 오해하게 되었다.

그런 망각과 오해에 기초한 근본주의적 복음주의가 법당을 불태우고 단군상의 목을 자르는 극단적인 행동을 예수의 이름으로 정당화했다. 또한 해외에 나가 불교 사찰에서 마당 밟기를 하며 저주를 퍼붓는 것을 선교란 미명하에 정당화했다. 반면 내적으로는 자신들이 믿는 하나님이 세상에서 성공과 번영을 보장해줄 것이라고 기복하며 우상처럼 섬겼다.

이런 한국교회의 역사의식의 빈곤 현상은 민주화운동 시기에 국가조찬기도회 등을 통해 잘 드러났다. 그리고 일제 말 신사참배를 하면서 교회를 지킨 것이 고통을 감내하는 수난이었듯이, 1970-80년대 독재정권 하에서 역사상 유래가 없는 교회 성장을 이룬 것은 교회성장론과 번영신학의 공이었다고 자화자찬하는 모습으로 이어졌다.

1890년대에 한국 예수교가 가졌던 반봉건 개혁주의와 반제국 독립운동의 정치참여적인 신학 유산을 되살린 것이 80년대의 민중신학이며 또한 90년대 이후의 참여적 복음주의였다. 그러나 타 종교 신학 분야에서는 아직도 갈 길이 멀다. 초기 한국교회가 가졌던 온건하고 겸손한 타 종교 신학을 다시 들여다보고 되살릴 때이다.

1880년대의 초기 개종자들은 극소수였기에 자신의 의견을 개진할 공적인 통로나 언로가 없었다. 따라서 그들의 타 종교관은 개인적인 내적 확신의 표현이었다. 이때 등장한 논리가 유교에 대한 기독교의 우월론이다. 한 종교가 더 낫다는 확신이 없으면 누가 선교를 하겠으며, 그런 초기 상황에서 누가 목숨을 걸고 개종을 하겠는가? 그러나 교회가 어느 정도 자리를 잡은 1890년대 후반 들어 한국사회가 개화를 향해 나아가고 청년 지식인들이 교회에 들어오기 시작하자, 교회는 유교와 기독교가 동전의 양면처럼 상호의존(interdependence)적인 관계에 있다는 공존론과 함께 유교를 파괴하지 않고 완성하는 종교가 기독교라는 성취론을 내세웠다.

　복음의 씨앗은 길가나 돌밭이나 가시덤불이 있는 곳에서는 잘 자라지 못한다. 밭은 변하고, 신학도 변한다. 오늘날 한국 젊은이들의 마음밭(心田)에서 예수교가 발견하는 보석은 무엇일까? 그것을 일이관지(一以貫之)하는 신학은 무엇일까? 오늘날 진짜 문제는 한국 신학자들과 목회자들의 영적 상상력의 빈곤이지, 젊은이들의 메마른 마음밭이 아니다. 오늘 한국 젊은이들의 마음밭을 기경할 한 겨리의 소가 될 교회의 영성은 과연 무엇인지 고민할 때이다.

32

처첩제에 대한 세 가지 입장

초기 한국 개신교가 한국 전통 종교 문화와 씨름한 4대 주적(主敵)은 (1) 무교의 귀신 숭배, (2) 불교의 우상 숭배, (3) 유교의 제사, (4) 처첩제(일부다처제)였다. 샤머니즘의 귀신 숭배는 근대 과학(의학)과 문명(교육)을 보조 수단으로 하고 성령의 기도와 부적 태우기와 축귀 의식을 주 수단으로 한 '힘 대결'로 해결하였다. 불교의 우상 숭배도 근대 이성주의와 유일신 사상을 무기로 공격하였다. 1896년 구성된 독립협회의 서재필은 「독립신문」을 통해 미신과 우상을 공격하였고, 일부 기독교 신도들은 사당의 화상을 불태우거나 불상을 파괴하기도 하였다.

그러나 제사와 처첩제(일부다처제)는 당대 문화와 사회를 지배하던 유교와 관련되어 있었으므로, 비교적 조직적 저항이 적었던 샤머니즘이나 불교에 대한 비판과 달리 단호하면서도 조심스러운 접근이 필요하였다. 초기 선교사들과 한국교회는 제사 포기를 세례의 첫 조건으로 할 정도로 엄격한 반(反)제사 정책을 고수하였지만, 동시에 효도 신학—하나님의 부성과 효자 그리스도의 모범을 강조—을 발전시키고 제5계명에 입각하여 부모에 대한 '산 제사'를 강조하였으며, 또한 제사의 정신을 살린 '추도회'를 대안으로 제시함으로써 접촉점을 통한 토착화를 모색하였다.

그렇다면 처첩제는 어떤 방식으로 해결했던가? 교회가 그것을 금지한 당시 한국사회의 문화적 상황과 선교 신학적 배경, 감리교에 비해 장로회 선교사들이 여러 해 동안 이 문제로 논쟁한 이유, 그리고 1897년 갑자기 금지론으로 선회한 이유는 무엇이었을까? 이 모든 것을 짧은 글에서 다 다룰 수는 없지만, 그 논쟁의 핵심과 해결 과정을 간단히 살펴보자.

선교사들은 모두 처첩제의 해악을 인정하고 입교 이후에 다처자나 첩이 되는 것은 금지했으나, 논쟁의 핵심은 교인이 되기 전에 관습대로 여러 명의 아내와 첩을 가진 자에게 세례를 주고 그의 처첩들을 그대로 보유하게 할 것인가였다. 만일 일부다처제나 처첩제를 금지할 경우, 누구를 본처로 볼 것인가? 아이가 없는 첫 아내, 아이가 있는 둘째 처, 가장 사랑하는 제일 어린 셋째 첩, 이들 가운데 누구를 선택해야 하는가? 한 명 외에 나머지 여자들을 내보내야 한다면 그들과 그들 아이들의 복지는 어떻게 할 것인가? 이는 쉽게 결론이 나지 않는 문제였다.

첩을 가진 자의 세례 문제에 대해 다음 세 가지 입장이 경쟁했다. 1888년 런던선교대회가 열렸을 때, 아프리카에서 온 선교사들은 대개 금지론 입장이었고, 중국과 인도에서 온 선교사들은 관용적 입장이었다. 그만큼 선교 현지의 전통 문화를 이해한 까닭이었다. 그러나 결론이 나지 않았다.

완전 금지론자는 첩을 가진 자나 그 첩에 대한 세례와 입교를 금지한다. 첩을 가진 남자가 세례를 받으려면 첩을 내보내고 본처와 살아야 하며, 첩인 여자는 첩살이를 중단하고 그 집에서 나와야 세례를 받을 수 있다고 주장했다. 감리교회에서는 1890년부터 올링거나 아펜젤러 등이 이 강경론을 고수했다. 그러나 장로교회에는 이와 다른 두 입장도 있었다.

관용론자들은 기독교가 들어오기 전의 풍습에 따라 첩을 얻었으므로, 첩과 첩의 자녀들의 복지를 위해서 첩을 내보내지 않아도 세례를 줄 수 있다. 다만 교인이 되고 난 뒤에는 새로운 첩을 둘 수 없다. 첩의 경우도 세례를 받을 수 있으나, 교인이 된 자가 새로 첩으로 들어갈 수는 없다. 중도론자는 처첩자에게 세례를 주고 입교는 허용하되, 집사나 장로 등 교회 직분은 금지한다는 입장이었다.

이 주제는 필자의 논문 "초기 한국교회의 일부다처제 문제"에서 자세히 다루었다.[1] 그 내용을 다음 두 표로 요약하고자 한다. [표1]은 기존의 논문을 보완한 것이고, [표2]는 그 논문 발표 당시 잘못 인쇄된 것을 수정한 것이다.

금지	허용
J. Bates (CMS, Ningpo), T. Baclay (EP, Formosa), W. Gould (CP, Formosa), J. N. B. Smith (NP, Ningpo), W. M. Hayes (NP, Tungchow), C. Hartwell (ABCFM, Foochow), David Hill (EW, Hankow), A. Foster (LMS, Hankow), Henry V. Noyes (NP, Canton), Griffith John (LMS, Hankow)	Paul D. Bergen (NP, Chinanfu), Y. K. Yen (ACM, Shanghai), Timothy Richard (SDCGK, Shanghai), A. G. Jones (EB, Chouping), D. B. McCartee (NP, Ningpo, Tokyo), H. H. Lowry (NM, Peking), J. C. Gibson (EP, Swatow), J. R. Goddard (AB, Ningpo), J. Wherry (AP, Peking), J. L. Stuart (SP, Hangchow), R. Lechler (Basel M, Hongkong), James Carson (Irish P, Moukden), John Macintyre (UPCS, Newchwang), John Ross (UPCS, Moukden), S. F. Woodin (ABCFM, Foochow), H. C. DeBose (SP, Soochow), D. E. Hoste (CIM, Hungtung), Stanley P. Smith (CIM, Lu An), W. Ashmore (AB, Swatow), W. Ashmore, Jr. (AB. Swatow), H. D. Porter (ABCFM, Pang Chuang), (late John L. Nevius), Arthur H. Smith (ABCFM, Tientsin), J. Hudson Taylor (CIM, Shanghai), Hunter Corbett (NP, Cheefoo), C. W. Mateer (NP. Tungchow)

〔표1〕 중국 선교사들의 일부다처제에 대한 입장(1895).[2]

---

1 옥성득, "초기 한국교회의 일부다처제 문제", 「한국기독교와 역사」 제16호(2002년 2월): 7-34(http://www.dbpia.co.kr/Journal/ArticleDetail/927007).
2 Daniel L. Gifford, "Polygamous Applicants: What Missionaries Think Should be Done with them (I), (II), & (III)," *Missionary Review of the World* (Feb. 1897): 109-15; (Mar. 1897): 188-94; (Apr. 1897): 263-72.

	이름	신학교	내한연도	선교지부
찬성	D. L. Gifford	맥코믹	1888	서울
	C. C. Vinton	--	1891	서울
	S. F. Moore	맥코믹	1892	서울
	W. L. Swallen	맥코믹	1892	원산
중도	J. S. Gale	(토론토 대학교)	1888	원산
	F. S. Miller	뉴욕 유니언	1892	서울
	O. R. Avison	(토론토 대학교)	1892	서울
반대	H. G. Underwood	뉴브런즈윅	1885	서울
	S. A. Moffett	맥코믹	1890	평양
	G. Lee	맥코믹	1892	평양
	W. M. Baird	맥코믹	1891	부산
	J. E. Adams	맥코믹	1895	부산

〔표2〕 첩이 있는 자의 세례에 대한 북장로회 선교사들의 세 가지 입장(1895-97).

[표1]을 보면 중국에서 30-40년 동안 선교한 고참 선교사들 대부분이 허용 입장이었음을 알 수 있다. 특히 만주의 로스와 매킨타이어, 산동의 네비어스, 코버트, 상하이의 허드슨 테일러와 디모시 리차드, 닝포의 맥카티, 수초우의 드보스 등 한국교회에 많은 영향을 준 노련한 선교사들이 관용적인 입장을 취했다. 만주에서는 관용론이나 중도론으로 가려고 했다. 따라서 1882년 서상륜이 세례를 신청했을 때, 엄격하게 말하면 그가 첩과 사는 경우였으나 중매로 들어온 첫 처와 실제 혼인 관계에 있지 않았기 때문에, 로스는 세례를 주고 서울에 권서로 파송했다.

따라서 한국에서도 [표2]에서 보듯이 상당한 관용론자나 중도노선자들이 존재했다.[3] 흥미로운 사실은 세 가지 견해를 가진 선교사들의 분포

---

3 L. H. Underwood to F. F. Ellinwood, April 22, 1896.

가 출신 신학교나 내한 연도의 오래됨과 상관이 없고, 다만 언더우드를 제외하면 서울에는 관용파가 많고, 평양과 부산에는 강경파가 많았다는 점이다. 언더우드는 다른 사안에서는 마페트와 견해를 달리 하는 것이 많았으나, 처첩자 세례금지에 대해서는 동일한 입장이었다. 이 두 사람이 금지 입장을 고수하자, 기퍼드와 같은 관용론자의 입지가 좁아졌다.

1896년 북감리회 한국 선교회가 처첩에 대한 완전 금지 정책을 공식적으로 채택하자, 교회 연합 차원에서 북장로회 선교회도 1897년 완전 금지 정책을 채택하게 된다. 그 결정의 다른 요인은 1897년 한국을 방문한 북장로회 해외선교부 총무 로버트 스피어 목사와 미국교회의 일부다처제 금지 입장이었다. 동아시아의 처첩제와 미국의 일부다처제는 서로 달랐으나, 모두 'polygamy'의 범주로 간주하던 미국장로교회는 이미 1875년 헌법에서 일부다처제의 입교를 금지했기 때문에, 아직 노회나 총회가 없던 한국 장로교회 선교회에서는 모국의 미국장로교회 헌법을 따를 수밖에 없었다.

작금에 한국교회에 동성애와 동성혼에 대한 논의가 뜨겁다. 처첩제는 한국 개신교뿐만 아니라 아시아 아프리카 교회가 결혼 문제에서 처음 씨름하고 논쟁한 주제이므로, 이후 동성애 논의와 교회 정치 역학 관계 이해에 참고가 될 것이다.

33

장로교회 첫 찬송가 논쟁

1894년 언더우드의 『찬양가』

2016년 2월 11일 두 개의 블랙홀이 만나면서 발생한 중력파(the wave of gravity)를 지구인이 처음 들었다. 태초에 발생한 우주의 소리, 곧 하나님의 소리를 들은 것이다. 그러면 서구 기독교 음악과 한국 음악 문화가 처음 만났을 때 만들어진 첫 찬송가 소리는 어땠을까?

초기 한국교회는 각 교파별로 한문 찬송가와 영어 찬송가에서 번역하고 편찬하여 전문 찬송가를 사용했다. 지금까지 알려진 바에 의하면, 1912년까지 발행된 찬송가는 연대순으로 다음과 같았다. 이 가운데 1894년 언더우드의『찬양가』만 비공식적인 개인본이었고, 나머지는 각 교파 선교회가 공인한 찬송가였다.

> 감리회,『찬미가』, 1892
> 장로회,『찬양가』, 1894 →『찬셩시』, 1895
> 침례회,『복음찬미』, 1899
> 성공회,『셩회숑가』, 1903
> 성결교회,『복음가』, 1907
> 안식교회,『예수재강림찬미가』, 1911
> 구세군,『구세군가』, 1912

1905년 장로회와 감리회 연합운동의 결과로 1908년 장감 연합의『찬숑가』가 출판되었다. 이로써 '하나의 성경, 하나의 찬송'이라는 연합 전통이 장감 두 교단 사이에 만들어졌다. 따라서 찬송가집 없이 찬송하던 시기(1892년 이전)를 지나 1892년부터 1912년까지 20년간을 교파별 찬송가의 정착기로 볼 수 있으며, 그 찬송가들의 특징은 교파성, 번역성, 선교사 주도의 편집 등이었다. 물론 1931년부터 1967년까지 발간된 찬송가들과 비교해보면, 오히려 1912년 이전에 한국인이 작사한 찬송, 한국 음계의 찬송, 한국 가사나 시조 전통을 잇는 4·4조 가사, 전통 종교 용어 사용 등의 측면에서 토착화를 위한 노력이 많았다.

초기 찬송가의 편찬과 발간의 역사는 사실 서구 기독교 음악이 한국문화에 처음 접목하는 과정이므로 음악사와 교회사 전문가들이 합력하여 종합적인 연구를 심화해야 할 분야이다. 특히 번역과 편집 측면에서 영미 찬송가의 영향뿐만 아니라, 배후에 많은 영향을 준 한문 찬송가들과 독일 찬송가에 대한 연구도 필요하다. 이 글은 1894년 언더우드가 편찬한 『찬양가』가 편찬되어 나오기까지, 장로교회에서 어떻게 찬송을 번역하고, 배우고, 예배 시간에 찬송했는지를 살펴보려고 한다.

정동장로교회의 족자 찬송가

1887년 가을 서울에 한국교회들(새문안교회와 정동제일교회)이 탄생하자 처음에는 한문 찬송가에서 번역한 가사를 필사하거나 예배용으로 큰 한지에 한 장씩 써서 족자 찬송가(scroll hymns)를 만들어 넘기면서 불렀다(시골에서는 1960년대까지 이런 차트 찬송가를 이용했는데, 책이 부족한 시절이라 주일학교에서는 거의 차트에 가사만 쓴 찬송을 보고 풍금 반주에 따라 불렀다). 그 찬송가들은 모두 당시 한국어에 가장 능한 언더우드가 번역한 것들이었다. 선교사가 치는 풍금에서 나오는 생소한 서양 음계와 리듬, 그리고 낯선 가사였지만 교인들은 온 마음을 다해 뜨겁게 불렀다. 감격이 있었기 때문이었다.

언더우드『찬양가』(1894) 서론을 보면, 최초의 찬송가집인 감리회의 『찬미가』(1892)에 실린 27곡은 당시 번역되어 불리던 찬송을 모은 것이었고,『찬양가』에 수록된 50여 곡은 당시 장감 양 선교회에서 사용하던 찬송가를 모아 수록한 것이었다. 『찬미가』의 27곡이나『찬양가』의 50곡이 구체적으로 무엇이었는지 정확히 알 수 없지만, 여러 자료를 통해 일부는 알 수 있으며, 대부분이 언더우드가 번역한 것이었다.

언더우드의 찬송가 번역과 사경회에서 가르치기

언더우드는 예배용 찬송가가 필요해지자 출판을 서둘렀다. 1888년 말 출간을 목표로 언더우드는 찬송가를 번역하여 편집하고 있었다. "겨울이 시작되기 전에 작은 찬송가를 출간하려고 하는데 이것은 꼭 출판되어야 합니다."[1] 언더우드는 찬송가 편찬뿐만 아니라, 여러 사경회에서 매일 한 시간씩 찬송가를 가르쳤다. 메릴 양이 풍금 반주를 하면 헐버트 부인과 하이든 양이 노래를 부르고, 이를 회중이 따라 부르도록 언더우드가 지도했다.

---

1   H. G. Underwood to F. F. Ellinwood, Aug. 14, 1888.

언더우드 씨는 지금 과로하고 있습니다. 권서들과 교사들이 지방에서 올라와서 현재 2주째 있는데, 그가 웨스트민스터 소요리문답을 따라 기독교 교리를 가르치고 있습니다. 그는 오전과 오후에 수업이 있으며, 물론 매일 그다음 날 가르칠 것을 시간을 들여 준비해야 합니다. 그는 매일 한 시간씩 (헐버트 부인과 하이든 양, 그리고 친절하게도 오르간을 쳐주는 메릴 양의 도움을 받아) 그들에게 찬송가를 가르치는데, 물론 한 국어로 번역한 것입니다.[2]

위의 장면은 1888년 12월 중순부터 이듬해 1월 중순까지 언더우드의 사랑방에서 한 달 동안 열린 한국장로회 최초의 신학반 사경회를 묘사한 것이다. 각 지역의 지도자라고 할 수 있는 서상륜(서울), 서경조(장연), 최명오(장연), 한석진(평양), 김종섭(평양), 백홍준(의주), 김관근(구성), 양전백(선천) 등이 참석했으며, 간단한 신학 체계와, 찬송 부르기, 예배 인도, 설교, 성경 낭독, 기도하는 법 등을 배웠다. 이는 1901년에 시작된 평양신학교의 전신이다. 이 사경회에서 매일 한 시간씩 세 명의 여자 선교사와 언더우드가 함께 서양 찬송가 곡을 따라 부르게 했다.

주 교사는 미주리의 파크 대학(Park College)을 졸업하고 1888년 11월 15일에 내한한 하이든(Mary E. Hayden, 1857-1900, 1890년 기퍼드 목사와 결혼) 양이었다. 그녀는 서울에 온 지 얼마 되지 않았으나 노래는 가르칠 수 있었다. "하이든 양은…학교 일뿐만 아니라 신학반에서 찬송 부르기를 가르치고 있습니다. 물론 이 일은 처음에는 시간이 많이 걸림

---

2   Lillias Horton to F. F. Ellinwood, Dec. 22, 1888.

니다."[3] 하이든 양은 정신여학당을 맡아 교사로 봉사하면서 찬송을 가르쳤다. 당시 언더우드는 헐버트와 함께 사냥을 다닐 정도로 가까웠고, 헐버트 부인은 언더우드의 사경회에서 찬송을 지도했다. 신학반 사경회에 참석한 조사, 권서, 교사들은 1개월간 매일 한 시간씩 찬송가를 배웠기 때문에 1889년부터 각 지역 교회에서도 족자로 찬송가를 만들어 예배 시간에 사용할 수 있었다.

1888년 12월 23일 주일, 정동장로교회 예배 시간에 5명이 세례를 받았다. 예배실은 앉을 자리가 없을 정도로 가득 찼다. 한국인 교인들은 이미 한국어로 마음을 다해 크게 찬송을 부르고 있었다.

예배는 한국어로 개회했는데, 처음부터 끝까지 우리 모두는 하나님께서 진실로 우리와 함께 계심을 느꼈다. 이어서 우리는 마음과 영혼을 다하여 한국어로 "여호와의 용상 앞에"를 "올드 한드리드" 곡조로 불렀다. 찬송이 끝나자 다섯 명의 한국인이 일어나서 구세주에 대한 신앙을 공개적으로 고백하고 세례를 받았다. 기도에 이어 성경 본문 에스겔 33장이 낭독되었고 "우리 주 가까이"를 함께 찬송했다. 이어 내가 "파수꾼의 의무와 책임" 곧 "우리 할 본 직분"이란 제목으로 설교를 했다. 설교가 끝나자 아펜젤러 목사가 올링거 목사의 도움을 받아 성찬을 분배했다. 진실로 감동적인 예배였다.[4]

---

3   H. G. Underwood to F. F. Ellinwood, Jan. 9, 1889.

4   Underwood, "Korea," *Missionary Review of the World* (Jun. 1889), 457; 참고 Underwood to Ellinwood, Dec. 23, 1888.

여기서 우리는 영국 찬송가의 아버지라고 불리는 와츠(Isaac Watts)가 쓴 유명한 "여호와의 용상 앞에"(Before Jehovah's Awful Throne)와 메이슨(Lowell Mason)과 아담스(Sarah F. F. Adams)가 쓴 "우리 주 가까이"(Nearer my God to Thee)가 이미 1888년 12월에 번역되어 불렸음을 알 수 있다.

찬양가, 6장 "여호와의 용상 앞에"와 81장 "우리 주 가까이"

전자는 『찬양가』에 제6장으로 수록되었고 7절까지 가사를 실었다. 후자는 제81장으로 4절까지 가사를 실었다. 이 두 곡은 『찬미가』(1895)에도 각각 제10장과 제51장으로 재록되었다. 따라서 최소한 1888년부터 정동에서 장로교회와 감리교회의 예배 시간에 부른 첫 찬송은 이 두 노래였다.

번역한 찬송들의 개정과 번역(1890-92)

언더우드는 1890년 말과 1891년 초에 여러 소책자를 번역하면서 동시에 한문과 영어에서 찬송가를 계속 번역했다. "나는 찬송들을 개정하고 몇 곡을 더 번역했는데 한두 곡을 더 추가해서 아마도 내년에 출판할 것입니다."[5] 찬송가 한 장의 번역에는 많은 시간이 걸렸다. 그는 1891년 2월 연례회의에 제출한 자신의 문서 사업 보고서에서 다음과 같이 썼다.

> 지난 1년간 다른 일을 하면서 틈틈이 상황이 허락하는 대로 여러 새 찬송들도 번역했으며 이전에 번역한 찬송들은 조심스럽게 수정했는데, 상당히 많은 시간을 찬송가 준비에 사용했습니다. 이제 약 30곡의 찬송이 준비되었는데 대부분이 본국에서 널리 불리는 성가의 번역이며 나머지 몇 곡은 이곳 본토인이 작사한 것입니다. 그러나 이것들은 리듬과 박자 면에서 조심스런 개정이 필요합니다. 이 찬송들은 가장 이해하기 쉬운 용어를 채택하려고 세심한 주의를 기울였으며, 현재까지는 문어에 해당하는 문자(文字)인 한자어만을 사용했는데 용어를 이

---

5 H. G. Underwood to F. F. Ellinwood, Feb. 27, 1891.

해할 수 있는 접촉점이 될 것입니다.[6]

언더우드는 선교회가 임명한 편집위원회의 일원으로 위원회 편찬본을 만들기 위해 1891년 2월까지 미국에서 널리 불리는 30여 곡을 번역하고, 한국인이 작사한 찬송가도 몇 곡 포함시켰다. 첫 찬송가 편찬부터 한국인이 작사한 찬송을 넣은 것은 그만큼 음률과 박자가 맞는 번역을 하기가 어려웠기 때문이었다.

언더우드는 1891년 3월 첫 안식년을 보내기 위해 한국을 떠날 때 자신이 만든 작은 찬송가를 편집위원회에 넘겨주었다. 그러나 2년 후 그가 서울에 돌아왔을 때 그 찬송가의 출판은 전혀 진행되지 않고 있었다. 여전히 예배 시간에는 족자를 보고 찬송을 부르고 있었다.

찬양가 편찬 작업(1893)

1893년 5월 언더우드가 서울에 돌아오자, 편집위원회(마페트, 게일, 기퍼드) 위원장인 마페트 목사는 언더우드에게 찬송가 편찬을 일임했다. 감리교 찬송가 위원은 중국에 가 있었고, 위원회 일은 일반적으로 시간이 많이 걸리는 데다, 찬송가가 즉시 필요한 상황이었기에 단독 추진을 부탁한 것이었다. 언더우드가 귀국한 후 몇 달간 집수리 때문에 벙커 부부 집에 머물렀는데, 이때 두 사람은 같이 찬송가 작업을 했다.

---

6   H. G. Underwood, "Annual Report for 1890-91."

언더우드가 안식년을 보낼 때 그가 번역한 찬송들을 편집위원들이 상당 부분 수정했다. 그러나 그 가사에는 일부 치명적 오류도 있었다. 예를 들면 "예수 사랑하심"을 다음과 같이 노래하고 있었다. "예수 나를 사랑하심 내 아네/ 오 성경이 그렇게 말하게/ 어린아이들은 그에게 속하네/ 예수가 피를 샀네." 바른 가사는 "예수 나를 사랑하심 내 아네/ 오 성경이 그렇게 말하네/ 어린아이들은 그에게 속하네/ 예수가 피로 샀네"였다. 또 "주께로 더 가까이"에서는 1절에 "십자가를 <u>든</u>더라도"로 되어 있어 "십자가를 <u>들</u>더라도"로 수정했다. 언더우드는 이와 비슷한 여러 실수들을 개정했다.

나는 일을 계속했습니다. 주께서 나에게 한국어 찬송가 작업에 은사를 주셨고, 거의 모든 옛 한국어 찬송가는 내가 번역한 것이며, 그 일을 해갈 때 찬송의 영이 내 속에 있는 것을 느꼈고, 새로 약 50곡을 추가하여 총 106곡의 찬송가를 가질 수 있었는데 대부분이 내가 직접 번역한 것이었습니다. 음악 전문가인 벙커 씨가 이번에 나를 도와주었습니다. 나는 다른 선교회 회원들이 휴가를 즐기는 동안에도 밤낮 쉬지 않고 이 일을 했습니다. 출판비가 없는 것을 알고, 나는 전체 비용을 자비로 부담한 뒤 한국 선교 사업에 기부하려고 결정했습니다. 물론 출간되어 나왔을 때 그 수용 여부는 교회들과 선교사들에게 맡기려고 했습니다. 감리교 선교회는 그들의 찬송가 위원회에 일을 중단하도록 지시할 정도로 나를 신뢰했고, 내가 교정지를 보내겠다고 제의했음에도 불구하고 이를 거절하면서 내 일이 제대로 되었을 줄 안다고 말했고, 출판된 찬송가를 감리교회 찬송가로 도입하기로 결정했습니다. 악보 출판비가 비싸서 1000부를 찍는데 은화 250불이 듭니다. 나는 아무것도 숨기지 않았습니다. 나는 개정 찬송가를 회람시켰고 아무도 반대하지 않았습니다.[7]

하지만 이미 일본에 있는 인쇄소에 원고를 넘기고 자비로 출판에 들어간 상태에서, 북장로회 편집위원회는 언더우드의 찬양가를 채택하지 않기로 했다. 그 결정에 북감리회도 동참했다. 언더우드에게 편찬을 일임하고 공식 찬송가로 채택하려던 두 선교회가 돌아선 것은 용어 문제 때문이었다. 곧 언더우드가 하ᄂᆞ님을 거부하고 대신 상주, 상제, 여호와만 사용했기 때문이었다(용어문제 논의는 이전 글 참조). 이로써 한국에서 용어 문제가 점화되었고 이후 10년간 언더우드와 다른 선교사 간의 논쟁이 지속되었다.

1893년 인쇄소에 넘겨 1894년 초에 출판

찬송가 서문을 완성한 시점은 1893년 9월이었다. 인쇄는 일본 요코하마에 있는 횡빈제지분사(橫濱製紙分社)에서 맡았다. 영문 서명은 *Hymns of Praise*, 발행처는 예수셩교회당(언더우드가 담임한 정동장로교회 내의 개인 출판사), 판매는 서울의 한미화활판소(The Trilingual Press)에서 맡았다.

장로회의 찬송가 문제는 서울의 기퍼드 부인(Mrs. Mary Hayden

---

7   H. G. Underwood to F. F. Ellinwood, Oct. 28, 1893.

Gifford)과 평양의 리(Graham Lee) 목사에 의해 『찬성시』(1895)가 출판되면서 마무리되었다. 내한한 지 6년이 지난 기퍼드 부인은 음악과 노래에 소질이 있는 데다 여자 선교사 중 가장 한국어에 능하고 번역에 재능이 있었기 때문에 찬송가를 번역했다. 리 목사 역시 음악에 능한 남자 선교사였다. 서울(언더우드)과 평양(마페트)의 대결이 이 찬양가로 시작되었다. 그리고 이 찬양가로 용어 문제가 점화되었다.

언더우드는 서울에서 자신의 『찬양가』를 계속 사용했다. 1895년에는 개정판을 냈고, 1901년에는 악보 없는 판을 출판했다. 그는 한 선교사가 자비로 책을 출판할 자유가 있으며, 선교회가 그것을 막을 수 없다는 입장이었다. 그러나 선교회는 언더우드의 독불장군식 일 처리가 불만스러웠다. 1893년부터 마페트를 중심으로 한 평양 주재 선교사들이 언더우드를 중심으로 하는 서울 세력을 견제하면서 갈등이 시작되었다. 해방 이후까지 두 세력의 갈등은 계속되었고 교파 분열로까지 연결되었다는 점에서, 그리고 오늘날도 여전히 찬송가 문제로 분쟁이 많다는 점에서, 찬송가의 역사에 있는 어두운 면을 보게 된다.

언더우드의 찬양가(1894)

찬양가 서문의 전반부에는 언더우드의 찬양 신학이 드러나 있다. 그는 기독교만이 두려움으로 하나님께 나아가지 않고 기쁘게 찬양하는데, 그 이유는 죄인으로서는 하나님 앞에 나아갈 수 없으나 예수의 대속적 죽음으로 용서함을 받았기 때문이라고 강조한다. "우리들이 예수를 믿으면 참신 여호와를 주로만 알 것이 아니라 우리가 사랑하는 아버지로 알 것이니, 이 생각을 하면 예배하러 올 때에 찬미할 수밖에 없고"라고 하여, 그가 구약 시편 중심이 아니라 신약의 기독론과 구원론 중심의 찬양을 지향했음을 알 수 있다. 다음은 서문의 후반부이다. 그는 번역의 어려움을 말하고, 따라서 한국인 신자가 작사한 곡을 넣었음을 강조했다. 그의 글을 지금의 맞춤법으로 고쳤다.

> 이 도는 조선에 온 지가 오래지 아니하니 외국 노래를 가지고 조선말로 번역하고 곡조를 맞게 하여 책 한 권을 만들었으니, 이 책에 있는 찬미가 다 한 사람이 번역한 것이 아니라 여러 사람이 번역하여 모아둔 것이오, 또 이 중에 제4, 제29, 제38, 제61, 제93, 제113, 제115는 다 조선 사람이 지은 것이니, 그러나 곡조를 맞게 하려 한즉 글자가 정한 수가 있고 자음도 고하청탁이 있어서 언문자 고저가 법대로 틀린 것이 있으니, 아무라도 잘못된 것이 있거든 말씀하여 고치기를 바라오며, 책은 잘못 지었을지라도 예배할 때에 이 책을 가지고 찬양하여 모든 교형들의 흥기하는 마음이 더 감동하기를 바라노라.
>
> 칠월 이십칠일 미국목사 원두우 근서

1894년 초에 출판된 언더우드의 『찬양가』는 악보가 있고 정식 체계를 갖춘 첫 찬송가였다. 이로써 오선 악보에 사성 음계가 표기된 서구 음악과 찬송가가 정식으로 한국에 소개되었다. 서문과 차례에 이어 천부 찬송(1-17장), 성자 찬송(18-54장), 성령 찬송(55-71장), 신도 생활(72-94장), 성회 찬송(95-117장) 등 5부로 편집하고, 부록으로 십계명, 사도 신경, 주기도문, 색인, 영어 목록과 영어 서문을 붙였다. 주목할 점은 약 10개의 찬송(4, 29, 38, 40, 61, 87, 93, 113, 114장)을 한국인 교인이 직접 작사하거나 한문에서 번안했다는 점이다. 그러나 115장 배단씨 십신가 (培端氏 十信歌)를 한국인이 작사한 것으로 언더우드의 서문에서 밝혔고 흔히 그렇게 알고 있으나, 사실 배단은 중국 산동에서 활동한 맥카티 (Divie Bethune McCartee)의 한자명이었다.

번역한 찬송가 제목은 영어와 한문으로 표기했는데 이는 영어 찬송 가와 중국에서 사용하던 한문 찬송가를 놓고 번역했기 때문이었다. 참 고로 언더우드가 참고한 것이 분명한 네비어스(John L. Nevius) 편, 『讚 神聖詩, Zanshen shengshi(Hymns and Psalms)』(Shanghai: Presbyterian

네비어스, 『찬신성시』(1877).　　　　　언더우드, 『찬양가』(1894).

Mission Press, 1877)의 28장 "基督爲盤石"(Rock of Ages)을 언더우드의 『찬양가』 36장과 비교하면 같다.

이를 지금의 "만세반석 열리니" 가사와 비교해보면 상당히 다름을 알 수 있고, 그만큼 찬송가 가사 번역이 어려웠음을 실감하게 된다. 그러면 한국인이 작사한 곡들을 살펴보자. 당시는 아직 한국인 작곡이 없었기 때문에 가사만 살피겠다.

한국인이 작사한 찬송에 담긴 신앙고백

수록된 한국인 작사 찬송 가운데 처음 나오는 곡은 4장이다(맞춤법은 고쳤음).

1절	이 세상을 내신 이는 여호와 하나뿐일세
	천지만물 내신 후에 일남일녀 시조냈네
2절	오직 사람 귀하더니 마귀에게 미혹하였네
	지옥고가 생겼으니 세세자손 적악일세
3절	착하신 여호와께서 자비지심 대발하사
	성자 예수 탄생하니 십자가상 죽으셨네
4절	이 은공이 크시구나 갚을 바를 모르겠네
	일년 일차 성찬으로 그 큰 공로 잊지 마세
5절	먹고 입고 쓰는 것은 은혜마다 감사하세
	주색 간음 방탕 말고 일정지심 찬미하세

창조, 타락, 구속, 예배와 성례, 성도의 생활이라는 각 절의 주제는 작사자의 복음적인 신학과 건전한 역사관과 세계관을 보여준다. 4절은 목회자의 부족으로 성찬식을 매년 한두 차례만 기념하던 상황을 보여준다.

성자 찬송(18-54장) 가운데 한국인이 작사한 두 곡은 그리스도의 속죄 은공을 강조한 후 예수를 따라 사랑과 도덕의 삶을 살 것을 강조한다. 38장의 1절과 3절을 보자.

1절	우리 예수 큰 공로가 내 죄악을 모두 씻네
	이 은혜를 생각하니 태산이 아주 가볍다
3절	십계를 엄히 지키고 예수 행적 본을 받아
	불쌍한 이 시사하고 병든 사람 치료하세

성령 찬송인 61장의 작사자는 사후 천당을 바라보는 내세 신앙의 소유자다.

1절	예수의 높은 이름이 내 귀에 들어온 후로
	전 죄악을 소멸하니 사후 천당 내 것일세
2절	사람 육신 생긴 근본 생어토 귀어토 하네
	가련하다 천한 몸을 조금도 생각지 말세
3절	귀한 영혼 예수 따라 천당에 곧 올라가세
	거기가 내 본향일세 착한 영혼 모였구나
4절	지성으로 믿던 덕이 좋은 줄을 깨닫겠네
	여호와와 동락하니 무궁무진 즐겁도다

흙에서 태어나 흙으로 돌아가는 천한 육신은 무시하고 천국에 갈 귀한 영혼을 위해 지성으로 믿는 공덕을 쌓아 영원한 천당의 복을 누리자는 내용은, 영육 이원론과 타세 지향적인 신앙이 처음부터 있었음을 시사한다. 그러나 당시 동학혁명에 이어 청일전쟁이 진행되던 상황과 민중의 생활고를 생각하면 사후 천당을 바라던 심정을 십분 이해할 수 있다. 93장은 그러한 교인들의 심정을 진솔하게 대변한다.

1절   어렵고 어려우나 우리 주가 구하네

           옷과 밥을 주시고 좋은 것을 다 주네

2절   우리 기도 다 듣고 항상 같이 있구나

           우리를 자나 깨나 우리 주가 돌아보네

(후렴)   어렵고 어려우나 우리 주가 구하네

참으로 엄혹했던 시절, 옷 한 벌과 밥 한 그릇을 놓고 감사 찬양하는 성도들! 고난의 시절을 잊은 세대는 다시 그 고난을 당한다. 눈물의 빵을 먹으며 기도한 성도가 어찌 주님의 은혜를 잊겠는가.

"하늘엔 곤찮고 장생불로"(1894년 애창곡)

갑오년 혁명과 전쟁의 실존적 위기 속에서 살던 교인들의 신앙의 일면을 보여주는 다른 찬송은 110장 "하늘엔 곤찮고 장생불사"이다.

이 찬송은 평양 선교사들이 만든 『찬셩시』(1895)와 감리교의 『찬양

가』(1897)에 재수록되었는데, 청일전쟁 전후에 한국 교인들이 가장 애
송한 찬송이었다. 사진에 1절이 있으므로 마지막 4절을 보자.

> 4절　　하늘엔 안 죽어 장생불로
>
> 생명을 안 끊어 장생불로
>
> 사람들 황천길 노소 없이 뫼로 가
>
> 하늘엔 무 연세 장생불로

기독교의 새로운 영생 개념을 도교의 장생불로의 개념을 빌려 설명한 이 작가는 타 종교와의 접촉점과 유사성을 이용해 기독교 복음을 표현한 성취론자였다. 이 찬송은 3-3-4조의 운율에, 첫음절에 강세가 있고 전통 5음계와 비슷한 곡조여서 부르기 쉬웠다. 전쟁에 이어 콜레라가 창궐하면서 황천길 인생에서 천국에 대한 소망은 더욱 간절해졌고 이 노래는 애창곡이 되었다. 동학전쟁과 청일전쟁으로 들판에 널린 시체를 목도한 데 이어 콜레라로 죽어가는 사람들을 보면서, 사람들은 피난처를 찾았다. 그들은 심산유곡의 십승지지를 찾거나 십자기가 휘날리는 교회를 찾았다. 땅이 사람을 기르거나 먹이지 못하자 하늘을 찾아 호소하던 때였다. 그때에 개신교가 민중들의 심령을 천국으로 위로하고 영생의 희망을 주었다.

그러나 1897년 「그리스도신문」은 기독교의 '영생'과 도교의 '장생불사' 개념이 다르다는 논설을 실었다. 곧 불사약을 먹고 신선이 되어 장생불사한 자는 없으므로 도교의 가르침이 헛되다고 비판하고, 영생을 주는 '약'은 신약과 구약밖에 없으며 그리스도 안에 부활의 영생이 있다고 주장했다. 그러나 초신자들이 영생과 불로장생을 계속 혼동하자 1898년부터 이 노래는 찬송가에서 빠졌다.

3장("닦은 마음 착한 행실"), 15장(영어 원문의 '엿새 일'을 "엿새 공부"로, '거룩한 의무'를 "착한 일"로 번역), 61장, 110장, 113장처럼 일부 찬송이 불교나 도교의 용어를 차용하여 기독교의 새로운 교리나 개념을 전달하려고 했다면, 114장처럼 성경 말씀을 쉬운 한글 가사로 작사한 찬송도 있었다.

1절	만국 방언 다 잘 하고 천사같이 강론한들
	사랑 하나 없으면 헛것이요 쓸데없네
4절	애주애인 못하면 바랄 것이 아주 없네
	모든 은혜 풍부하나 사랑은 대신 못하네

한글 운율과 서양 음계의 조화

언더우드는 서문에서 한글 운율과 서양 음계와의 부조화 문제는 계속 개선해야 할 과제라고 밝혔다. 21장 "예수 나를 사랑하오"를 음표대로 불러보자.

1절	예수나를 / 사랑하오 // 성경에말 / 씀일세
	어린아이 / 임자요 // 예수가피 / 로샀네
2절	그임자돌 / 아가사 // 하늘문크 / 게여오
	내가사랑 / 하오면 // 하늘집에 / 같이가오
(후렴)	예수날사 / 랑하오 // 예수날사 / 랑하오
	예수날사 / 랑하오성 / 경말씀 일 / 세

이처럼 반 박자가 많아 빠르게 진행되는 리듬에서 두 음절 '하오'를 한 음에 발음하기는 쉽지 않았다. 또 1절과 2절의 2행에서 "성경에말/ 씀일세"나 "하늘문크/게여오"로, 후렴은 "예수날사/랑하오"로 통사적 의미가 분리된다. 리듬에 맞추기 위해 4-3조와 3-4조가 뒤섞여 있고 직

역에 존칭어가 없는 번역 어투라 갓 쓰고 양복 입은 꼴이다.

그러나 번역 어투와 음표에 따라 음절이 파편화되는 문제는 평양의 베어드 부인의 유려한 번역으로 이루어진 1898년의 『찬셩시』에 의해 해소되었다.

1절	예수 사랑하심은 거룩하신 말이네
	어린 것이 약하나 예수 권세 많도다
2절	저를 사랑하시니 저의 죄를 다 씻어
	하늘 문을 여시고 들어오게 하시네
(후렴)	날 사랑하심 날 사랑하심 성경에 쓰셨네

이 4-3조의 가사는 120년 가까이 된 오늘까지도 사용되는데 그만큼 한국어 운율과 행과 연의 첫음절 강세에 부합했기 때문이다. 『찬셩시』는 악보가 없었지만 예배 시간에 선창자가 부르면 회중이 따라 부르는 방식으로 쉽게 배울 수 있었다. 『찬셩시』는 11판까지 출판되었고 1908년 초판 6만 부가 발간된 첫 장로회와 감리회의 연합 찬송가인 『찬셩시』의 기초가 되었다. 1907년 대부흥 이듬해에 나온 이 통일 찬송가 (262곡)는 초판이 매진되면서 그해에 6만 부를 재판으로 찍었고, 1910년 까지 22만 5천 부, 이듬해 5만 부를 추가 발간하여 한글 보급, 근대 한국 음악 성립, 교회 일치 운동에 크게 기여했다. 1908년 이후 한국 장로회 와 감리회는 연합 찬송가를 사용하는 아름다운 전통을 지키고 있다.

찬송가 부르기

하지만 여전히 한국인들은 서양 음계가 생소했고, 그로 인해 찬송마다 박자나 음정에 상관없이 불렀다. 이를 개선하기 위한 방안의 하나로 정동(새문안)교회와 곤당골교회에서는 예수학당의 학생들로 구성된 소년 성가대가 이용되었다.

> 초등학교 소년들이 특히 찬송과 성경 읽기에서 나를 많이 도와주고 있습니다. 또한 나는 내 집에서 약 두 달간 단기로 여성 소그룹을 운영하고 일주일에 세 번씩 가르칠 수 있었습니다. 성경 공과와 네비어스 부인의 「예수교문답」을 끝까지 가르치면서 두세 곡의 찬송을 가르치려고 의도했으나 질병으로 인해 중단했고 하나님의 때에 재개하기를 고대합니다.[8]

곤당골교회에서는 에비슨 의사가 찬송을 인도했다.

> 에비슨 의사는 찬송을 인도하고 설교의 후반부 절반을 맡아 설교합니다. 매 주일 아침예배 때는 헌금 접시를 돌리는데, 소년들에게 일 전이라도 연보하도록 격려합니다. 전 씨와 에비슨 의사가 제직회를 구성했습니다. 진지한 구도자들이 여러 명 있습니다. 학교 소년들로 소년 성

---

8   Mrs. Underwood, "Personal Annual Report for 1894"(1894년 12월).

가대를 조직했습니다.[9]

이때 예수교학당에서 음악을 지도한 선교사는 밀러 부인이었다.

이상의 전도 집회에서 밀러 씨로부터 성경 진리를 잘 배우고 밀러 부인으로부터 노래를 배운 우리 학교의 소년들이 찬송과 전도로 좋은 일을 많이 했습니다. 그들은 여러 예배를 훌륭하게 도왔고 그들이 종종 증거한 분명하고 직접적인 간증은 효과가 없을 수 없었습니다.[10]

새 노래로 주를 찬양하자

1894년이면 세례교인이라야 겨우 수백 명이었다. 백홍준, 서상륜, 서경조, 최명오, 한석진, 양전백 등 당시 교회 지도자들도 믿은 지 고작 10년 남짓이었다. 그럼에도 그때 그들은 구원의 기쁨을 새 노래로 고백했다. 초기 교회 교인들처럼 우리도 10년마다 혹은 20년마다 새 세대에 맞는 새 노래로 주를 찬양하자. 교회마다 10주년이나 20주년 단위로 기념 찬양을 새롭게 작사 작곡하자. 개인적으로도 신앙생활 10년마다 혹은 중요한 시점마다 새로운 신앙고백으로 새 찬양을 만들자. 우리의 목소리, 우리의 곡조, 우리의 운율로 된 "새 노래"(시 33:3; 144:9; 149:1; 사 42:10;

---

9 H. G. Underwood, "Evangelistic Report of the Seoul Station"(1894년 12월).
10 Ibid.

계 14:3)를 만들어 주를 기쁘게 찬미하자. "새 노래로 여호와께 노래하라. 온 땅이여! 여호와께 노래할지어다"(시 96:1). 천국에 가서도 부를 새 찬양으로 한국교회를 새롭게 하자.

다시 쓰는 초대 한국교회사

예수교학당 542
예수기 253
예수재강림찬미가 521
예일 대학교 17, 350
오륜행실도(五倫行實圖) 165
오씨피 호 125
오촌리교회 277n.1
요한계시록 21:8 465
요한복음 3:16 258, 382
용문산기도원 33, 481n.9
용어 문제 9, 452, 456, 530, 531
용천 299, 300, 348, 351, 352
우상 숭배 452, 515
운산광산 299
운산광산 병원 351
운산금광 회사 100
워너메이커 성경학교 289
원시 유일신 452, 453
원시 유일신론 454
월미도 304
웨스트민스터 소요리문답 524
웨스트민스터 신조 340, 343
웨스트민스터 장로교회 헌법 327
위생 71, 351
위원입교인 규료 354
유니언교회 30, 126, 207, 211, 216, 217,
    229, 236, 245, 246, 434, 435
유대 480
유대인 9, 305, 309, 362, 473, 477, 478-81,
    493, 495
유신 헌법 34
유아세례 217, 236, 288, 434
은반지 285, 286
은사지속론 480
은율읍교회 302

은지환 357
은행 115, 116, 123, 129
의병 371, 372, 389, 446
의주 220, 278, 279, 281, 299, 300, 348-52,
    356, 361-64, 435, 524
의화단사건 297, 301, 306
이화학당 100, 105, 127, 128, 154, 218, 233,
    241, 242, 262, 263, 336, 373
인성부재 224, 261, 268-71, 273, 274, 443
일본우선회사 124
임진왜란 21, 140, 478

ㅈ

자골교회 261, 267, 268
자교교회 268
자국중심주의 34
작정 헌금 283-85, 290
잠두교회 386
잡신 461, 463, 469
장례 290, 481, 484
장로회선교회공의회 337
장생불로 536-38
적응주의 19, 500, 511
전국신학교동맹 111
전도관 33
전도부인 265, 319, 352, 360, 374, 471-74
전례 논쟁 452
전차 297, 298
정규 선교사 81-83, 89, 90
정동 고아원 219
정동제일교회 102, 105, 126, 218, 223, 232,
    233, 241, 244-46, 261, 262, 263n.4,
    386, 435, 522
정신여학당 525

다시 쓰는 초대 한국교회사

Copyright ⓒ 옥성득 2016

1쇄 발행 2016년 9월 13일
4쇄 발행 2018년 11월 30일

지은이 옥성득
펴낸이 김요한
펴낸곳 새물결플러스

편 집 왕희광 정인철 박규준 노재현 한바울 신준호
정혜인 이형일 서종원
디자인 이성아 이재희 박슬기 이새봄
마케팅 박성민 이윤범
총 무 김명화 이성순
영 상 최정호 조용석 곽상원
아카데미 유영성 차상희

홈페이지 www.holywaveplus.com
이메일 hwpbooks@hwpbooks.com
출판등록 2008년 8월 21일 제2008-24호
주 소 (우) 07214 서울특별시 영등포구 양평로 11, 4층(당산동5가)
전 화 02) 2652-3161
팩 스 02) 2652-3191

ISBN 979-11-86409-75-6 03230

책값은 뒤표지에 있습니다.

이 도서의 국립중앙도서관 출판예정도서목록(CIP)은 서지정보유통지원시스템 홈
페이지(seoji.nl.go.kr)와 국가자료공동목록시스템(nl.go.kr/kolisnet)에서 이용
하실 수 있습니다. CIP2016021431